RENATA FURTADO

DESCOBRINDO A FAIXA DE FRONTEIRA
A trajetória das elites organizacionais do Executivo federal
As estratégias, as negociações e o embate na Constituinte

Faixas de fronteira na América do Sul
Conselho de Segurança Nacional
Conselho de Defesa Nacional
Atos Internacionais
Legislação especial
Convênio e fontes de financiamento
a municípios
Ata de Reunião do AI 5

RENATA FURTADO

DESCOBRINDO A FAIXA DE FRONTEIRA
A trajetória das elites organizacionais
do Executivo federal
As estratégias, as negociações e
o embate na Constituinte

EDITORA CRV
Curitiba - Brasil
2013

Copyright © da Editora CRV Ltda.
Editor-chefe: Railson Moura
Diagramação e Capa: Editora CRV
Revisão: A Autora
Conselho Editorial:

Profª. Drª. Andréia da Silva Quintanilha Sousa (UNIR - RO)
Prof. Dr. Antônio Pereira Gaio Júnior (UFRRJ)
Profª. Drª. Carlos Federico Dominguez Avila (UnB - DF)
Profª. Drª. Carmen Tereza Velanga (UNIR - RO)
Prof. Dr. Celso Conti (UFSCAR - SP)
Profª. Drª. Gloria Fariñas León (Universidade de La Havana – Cuba)
Prof. Dr. Francisco Carlos Duarte (PUC-PR)
Prof. Dr. Guillermo Arias Beatón (Universidade de La Havana – Cuba)
Prof. Dr. Joao Adalberto Campato Junior (FAP - SP)
Prof. Dr. Jailson Alves dos Santos (UFRJ)

Prof. Dr. Leonel Severo Rocha (URI)
Profª. Drª. Lourdes Helena da Silva (UFV)
Profª. Drª. Josania Portela (UFPI)
Profª. Drª. Maria Lília Imbiriba Sousa Colares (UNIR - RO)
Prof. Dr. Paulo Romualdo Hernandes (UNIFAL - MG)
Profª. Drª. Maria Cristina dos Santos Bezerra (UFS)
Prof. Dr. Sérgio Nunes de Jesus (IFRO)
Profª. Drª. Solange Helena Ximenes-Rocha (UFPA)
Profª. Drª. Sydione Santos (UEPG PR)
Prof. Dr. Tadeu Oliver Gonçalves (UFPA)
Profª. Drª. Tania Suely Azevedo Brasileiro (UNIR - RO)

CIP-BRASIL. CATALOGAÇÃO-NA-FONTE
SINDICATO NACIONAL DOS EDITORES DE LIVROS, RJ

F987d

Furtado, Renata
   Descobrindo a faixa de fronteira: a trajetória das elites organizacionais do Executivo federal; as estratégias, as negociações e o embate na Constituinte / Renata Furtado. - Curitiba, PR: CRV, 2013.
   392p.

   ISBN 978-85-8042-632-8

   1. Fronteiras - Brasil. 2. Poder executivo. 3. Poder regulamentar - Brasil. 4. Delegação de poderes. 5. Elites (Ciências sociais). I. Título.

13-1210.   CDD: 328.345
                            CDU: 328.18

25.02.13   28.02.13   043074

2013
Proibida a reprodução parcial ou total desta obra sem autorização da Editora CRV
Foi feito o depósito legal conf. Lei 10.994 de 14/12/2004.
Todos os direitos desta edição reservados pela:
Editora CRV
Tel.: (41) 3039-6418
www.editoracrv.com.br
E-mail: sac@editoracrv.com.br

SUMÁRIO

LISTA DE FIGURAS 9

LISTA DE QUADROS 11

LISTA DE GRÁFICOS 13

LISTA DE ABREVIATURAS E SIGLAS 15

NOTA DA AUTORA 19

PREFÁCIO 21

INTRODUÇÃO 25

PARTE I
A TRAJETÓRIA, AS NEGOCIAÇÕES E O EMBATE
DAS ELITES ORGANIZACIONAIS 31

   CAPÍTULO 1
   AS DIFERENTES PERSPECTIVAS DO ESTADO 33
   A perspectiva e o método organizacional 33
   A fragmentação do Estado 35
   O processo organizacional e o papel das organizações 36

   CAPÍTULO 2
   DISCRIMINAÇÃO CONCEITUAL 39
   Faixa de fronteira 39
   Zona de fronteira e faixa de fronteira 43
   Limite e fronteira 46

   CAPÍTULO 3
   AS CAUSAS E AS CONSEQUÊNCIAS DA ESTRUTURA
   ORGANIZACIONAL E POLÍTICA NA FAIXA DE FRONTEIRA:
   os recursos de poder do CDN, CSSN e CSN 51
   O Conselho de Defesa Nacional de 1927 e o Conselho Superior de
   Segurança Nacional: parâmetros estruturais 52
   A moldura do CSN e o domínio das elites militares na SG/CSN:
   pressão interna no Executivo federal 56
   O apogeu: a vinculação da rotina organizacional ao estudo e à doutrina 60
   A estratégia política da elite dominante e o embate: conflitos e
   ambiguidades na rede organizacional 68

   CAPÍTULO 4
   O DECLÍNIO DO PADRÃO DE COMPORTAMENTO E A
   FALTA DA ROTINA BUROCRÁTICA 73
   A transferência da estrutura organizacional da SAE 76

A força da SG/CSN: abrindo a caixa preta 79
O alcance da autonomia das unidades burocráticas 81

CAPÍTULO 5
O ENFRENTAMENTO: o resultado das práticas
organizacionais na Assembleia Nacional Constituinte 89
O nascimento do CDN de 1988: divergências e negociações políticas 95
A extinção do CSN e o fim de um império organizacional 96
A proximidade do SNI ao CSN 98
A repercussão para a faixa de fronteira na Constituinte 98
O Legislativo e os ideais da nova Constituição: pressão externa 101
As bases do CDN: valores em ebulição 101
Indícios do prestígio na estrutura do Executivo federal 103

CAPÍTULO 6
AS ELITES ORGANIZACIONAIS NA FAIXA DE FRONTEIRA
APÓS 1988 107
A faixa de fronteira sob nova base política 113
A disponibilidade orçamentária no período de transição política 118
A presença organizacional na faixa de fronteira 124
    A atuação fragmentada do Estado na faixa de fronteira 125
Rol de elites civis e militares do Executivo federal 136
Compilação de normas baixadas por colegiado
e respectivas elites 139
Atuais atribuições do Conselho de Defesa Nacional 156
Ata da 43ª Reunião do CSN (Ato Institucional nº 5) 159

PARTE II
A VISÃO ESTRATÉGICA
O FORTALECIMENTO DOS MUNICÍPIOS DA FAIXA DE FRONTEIRA:
onde o Brasil começa 191

UMA VISÃO ESTRATÉGICA DA FAIXA DE FRONTEIRA 193

LEGISLAÇÃO
    Constituição da República Federativa do Brasil de 1988 197
    Lei nº 6.634, de 2 de maio de 1979 (lei da faixa de fronteira) 200
    Decreto nº 85.064, de 26 de agosto de 1980
    (regulamento da lei da faixa de fronteira) 203
    Lei nº 8.183, de 11 de abril de 1991 (organização e funcionamento do CDN) 213
    Decreto nº 893, de 12 de agosto de 1993 (regulamento do CDN) 215
    Lei complementar nº 97, de 9 de junho de 1999 (emprego
    das Forças Armadas) 218
    Lei nº 10.522, de 19 de julho de 2002 (suspensão da restrição no CADIN) 220
    Decreto nº 7.496, de 8 de junho de 2011 (Plano Estratégico
    de Fronteiras) 222
    Decreto nº 6.703, de 18 de dezembro de 2008
    (Estratégia Nacional de Defesa) 224

Decreto nº 6.047, de 22 de fevereiro de 2007
(Política Nacional de Desenvolvimento Regional) 270
Decreto nº 5.484, de 30 de junho de 2005 (Política de Defesa Nacional) 279
Decreto de 8 de setembro de 2010 (CDIF) 289

ATOS INTERNACIONAIS 291

PROJETOS DE LEI EM TRAMITAÇÃO NO CONGRESSO NACIONAL 315

LISTA DE MUNICÍPIOS DA FAIXA DE FRONTEIRA 325

ROTEIRO DOS PROCEDIMENTOS PARA
CELEBRAÇÃO DE CONVÊNIOS 351
Documentos necessários para formalização de convênios por Municípios 353

FUNDOS DE FINANCIAMENTO 371
Fundos constitucionais de financiamento 371
Fundos fiscais de investimento 371
Fundos de desenvolvimento regional 372
Incentivos fiscais 372
    Redução do imposto de renda 372
    Depósitos de reinvestimento 373

AS FRONTEIRAS NO MERCOSUL E O DIÁLOGO FEDERATIVO 375
A formação da agenda fronteiriça 375
Fundo para a convergência estrutural do MERCOSUL (FOCEM)....................... 378
    Condições de elegibilidade dos projetos 379
    Normativas institucionais 380

REFERÊNCIAS 383

POSFÁCIO 385

SOBRE A AUTORA 389

LISTA DE FIGURAS

Figura 1: Faixas de fronteira na América do Sul..42
Figura 2: Interações interescalares em zona de fronteira.......................................44
Figura 3: Interações interescalares em faixa de fronteira.......................................45
Figura 4: Diferenciação entre limite e fronteira..46
Figura 5: Ilustração dos limites políticos..48
Figura 6: Distribuição de poder organizacional da SG/CSN por meio
de unidades burocráticas nos ministérios...82
Figura 7: Mecanismo de aprovação de projetos...380

LISTA DE QUADROS

Quadro 1: Síntese teórica a partir de "Table 2 - Theoretical perspectives and elements of a mode of inquiry"..35
Quadro 2: Compilação sobre faixas de fronteira e delimitações fronteiriças na América Latina..41
Quadro 3: Limites políticos definidos pelo Brasil..47
Quadro 4: Comparação de recursos de poder entre CDN de 1927, CSSN e CSN (Período: 1927-1988)..67
Quadro 5: Evolução histórica da dimensão da "faixa" de fronteira, do enfoque e da trajetória das elites organizacionais..70
Quadro 6: Comparação entre padrões de comportamento do secretariado do CSN e CDN na expedição de atos de assentimento prévio na faixa de fronteira..74
Quadro 7: Compilação de instrumentos normativos produzidos por organização CDN(27)/CSSN/CSN/CDN(88) (Período: 1927-2011)..84
Quadro 8: Trajetórias organizacionais contínuas e descontínuas no Executivo federal (Período: 1736-2012)..117
Quadro 9: Compilação de recursos orçamentários por organização (Período: 1985-1993)..119
Quadro 10: Compilação de recursos orçamentários por organização (Período: 1994-2002)..121
Quadro 11: Compilação de recursos orçamentários por organização (Período: 2003-2010)..123
Quadro 12: Compilação de recursos orçamentários por organização (Período: 2011-2012)..124
Quadro 13: Distribuição de recursos orçamentários do MD direcionado para a faixa de fronteira..126
Quadro 14: Distribuição de recursos orçamentários do MT direcionado para a faixa de fronteira..127
Quadro 15: Distribuição de recursos orçamentários do MIN direcionado para a faixa de fronteira..128
Quadro 16: Distribuição de recursos orçamentários do MRE direcionado para a faixa de fronteira..129
Quadro 17: Mudança de paradigma da concepção da faixa de fronteira..131
Quadro 18: Compilação de elites civis e militares do Executivo federal (Período: 1930 - 2013)..136
Quadro 19: Compilação de normas relativas à faixa de fronteira, respectivos conselhos e elites (Período: 1927 - 1993)..139
Quadro 20: Compilação das atuais atribuições do CDN..156
Quadro 21: Compilação de atos internacionais (1900-2013)..291

LISTA DE GRÁFICOS

Gráfico 1: Recurso de pessoal no fim da trajetória organizacional
da SG/CSN e SAE (Período: 1988 e 1999)..77
Gráfico 2: Comparação entre quantitativo de reuniões realizadas
por colegiado (Período: 1936-2002)...104
Gráfico 3: Distribuição orçamentária por organizações
(Período: 1985-1993)...120
Gráfico 4: Distribuição orçamentária por organizações
(Período: 1994-2002)...122
Gráfico 5: Distribuição orçamentária por organizações
(Período: 2003-2012)...124
Gráfico 6: Evolução orçamentária por organizações após a criação do MD
(Período: 2000-2012)...125

LISTA DE ABREVIATURAS E SIGLAS

AGU - Advocacia-Geral da União
ABIN - Agência Brasileira de Inteligência
AEB - Agência Especial Brasileira
CF - Constituição Federal
CSSN - Conselho Superior de Segurança Nacional
CSN - Conselho de Segurança Nacional
CDIF - Comissão de Desenvolvimento para a Faixa de Fronteira
CDN - Conselho de Defesa Nacional
CEE - Centro de Estudos Estratégicos
CEN - Conceito Estratégico Nacional
DAS - Direção e Assessoramento Superior
DL - Decreto-Lei
DOU - Diário Oficial da União
EC - Emenda Constitucional
EM - Exposição de Motivos
ENAFRON - Estratégia Nacional de Segurança Pública nas Fronteiras
END - Estratégia Nacional de Defesa
ESG - Escola Superior de Guerra
GEBAM - Grupo Executivo para a Região do Baixo Amazonas
GESAC - Governo Eletrônico Serviço de Atendimento ao Cidadão
GETSOP - Grupo Executivo para as Terras do Sudoeste do Paraná
GETAT - Grupo Executivo das Terras do Araguaia-Tocantins
GSI/PR - Gabinete de Segurança Institucional da Presidência da República
GTI - Grupo de Trabalho Interministerial
ICMBio - Instituto Chico Mendes de Biodiversidade
INCRA - Instituto Nacional de Colonização e Reforma Agrária
LC - Lei Complementar
LOA - Lei Orçamentária Anual
MC - Ministério das Comunicações
MD - Ministério da Defesa
MIN - Ministério da Integração Nacional
MMA - Ministério do Meio Ambiente
MP - Medida Provisória
MT - Ministério dos Transportes
MRE - Ministério das Relações Exteriores
MRE/DAS II - Departamento da América do Sul-II
PAFMFF - Programa de Auxílio Financeiro a Municípios da Fronteira
PCN - Programa Calha Norte
PDFF - Programa de Desenvolvimento da Faixa de Fronteira
PDN - Política de Defesa Nacional

PEC - Proposta de Emenda à Constituição
PEF - Plano Estratégico de Fronteiras
PF/PJ - Pessoa Física/Pessoa Jurídica
PL - Projeto de Lei
PNEMEN - Programa Nacional de Exportação de Material Militar
PR - Presidência da República
SADEN - Secretaria de Assessoramento da Defesa Nacional
SAE - Secretaria de Assuntos Estratégicos
SAJ - Subchefia para Assuntos Jurídicos
SE/CDN - Secretaria-Executiva do Conselho de Defesa Nacional
SFB - Serviço Florestal Brasileiro
SG - Secretaria-Geral
SG/CDN - Secretaria-Geral do Conselho de Defesa Nacional
SG/CSN - Secretaria-Geral do Conselho de Segurança Nacional
SIVAM - Sistema de Vigilância da Amazônia
SIPAM - Sistema de Proteção da Amazônia
SISFRON - Sistema Integrado de Monitoramento de Fronteiras
SNI - Serviço Nacional de Informações
SRI/PR - Secretaria de Relações Institucionais da Presidência da República
SPE - Subsecretaria de Planejamento Estratégico
SPU - Secretaria de Patrimônio da União
SPP - Subsecretaria de Programas e Projetos Estratégicos
SSI - Subsecretaria de Inteligência
VLS - Veículos Lançadores
UE - União Europeia

Aos meus avós José Silvério, Alice e Gabriel,
aos meus pais Renato e Cleuza,
aos meus irmãos Ricardo, Rogério e Raquel,
ao meu marido Reginaldo e aos meus filhos Roberta e Rodrigo.
Meu amor por vocês extrapola qualquer fronteira.

NOTA DA AUTORA

O presente livro é a versão modificada da dissertação intitulada "O Estado fragmentado: uma análise das elites organizacionais do Executivo federal e da abordagem da faixa de fronteira no Brasil", apresentada ao Centro de Estudos e Pós-Graduação sobre as Américas, da Universidade de Brasília (UnB), sob a orientação da ilustre Profª. Dra. Maria das Graças Rua, para obtenção do título de Mestre em Ciências Sociais com ênfase em estudo comparado sobre Américas.

A investigação responde algumas de minhas inquietações enquanto responsável pelo suporte burocrático do Conselho de Defesa Nacional (CDN) e tenta explicar principalmente à comunidade fronteiriça o porquê dessa localidade ter sido considerada uma área de segurança nacional durante muitos anos.

Na busca da concepção, ou seja, do modo de ver a faixa de fronteira brasileira, este livro desvenda um tipo de rotina do Executivo federal e apresenta os arranjos institucionais que influenciaram as decisões políticas ao longo da história em tal região do país. Ao "descobrir" o sentido dessa faixa, e considerando que o desenvolvimento do país caminha da fronteira marítima para a fronteira terrestre, este estudo desvela o impacto de uma atuação organizacional e a sua importância para o protagonismo do Brasil e da América Latina.

As "descobertas" aqui registradas fazem compreender os motivos que tornaram predominante a concepção de segurança nacional para a faixa de fronteira; indicam a Constituinte como ponto de inflexão e apresentam uma perspectiva de defesa nacional, a partir dos valores de vivificação e de desenvolvimento.

O termo "elite" aqui utilizado possui base na Ciência Política, cujo conceito abrange um indivíduo ou um grupo que controla ou busca controlar as relações organizacionais dentro do Estado por meio de decisões estratégicas na sua área de interesse.

A temática relativa ao tratamento da faixa de fronteira sempre envolveu a atuação do Ministério das Relações Exteriores (MRE) e das Forças Armadas. Tais organizações, que hoje ali atuam fortemente, surgiram no mesmo momento histórico. Porém, o que diferencia o poder político do MRE e dos Comandos Militares das demais organizações do Executivo federal é que aquelas instituições não enfrentaram a descontinuidade burocrática. Ademais, suas elites tomaram sucessivas decisões estratégicas destinadas ao aumento dos recursos de poder (estrutura organizacional) para atuação específica na faixa de fronteira.

Há elementos empíricos e teóricos que autorizam afirmar que: (i) o êxito da elite organizacional em fazer valer os seus interesses na arena política está relacionado ao controle permanente da rede interorganizacional; e (ii) a faixa de fronteira por se tratar de um espaço de atuação organizacional, sujeita-se aos efeitos dos padrões de comportamento de organizações. Como o Conselho de Segurança Nacional (CSN) deteve durante décadas o poder político dominante, e sendo a faixa de fronteira o lócus de atuação direta desta organização, tal região acabou herdando a concepção de área de segurança nacional.

Até o momento, não há estudos dedicados a observar a relação entre o comportamento das elites organizacionais do Executivo federal e a faixa de fronteira brasileira. Também não há investigação científica que mostre as causas que levaram a faixa de fronteira do Brasil a ser considerada, durante décadas, uma área de segurança nacional e, mais recente, uma área de defesa nacional. Este livro é uma tentativa de preenchimento dessas lacunas.

Existe, ainda, uma equivocada tendência de utilizar, em estudos acadêmicos, de forma indiscriminada, a expressão "faixa de fronteira", quando se pretende discutir fronteira, limite e zona de fronteira. Ao investigar a abordagem da faixa de fronteira, este trabalho apresenta uma diferenciação conceitual entre limite, fronteira e zona de fronteira, de forma a contribuir com o avanço dos estudos científicos que pretendem se dedicar a esses temas.

O principal objetivo deste trabalho é responder à seguinte pergunta: em que medida o comportamento das elites organizacionais do Executivo federal interfere na concepção da faixa de fronteira brasileira? Não se pretende responder o porquê da delimitação de uma "faixa" de fronteira por um Estado. Nem, tampouco, perquirir os motivos das diferentes extensões dessa faixa no Brasil ao longo da história, embora estas sejam questões que mereçam ser exploradas. Pretende, sim, a partir da análise do comportamento das elites organizacionais ocupadas com a faixa de fronteira, explorar as razões que fizeram essa região assumir uma concepção de área de segurança nacional durante cerca de meio século, que só veio a mudar de perspectiva, nas estruturas organizacionais, nos últimos dez anos.

Há, ainda, uma terceira concepção da faixa de fronteira no sentido de considerá-la uma área de integração fronteiriça, com vistas a incentivar a aproximação entre os países na América do Sul no setor econômico, político e social. Entretanto, essa concepção não será explorada detalhadamente neste trabalho uma vez que não chegou a se tornar hegemônica no período de tempo examinado (1736-2013).

Este trabalho explora a dimensão burocrática do Estado, a partir do comportamento de algumas elites organizacionais que integram o Executivo federal no Brasil. Esta análise permitirá observar como tal comportamento, expresso por meio de rotinas, normas e estratégias decisórias, interferiu e ainda interfere na concepção da faixa de fronteira brasileira.

A proposta deste livro é oferecer informações importantes àqueles de vivem para e da região da faixa de fronteira do Brasil. Não pretendi esgotar o assunto, mas oferecer um pouco do conhecimento adquirido ao longo da vida prática e acadêmica.

Meu profundo agradecimento aos queridos parceiros de ideias Embaixador João Luiz e ao CMG (RM1) Cunha Couto, cujos diálogos durante alguns anos ajudaram-me a perceber o Brasil na América e no mundo.

Agradeço à querida Profa. Dra. Maria das Graças Rua, hoje minha orientadora de Doutorado, que como uma grande mestre, oferece-me o muito que conhece e guia-me com sabedoria à análise dos debates políticos.

Registro, aqui, um merecido reconhecimento aos precursores dos estudos sobre questões fronteiriças: Lia Osório, Rebeca Steiman, Gladys Bentancor e Tito Oliveira, cujos trabalhos garantem um debate de excelência na academia.

A região da faixa de fronteira brasileira é o local onde o Brasil começa. É ali que a nacionalidade aflora naturalmente e a cultura não vem dos navios do Atlântico, mas do coração do cidadão dessa localidade do país. É para a comunidade da faixa de fronteira, que vive longe dos centros de poder, que ofereço este livro na esperança de contribuir não só ao debate, mas à transformação.

É preciso conhecer um pouco da história para avançarmos. Esta obra apresenta um início e um caminhar, o porvir é de todos nós.

A autora

PREFÁCIO

O Historiador françês Lucien Febvre afirmava que a palavra fronteira surgiu na língua francesa no século XIII, como um adjetivo derivado do termo "fronte", na sua acepção militar. Isto é, representava o limite da presença militar de determinado grupo social, o limite territorial que sua força podia defender.

A tecnologia e a prática bélica da época recorriam a fortalezas para consolidar e defender seus territórios, exemplo disso temos nos inúmeros fortes protugueses, interiores ou costeiros, que ainda pontilham nossas fronteiras[1].

A evolução técnica, industrial e doutrinária levaram a que a defesa de território deixasse de depender de estruturas estáticas e se apoiasse mais em movimentos de tropas, alternativa mais flexível e barata, pois dispensava os enormes gastos de construção e os subsequentes custos de manutenção das guarnições. A defesa do país precisou então de um espaço tampão próximo à fronteira onde a tropa pudesse operar. No Brasil Império a faixa de fronteira necessária à defesa e proteção era a extensão entre a linha de demarcação e 10 léguas (66 Km) para o interior do território nacional. Nesta zona deveriam ser estabelecidas colônias militares.

A fronteira marítima também evoluiu conforme a tecnologia pois as águas territoriais passavam a estender-se a medida que o alcance da artilharia aumentava, primeiro um "tiro de canhão", depois duas milhas até as atuais doze, em uma manifestação mais sutil da "faixa de fronteira". Extrapolando livremente, as 200 milhas de "zona econômica exclusiva" de hoje refletem a capacidade de fiscalização, proteção e defesa dos meios navais modernos.

A República manteve inicialmente a mesma faixa de fronteira que o Império, agora sob o domínio da União, e a Constituição de 1934 passou a responsabilidade de sua administração ao Governo Federal. Em 1937 a nova constituição aumentou a área para os atuais 150 Km de largura que as constituições posteriores consolidaram como "indispensável para a defesa do País". A regulamentação sobre a faixa de fronteira foi remetida à lei ordinária e assim o cenário começou a complicar-se.

Por diversos motivos, o mais comum – prefiro pensar – por desconhecimento da legislação, surgiu uma zona cinzenta onde a inércia administrativa passou a dominar e a ausência de ações dos Executivos federal, estadual e mesmo municipal, e a falta de diálogo destes atores, ironicamente, levou a que a região "indispensável para a defesa do País" se tornasse uma das mais atrasadas do Brasil. Hoje, com 2,5 milhões de Km^2, 10 milhões de habitantes, 588 municípios, em 11 estados a faixa de fronteira poderia ser o terceiro país em extensão na América do Sul e o oitavo em população além de interagir diretamente com dez países.

O vazio demográfico que antes caracterizava o centro de nosso subcontinente está em rápido processo de desaparecimento. O discurso da integração dos países da região encontrou seu solo mais fértil nas comunidades fronteiriças e a necessi-

---

[1] Somando-se as fortificações costeiras e um punhado de fortes mediterrâneos, são quase 500 estruturas militares.

dade de atender aos seus anseios e reivindicações alimenta uma série de projetos, programas, planos e iniciativas que assumem cada vez mais urgência e importância.

Esta região, abandonada no passado, tornou-se uma das prioridades do Governo federal diante do crescente importância que as regiões fronteiriças passaram a ter no processo de integração regional na América do Sul. Duas iniciativas, a criação, no fim do segundo governo do Presidente Lula, da Comissão Permanente para o Desenvolvimento e Integração da Faixa de Fronteira (CDIF) e a promulgação, no governo da Presidente Dilma, da Estratégia Nacional de Segurança Pública nas Fronteiras (ENAFRON) são reflexos dessa nova realidade. Mesmo com focos diferentes, a primeira visando mais a integração, tanto interna quanto internacional, das regiões fronteiriças e a segunda visando sua proteção, as duas coincidem no propósito de fortalecer a presença do Estado brasileiro naquelas, até pouco tempo atrás, remotas áreas.

Das duas ações, a ENAFRON é de curto prazo com uma filosofia voltada para a represão aos ilícitos transnacionais e aumento da fiscalização. Já os projetos que a CDIF procura desenvolver visam a melhoria das condições econômicas e sociais das populações fronteiriças de forma a garantir-lhes justiça social e qualidade de vida é subtraindo, assim, a mão-obra que a desocupação e o subemprego levam aos ilícitos. A longo prazo, este segundo conjunto de ações terá o melhor rendimento além de refletir o nosso caráter nacional por exitar medidas odiosas e discriminatórias para controlar as fronteiras, usadas em outras regiões e que já mostraram, apesar de custos altíssimos, sua inutilidade.

Para a execução das duas a existência da faixa de fronteira é indispensável. No caso da ENAFRON para que as Forças Armadas possam exercer poder de polícia, o que lhes é vedado no restante do território nacional. No caso da CDIF as ações e benefícios só podem aplicar-se nos 588 municípios enquadrados pela legislação vigente naquela faixa, da mesma forma que apenas estes municípios podem favorecer-se de privilégios de legislações específicas.

Ao longo dos anos diversas propostas para alterar a Constituição e modificar a definição e extensão da faixa de fronteira surgiram no Congresso Nacional, até hoje sem resultado. A falha mais patente desses projetos é a base impressionista sobre a qual a maioria foi desenhada. Em geral atendem impulsos e visões muito localizadas, sem levar em consideração que uma fronteira de 17.000 Km de comprimento, como é a nossa, é, na verdade, a soma de várias fronteiras com realidades e problemas que, pontualmente, podem ser específicos mas que também compreendem dificuldades comuns. Hoje, estar na faixa de fronteira traz mais vantagens do que prejuízos aos municípios, mas o desconhecimento da legislação e a falta de debate embaçam as visões dos interessados e obscurecem o estudo e a análise do tema. Uma questão paralela, mas não menos importante, que precisa ser melhor examinada é a conveniência e prudência de implantar reservas indígenas e ambientais contíguas à linha de fronteira.

Poucas pessoas no Brasil conhecem a problemática da faixa de fronteira e a legislação correspondente com a amplitude e profundidade de Renata Furtado. Em quase dez anos lidando com o tema no Gabinete de Segurança Institucional, da Presidência da República (GSI/PR), acumulou experiência e domínio de um assunto pouco entendido e mal interpretado. Como integrante do GSI participou ativamente da coordenção de Grupo de Trabalho interministerial sobre a faixa de fronteira, quando nos conhecemos, eu representando o Itamaraty. Renata também foi fundamental nos encontros e discussões do "Grupo de Trabalho de Integração Fronteiriça" que redundaram no documento "Bases para uma Proposta de Desenvolvimento e Integração da Faixa de Fronteira", certidão de nascimento da CDIF.

Ao longo da leitura deste trabalho fica claro como todo esse conhecimento foi processado, amadurecido e destilado. Em um país onde as decisões são tomadas com pouco ou nenhum estudo ou debate, o trabalho de Renata Furtado é uma muito bem-vinda e competente contribuição. Trata-se de um relato de ótima qualidade dos fatos, bastidores e razões que nos levaram à faixa de fronteira em vigor. Por seu lado, a análise apresentada é um excelente adendo a um campo praticamente virgem que requer um exame mais aprofundado na medida em que a "fronteira" deixou de ser distante e passou a ser área de interesse nacional.

João Luiz Pereira Pinto[2]
Brasília, março 2013

---

2   Diplomata, Diretor do Departamento da América do Sul-I, do Ministério das Relações Exteriores, representante do Itamaraty na CDIF e nas Comissões do Rio Quaraí e da Lagoa Mirim.

INTRODUÇÃO

A revisão da literatura sobre o Estado mostra que existem algumas lacunas na investigação científica sobre o Executivo. Uma delas diz respeito ao comportamento das organizações que o compõem, especialmente quando se referem às suas relações de dominação, cooperação, competição e conflito. Este estudo tratará do Estado, das suas organizações e da sua fragmentação política a partir da análise das relações existentes entre a permanência ou trajetória histórica das elites organizacionais, de seus recursos de poder (continuidade, permanência ou trajetória histórica, estrutura organizacional e orçamento) e a concepção da faixa de fronteira no Brasil[3].

Por meio da análise interna do Executivo, é possível observar os componentes administrativos e de suporte do Estado. É nessa "estrutura intermediária que a mensagem dos tomadores de decisão é traduzida em termos operacionais". Entretanto, a maioria dos estudos se concentra nas decisões visíveis do Presidente e do Congresso, no impacto de um programa específico ou em operações de agências; enquanto a "matiz acinzentada da burocracia" é ignorada (ALFORD; FRIEDLAND, 1985, p. 210-211).

Esta perspectiva tem como unidade de análise as " *'single-state organizations'* ou *'interorganizational networks'*, vistas como partes constitutivas do Estado" *(*ALFORD; FRIEDLAND, 1985, p. 5), e pressupõe que tais organizações têm um grau significativo de autonomia frente à sociedade, ao indivíduo e às relações de grupo que as compõem. A perspectiva organizacional proporciona elementos para a observação do fenômeno que mais interessa a este estudo: a fragmentação do Estado no nível de análise das organizações burocráticas. Este fenômeno, por um lado, contrapõe-se empiricamente à concepção monolítica do Estado, negando-lhe amparo no mundo das coisas reais. Por outro lado, é por meio da fragmentação que as elites organizacionais se estruturam e conduzem os assuntos de seu interesse.

O foco empírico deste estudo, portanto, está nas estruturas organizacionais e nas elites que controlam as relações interorganizacionais na faixa de fronteira do Brasil, as quais desenvolvem estratégias para racionalizar suas decisões sob pressões internas e externas (ALFORD; FRIEDLAND, 1985, p. 5 e 218).

Para identificar as elites organizacionais que detêm maior autonomia no Executivo federal, tomou-se como referência o modelo do processo organizacional (ALLISON; 1969), que coloca em evidência as organizações governamentais e suas elites, considerando a trajetória histórica organizacional, assim como os recursos de poder disponíveis para a tomada de decisão.

Tanto a perspectiva das organizações e elites organizacionais como o modelo do processo organizacional compartilham com a vertente do neoinstitucionalismo, a

---

3 A faixa de até cento e cinquenta quilômetros de largura, ao longo das fronteiras terrestres, designada como faixa de fronteira, é considerada fundamental para defesa do território nacional, e sua ocupação e utilização serão reguladas em lei, do acordo com o atual texto da Constituição brasileira (art. 20, §2º). Essa região do país abarca 588 municípios, ao longo de 15.719 km da fronteira terrestre, 2.533 milhões de km², 11 estados da federação, 33 cidades geminadas; e representa 27% do território nacional, onde residem cerca de dez milhões de brasileiros. Fonte: MI (Faixa de Fronteira. PDFF/2009).

compreensão do papel desempenhado pelas elites organizacionais na determinação de resultados na arena política (HALL; TAYLOR, 2003, p. 193-194), considerando-as atores políticos que acumulam experiência ao longo do tempo, a qual é codificada por meio de regras organizacionais (MARCH; OLSEN, 2008, p. 127 e 130).

Nesse sentido, a investigação sobre a concepção da faixa de fronteira remete à observação: (i) das prioridades das elites organizacionais nesse espaço geopolítico; e (ii) dos seus objetivos particulares, suas normas e os recursos de poder disponíveis para interferir no tratamento dado pelo governo à faixa de fronteira.

A faixa de fronteira, que variou de largura, ao longo do tempo e que separa o Brasil de dez outros países, será usada como pano de fundo, onde diferentes atores organizacionais, dotados de diferentes recursos de poder no Executivo federal, competem e influenciam **a concepção da faixa de fronteira.**

Este trabalho adota o entendimento de que o conceito de segurança nacional inclui o de defesa e compartilha, nesse sentido, da doutrina contemporânea contida na Política de Defesa Nacional[4]. Assim, segurança é a condição que permite ao país a preservação da soberania e da integridade territorial, a realização dos seus interesses nacionais, livre de pressões e ameaças de qualquer natureza, e a garantia aos cidadãos do exercício dos direitos e deveres constitucionais. Defesa nacional, por sua vez, é o conjunto de medidas e ações do Estado, com ênfase na expressão militar, para a proteção do território, da soberania e dos interesses nacionais contra ameaças preponderantemente externas, potenciais ou manifestas. Ambas são conceituações resultantes da prática de organizações militares[5].

As variáveis examinadas neste estudo são: (1) a permanência ou trajetória histórica da organização governamental; e (2) seus recursos de poder na estrutura do Executivo federal.

A primeira hipótese que orienta essa investigação é a de que o comportamento das elites organizacionais, que atuam no Executivo federal e lidam com a faixa de fronteira, influencia a concepção predominante sobre essa faixa, em virtude de suas práticas organizacionais. A capacidade de influir nessa concepção está diretamente relacionada à permanência histórica e aos recursos de poder da organização. Assim, quanto maior a permanência histórica e maiores os recursos de poder, maior será a influência de uma organização e de suas elites sobre a concepção da faixa de fronteira do Brasil.

A segunda hipótese sustenta que, além da influência das práticas organizacionais, a concepção predominante para a faixa de fronteira expressa o nível de autonomia da organização na condução de assuntos relacionados a essa região do país no âmbito do Executivo federal.

O estudo foi desenvolvido com base em pesquisa bibliográfica e documental e em entrevistas individuais abertas semiestruturadas, com atores governamentais relevantes no tratamento da faixa de fronteira do Brasil. Os trechos de obras estrangeiras utilizadas neste trabalho foram traduzidos pela autora.

---

4   A PDN foi instituída pelo Decreto nº 5.484, de 30 de junho de 2005.
5   ESG, 2008, p. 63-64.

O argumento desenvolvido no trabalho de investigação distribuiu-se em seis capítulos, aos quais se segue a Conclusão na Parte I do livro. O Capítulo 1 detalha o referencial teórico e o método de investigação, apresentando o argumento de Alford e Friedland (1985) de que o Estado pode ser visto por diferentes perspectivas (pluralista, organizacional ou burocrática e de classe) e que cada uma delas se aplica a um nível específico de análise (indivíduos, organizações e sociedade). Dentre essas abordagens, a organizacional é explorada no capítulo, onde as organizações e suas elites burocráticas são consideradas atores políticos que atuam de acordo com certos padrões regulares de comportamento que, por sua vez, provocam determinados resultados na estrutura do Estado. Explora-se, por fim, o argumento da fragmentação do Estado resultante da atuação das organizações que o compõem.

No Capítulo 2, caracteriza-se a faixa de fronteira como objeto empírico, diferenciando-a de zona de fronteira, limite e fronteira, com o objetivo de contribuir à compreensão de cada uma dessas caracterizações geográficas.

Descobrem-se, no Capítulo 3, as organizações que dominaram a concepção da faixa de fronteira até a Carta de 1988. As elites organizacionais foram identificadas a partir de sua posição hierárquica na estrutura de poder do Estado e de seus recursos de poder ao longo da história. Identificam-se as causas e as consequências da estrutura organizacional e da política na concepção da faixa de fronteira. É neste capítulo que se apresenta a moldura do CSN na estrutura de governo (pressão interna) e os recursos de poder utilizados pelas elites militares no controle da política de segurança nacional, que interferiu, em grande medida, na concepção da faixa de fronteira como área de segurança nacional.

No Capítulo 4, são apresentadas as consequências do jogo político das elites militares ao transformar a Secretaria-Geral do CSN (SG/CSN) na Secretaria de Assessoramento da Defesa Nacional (SADEN). Identifica-se o início do declínio do CSN, com algumas ambiguidades no seu suporte burocrático, as quais permanecem na sucessão entre agências (SADEN/SAE/Casa Militar) no âmbito da Presidência da República, após a criação do CDN, em 1988.

O Capítulo 5 explora o confronto entre as elites militares que até 1988 dominavam a política de segurança nacional, e as elites civis emergentes na Assembleia Nacional Constituinte. Indica-se a pressão do Legislativo sobre o Executivo durante o processo da Constituinte (pressão externa), identificando-se as rivalidades políticas existentes, a rejeição à temática "segurança nacional" na nova ordem política e as negociações que possibilitaram o surgimento do CDN, em 1988. São apontados os novos valores políticos sobre os quais o CDN teria sido edificado e compara-se os recursos de poder das elites organizacionais que comandaram a política para a faixa de fronteira (CDN de 1927, CSSN, CSN e CDN de 1988).

O último capítulo analisa a concepção da faixa de fronteira após a Carta de 1988 e apresenta os resultados do teste das hipóteses empíricas. Os anexos constantes da primeira parte do livro indicam: (A) as elites civis e militares cujas estratégias decisórias afetaram a concepção da faixa de fronteira no âmbito do Executivo federal; (B) as normas baixadas pelo CDN de 1927, CSSN, CSN e CDN; (C) as atuais atribuições do CDN; e (D) a reunião do CSN que aprovou o Ato Institucional nº 5 em 1968.

A conclusão do trabalho avalia a aplicação da perspectiva teórica frente ao problema de pesquisa e evidencia o impacto dos padrões de comportamento das elites organizacionais do Executivo federal na concepção da faixa de fronteira.

A Parte II do livro é uma contribuição ao debate atual sobre a faixa de fronteira brasileira, e contempla alguns aprendizados das evidências da primeira parte do livro, ao apresentar uma visão estratégica dessa região do país e propor caminhos rumo à integração sul-americana. Nesta parte da obra, apresenta-se a importância da atividade do CDN sob a perspectiva desejada após os debates da Constituinte de 1988.

O conhecimento (i) das leis e das políticas direcionadas para a faixa de fronteira, (ii) dos atos internacionais firmados pelo Brasil com países limítrofes nos últimos 100 anos, (iii) dos projetos de lei em tramitação no Congresso Nacional, (iv) dos Municípios localizados total e parcialmente na faixa de 150 km, (v) do roteiro dos procedimentos para celebração de convênios entre o Ministério da Integração Nacional e Estados e Municípios da faixa de fronteira e (vi) das fontes de financiamento disponíveis, oferece a possibilidade de inovação nas rotinas organizacionais nessa região do país e de fortalecimento de boas práticas.

O desenvolvimento deste trabalho exigiu uma ampla consulta a diversas fontes de informação. Foi consultada a Coordenação-Geral de Acesso e Difusão Documental, do Arquivo Nacional, no Rio de Janeiro, por meio do qual foi possível ter acesso ao acervo histórico do Conselho de Segurança Nacional (atas de reuniões e registros de consultas temáticas). No conjunto documental disponibilizado pelo Arquivo Nacional, não há referência a documentos iconográficos ou reportagens. Essas informações foram complementadas por meio da pesquisa junto ao Centro de Documentação e Informação (CEDI), da Câmara dos Deputados, em Brasília. Por meio deste mesmo Centro foram consultados os registros históricos das discussões da Carta Política de 1988, no período da Assembleia Nacional Constituinte. Essa investigação foi complementada por exame da obra daquela Casa Legislativa (Audiências públicas na Assembleia Nacional Constituinte, 2009), e ainda, pelas reportagens disponibilizadas pela Biblioteca Digital do Senado Federal (BDSF). Os instrumentos legais citados no decorrer do trabalho foram consultados no portal eletrônico da Presidência da República e do Senado Federal. As normas baixadas no período do Império foram conhecidas a partir de informativo de legislação do Palácio do Planalto, conferidas na biblioteca do Supremo Tribunal Federal e no portal de legislação do Senado Federal. Os dados referentes à compreensão dos limites do Brasil com os países estrangeiros e o acesso à literatura sobre fronteira foram obtidos junto à Primeira Comissão Brasileira Demarcadora de Limites (PCDL), sediada em Belém, no estado do Pará.

Na análise dos instrumentos normativos adotados pelo Brasil, exercitou-se uma abertura interdisciplinar na interpretação da produção das normas jurídicas, buscando um diálogo com outro campo de elaboração intelectual (CASTRO, 2009, p. 23), no caso a Ciência Política, e evitando "uma visão retalhada e incompleta do mundo" (SANTOS, 2007, p. 51), haja vista que "a interdisciplinaridade não resulta diretamente da complementaridade da realidade em si, mas da complementaridade dos objetos de conhecimento dessa realidade" (PIMENTA, 2003, p. 6 e 16).

A redação do presente trabalho seguiu o Acordo Ortográfico da Língua Portuguesa, objeto do Decreto nº 6.583, de 29 de setembro de 2008, que fixa a coexistência da norma ortográfica atualmente em vigor e a nova norma, no período de transição de 1º de janeiro de 2009 a 31 de dezembro de 2012. Preservou-se a ortografia de fontes bibliográficas citadas.

> [...] não se pode pretender que um indivíduo ou um livro modifiquem a realidade; eles só a interpretam e indicam a linha possível da ação.
>
> *GRAMSCI*

PARTE I

A TRAJETÓRIA, AS NEGOCIAÇÕES E O EMBATE DAS ELITES ORGANIZACIONAIS

OS REFLEXOS NA CONCEPÇÃO DA FAIXA DE FRONTEIRA NO BRASIL

CAPÍTULO 1
AS DIFERENTES PERSPECTIVAS DO ESTADO

O ponto de partida do modelo teórico aqui utilizado é a proposição de que é possível identificar três diferentes perspectivas de estudo do Estado – a pluralista, a organizacional e a de classes sociais – cada qual com seu próprio nível de análise: indivíduos, organizações ou sociedades[4]. Cada uma delas tem poderes e limitações[6] para o entendimento do Estado.

Cada perspectiva focaliza um patamar primário de análise por meio do qual o poder opera. Embora cada perspectiva teórica reconheça empiricamente as organizações, inclusive o Estado como uma organização, a análise deste, no nível organizacional, somente interessa à perspectiva organizacional. Neste caso, o poder é estrutural e é visto como forma de dominação entre organizações[7].

Sob perspectiva organizacional, utilizada no presente estudo, o campo de investigação são as redes organizacionais, consideradas partes integrantes do Estado e, nesse sentido, foca, no campo empírico, as estruturas dessas organizações e a forma como as elites expressam o seu domínio[8]. Neste trabalho, o método utilizado advém do nível particular de análise das organizações que integram o Executivo.

Considera-se elite organizacional um indivíduo ou um grupo de burocratas de alto escalão, que atuam com destaque na estrutura do Estado, mobilizando a rede interorganizacional para atender aos seus interesses. Essa elite burocrática configura as organizações por meio de decisões estratégicas manejando recursos de poder[9].

1.1 A perspectiva e o método organizacional

De acordo com a perspectiva organizacional, apesar do processo de centralização burocrática que dominou todo desenvolvimento do Estado nas sociedades modernas "poderosas organizações e interesses irracionais fragmentam o Estado" (ALFORD; FRIEDLAND, 1985, p. 9).

Segundo esta perspectiva, as causas dominantes são procuradas em estruturas de variantes significativas. No método de análise da perspectiva organizacional, a localização dessas causas dominantes ocorre a partir de duas maneiras de ver o mundo, denominadas "variantes", são elas: a variante funcional e a variante política.

---

6   A identificação dessas distintas perspectivas varia na literatura de Ciências Sociais: a teoria de classe é também conhecida como marxismo, a organizacional, como teoria da elite ou elitismo, e a pluralista, como funcionalismo ou pluralismo (ALFORD; FRIEDLAND, 1985, p. 3).
7   *Idem*, p. 3.
8   *Idem, op. cit.*, p. 5.
9   As elites organizacionais que manejaram recursos de poder e expressaram o seu domínio na concepção da faixa de fronteira, ao longo do tempo, encontram-se relacionadas no Anexo-A.

Na primeira, "as organizações são tratadas como sistemas determinados pela tecnologia, tarefas e ambiente". Essa variante sustenta que os atributos organizacionais levam a maior ou menor resultados, que podem ser medidos. Segundo a variante política, adotada neste trabalho, "informantes-chave são usados para localizar ou identificar as decisões estratégicas tomadas por elites que formataram decisivamente as estruturas das organizações onde elas exercem o controle". Segundo os autores,

> as estruturas organizacionais, inclusive o Estado, refletem as condições históricas da sua origem e essas estruturas não se adaptam automaticamente à mudança das condições [...]. Além disso, as elites organizacionais tomam decisões estratégicas para levantar questões específicas para mobilizar constituintes ou intervir de forma própria em operações de organizações privadas, que não são mecanicamente determinadas por tarefas, tecnologia ou ambiente do Estado [...]. As histórias organizacionais e as decisões estratégicas das elites são de extraordinária importância[10].

Cada perspectiva possui sua própria interpretação sobre qual a dimensão central da sociedade: cultural (pluralista), política (organizacional) e econômica (de classe). A dimensão política da sociedade é central para a perspectiva organizacional na medida em que ela permite focar as relações de poder dentro e entre redes organizacionais e as elites que as comandam; e examinar "alianças relativamente permanentes para mobilizar recursos com vistas a atingir certos objetivos, que acabam preservando a própria aliança". Essa perspectiva também salienta "a justaposição de relações políticas por meio de autoridades legais e de recursos organizacionais".

O aspecto chave da perspectiva organizacional é o burocrático. Apresento, a seguir, o modelo de análise da perspectiva organizacional, o qual ilustra o foco da investigação deste trabalho e oferece os elementos que facilitarão a compreensão do comportamento das elites organizacionais do Executivo federal e sua interferência na concepção da faixa de fronteira brasileira[11]:

---

10 *Idem, op. cit.*, p. 22-23.
11 *Idem, op. cit.*, p. 16.

Quadro 1: Síntese teórica a partir de "Table 2 – Theoretical perspectives and elements of a mode of inquiry"

Modelo de análise na perspectiva organizacional	
Elementos do modo de investigação	Campo de domínio
Nível de análise	Organizacional
Visão de mundo Relações políticas (variante política)	Conflitos organizacionais
Método	Localização das causas dominantes dentro das estruturas organizacionais
Dimensão chave da sociedade	Poder (político)
Relação entre Estado e sociedade	Interorganizacional, regido pela autoridade e pelo conflito
Aspecto chave do Estado	Burocrático

Fonte: ALFORD; FRIEDLAND, 1985, p. 16 (elaboração própria)

1.2 A fragmentação do Estado

Existem dois tipos de fragmentação: a vertical, que pode ser ilustrada pela "descentralização e recentralização de dois órgãos ou duas agências federais"; e a horizontal, que é observada "na divisão entre Executivo, departamento e programas, dentro do governo federal"[12].

A burocracia do Estado reflete complexidades internas e uma vez criado um departamento, suas práticas organizacionais tendem a ser racionalizadas; o que o conduz em direção à autonomia. O resultado é a "tendência para a fragmentação em todos os aspectos da burocracia estatal" (ALFORD; FRIEDLAND, 1985, p. 209).

Este trabalho explora a fragmentação horizontal do Estado, que é analisado como uma complexa estrutura, cuja unidade é parte de um contexto organizacional, dentro do qual outras unidades operam[13]. Contesta-se o pressuposto de que as organizações são instâncias homogêneas de tomada de decisão.

A fragmentação burocrática evidencia o caráter não monolítico do Estado. Como cada unidade organizacional dentro do Estado opera com diferentes estratégias para racionalizar as decisões em seu nível de atuação, o resultado é um complexo sistema de políticas burocráticas, que não necessariamente expressam uma racionalidade para todo o conjunto do Estado (PADGETT, 1981, p. 80 apud ALFORD; FRIEDLAND, 1985, p. 217).

Os departamentos do Estado tendem à racionalização de suas práticas por meio da criação de outras unidades burocráticas que, por sua vez, também racionalizam seus atos internos, alcançando certo nível de autonomia em suas atividades.

---

12 Idem, op. cit., p. 209.
13 Idem, op. cit., p. 215-216.

É por meio da fragmentação que as elites organizacionais se estruturam e conduzem os assuntos de seu interesse no Estado. O nível de autonomia e de racionalidade burocrática tende a provocar os resultados desejados pelas elites organizacionais dentro do Executivo federal.

Neste trabalho o Estado é visto como um sistema burocrático fragmentado, relativamente autônomo, com sua própria dinâmica interna, envolvendo diversas elites capazes de mobilizar diferentes recursos organizacionais.

1.3 O processo organizacional e o papel das organizações

Para compreender como as organizações operam e externam seus interesses, este trabalho recorre às proposições de Allison e Zelikow (1962), segundo os quais há três modelos teóricos de onde é possível derivar diferentes previsões: o modelo racional, o organizacional e o da política burocrática.

No primeiro dos modelos ("*Model I - Rational Choice Model*"), os analistas tentam "compreender os acontecimentos como atos mais ou menos intencionais de governos nacionais unificados" e "o objetivo da explicação é demonstrar como a nação ou o governo escolheria a ação em questão, dado um problema estratégico" (ALLISON, 1969, p. 690).

Já o modelo do processo organizacional ("*Model II - Organizational Process Model*"), propõe que "o que o Modelo I categoriza como 'atos' e 'escolhas' são, entretanto, '*outputs*' do funcionamento das grandes organizações de acordo com certos padrões regulares de comportamento" (ALLISON, 1969, p. 690).

Segundo o Modelo II, "as decisões se caracterizam menos como escolhas racionais deliberadas e mais como resultados de organizações, funcionando com base em rotinas, padrões e processos organizacionais". São características desse modelo:

> (i) envolve rotinas, procedimentos e programas padronizados; (ii) a adaptação organizacional é capaz de produzir alterações na estrutura, nas rotinas e nas decisões; e (iii) os líderes da organização podem influenciar as decisões, porém dentro dos limites estabelecidos pelos processos organizacionais (SCHWENK, 1988 *apud* BIN; CASTOR, 2007, p. 40).

O terceiro modelo ("*Model III - Bureaucratic Politics Model*") centra-se na política interna de um governo, onde os acontecimentos são entendidos, não como escolhas, nem como "*outputs*" organizacionais, mas como resultados ("*outcomes*") de vários jogos de barganha entre atores hierarquicamente organizados no governo nacional. Este modelo explora "as percepções, as motivações, os cargos, o poder e as manobras dos principais jogadores de onde o resultado emergiu", o que o distingue dos outros dois modelos (ALLISON, 1969, p. 690).

Os "resultados" que estes três modelos tentam explicar são essencialmente as ações dos governos nacionais, ou seja, a soma das atividades de todos os atores relevantes que compõem um governo cujas ações importam para análise de um problema (ALLISON, 2009, p. 690).

Tanto a perspectiva organizacional identificada por Alford e Friedland quanto o Modelo do Processo Organizacional descrito por Allison e Zelikow podem ser pensados à luz do debate neoinstitucionalista. A despeito das críticas, o neoinstitucionalismo contribui decisivamente para a análise política ao resgatar o papel das instituições – normas formais, informais, e organizações – na produção dos resultados sociais e políticos (HALL; TAYLOR, 2003, p. 193-194).

O neoinstitucionalismo minimiza "a dependência do Estado politicamente organizado com relação à sociedade em favor de uma interdependência entre instituições sociais e políticas, relativamente autônomas" (MARCH; OLSEN, 2008, p. 126-127).

Segundo essa corrente teórica, "se o comportamento individual no interior de uma estrutura política é guiado pelas regras, então é possível imaginar que a experiência histórica acumula-se ao longo de gerações de experiências individuais". A informação sobre tais experiências estaria codificada nas regras institucionais (MARCH; OLSEN, 2008, p. 130).

A proposição de que as instituições acumulam experiência histórica por meio do aprendizado, é fundamental neste trabalho, pois leva à compreensão de que a complexidade institucional dos Estados modernos advém de "um enlaçamento bastante complexo entre instituições, indivíduos e eventos" (MARCH; OLSEN, 2008, p. 128). Os resultados e as interferências das experiências passadas, segundo essa perspectiva teórica, encontram-se armazenados "em procedimentos padronizados, em regras profissionais e nas elementares regras de bolso da pessoa prática" (MARCH; OLSEN, 2008, p. 136).

Para o neoinstitucionalismo, um exame teórico mais abrangente da ordem normativa deve considerar as relações entre as normas, os significados de ambiguidade e de inconsistência nessas normas e "a trajetória temporal da transformação de estruturas normativas" (MARCH; OLSEN, 2008, p. 134). Considerando essa visão teórica, este trabalho observará a experiência histórica de condução da política de segurança e de defesa nacional e como esse conhecimento especializado foi um recurso de poder manejado pelas elites organizacionais no sentido de manter os seus interesses na faixa de fronteira do país.

Este capítulo oferece as bases da investigação sobre a fragmentação do Estado. Segundo a perspectiva organizacional, o Estado é fragmentado entre organizações cujas elites tomaram decisões estratégicas na sua configuração. As estruturas organizacionais moldadas por suas elites refletem as circunstâncias históricas de sua criação e não se adaptam rapidamente para acompanhar as mudanças dos padrões de comportamento que foram consolidados ao longo do tempo. Esta perspectiva teórica enfatiza a observação: (i) da vinculação da história organizacional e das decisões estratégicas das elites organizacionais na configuração das organizações; e (ii) das unidades internas, que tendem a racionalizar suas decisões, buscando autonomia dentro do Executivo. O modelo do processo organizacional enfatiza a ideia de que os "atos" e "escolhas" das organizações são resultados de seus padrões regulares de comportamento, os quais envolvem rotinas e procedimentos padronizados. Essa visão auxilia na identificação das elites frente ao objeto empírico, a partir de duas variáveis importantes: (i) a permanência histórica e (ii) os recursos de poder. O neoinstitucionalismo unifica e complementa as duas abordagens acima descritas ao apontar as organizações governamentais como atores políticos que acumulam experiência histórica, a qual é codificada no interior da estrutura organizacional.

Este é o referencial teórico a partir do qual foram levantadas as hipóteses que orientam a análise empírica. A primeira delas sustenta que o comportamento das elites organizacionais que atuam no Executivo federal e lidam com a faixa de fronteira influencia a concepção predominante sobre essa região, em virtude de suas práticas organizacionais. A capacidade de exercer influência sobre essa concepção está diretamente relacionada à permanência histórica e aos recursos de poder das organizações: quanto maior for a permanência histórica e quanto mais amplos ou significativos forem os recursos de poder, maior será a influência de uma organização sobre a concepção da faixa de fronteira do Brasil.

A segunda hipótese é que a concepção dominante quanto à faixa de fronteira expressa o nível de racionalidade e autonomia burocrática da elite organizacional com práticas nessa região do país.

CAPÍTULO 2
DISCRIMINAÇÃO CONCEITUAL

A revisão da literatura sobre fronteiras no Brasil permite constatar uma equivocada utilização, em estudos acadêmicos, de forma indiscriminada, da expressão "faixa de fronteira", quando se pretende discutir fronteira, limite e zona de fronteira. Ao discutir a concepção da faixa de fronteira, este trabalho procura contribuir para o aumento da capacidade discriminatória dos conceitos de limite, fronteira e zona de fronteira, elucidando as características específicas de cada um deles.

2.1. Faixa de fronteira

A faixa de fronteira é a área legalmente estabelecida pelo Estado para direcionar um tratamento político diferenciado em relação ao restante do país. Na América Latina, esta faixa, quando adotada, varia de dimensão conforme a sua natureza.

O Brasil, por exemplo, delimita uma faixa de fronteira de até 150 (cento e cinquenta) quilômetros de largura ao longo das fronteiras terrestres e a considera como fundamental para defesa do território nacional. Ao mesmo tempo, reconhece uma faixa de fronteira de 20 (vinte) quilômetros para identificação de localidades fronteiriças vinculadas ao Uruguai para fins de direcionamento de benefício à comunidade fronteiriça[14].

O Peru delimita uma faixa de fronteira de 50 (cinquenta) quilômetros para fins de segurança e firmou acordo com o Brasil, em 2002, no sentido de reconhecer uma zona de integração fronteiriça (ZIF), com vistas ao desenvolvimento regional. Na versão que tramita na Presidência da República, não há dimensão exata dessa ZIF e sim uma divisão espacial mediante a identificação de três setores: norte, sul e central[15].

---

14 O Acordo entre o governo da República Federativa do Brasil e o governo da República Oriental do Uruguai para Permissão de Residência, Estudo e Trabalho a Nacionais Fronteiriços Brasileiros e Uruguaios, de 21 de agosto de 2002, promulgado no Brasil por meio do Decreto nº 5.105, de 14 de junho de 2004, reconhece uma faixa de até 20 (vinte) quilômetros para identificação de localidades fronteiriças vinculadas para ambos os países concederem permissão para: a) residência na localidade vizinha, situada no território da outra Parte, à qual fica vinculada na forma deste Acordo; b) exercício de trabalho, ofício ou profissão, com as consequentes obrigações e direitos previdenciários deles decorrentes; c) frequência a estabelecimentos de ensino públicos ou privados. O referido acordo foi promulgado no Uruguai por meio da Lei nº 17.659, de 19 de junho de 2003. Fonte: <http://frontera.mides.gub.uy/innovaportal/file/5098/1/acuerdo_argentina-brasil.pdf.>. Acesso em: 9/10/2011.

15 De acordo com a Exposição de Motivos Interministerial (EMI) nº 307 – DAI/DAM III/CGDL/AFEPA/MRE/MJ/MD/MF/MAPA/MIN-PAIN-BRAS-PERU, assinado em 24/06/2011, pelo então Ministro das Relações Exteriores, Celso Amorim, e pelo seu homólogo, o Ministro José Antonio García Belaunde, e encaminhado à Presidenta Dilma Rousseff, o "Acordo conferirá base legal para todos os organismos envolvidos com o processo de integração fronteiriça entre Brasil e Peru. Seu objetivo é promover a integração econômica, comercial e social da região fronteiriça Brasil-Peru, por meio de Planos Operativos elaborados em função das características, potencialidades e necessidades particulares de cada setor da ZIF Brasil-Peru". A ZIF proposta está dividida em três setores, com identificação das áreas territoriais abrangidas em cada um dos países: (1) Norte (Brasil): Amaturá, Atalaia do Norte, Benjamin Constant, Jutaí, Santo Antonio do Içá, São Paulo de Olivença, Tabatinga e Tonantins (Estado do Amazonas), tendo como núcleo administrativo para a integração a cidade de Benjamin Constant; e Peru: as Províncias de Ramón Castilla e Requena (Departamento de Loreto); e os Distritos

Entretanto, em versões anteriores ao referido acordo, atrelava-se a dimensão da ZIF àquelas referentes às respectivas faixas de fronteira dos Estados-parte.

A Colômbia reconhece uma "zona de frontera" e a Venezuela uma *"franja de seguridad"*, mas não delimitam uma largura específica que possa ser reconhecida como uma "faixa" de fronteira, nos moldes estabelecidos pela Bolívia, Brasil, Equador, Paraguai, Peru e Uruguai.

As Cartas Políticas do Chile, Guianas e Suriname não fazem menção sobre uma dimensão específica de faixa de fronteira ou reconhecimento de uma zona de fronteira[16].

A Constituição da Argentina não reconhece uma faixa de fronteira em seu texto constitucional, mas delega ao Congresso o tratamento do tema *"seguridad de las fronteras"*[17]. A Argentina define uma zona de fronteira e uma zona de segurança de fronteiras desde 1944 por meio de normas infraconstitucionais[18]. O tratamento normativo, cujo detalhamento se dá através de descrição cartográfica das zonas de segurança de fronteiras, foi revisto em 1994 e em 2007. Diferentemente de outros países da América Latina, a *"zona de seguridad"* definida pela Argentina não é uma "faixa" de profundidade similar para todo o perímetro da fronteira, uma vez que é definida considerando-se as rodovias, as populações e os acidentes geográficos da localidade[19].

O Uruguai não possui definição legal de uma faixa de fronteira. Entretanto, em 2002, os governos brasileiro e uruguaio reconheceram algumas localidades situadas em uma faixa de 20 km com o objetivo de promover a integração fronteiriça para permissão de residência, estudo e trabalho a nacionais fronteiriços de ambos os lados. O decreto foi promulgado, no Brasil e no Uruguai, em 2004[20] e 2009[21], respectivamente.

Apresento, a seguir, tabela informativa de faixas de fronteira definidas na América do Sul, considerando o marco constitucional, legal e ainda decretos baixados pelo Executivo federal:

---

de Fernando Lores, Indiana e as Amazonas, Distritos da Província de Maynas (Departamento de Loreto); tendo como núcleo administrativo para a integração a cidade de Iquitos; (2) Central (Brasil): Cruzeiro do Sul, Feijó, Jordão, Mancio Lima, Manoel Urbano, Marechal Taumaturgo, Porto Walter, Rodrigues Alves, Santa Rosa do Purus, Tauaracá (Estado do Acre); Envira, Guajará, Ipixuna (Estado do Amazonas), tendo como núcleo administrativo para a integração a cidade de Cruzeiro do Sul; e Peru: o Departamento de Ucayali, tendo como núcleo administrativo para a integração a cidade de Pucallpa; e Sul (Brasil): Acrelândia, Assis-Brasil, Brasileia, Bujari, Capixaba, Epitaciolândia, Plácido de Castro, Rio Branco, Senado Guiomard, Sena Madureira, Xapuri, Porto Acre (Estado do Acre); Boca do Acre, Canutama, Lábrea e Pauini (Estado do Amazonas); tendo como núcleo administrativo para a integração a cidade de Rio Branco; e Peru: o Departamento de Madre de Dios; a Província de Quispicanchi (Departamento de Cusco); e as províncias de Carabaya e Azángaro (Departamento de Puno); tendo como núcleo administrativo para a integração a cidade de Puerto Maldonado. Essas áreas abrangem mais que as respectivas faixas de fronteira de cada um dos países.

16 A Guiana Francesa é uma região da França em igualdade com as demais daquele país, sendo considerada o único território da União Europeia (UE) na América Latina. Nesse sentido, o estudo sobre uma faixa de fronteira remete às discussões existentes na Europa sobre "cross-border", o qual não é objeto do presente trabalho, mas é um tema que tem sido debatido na UE em momentos recentes e que merece um adequado estudo comparativo. As discussões institucionalmente consideradas pela Comunidade Europeia ocorrem no evento anual denominado "Open Days", em Bruxelas, Bélgica. O "9th. European Week of Regions and Cities" ocorreu no período de 10 a 13/10/2011, cujas informações encontram-se disponíveis em: <http://ec.europa.eu/regional_policy/conferences/od2011/index.cfm>. Acesso: 14/10/2011.

17 Art. 75 (16) da Constituição Argentina de 1994.

18 Decreto-Ley nº 15.385, de 1944.

19 O Decreto nº 887, de 1994, que estabelece os limites das zonas de segurança de fronteiras em todo o território argentino, foi alterado em parte pelo Decreto nº 1.648, de 2007, o qual modifica os limites das zonas de segurança de fronteiras correspondentes às Províncias de Neuquén, de Rio Negro, de Chubut e de Santa Cruz.

20 Decreto nº 5.105, de 14 de junho de 2004.

21 Ley nº 26.523, de 14 de outubro de 2009. Disponível em: <http://www1.hcdn.gov.ar/dependencias/dsecretaria/Leyes/Leyes%20nacionales.htm>. Acesso: 28/01/2013.

Quadro 2: Compilação sobre faixas de fronteira e delimitações fronteiriças na América Latina

Faixas de fronteira e delimitações fronteiriças na América Latina*				
País	Caracterização	Delimitação	Fator (es)	Fonte
Argentina	Zona de Frontera e Zona de Seguridad de Fronteras	Variável (cartografia)	Segurança	Decreto nº 887, de 1994, modificado pelo Decreto nº 1.648, de 2007
Bolívia	Zona de Seguridad fronteriza	50 km 20 km	Segurança Socioeconômico	Art. 262, da Constituição de 2009 Ley nº 3.016, de 12 de abril de 2005 Decreto nº 6.737, de 12 de janeiro de 2009
Brasil	Faixa de Fronteira e Zona de Integração Fronteiriça	150 km	Defesa e Socioeconômico	Art. 20, §2º, da Constituição de 1988
Chile	-	-	-	Constituição de 1980, reformada em 2005
Colômbia	Zonas de Frontera	Sem indicação de largura	Socioeconômico	Art. 289 e 337, da Constituição de 1991, reformada em 1997
Equador	Franja fronteriza	40 km	Socioeconômico	Art. 249, da Constituição de 2008
Guiana	-	-	-	Constituição de 1980, reformada em 1996
Guiana Francesa	-	-	-	Constituição francesa de 1958
Paraguai	Zona de seguridad fronteriza	50 km	Segurança	Ley nº 2.532, de 17 de fevereiro de 2005 (regulamentada pelo Decreto nº 7.525, de 26 de octubre de 2011)
Peru	Delimitação geográfica sem uso de terminologia específica	50 km	Segurança e Socioeconômico	Art. 71, da Constituição de 1993
Suriname	-	-	-	Constituição de 1987, reformada em 1992
Uruguai	Faja	20 km com o Brasil	Socioeconômico	Ley nº 26.523, de 14 de octubre de 2009 Decreto nº 5.105, de 14 de junho de 2004
Venezuela	Zona de Seguridad	Sem indicação de largura	Segurança	Art. 327, da Constituição de 1999

Fonte: Elaboração própria
* As consultas sobre faixa de fronteira e zonas de fronteira em Constituições estrangeiras foram realizadas no banco de dados "Political Database of the Americas": <http://pdba.georgetown.edu/Constitutions/constudies.html>. Acesso: 11/10/2011.

Conforme se pode observar, seis países da América do Sul delimitam uma "faixa" de fronteira (Bolívia, Brasil, Equador, Paraguai, Peru e Uruguai). Porém, não há uniformidade na definição adotada e tampouco há um padrão de delimitação dessa faixa. No entanto, quando uma "faixa" mostra-se delimitada, nota-se uma tendência de se considerar uma dupla concepção (segurança e desenvolvimento socioeconômico) para tal região dos países.

A seguir, uma ilustração das faixas de fronteira institucionalizadas na América do Sul, a partir dos marcos constitucionais e legais:

Figura 1: Faixas de fronteira na América do Sul

2.2 Zona de fronteira e faixa de fronteira

A faixa de fronteira poderá ou não coincidir com a região de fronteira que é a área no interior da qual os fluxos transfronteiriços acarretam efeitos concentrados. "A soma das regiões de fronteira de dois ou mais Estados limítrofes" é o que se considera como zona de fronteira, conforme se observa na Figura 1 (STEIMAN, 2002, p. 3)[22].

Entretanto, na investigação realizada sobre o tema redes e fluxos fronteiriços, chegou-se a afirmar que "a zona de fronteira seria composta pelas faixas de cada lado do limite internacional" (STEIMAN, 2002, p. 16). Ocorre que esse conceito, apresentado em trabalhos científicos anteriores, merece adequação, nesta oportunidade, uma vez que, enquanto as zonas de fronteiras são correntes entre os países com contato físico, a faixa de fronteira nem sempre é delimitada por eles. Por isso é pouco apropriado atrelar o conceito de zona de fronteira às faixas de fronteira de cada um dos lados do limite internacional. Um possível conceito para a zona de fronteira seria o de um espaço geográfico construído pelas próprias redes e fluxos fronteiriços, o qual pode variar conforme o efeito resultante do contato entre os países[23].

De fato, calcular os efeitos dos fluxos para delinear uma zona de fronteira, "é mais difícil de justificar em termos teóricos do que operacionais". Segundo estudos de geografia política, "a extensão desses efeitos teria uma gradação decrescente numa zona de distância indeterminada rumo ao interior de cada território" (STEIMAN, 2002, p. 16).

A afirmação de que a dificuldade de se determinar a distância dos efeitos das redes e fluxos fronteiriços traria "implicações práticas para a atuação do Estado em suas faixas de fronteira" (HOUSE, 1980 *apud* STEIMAN, 2002, p. 16) também não se mostra apropriada, uma vez que a faixa de fronteira é determinada por um agente estranho ao meio local, qual seja, o Estado. Dessa forma, atrelar a atuação do Estado na faixa de fronteira aos fluxos locais não implicaria maior ou menor atenção do poder central. O estabelecimento da faixa de fronteira é uma variável independente por se tratar de uma delimitação em abstrato e também por ser um "locus" de atuação institucional. O conhecimento das redes e fluxos locais seria variável dependente, servindo como elemento informativo ao aperfeiçoamento da gestão na região.

A dificuldade de medição de uma zona de fronteira advém principalmente do fato de que os efeitos se expressam com forma e amplitude diferenciada no território, ocorrendo, às vezes, de forma conjugada, isolados, contínua ou descontinuamente (HOUSE, 1980 *apud* STEIMAN, 2002, p. 16).

Indica-se abaixo uma demonstração não apropriada de vinculação da zona de fronteira às faixas de fronteira paralela ao limite internacional:

---

22 No que se refere às redes e aos fluxos fronteiriços, e sua possível correlação com a faixa de fronteira, destaca-se o estudo de House das relações transfronteiriças entre México e Estados Unidos, onde foi desenvolvido um modelo para descrever os fluxos de bens, capitais e pessoas. Estes fluxos caracterizariam as zonas de fronteira (HOUSE, 1980 *apud* STEIMAN, 2002, p. 16).

23 Segundo STEIMAN, "é impossível determinar a que distância ocorrem todos os efeitos decorrentes da presença do limite internacional, essa região sob efeito do limite político, com delimitação imprecisa seria a própria região de fronteira". Entrevista em 8/12/2011.

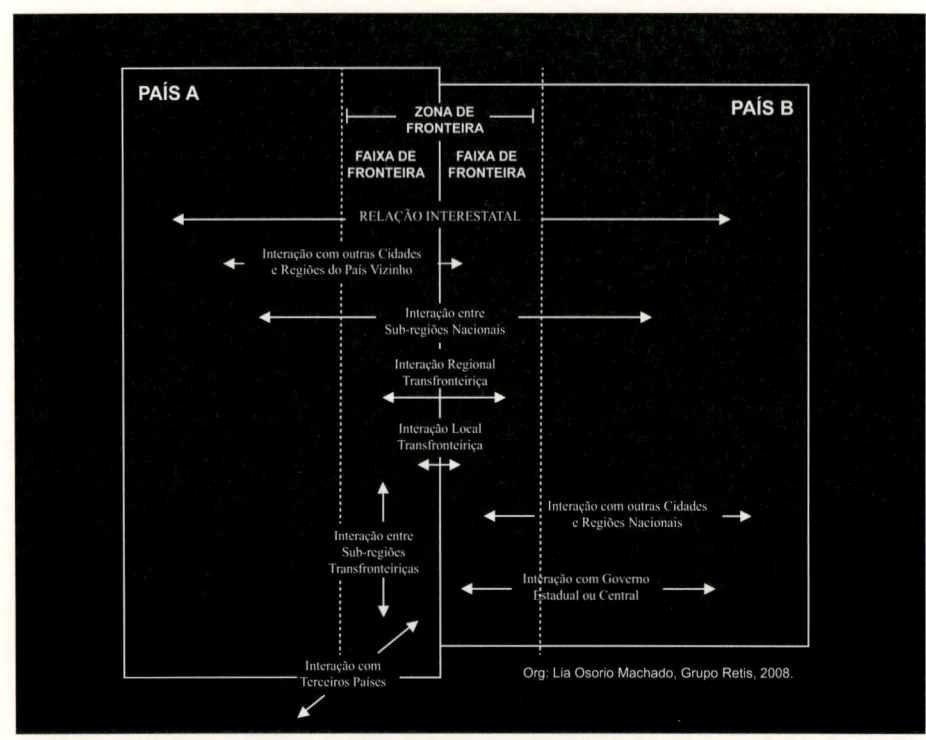

Figura 2: Interações interescalares em zona de fronteira

Fonte: Grupo Retis (2010)

Na sequência, apresento uma ilustração um pouco mais criteriosa em relação à definição de uma zona de fronteira e de uma faixa de fronteira, a partir daquela adotada neste trabalho, onde esta faixa é compreendida como um conceito em abstrato e vinculado ao tratamento diferenciado da região em relação ao restante do país fixado pelo poder central e, nesse sentido, como área geográfica de atuação específica por diversas organizações governamentais:

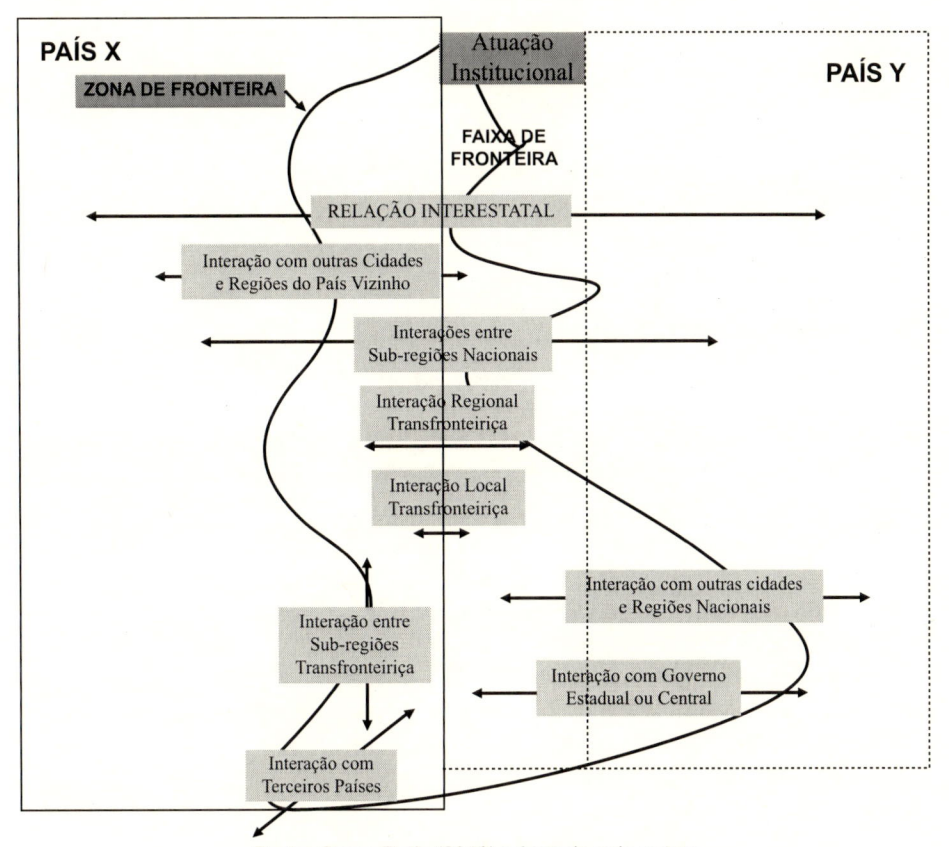

Figura 3: Interações interescalares em faixa de fronteira

[Figura: diagrama mostrando PAÍS X e PAÍS Y, com ZONA DE FRONTEIRA, Atuação Institucional, FAIXA DE FRONTEIRA, RELAÇÃO INTERESTATAL, Interação com outras Cidades e Regiões do País Vizinho, Interações entre Sub-regiões Nacionais, Interação Regional Transfronteiriça, Interação Local Transfronteiriça, Interação com outras cidades e Regiões Nacionais, Interação entre Sub-regiões Transfronteiriça, Interação com Governo Estadual ou Central, Interação com Terceiros Países]

Fonte: Grupo Retis (2010) adaptada pela autora

Portanto, considerando que a zona de fronteira é o espaço geopolítico construído pelas interações locais e regionais, e que a faixa de fronteira tem o seu sentido a partir das interações nacionais, o conceito mais apropriado seria aquele que separa tais institutos. Enquanto

> a faixa de fronteira constitui uma expressão "de jure", associada aos limites territoriais do poder do Estado, o conceito de zona de fronteira aponta para um espaço de interação, uma paisagem específica, com espaço social transitivo, composto por diferenças oriundas da presença do limite internacional, e por fluxos e interações transfronteiriças, cuja territorialização mais evoluída é a das cidades-gêmeas (OSÓRIO, 2005, p. 21).

2.3 Limite e fronteira

Há que se diferenciar, ainda, "limite" de "fronteira".

O conceito de limite enseja uma conotação política na medida em que "encerra uma unidade política territorial, permitindo uma coesão interna". Por outro lado, o limite entre dois países também está atrelado a um "conceito político jurídico de fortalecimento da soberania e do controle do exercício de poder sobre o território" (BENTANCOR, 2009, p. 15).

A fronteira, por sua vez, tem sua base epistemológica em "front", ou seja, "frente, espaço de onde se projeta algo, e assim é pensada desde a ideia da expansão do Estado e não em seu fim". Fronteira é algo que "se abre, indica um começo do Estado, sendo um projeto ao qual se abrem as estratégias para si mesmo"[24].

Enquanto o limite está atrelado, por sua natureza, à delimitação do poder do Estado; a fronteira "é uma área onde se superpõem as influências socioculturais e econômicas dos países limítrofes". Este conceito está "associado a movimento, à área de difusão de múltiplos elementos, que podem ocorrer, tanto em razão do espaço físico, quanto da sociedade, com sua clara diferença espaço-temporal".

Em outras palavras, haveria uma diferença básica entre fronteira e limite, vez que a fronteira é composta por duas partes de territórios fronteiriços de dois países, enquanto que a linha divisória ou limite é comum a ambos e é por eles politicamente demarcado.

O conceito de limite é "fechado", enquanto que o de fronteira é "aberto", vez que tem sua base nas relações sociais, caracterizada por intercâmbios e interações que fogem ao controle do Estado. "A fronteira compreende o limite, é algo que está ali, mas não é a fronteira"[25], como pode se observar na figura a seguir:

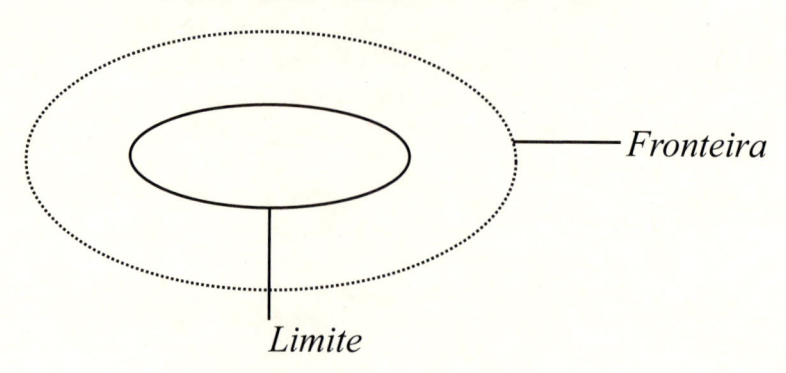

Figura 4: Diferenciação entre limite e fronteira

Fonte: Elaboração própria

---
24 BENTANCOR, 2009, p. 15.
25 *Idem, op. cit.*, p. 17.

O quadro 3 apresenta os limites políticos definidos pelo Brasil, sendo 9.523 quilômetros delimitados por rios, canais e lagoas e 7.363 quilômetros por divisores de águas e linhas geodésicas:

Quadro 3: Limites políticos definidos pelo Brasil

	Rios e Canais (km)	Lagoas (km)	Geodésicas (km)	Div. de Águas	Total	Total de marcos
França (Guiana)	427			303	730	7
Suriname				593	593	60
Guiana	698			908	1606	134
Venezuela			90	2109	2199	2456
Colômbia	809		612	223	1644	128
Peru	2003		283	709	2995	86
Bolívia	2609	63	751		3423	426
Paraguai	929			437	1366	901
Argentina	1236			25	1261	260
Uruguai	610	139	57	263	1069	1174
Total	9321	202	1793	5570	16886	5632

Fonte: MRE/DAS-II (2010)

Figura 5: Ilustração dos limites políticos

definidos por rios, canais e lagoas;   definidos por divisores de águas e linhas geodésicas

Fonte: MRE/DAS II-2010

Na busca do significado de "fronteira", destaca-se, ainda, o estudo de geografia realizado por Cuisiner-Raynal (2001), segundo o qual existem cinco modelos de fronteiras conforme a sua permeabilidade, os quais possuem uma dinâmica territorial própria e, quando compreendidos, podem orientar a ação do Estado.

As cinco situações singulares, denominadas pelo autor de "cenários de fronteira", são dotadas de arranjos dinâmicos conforme o segmento fronteiriço: margem, zona-tampão, frente, sinapse e capilar.

O primeiro modelo de fronteira é o denominado "margem" (*marges*) e seria aquele em que os Estados não se dedicam a investir políticas públicas setoriais ou projetos de cooperação fronteiriços[26]. Já o segundo modelo é a fronteira "marcha", "degrau" ou "zona tampão" (*périphéries-tampons* ou *marges*), onde as populações fronteiriças mantêm relações esporádicas e atravessam a fronteira por pequenas trilhas [27]. O terceiro tipo de segmento fronteiriço é denominado "frente" (*fronts*) e corresponderia à ampla zona militar ao longo da fronteira que, embora ativa, permanece em menor grau frente às demarcações ultimadas pelos Estados[28][29][30]. O quarto modelo é o da fronteira como "sinapse" (*synapes*), caracterizada pelo alto grau de intercâmbio entre populações fronteiriças. Esse tipo de interação é apoiado pelos Estados contíguos, os quais constroem pontos de infraestrutura de conexão física. Por consequência, desenvolve-se apoio administrativo operacional especializado e criam-se regras para a dinâmica de fluxos de pessoas, especialmente àquelas que se dedicam à compra e venda de mercadorias (CUISINER-RAYNAL, 2001, p. 218) [31].

---

26 As estruturas sociais locais são muitas vezes baseadas na própria comunidade local e o comércio transfronteiriço, embora possa ser fundamental, sofre sempre com o isolamento que ali predomina, considerando-se o contexto nacional--binacional (CUISINER-RAYNAL, 2001, p. 215). Um exemplo desse tipo de segmento fronteiriço seria a fronteira de Santa Rosa do Purus, no Estado do Acre, com o departamento de Ucayalli, no Peru.

27 No Brasil, um exemplo seria o da área compreendida pelo Parque Nacional Montanhas do Tumucumaque, nos estados do Amapá e Pará, criado pelo Decreto de 22 de agosto de 2002.

28 Neste tipo de fronteira, as relações bilaterais ou internacionais dominam as locais e a comunidade fronteiriça é engajada em um processo de defesa à integridade do território nacional. O país torna-se um espaço de referência "difícil" para a construção (ou consolidação) de um sentimento de nacionalidade, daí essa localidade de "front" ser apoiada e reforçada por destacamentos militares (DELER, 1995; FOUCHER, 1991 apud CUISINER-RAYNAL, 2001, p. 217). No Brasil, esse tipo de fronteira é característica na localidade de Vila Bittencourt, no estado do Amazonas, na fronteira do Brasil com a Colômbia. A comunidade ali localizada encontra-se isolada tanto da capital do estado, quanto da federal, cujo sentimento de pertencimento à nação brasileira é reforçada pela presença do 3º Pelotão Especial de Fronteira (3º PEF), subordinando ao 8º Batalhão Especial de Fronteira (8º BEF).

29 A Vila Bittencourt encontra-se situada na fronteira do Brasil com a Colômbia, possui infraestrutura modesta e o abastecimento da comunidade, com grande presença indígena, depende, em grande medida, da Força Aérea Brasileira (FAB). O acesso à vila se dá por meio de aviões da FAB ou barcos que atravessam o Rio Japurá. A Vila Bittencourt possui um posto de saúde, que se resume a uma sala nas dependências administrativas do Exército e um galpão comunitário. A educação realizada por meio do ensino à distância e é direcionada, basicamente, aos filhos dos militares ali residentes por dois anos. Segundo o Exército, o tempo mínimo de permanência em Grupo Especial, computado continuamente, para efeito de movimentação, é de 24 (vinte e quatro) meses (Portaria nº 70 - DGP, de 23 de março de 2010, publicada no BE nº 12/2010, de 26 de março de 2010). Disponível em: <http://www.sgex.eb.mil.br/index.php?option=com_content&view=article&id=29&Itemid=48>. Acesso em: 4/04/2011. Além do Exército, apenas a Polícia Federal mantém um funcionário na localidade. Fonte: Estudo de campo da autora em 30 de outubro de 2008.

30 Há um esforço das Forças Armadas, em especial do Exército Brasileiro em manter um destacamento militar na Vila Bittencourt com sessenta e seis homens.

31 Estas fronteiras são denominadas de "sinapses" pelo autor em virtude do sentido dado à sinapse na biologia. Sinapse é o nome dado à região de comunicação entre dois neurônios (neuro-neural) ou entre um neurônio e uma fibra muscular (neuromuscular). Fonte: <http://www.colegioweb.com.br/biblioteca/sinapse.html>. Acesso: 02/03/2011. Um exemplo desse tipo de fronteira seria a do Brasil com o Paraguai, na altura da Ponte da Amizade sob o Rio Paraná, localizada em Foz do Iguaçu, no Estado do Paraná, do lado brasileiro.

O quinto cenário de fronteira é chamado "capilar" ("capillaires") e é caracterizado pela dinâmica de troca entre as populações fronteiriças por meio de redes de comunicação (trilhas ou caminhos)[32].

Como visto, os tipos de fronteira variam conforme a sua permeabilidade e a localização geográfica e suas características interferem na maior ou menor presença de organizações na localidade. Depreende-se dos estudos realizados por Cuisiner-Raynal que: (i) uma fronteira com baixo nível de permeabilidade, tende a ter menor representação do Estado; (ii) as organizações do Estado tenderiam a ser mais presentes nas fronteiras mais permeáveis, onde o fluxo comercial e populacional é maior. Entretanto, o aprofundamento do estudo nessa linha de investigação não é objeto do presente trabalho.

A maioria dos países da América Latina destaca a região da fronteira em seus instrumentos normativos. Nos casos em que o país delimita uma "faixa" de fronteira, nota-se a prevalência da concepção de segurança nacional.

Há diferenciação conceitual entre faixa de fronteira e zona de fronteira, e entre limite e fronteira. Cada conceito possui um debate próprio. Faixa de fronteira é a área legalmente estabelecida pelo Estado para direcionar um tratamento político diferenciado em relação ao restante do país; zona de fronteira é um espaço geográfico variável, construído pelas próprias redes e fluxos fronteiriços; limite encerra uma unidade política territorial e está atrelado à delimitação do poder do Estado e fronteira é uma área onde as influências socioculturais e econômicas dos países limítrofes se superpõem, e cujas relações sociais ocorrem sem a interferência direta do Estado.

---

[32] O trapézio amazônico formado pelas cidades de Letícia, de Tabatinga, de Benjamin Constant e de Islândia seria um exemplo desse modelo, onde a interação e a integração fronteiriça ocorrem espontaneamente (CUISINER-RAYNAL, 2001, p. 219). Uma localidade que também pode ser considerada um exemplo desse quinto modelo é a fronteira Aceguá-Acegua, na fronteira do Brasil com o Uruguai.

CAPÍTULO 3

AS CAUSAS E AS CONSEQUÊNCIAS DA ESTRUTURA ORGANIZACIONAL E POLÍTICA NA FAIXA DE FRONTEIRA: os recursos de poder do CDN, CSSN e CSN

Os motivos de a região da faixa de fronteira ser, ainda hoje, concebida, pela maioria dos políticos e dos burocratas, como uma área de segurança nacional, pode ser compreendida na observação da atuação das elites organizacionais (militares)[33] na condução da política de segurança nacional a partir da década de 1930.

De 1927 a 1988, a condução de determinados assuntos na faixa de fronteira esteve sob o controle do poder central, em virtude de o tema faixa de fronteira integrar a rotina de colegiados, compostos por altas autoridades do Executivo federal, encarregadas de ditar a política de segurança nacional. Esses colegiados foram permanentemente secretariados por elites organizacionais militares, cujas práticas organizacionais influenciaram decisivamente a concepção da faixa de fronteira brasileira[34].

---

33 Este trabalho trata da atuação das elites organizacionais na faixa de fronteira do Brasil, e, nesse sentido, ao abordar organizações militares, considera que "do conhecimento dos diversos aspectos que apresentam as instituições militares de um país resultam indicações úteis à boa compreensão de sua história e ao julgamento dos homens que presidem aos seus acontecimentos. Mas, para a compreensão das suas características, devem ser vistas tais instituições sempre no quadro histórico nacional e no da época da civilização em que se situem, considerando-se o que era possível fazer, face às necessidades. [...] A compreensão e o justo julgamento da razão de ser da eficiência ou não, do mecanismo militar nacional, reclama análise atenta das circunstâncias de cada momento histórico" (MAGALHÃES, 1998, p. 19-20). Assim, considera-se a influência do período das duas grandes guerras (1914 a 1918 e 1939 a 1945) um dado importante ao tratamento dos temas inerentes à defesa e à segurança pelos países da América Latina, em especial pelo Brasil.

34 Nesta época, o Exército brasileiro seguia a doutrina militar francesa introduzida no país por meio da Missão Militar Francesa que orientou o modelo a ser seguido no período de 1919 a 1940; período a partir do qual, com a derrocada da França frente à Alemanha nazista, o modelo brasileiro passou a ser influenciado pela doutrina norte-americana. "A redação do contrato da Missão Militar Francesa não foi feliz. Pensara-se primeiro em lhe dar o papel de assistente, para submeter ao seu critério todas as decisões ou resoluções do comando antes de adotadas. Mas o termo assistente, para os franceses, pareceu inferior, pois em sua língua significa mais aprendiz ou coadjuvante que instrutor ou coisa equivalente, sendo substituído pelo de consultor. Desde então, ela ficou efetivamente à margem das atividades práticas, muito embora, mesmo assim, prestasse valiosos serviços" (MAGALHÃES, 1998, p. 329). "Uma das primeiras, mais lógicas e necessárias reformas promovidas por influência da Missão Militar Francesa foi a criação do Conselho de Segurança Nacional, surgido em 1927 com a denominação de Conselho de Defesa Nacional. Era um dos efeitos no mecanismo de reparação das nações para a guerra, do conflito de 1914, que teve caráter de guerra mundial, consequência da revolução científico-industrial. Fazia-se mister poder produzir o necessário à manutenção das forças militares, sem colapsos, e também ter a possibilidade de criar oportunamente meios de combate novos, com uma conveniente utilização do potencial das indústrias. Verificou-se que não somente os êxitos, bons ou maus, obtidos nos campos de batalha influíram no entusiasmo, confiança ou desânimo de toda a nação, mas ser o estado de ânimo do interior do país e as atividades aí desenvolvidas, condicionantes da capacidade de combater os exércitos. Em suma, não se tratava mais desde então de mobilização militar e sim de mobilização nacional. Este fenômeno se amplia com o segundo conflito mundial, que desenvolveu a preparação moral e criou o preparo da mobilização científica" (MAGALHÃES, 1998, p. 331). "De um modo geral, a Missão Militar Francesa promoveu a reestruturação de todo o mecanismo geral do Exército, incluídos necessariamente os órgãos dos serviços, cuja reestruturação de sua existência em tempo de paz, tomou por base a melhor preparação possível para o desempenho do seu papel em caso de guerra, através do mecanismo da mobilização" (MAGALHÃES, 1998, p. 339).

O Estado brasileiro não se comportou como um conjunto rígido, indivisível, no tratamento da faixa de fronteira. Uma série de elites organizacionais se estruturou para conduzir os assuntos de seu interesse nessa região do país. Algumas elites com mais autonomia e recursos de poder que outras.

3.1 O Conselho de Defesa Nacional de 1927 e o Conselho Superior de Segurança Nacional: parâmetros estruturais

Foi a partir da criação do Conselho de Defesa Nacional (CDN), em 1927 durante o governo Washington Luís, que foram erguidas as bases organizacionais para a condução da política de defesa nacional, mas tarde, política de segurança nacional, pelo Conselho Superior de Segurança Nacional (CSSN) e pelo Conselho de Segurança Nacional (CSN) no Brasil[35]. A estrutura organizacional do CDN de 1927, que incluía normas, rotinas e a distribuição de departamento e agências (unidades burocráticas) no âmbito do governo, foi replicada e aperfeiçoada, ao longo do tempo, e fez com que o CSSN e o CSN ocupassem uma posição de destaque no Executivo federal.

No período que intermediou a Constituição de 1891 e a de 1934, competia ao Congresso Nacional adotar o regime conveniente à segurança das fronteiras e pertencia à União a porção do território indispensável para a defesa das fronteiras, fortificações, construções militares e estradas de ferro federais[36].

O CDN de 1927 tinha a função consultiva e a responsabilidade de estudo e coordenação de informações de todas as questões de ordem financeira, econômica, bélica e moral, relativas à defesa da pátria[37]. Nesta época, os assuntos referentes à fronteira seguiam a diretriz, ainda, da lei imperial de 1850, especialmente em relação à ocupação dessa região do país[38].

---

35 Até onde foi possível investigar, não há um documento específico intitulado "Política de Segurança Nacional". Essa política foi expressa, ao longo do tempo, por meio de instrumentos legais baixados pelas elites organizacionais vinculadas a esse assunto. Nesse sentido, ver Anexo – B. A política de defesa nacional, por sua vez, passou a deter texto próprio, somente a partir de 2005. Por meio da Lei do Serviço Militar (Lei nº 4.375, de 1964, regulamentada pelo Decreto nº 57.657, de 1966) é possível verificar alguns elementos que, mas tarde, foram incorporados à política de defesa nacional. Em 1996, foi elaborado um documento relativo à defesa nacional, que não foi entendido à época como uma política; embora esteja assim intitulado em sítio da Presidência da República. Este documento encontra-se disponível em <http://www.planalto.gov.br/publi_04/colecao/DEFES.htm>. Acesso: 16/11/2011.
36 Art. 34 e 64, da Constituição de 1891.
37 O CDN foi instituído por meio do Decreto nº 17.999, de 29 de novembro de 1927. Esse conselho teria sido criado pelo referido decreto em virtude de "embaraços das disposições constitucionais de 1891" e, por esse motivo, não teria tido uma estrutura organizacional apta a um pleno rendimento (MAGALHÃES, 1998, p. 331). "Após a revolução de 1930 foi possível dar-lhe um arranjo suficiente, que a Constituição de 1934 incorporou quanto ao essencial. [...]. O primeiro erro cometido foi o [de] se ter dado, contra o proposto pelo Estado-Maior do Exército, [...] ao chefe da Casa Militar [Gabinete Militar] da Presidência, o encargo de Secretário Geral do Conselho de Segurança Nacional, confundindo-se um cargo político, com um eminentemente técnico, o que evidencia quanto os influentes, nas deliberações governamentais, ignoravam o assunto. Após, surgiram falhas daí derivadas, tornando dia a dia mais complexo esse mecanismo central, sem nenhuma meditação sobre as condicionantes de sua eficácia efetiva" (MAGALHÃES, 1998, p. 331-332). "Em tais condições esse órgão novo que poderia ter exercido formidável influência no mecanismo da ordem nacional, geratriz de um real progresso ficou de fato inerte e até mesmo, sob certos pontos de vista, negativo (MAGALHÃES, 1998, p. 332). Embora essa citação literária seja importante para demonstrar o surgimento do Conselho de Segurança Nacional (CSN) sob a configuração das elites militares da época, há equívoco em seu texto, na medida em que indica "Casa Militar" quando, pelo período histórico relatado, seria "Gabinete Militar".
38 Lei nº 601, de 18 de setembro de 1850.

O CDN de 1927 era composto permanentemente pelo Presidente da República, Ministro da Guerra, Ministro da Marinha, Ministro da Fazenda, Ministro da Viação, Ministro da Agricultura, Ministro do Interior, Ministro do Exterior, Chefe do Estado Maior do Exército, Chefe do Estado Maior da Armada; e, eventualmente por quaisquer outras autoridades especialmente convocadas pelo Presidente da República; presidentes ou agentes executivos de sociedades, sindicatos, diretores de empresas ou firmas, convidados pelo Presidente da República. Este conselho, pela sua representação, era um órgão bastante aberto e híbrido, ou seja, congregava autoridades civis e militares. Entretanto, todos os papéis, arquivo, e demais objetos do CDN ficavam sob a guarda e responsabilidade do Estado-Maior do Exército. As reuniões eram secretariadas por dois oficiais superiores desse Estado-Maior ou da Armada[39].

Nesse mesmo ano de 1934, uma reestruturação do CDN reconheceu o colegiado como um órgão de articulação superior sobre questões relativas à defesa nacional, cabendo-lhe, principalmente, resolver as questões que interessassem ou exigissem a ação de mais de um ministério. O CDN passou a ser constituído, sob o comando do Presidente da República, por todos os Ministros de Estado, os Chefes do Estado-Maior do Exército e da Armada, pelos generais e almirantes designados para exercer certos comandos e cargos importantes em tempo de guerra. A partir dessa reestruturação, o conselho, ainda que reunisse ministros civis, se tornou mais militarizado e deixou de contar com a participação da sociedade, prevista na moldura inicial de 1927[40].

O CDN contava com os seguintes órgãos especiais:
- Comissão de Estudos da Defesa Nacional;
- Secretaria Geral da Defesa Nacional; e
- Seções da Defesa Nacional (uma em cada ministério).

Esta estrutura organizacional foi replicada nos colegiados posteriores e possibilitou o empoderamento dessas organizações e de suas respectivas unidades burocráticas dentro do Executivo federal na condução das diretrizes políticas de defesa nacional e segurança nacional.

Nota-se que, ao mesmo tempo em que se regravam algumas atividades na região de fronteira, o CDN instituiu unidades burocráticas em cada ministério integrante da estrutura de governo para conduzir o entendimento sobre as questões de defesa nacional, a que estava responsabilizado no âmbito do Executivo federal. Essa distribuição de unidades organizacionais dentro do Executivo evidencia a fragmentação do Estado na condução da política de governo da época. A centralidade da condução dessa política pelo CDN e seu respectivo secretariado, indica uma tendência à autonomia dessas elites organizacionais na tomada de decisões em questões de defesa nacional.

A decisão estratégica de fazer as unidades burocráticas do CDN se incorporarem às demais estruturas de governo foi tomada durante o governo provisório de Getúlio Vargas (instituído em 11 de novembro de 1930), e acompanhada pelos

---

39   Arts. 7º e 8º, do Decreto nº 17.999, de 1927.
40   Art. 2º, do Decreto nº 23.873, de 15 de fevereiro de 1934.

membros do CDN.⁴¹ É o início da evidência da fragmentação do Estado e da autonomia de algumas elites organizacionais na condução da política de defesa nacional. Essa manobra política fez com que as questões referentes à defesa do território nacional entrassem na agenda de todos os ministérios da época. A partir da estruturação dessas unidades burocráticas dentro dos ministérios, as elites do CDN passaram a contar com uma grande capilaridade administrativa que facilitou, sobremaneira, a introdução, de forma paulatina e constante, do pensamento político de defesa nacional em todo o Executivo federal.

Outro fator que contribuiu na difusão dos interesses das elites organizacionais do CDN foi a decisão de atribuir a função de apoio técnico e administrativo, desse colegiado, ao Chefe do Estado-Maior da Presidência da República, fazendo-o ocupar o cargo de Secretário-Geral da Defesa Nacional, à época um coronel do exército⁴².

O CDN é sucedido pelo CSSN na Constituição de 1934, promulgada em 16 de julho de 1934⁴³. Essa sucessão ocorreu oficialmente semanas depois do novo texto constitucional, por meio do Decreto nº 7, de 3 de agosto de 1934, que modificou a denominação do CDN para CSSN⁴⁴. A organização, o funcionamento e a competência do CSSN foram mantidas, na prática, pelo DL nº 23.873, de 15 de fevereiro de 1934, até a Constituição de 1937, embora o § 2º do art. 159 da Constituição de 1934 enunciasse a necessidade de uma lei específica⁴⁵. A configuração das elites do CSSN é evidenciada no rol da Comissão de Estudos do CSSN, de março de 1937⁴⁶. O suporte técnico e administrativo foi mantido sob a rotina militar do Estado-Maior do Exército.

A Constituição de 1934 indicava que o CSSN deveria ser composto pelos Ministros de Estado, o Chefe do Estado-Maior do Exército e o Chefe do Estado-Maior da Armada, não alterando, em grande medida, a configuração do CDN, em fevereiro de 1934⁴⁷.

---

41 Os membros do CDN eram: Francisco Antunes Maciel (Ministro da Justiça e Negócios Interiores), Protógenes Guimarães (Ministro da Marinha), José Américo de Almeida (Ministro da Viação e Obras Públicas), Washington Ferreira Pires (Ministro da Educação e Saúde Pública), Osvaldo Aranha (Ministro da Fazenda), Edmundo Navarro de Andrade (Ministro Interino da Agricultura), Felix de Barros Cavalcanti de Lacerda (Ministro das Relações Exteriores), P. Góes Monteiro (Ministro da Guerra) e Joaquim Pedro Salgado Filho (Ministro do Trabalho, Indústria e Comércio).

42 Arts. 3º e 5º, do Decreto nº 23.873, de 15 de fevereiro de 1934.

43 "O cenário do poder político é ocupado pela pessoa de Vargas, originário da oligarquia gaúcha, periférica, diferente das oligarquias do açúcar e do café que dominam do Império até 1930. A seu lado, os industriais, comerciantes e proprietários de terra. São eles a força dominante no cenário da Assembleia Constituinte. Nesse cenário, também figura uma minoria de representantes do movimento tenentista e de sindicados e associações de trabalhadores" (ARRUDA; CALDEIRA, 1986, p. 19).

44 A confirmação da sucessão do CDN pelo CSSN ocorrida em 3 de agosto de 1934, foi assinada pelos membros do colegiado à época, sob a presidência de Getúlio Vargas: Protogenes Guimarães, Góes Monteiro, José Carlos de Macedo Soares, A. de Souza Costa, Marques dos Reis, Odilon Braga, Agamemnon Magalhães, Gustavo Capanema e Vicente Ráo.

45 Na ausência da lei a que se referia a Constituição de 1934, foi editado o Decreto nº 191, de 18 de junho de 1935, que mandava adotar, a título provisório, o regulamento interno da Secretaria Geral do CSSN, e, ainda, o Decreto nº 1.505, de 15 de março de 1937, que também adotava, a título provisório, o regimento interno da Comissão de Estudos do CSSN. O referido Decreto nº 191, de 1935 foi baixado pelo presidente Getúlio Vargas e membros do CSSN em 18 de junho de 1935: João Gomes Ribeiro Filho, Arthur de Souza Costa, Vicente Ráo, Marques dos Reis, José Carlos de Macedo Soares, Protogenes Pereira Guimarães, Odilon Braga, Gustavo Capanema e Agamemnon Magalhães.

46 Essa Comissão de Estudos era composta, no governo Getúlio Vargas, por Eurico G. Dutra (Ministro da Guerra), Henrique Aristides Guilhem (Ministro da Marinha), Artur de Souza Costa (Ministro da Fazenda), Agamênmon Magalhães (Ministro da Justiça), Marque do Reis (Ministério dos Transportes), M. de Pimentel Brandão (Ministro das Relações Exteriores), Odilon Braga (Ministro da Agricultura) e Gustavo Capanema (Ministro da Educação e Saúde).

47 Art. 159, §1º, da Constituição de 1934.

O CSSN detinha a competência de estudar e coordenar todas as questões relativas à segurança nacional[48]. Como sucessor direto do CDN de 1927, esse conselho mantinha a mesma estrutura organizacional do anterior, restando alteradas apenas as denominações de seu departamento e unidades burocráticas:
- Secretaria Geral de Segurança Nacional;
- Comissão de Estudo de Segurança Nacional;e
- Seções de Segurança Nacional (uma em cada ministério).[49]

É na Carta Política de 1934 que se define uma faixa de 100 (cem) quilômetros ao longo das fronteiras e direcionam-se os enfoques de segurança nacional e defesa para essa região do país[50].

A fim de manter o controle do poder central, sob o enfoque de segurança nacional, na faixa de 100 quilômetros ao longo das fronteiras terrestres, estabeleceu-se que nenhuma concessão de terras ou de vias de comunicação e a abertura destas poderiam ser efetuadas, nessa região do país, sem audiência do CSSN. Ademais, impunha-se que as empresas interessadas nessas atividades deveriam ter a maioria de capital e trabalhadores nacionais[51]. Nota-se que a partir desse momento, algumas atividades na faixa de fronteira passaram a ser regradas e controladas pelo CSSN.

A Constituição Republicana de 1934 foi a que durou menos tempo na história constitucional brasileira. Embora tivesse tido uma vigência de aproximadamente três anos até a edição da Constituição Outorgada de 1937, com o advento da Lei de Segurança Nacional, de 1935, que definia os crimes contra a ordem política e social, estabelecendo sanções para jornais e emissoras de rádios subversivos, e permitindo a cassação de patentes de oficiais das forças armadas (Lei nº 38, de 4 de abril de 1935), o cumprimento de seus princípios republicanos não teria ocorrido, na prática[52].

Nesta época, além de uma série de atividades na faixa de fronteira se sujeitarem ao crivo do CSSN – elite organizacional que centralizava o entendimento sobre questões de segurança nacional –, o fato de ter sido mantida uma Seção de Segurança Nacional em cada um dos ministérios instituídos no governo de 1934, fazia com que esse entendimento também influenciasse o tratamento da faixa de fronteira de 100 quilômetros como área de segurança nacional nesses ministérios. Vê-se que

---

48   A Constituição de 1934 possui um capítulo específico sobre segurança nacional, sendo que todas as questões relativas à segurança nacional deveriam ser estudadas e coordenadas pelo CSSN e pelos órgãos especiais criados para atender às necessidades da mobilização (Art. 159). A preocupação com a segurança nacional introduzida pela Constituição de 1934 despertou uma reflexão do colunista Hélio Silva, da Folha, dois anos antes da Constituinte de 1988, que apresentara proposta de substituição do CSN por um Conselho de Estado. Segundo ele, era "curioso que a preocupação por uma segurança nacional aparecesse pela primeira vez em uma Constituição brasileira, em 1934, quando o país saía do governo provisório autoritário em que desaguou o movimento de outubro de 1930 para a reconstitucionalização que fora a bandeira da guerra paulista de 1932. É que o mundo vivia a trégua entre as duas guerras mundiais de 1914-1918, e 1939-1945. A revolução social, criando o comunismo na URSS, desencadeou a reação conservadora de que originaram o fascismo na Itália; o nazismo na Alemanha; o franquismo na Espanha; o salarismo em Portugal e o integralismo, no Brasil". Fonte: Folha de São Paulo, São Paulo, p. 6, 11/12/1985. Disponível em:<http://www2.senado.gov.br/bdsf/item/id/113184>. Acesso: 23/10/2011.
49   Art. 2º, do Decreto nº 7, de 3 de agosto de 1934.
50   Art. 166, da Constituição da República.
51   Conforme o referido art. 166, da Constituição de 1934.
52   A Lei nº 38, de 1935 foi modificada, em alguns dispositivos, pela Lei nº 136, de 14 de dezembro daquele mesmo ano.

o Estado mantém-se fragmentado na condução da política de segurança nacional, contrapondo-se à concepção unitária e centralizada.

Ainda no governo Getúlio Vargas, o tratamento de questões relativas à segurança nacional, era externado por meio de norma, como por exemplo, a que definia os crimes contra a personalidade internacional, a estrutura e a segurança do Estado e contra a ordem social.[53]

O CSSN mantinha, em linhas gerais, a condução dos temas referentes à segurança nacional nos mesmos moldes organizacionais por meio dos quais o CDN de 1927 mantinha a condução das questões de defesa nacional. Dessa forma, as práticas organizacionais em relação à faixa de fronteira, que passou a ser expressamente controlada após 1934, começaram a ficar fortalecidas: (i) pela distribuição de poder do CSSN na estrutura organizacional do Executivo federal; e (ii) pelo acúmulo de experiência histórica do CSSN no tratamento de questões à segurança nacional, tema onde a faixa de fronteira era incluída pelo governo.

3.2 A moldura do CSN e o domínio das elites militares na SG/CSN: pressão interna no Executivo federal

A Constituição "Polaca", outorgada em 10 de novembro de 1937[54], cria o Conselho de Segurança Nacional (CSN) e estabelece que todas as questões relativas à segurança nacional serão estudadas por esse conselho e pelos órgãos especiais criados para atender à emergência da mobilização[55]. Nota-se uma adequação do texto constitucional de 1934 que se referia ao CSSN.

O CSN era presidido pelo Presidente da República e constituído pelos Ministros de Estado, além dos Chefes de Estado-Maior do Exército e da Marinha (tradicionalmente denominada "Armada"). Esse conselho, conforme se pode observar de sua composição, manteve a mesma configuração do CSSN.

Foi na Carta Política de 1937, do governo Getúlio Vargas, que a largura da faixa de terras alcançou a dimensão atual de 150 (cento e cinquenta) quilômetros, deixando os 100 quilômetros de largura previstos pela Constituição de 1934[56].

---

53 O DL nº 431, de 18 de maio de 1938 de continuidade à política de segurança nacional de 1935.
54 "A Lei de Segurança Nacional, decretada por Vargas ainda em 1934, abre caminho para o golpe de 1937. Apreensivo com a movimentação política e a organização crescente da sociedade, Getúlio fecha o Congresso em novembro de 1937, abole a Constituição de 1934 e torna-se ditador absoluto. O poder é centralizado no chefe do Executivo, as bases da República Federativa são destruídas, fechados os partidos políticos e perseguidos, especialmente, os dirigentes sindicais e populares. Para dar fachada legal à ditadura, Vargas encomenda ao jurista Francisco Campos uma Constituição que justifique seus atos. Campos usa como modelo a Constituição fascista da Polônia (e a portuguesa de Salazar). Por isso, a Constituição de 1937, outorgada em 10/11/37, é também conhecida como a "Polaca" (Caldeira e Arruda, 1986, p. 26).
55 Segundo o art. 162, da Constituição de 1937. Embora essa Constituição não mencione expressamente a sucessão do CSSN pelo CSN, não se evidencia incompatibilidade entre a competência exercida pelo CSSN e a pretendida pelo CSN, a partir do novo texto constitucional. A sucessão ocorreu na medida em que o CSN herdou a mesma incumbência do colegiado anterior no estudo das questões relativas à segurança nacional e na exigência da prévia audiência para o exercício de algumas atividades dentro de uma faixa de 150 quilômetros ao longo das fronteiras terrestres. Da mesma forma, o CSN não alterou a estrutura organizacional do CSSN, que contava com unidades burocráticas, dentro dos ministérios do governo Getúlio Vargas.
56 Art. 165, da Constituição Outorgada, em 10 de novembro de 1937. Esse artigo possui um equívoco de citação, pois indica no *caput* a denominação CSSN quando deveria referir-se a CSN. O equívoco foi sanado no parágrafo único do mesmo artigo, o qual segue o artigo precedente (art. 162) e o art. 1º, do DL nº 1.164, de 18 de março de 1939, confirma a atribuição do CSN.

O tratamento diferenciado da faixa de fronteira foi mantido por meio da exigência de audiência prévia do CSN (antes do CSSN) para concessão de terras ou de vias de comunicação ao longo dessa faixa; exigindo-se a predominância de capitais e de trabalhadores nacionais[57]. A faixa de fronteira mantinha-se regrada, então, sob o enfoque predominante de segurança nacional.

Em 1938, foi criado o Gabinete Militar, composto de oficiais do Exército e da Marinha, sendo chefiado por um oficial general[58]. Esse gabinete ficou encarregado do apoio técnico e administrativo inerentes às rotinas do CSN até 1992 e pode ser considerado o departamento que mais influenciou as práticas do CSN ao longo da história. O Gabinete Militar era encarregado de dar a permanência às atividades desse conselho, mantendo todos os seus registros, em sucessão ao Estado-Maior do Exército que secretariava os colegiados anteriores[59]. Em outras palavras, como o CSN congregava altas autoridades do governo, que se alternavam no tempo, o único departamento do Executivo federal que mantinha a memória organizacional do CSN era aquele que lhe prestava o secretariado, ou seja, o Gabinete Militar.

O tratamento especial da faixa de fronteira também ocorreu por meio do DL nº 1.164, de 18 de março de 1939, que veio regulamentar o texto constitucional. Essa lei exigia que toda empresa industrial localizada ou que exercesse atividade na faixa da fronteira como atividade principal deveria ter na administração e no quadro de empregados pelo menos 2/3 (dois terços) de brasileiros e, ainda, maioria de capital nacional, sob pena de interdição de funcionamento. Além disso, dentro da faixa da fronteira de 150 quilômetros era vedada a impressão ou a circulação de jornais, de revistas, de anuários, de boletins e de outras publicações periódicas em língua estrangeira, sob pena de apreensão dos exemplares e fechamento da tipografia e prisão dos responsáveis por um a três meses[60]. Essas regras, intensamente reforçadas no ano seguinte, faziam com que a região fosse cada vez mais reconhecida pelas organizações governamentais e pela própria comunidade localizada na faixa de fronteira, como área de segurança nacional e, como tal, sujeita ao controle do Estado, por meio do CSN[61]. Esse tratamento foi fixado pelos membros do CSN, ainda durante o governo Getúlio Vargas[62].

---

57   Art. 165, da Constituição de 1937.
58   Art. 2º, do DL nº 920, de 1º de dezembro de 1938.
59   Embora o secretariado do CSN fosse exercido pelo Gabinete Militar, a evidência dessa prática somente pode ser evidenciada no DL nº 4.783, de 5 de outubro de 1942. Segundo essa norma, que dispõe sobre a organização do CSN, a SG/CSN, subordinada diretamente ao Presidente da República, é dirigida pelo Secretário-Geral, que é o Chefe do Gabinete Militar da mesma Presidência.
60   Arts. 14 a 16 e 18 do DL nº 1.164, de 18 de março de 1939.
61   O DL nº 1.164, de 1939, foi revogado pelo DL nº 1.968, de 17 de janeiro de 1940 que, por sua vez, foi aperfeiçoado na parte da comprovação da exploração e utilização das terras situadas na faixa de 150 quilômetros da fronteira pelo DL nº 2.610, de 20 de setembro de 1940.
62   O DL nº 1.164, de 1939 foi assinado pelo então Presidente Getúlio Vargas e os membros do CSN à época: Artur de Souza Costa (Ministro da Fazenda), Eurico G. Dutra (Ministro da Guerra), Henrique A. Guilhem (Ministro da Marinha), Gustavo Capanema (Ministro da Educação), João de Mendonça Lima (Ministério dos Transportes), Fernando Costa (Ministro da Agricultura), Cyro de Freitas Valle (Ministro Interino das Relações Exteriores), F. Negrão de Lima (Ministro da Viação e Obras Públicas) e Waldemar Falcão (Ministro do Trabalho, Indústria e Comércio). As 4 (quatro) primeiras autoridades já ocupavam assento no Conselho desde sua configuração inicial de CSSN.

Acresce-se que as concessões de terras feitas pelos governos estaduais ou municipais na faixa da fronteira, até o dia 18 de março de 1939, ficavam sujeitas à revisão por uma comissão especial, nomeada pelo Presidente da República e, até que a referida comissão confirmasse a regularidade da transação imobiliária, ficava vedada qualquer negociação sobre tais terras. Essa comissão, embora criada pelo DL nº 1.164, de 1939, e denominada Comissão Especial da Faixa de Fronteiras (CEFF)[63], teve seu âmbito de atuação definido somente em 1940, sendo composta por cinco membros e um secretário, todos nomeados por decreto referendado pelo Ministro da Justiça e Negócios Interiores[60].

O controle sobre a área de terras da faixa de fronteira pelo CSN mantinha-se por meio das normativas editadas em 1940, cujos aperfeiçoamentos subsequentes mostravam-se cada vez mais voltados ao monitoramento das transações de terras particulares envolvendo estrangeiros[64]. Como se pode perceber, as práticas do CSN referentes ao regramento sobre transações imobiliárias, envolvendo estrangeiros, e o controle por ele exercido sobre a gerência ou a administração de determinadas empresas na faixa de fronteira, fazia com que as questões inerentes à segurança nacional se aproximassem da vida do empresário e indivíduos localizados em tal região, reforçando o entendimento local de tratar-se de área de controle do Estado.

Em 1942, o CSN, presidido pelo Presidente da República, manteve a sua composição com os Ministros de Estado e os Chefes do Estado-Maior do Exército, da Armada, e da Aeronáutica. A função de secretariado era da Secretaria – Geral do CSN, sendo chefiada pelo Gabinete Militar da Presidência da República[65].

O regramento sobre os crimes militares e contra a segurança do Estado foi baixado, ainda em 1942, pelos membros do CSN, sob a presidência de Getúlio Vargas[66]. Nota-se a estreita relação entre a temática de segurança nacional e o CSN.

O CSN possuía uma unidade burocrática específica (a CEFF) para exercer as atividades inerentes à sua prévia audiência em matérias relativas à concessão de terras ou vias de comunicação e estabelecimento de indústrias que interessassem à segurança nacional na faixa de fronteira[67].

---

63   Essa denominação é encontrada no DL nº 8.908, de 24 de janeiro de 1946, que "passa a função de Secretário da Comissão Especial da Faixa de Fronteiras, criada pelo DL nº 1.968, de 17 de janeiro de 1940, ao "cargo isolado de provimento efetivo, de Secretário, padrão L".

64   O parágrafo único do art. 1º, os parágrafos 1º e 3º do art. 14, o art. 15 do DL nº 1.968, de 17 de janeiro de 1940, e o art. 10 do DL nº 2.610, de 20 de setembro de 1940, foram revogados pelo DL nº 6.430, de 17 de abril de 1944, que dispôs expressamente sobre as transações imobiliárias e o estabelecimento de indústria a comércio de estrangeiros na faixa de fronteiras do Brasil. Essa norma foi baixada pelo presidente Getúlio Vargas e Alexandre Marcondes Filho, Ministro do Trabalho, Indústria e Comércio da época.

65   DL nº 4.783, de 5 de outubro de 1942 e DL nº 5.163, de 31 de dezembro de 1942.

66   O DL nº 4.766, de 1º de outubro de 1942, foi abaixado no âmbito do CSN, que era integrado, além do Presidente da República por: Alexandre Marcondes Filho (Ministério do Trabalho, Indústria e Comércio), Artur de Souza Costa (Ministro da Fazenda), Eurico G. Dutra (Ministro da Guerra), Henrique A. Guilhem (Ministro da Marinha), João de Mendonça Lima (Ministério dos Transportes), Oswaldo Aranha (Ministro das Relações Exteriores), Apolonio Salles (Ministro da Agricultura), Gustavo Capanema (Ministro da Educação), e Joaquim Pedro Salgado Filho (Ministro da Aeronáutica). Nota-se que Artur de Souza Costa, Eurico G. Dutra, Henrique A. Guilhem e Gustavo Capanema integravam o CSN desde o CSSN. João de Mendonça Lima estava no CSN desde 1939 e Osvaldo Aranha desde 1940.

67   O parágrafo único, do art. 2º, do DL nº 4.783, de 5 de outubro de 1942, estabelecia que "pela Comissão Especial da Faixa de Fronteiras, o Conselho de Segurança Nacional" exerceria a atribuição que lhe confere o artigo 165 da Constituição.

Como sucessor direto do CSSN, o CSN mantinha a mesma estrutura organizacional do anterior, com o acréscimo da CEFF:
- Secretaria-Geral;
- Comissão de Estudos;
- Seções de Segurança dos ministérios civis; e
- Comissão Especial da Faixa de Fronteiras (CEFF).

A lei de organização do CSN, datada de 1942, dispunha essa estrutura organizacional, também estabelecia que, "para melhor e mais facilmente alcançarem seus objetivos, a Secretaria Geral e as Seções de Segurança dos ministérios civis manterão, entre si, as mais estreitas relações". Vê-se que a elite militar que conduzia a SG/CSN e mantinha estreita relação com os ministérios, nessa época, mostrava-se cada vez mais empoderada para a condução dos assuntos de interesse da segurança nacional sob o comando supremo do Chefe da Nação Getúlio Vargas, a quem estava diretamente subordinada.

Ao mesmo tempo em que as elites organizacionais do CSN baixavam normas e rotinas para a permanência de seus interesses nas questões de segurança nacional, fortalecendo as práticas organizacionais de seu departamento e unidades burocráticas, o controle sobre a região da faixa de fronteira também era cada vez maior.

A Constituição de 1946 introduziu a obrigatoriedade do "prévio assentimento" do CSN[68], não bastando a "prévia audiência" ou consulta ao tal colegiado. A caracterização das atividades sujeitas ao crivo do CSN assemelhava-se à do regime anterior, mas avançava em nível de detalhamento. Assim, submetia-se ao prévio assentimento do CSN: a concessão de terras, abertura de vias de comunicação e a instalação de meios de transmissão, a construção de pontes e estradas internacionais, e o estabelecimento ou exploração de quaisquer indústrias que interessem à segurança do país, nas zonas indispensáveis à defesa do território.

Diferentemente das duas constituições anteriores (1934 e 1937), não houve menção à dimensão da faixa de fronteira limítrofe aos países vizinhos[69]. O regramento sobre essa região do país mantinha-se pelos instrumentos normativos até então vigentes, em especial o DL nº 1.968, de 1940, que revogou o DL nº 1.164, de 1939.

A Carta Política de 1946 manteve, dentre as competências do CSN, o estudo dos problemas relativos à defesa do país, atividade esta que era compartilhada com os órgãos especiais das forças armadas incumbidos de prepará-las para a mobilização e as operações militares[70].

Neste período, o CSN, sob a presidência do Chefe da Nação, era constituído pelos Ministros de Estado, pelo Chefe do Estado-Maior Geral e pelos Chefes dos

---

68   A expressão "prévio assentimento", introduzida pelo art. 180, da Constituição da República, promulgada a 18 de setembro de 1946, manteve-se na Lei nº 2.597, de 1955 e na atual Lei nº 6.634, de 1979, sendo considerado um instrumento de poder típico do CSN, o qual foi herdado, como medida institucional de manifestação de autoridade, pelo CDN de 1988.
69   Segundo o art. 180, §1º, da Constituição de 1946, uma lei especificaria tal zona, regularia sua utilização e asseguraria a predominância de capitais e trabalhadores brasileiros.
70   Essa competência foi dada pelo art. 179, da Constituição de 1946, cuja redação "denuncia o incompleto conhecimento do assunto pelos legisladores constituintes" por falarem de "mobilização das Forças Armadas e não de mobilização nacional" que é o que justificaria a existência do CSN. "Fala-se em problemas relativos à defesa, preferindo o vago ao preciso, o sibilino ao cristalino" (MAGALHÃES, 1998, p. 332).

Estados-Maiores do Exército, da Armada e da Aeronáutica, mantendo a prevalência de suas rotinas com a finalidade de estudo das questões relativas à segurança nacional[71]. Embora a Constituição de 1946 representasse a construção de uma nova ordem, democrática e não ditatorial, as elites organizacionais que antes controlavam a faixa de fronteira preservaram seus espaços de poder, mantendo-se intocada a concepção da faixa como área de segurança nacional[72].

Em 1946, o CSN mantinha a Secretaria – Geral subordinada diretamente ao Presidente da República e dirigida por um Secretário-Geral, que era o Chefe do Gabinete Militar da Presidência. Os órgãos complementares continuavam sendo:
- a Comissão de Estudos;
- as Seções de Segurança Nacional dos ministérios Civis; e
- a Comissão Especial da Faixa de Fronteiras (CEFF).

A CEFF era subordinada diretamente ao Presidente da República, e contava com: o Secretário – Geral do CSN, como seu presidente; o Consultor Geral da República, o representante do Estado-Maior Geral e os Diretores das Seções de Segurança dos mistérios civis, unidades burocráticas que permaneciam distribuídas na estrutura do governo Gaspar Dutra[73]. Essa comissão tinha a incumbência de discutir e de propor as soluções relativas a questões que, na forma da Constituição de 1946, fossem atribuídas ao CSN, quanto às zonas consideradas imprescindíveis à defesa nacional. Pela própria formação desse órgão e posicionamento na estrutura governamental, observa-se que essa comissão era um órgão aberto, cuja composição era de livre escolha e nomeação do Chefe da Nação[74].

3.3 O apogeu: a vinculação da rotina organizacional ao estudo e à doutrina

Em 1949, é criada a Escola Superior de Guerra (ESG), instituto de altos estudos, subordinado diretamente ao Chefe do Estado-Maior das Forças Armadas e destinado a desenvolver e consolidar os conhecimentos necessários para o exercício das funções de direção e para o planejamento da segurança nacional[75]. A criação da

---

71 Os membros do CSN que anuíram com a nova configuração do CSN, por meio do DL nº 9.775, de 6 de setembro de 1946, foram, além do Presidente Gaspar Dutra, que o presidia: Carlos Coimbra da Luz (Ministro da Justiça e Negócios Interiores), Jorge Dodsworth Martins (Ministro da Marinha), Canrobert P. da Costa (Ministro da Guerra), Samuel de Souza Leão Gracie (Ministro das Relações Exteriores), Gastão Vidigal (Ministro da Fazenda), Edmundo de Macedo Soares e Silva (Ministro dos Transportes), Netto Campelo Júnior (Ministro da Agricultura), Ernesto de Souza Campos (Ministro da Educação), Octacilio Negrão de Lima (Ministro do Trabalho, Indústria e Comércio) e Armando Trompowsky (Ministro da Aeronáutica).

72 "Ao contrário das Constituições precedentes, a de 1946 não é elaborada com base num anteprojeto. Usa-se como subsídios os textos das Constituições de 1891 e 1934. Cria-se um documento de orientação social-democrata, preparado ao longo de oito meses de debate parlamentar" (ARRUDA; CALDEIRA, 1986, p. 31).

73 Arts. 16 e 17, do DL nº 9.775, de 6 de setembro de 1946.

74 Arts. 22 e 23, do DL nº 9.775, de 1946.

75 A ESG foi criada pela Lei nº 785, de 20 de agosto de 1949, e passou a prestar certo tipo de colaboração às elites que conduziam os destinos da Nação brasileira, passando a ser a instituição que orientava os estudos sobre o desenvolvimento e a segurança nacionais. "Os Governos, mesmo que não ostensivamente, adotaram as ideias básicas por ela preconizadas, em especial de 1964 ao começo de 1990, período em que a ênfase prevalecente foi a da segurança

ESG foi uma decisão estratégica relevante no governo Gaspar Dutra, uma vez que a doutrina produzida por aquele instituto: (i) oferecia altos estudos ao CSN que, por sua vez, fortalecia o seu poder político em questões de segurança nacional no Executivo federal; (ii) mantinha o monopólio do conhecimento sobre assuntos inerentes à segurança nacional e (iii) ditava um entendimento predominante sobre o tratamento da faixa de fronteira, área que era mantida sob o gerenciamento do Estado e, mais precisamente, pelo secretariado do CSN[76].

A lei de segurança nacional é remodelada, em 1953, para definir os crimes contra o Estado e a Ordem Política e Social. Essa lei é baixada pelo presidente Getúlio Vargas, com o apoio dos membros do CSN[77].

Em 1955, a faixa interna de 150 quilômetros de largura, paralela à linha divisória do território nacional foi considerada "zona indispensável à defesa do país", seguindo a diretriz constitucional vigente (1946), mantendo-se a obrigatoriedade

---

nacional. O método para o Planejamento da Ação Política/ESG procurava orientar e sistematizar o processo de tomada de decisões voltado para a formulação e a execução de ações estratégicas". Esse método não decorria "de uma postura exclusivamente militar e sim do resultado de estudos e atualizações da conjuntura dos quais participaram os melhores representantes das elites civil e militar brasileiras", e "desdobra o seu planejamento em etapas como o diagnóstico, que envolve o conhecimento da realidade; a política, em que se formulam o objetivo ou o conjunto de objetivos; a estratégia, em que se concebe o caminho a seguir para alcançar os objetivos; a programação, em que se elabora o plano para viabilizar a estratégia a execução, em que se implementam as ações programadas; e, finalmente, o controle, em que se acompanha a execução e se avaliam os resultados alcançados". O método é composto por duas fases: a política e a estratégica, as quais se subdividem "em novas etapas, que contemplam e alimentam todo o seu percurso com dados que influenciarão o processo de otimização de decisões. As versões passadas do método, formalizadas em várias edições do Manual Básico da ESG, surgiram pressionadas por um momento histórico do Brasil e, evidentemente, se voltaram sempre para os reclamos da segurança nacional. Talvez seja esse o motivo da aversão causada a certos segmentos. A edição 1993 do Manual Básico procura introduzir modificações que indicam uma adaptação às demandas atuais. Além de simplificar e tornar mais práticas algumas conceituações, introduz novas ideias que pedem um exame acurado dos planejadores do processo decisório nacional, contempla a segurança nacional sem considerá-la prioritária e dá especial atenção às áreas econômica e social, o que, sem dúvida, é o princípio de um novo comportamento para a SAE, criada em 1999 (SILVA, 2003, p. 32).

76 Como o secretariado do CSN era exercido por integrantes da carreira militar e comandado por um oficial superior do Exército, registra-se que em 1950, essa Força dá início às orientações administrativas sobre os registros históricos das unidades, repartições e estabelecimentos do Exército. A renovar a rotina de memória institucional, ainda vigente, o Secretário-Geral do Ministério da Guerra, por meio do Aviso nº 804, de 16 de dezembro de 1950 (publicada no Boletim do Exército nº 51-50 - Suplemento, de 23 de dezembro daquele ano), seguida pela Portaria nº 444-GB, de 25 de outubro de 1966, do Ministro de Estado dos Negócios da Guerra, e pela Portaria Ministerial nº 653, de 7 de dezembro de 1994, do Ministro de Estado do Exército, considera que "a história militar, além de proporcionar conhecimentos básicos para o estudo da ciência da guerra, ainda constitui fonte inesgotável de nobres tradições militares e de sadio 'espírito de corpo', umas e outros tão necessários à existência e ao prestígio das forças armadas; [...] que brilhantes feitos militares e ações individuais de belo valor moral muitas vezes no tempo se perdem, pela deficiência do registro ou pela falta de divulgação oportuna e merecida; [...] que, para evitar o olvido ou a deformação da verdade histórica, é imprescindível cuidar do registro oportuno e correto dos fatos e acontecimentos que interessem ao Exército [...]". A metodologia de preservação da memória institucional pelo Exército brasileiro, segundo a diretriz de 1950, incluía orientações específicas para elaboração do registro histórico, diário de manobras, diário de campanha e relatório de campanha, identificando nesses quatro casos, a quem competia registrar e a forma do registro (escrituração), além das informações necessárias em cada caso (conteúdo). Esse rigor no registro das atividades, implementado pela unidade do Exército que dava apoio técnico ao CSN foi fundamental à permanência da tradição de tratamento de assuntos inerentes a esse colegiado pelo Exército.

77 A Lei nº 1.802, de 5 de janeiro de 1953, foi baixada pelo presidente Getúlio Vargas e os seguintes membros do CSN: Francisco Negrão de Lima (Ministro da Justiça e Negócios Interiores), Renato de Almeida Guillobel (Ministro da Marinha), Cyro Espírito Santo Cardoso (Ministro da Guerra), João Neves da Fontoura (Ministro das Relações Exteriores), Horácio Lafer (Ministro da Fazenda), Álvaro de Souza Lima (Ministro dos Negócios e da Viação e Obras Públicas), João Cleofas (Ministro da Agricultura), Ernesto Simões Filho (Ministro da Educação), Segadas Viana (Ministro do Trabalho, Indústria e Comércio) e Nero Moura (Ministro da Aeronáutica).

de submissão do pedido para o exercício de determinadas atividades, na faixa de fronteira, ao prévio assentimento do CSN. Era a CEFF, órgão auxiliar da SG/CSN, que se encarregava de ditar o procedimento de análise de pedidos de prévio assentimento para exploração de determinadas atividades na faixa de fronteira[78].

Não houve alteração sobre o tratamento da faixa de fronteira, no âmbito do governo, no período de 1955 a 1967 e tampouco alteração na estrutura das elites organizacionais do Executivo Federal, que somente veio ocorrer com o DL nº 200, de 1967. As atividades nessa região do país permaneciam regradas pela Lei de 1955 e sob a diretriz da Constituição de 1946; fruto da preservação desse espaço de poder pelas elites organizacionais que se mantinham dominantes na condução das questões de segurança nacional[79].

No governo Costa e Silva, atribuiu-se a toda pessoa natural ou jurídica a responsabilidade pela segurança nacional[80]. Manteve-se o entendimento político firmado, em 1946, de remeter a definição da dimensão da faixa interna paralela à linha divisória do território nacional à legislação ordinária. Uma lei especificaria as "áreas indispensáveis à segurança nacional" – não mais as "zonas indispensáveis à defesa nacional" –, regularia sua utilização e asseguraria, nas indústrias nelas situadas, predominância de capitais e trabalhadores brasileiros[81]. Essa lei, entretanto, não foi editada, mantendo-se em plena vigência a Lei nº 2.597, de 1955, uma vez que suas diretrizes não conflitavam com a ordem constitucional então vigente. Algumas atividades na faixa de fronteira permaneciam, historicamente, sob o controle do CSN e de seu secretariado[82].

---

78 Segundo os arts. 1º, 2º e 14, da Lei nº 2.597, de 12 de setembro de 1955. Essa lei foi edita pelo presidente José Café Filho e demais membros do CSN da época: Prado Kelly (Ministro da Justiça e Negócios Interiores), Edmundo Jordão Amorim do Valle (Ministro da Marinha), Henrique Lott (Ministro da Guerra), Raul Fernandes (Ministro das Relações Exteriores), J. M. Whitaker (Ministro da Fazenda), Octavio Marcondes Ferraz (Ministro dos Transportes), Munhoz da Rocha (Ministro da Agricultura), Candido Motta Filho (Ministro da Educação), Napoleão de Alencastro Guimarães (Ministro do Trabalho, Indústria e Comércio), Eduardo Gomes (Ministro da Aeronáutica) e Aramis Athayde (Ministro da Saúde).

79 A doutrina militar, da década de 1950, entendia que "o Estado deve ser encarado como um organismo vivo, sujeito às mesmas regras de evolução e com campos de vulnerabilidade comparáveis aos que caracterizam a biologia humana. [...] a segurança do Estado deve ser encarada em cada um dos sistemas fundamentais que integram o seu organismo: o político, o econômico, o psico-social e o militar. O poder nacional resulta [...] da integração dos poderes do Estado nesses quatro campos, em cada um dos quais podem ser verificadas as vulnerabilidades a corrigir, para que não se encoraje nem venha a incidir sobre qualquer deles a ação de antagonismos considerados, atuais ou futuros, internos ou externos" (TAVARES, 1958, p. 89-90). Nota-se que incorporar o pensamento da segurança nacional seria assegurar o Estado de vulnerabilidades, daí a importância do CSN e de sua SG em controlar a prática organizacional no sentido de se manter atualizados em todos os assuntos ministeriais por meio das DSI.

80 Art. 89, da Constituição de 15 de março de 1967.

81 Art. 91, parágrafo único, da Constituição de 1967 e art. 89, parágrafo único, da EC nº 1/69. A Lei nº 2.597, de 1955 foi recepcionada pela Constituição de 1967 e EC º 1, de 1969, tendo em plena vigência até ser revogada expressamente pela Lei nº 6.634, de 1979.

82 A falta de indicação expressa pela Constituição de 1946 da largura da faixa de fronteira e a ausência de lei específica a partir da Constituição de 1967, fez com que o debate sobre o domínio das terras localizadas na faixa de fronteira fosse objeto da agenda política da Advocacia-Geral da União (AGU). Em 2004, a AGU baixou orientação jurídica por meio de um parecer expedido no âmbito do Processo nº 00400.002330/2004-69 (Nota AGU/SG-CS/nº 06, de 9 de agosto de 2005, aprovada pelo Despacho do Consultor Geral da União nº 715/2005 e pelo Despacho do Advogado Geral da União, de 26 de setembro de 2005), segundo o qual: "a) a Nação (então ainda unitária) e depois a União sempre tiveram o domínio das terras devolutas situadas na faixa de 66 quilômetros da fronteira; b) a partir de 1934 até 1937 a União tinha o domínio das terras devolutas situadas na faixa de 66 quilômetros e o poder de polícia sobre a faixa de 100 quilômetros, de interesse da segurança nacional, e os Estados tinham o domínio sobre as terras devolutas existentes entre as faixas de 66 e 100 quilômetros; c) a partir de 1937 até 1955 a União tinha o domínio das terras devolutas situadas na faixa de

A partir da diretriz política constitucional de 1967, o CSN deixou de estudar "todas as questões" relativas à segurança nacional, passando a preocupar-se com os "problemas" relativos à segurança nacional, com a cooperação dos órgãos de informação e daqueles incumbidos de preparar a mobilização nacional e as operações militares[83][84].

O texto constitucional de 1967 mantinha a exigência do "assentimento prévio"[85] do CSN para concessão de terras, abertura de vias de transporte e instalação de meios de comunicação, construção de pontes e estradas internacionais e campos de pouso, e estabelecimento ou exploração de indústrias que interessem à segurança nacional na faixa de fronteira. Na ausência de norma específica e em virtude de a Lei nº 2.597, de 1955, dar tratamento especial à faixa de fronteira, essa região do país passou a considerada área indispensável à segurança nacional para os fins estabelecidos pela Constituição de 1967; embora tal norma considerasse tal localidade uma zona indispensável à defesa do país[86].

A partir das Cartas Políticas de 1967 e de 1969, o CSN manteve-se presidido pelo Presidente da República e dele participavam, no caráter de membros natos, o Vice-Presidente da República, todos os Ministros de Estado, inclusive os Extraordinários, os Chefes dos Gabinetes Civil e Militar da Presidência da República, o Chefe do Serviço Nacional de Informações, o Chefe do Estado-Maior das Forças Armadas e os Chefes dos Estados-Maior da Armada, do Exército e da Aeronáutica[87]. É no auge do período militar, que o CSN adquire a maior número de membros

---

66 quilômetros e o poder de polícia sobre a faixa de 150 quilômetros, de interesse da segurança nacional, e os Estados tinham o domínio sobre as terras devolutas existentes entre as faixas de 66 e 150 quilômetros; d) a partir de 1955 a União passou a ter o domínio e o poder de polícia sobre as terras devolutas existentes na faixa de fronteira de 150 quilômetros, de interesse da segurança nacional; e) à União cabia a demarcação da Faixa de Fronteira de 150 quilômetros e nunca a realizou". O imbróglio sobre a dominialidade de terras da União na faixa de fronteira, as quais teriam sido tituladas pelo Estado, sem o prévio assentimento do CSN ou sem o devido destaque do patrimônio público para o particular, faz com que até hoje a AGU se dedique às defesas da União contra superindenizações; as quais remontam a um quantitativo aproximado de quatro bilhões de reais. Fonte: GSI (PR). Título: Seminário Perspectivas para a Faixa de Fronteira, 2010-2011, p. 112. Disponível em: <http://geopr1.planalto.gov.br/saei/images/publicacoes/seminario_faixa_de_fronteira.pdf.>. Acesso: 10/12/2011. Nota-se que a disputa sobre a manutenção de uma faixa de fronteira, nos dias atuais, tem por um lado, a luta da AGU em evitar prejuízo milionário à União no caso de ser aprovada uma emenda à constituição com o objetivo de reduzir ou extinguir a faixa de fronteira, legitimando os títulos de domínio expedidos ilegalmente pelos Estados, principalmente do Paraná e Santa Catarina; e de outro, os representantes políticos da região sul do país, que ao fundamento de tratar-se de uma reação ao regime militar, que teria impedido o desenvolvimento daquela região do país, advogam a falta de serventia dessa "faixa" ao país, mas não apresentam uma contra-partida ao real desenvolvimento regional. Nesse sentido, ver a Proposta de Emenda à Constituição (PEC) nº 49, de 2006, da relatoria do Senador Sérgio Zambiasi (PTB/RS), desarquivada em virtude do Requerimento nº 168, de 3 de março de 2011, da Senadora Ana Amélia (PP/RS); e Projeto de Lei (PL) nº 6.856, de 2006, de autoria do Deputado Nelson Proença, que buscou reduzir a largura da Faixa de Fronteira de 150 km para 50 km. Tal PL recebeu Parecer na Comissão de Relações Exteriores e de Defesa Nacional - CREDN, no sentido de sua rejeição, sendo arquivado pela Mesa Diretora da Câmara dos Deputados, em 31 de janeiro de 2007, após acolhido o voto do Relator Deputado Francisco Rodrigues. Fonte: Senado Federal e Câmara dos Deputados (2011). Há discussão doutrinária sobre o domínio da União quando a titulação estadual ocorre na faixa de fronteiras ou na faixa de segurança, cujo detalhamento não é objeto do presente trabalho.

83 Arts. 90 e 91 da Constituição de 1967.
84 O DL nº 314, de 13 de março de 1967 definia os crimes contra a segurança nacional, a ordem política e social.
85 Nota-se que a expressão anterior "prévio assentimento" foi alterada para "assentimento prévio", e é assim mantida até os presentes dias (art. 91, inc. II, da Constituição de 1967).
86 Art. 91, II, da Constituição de 1967.
87 Durante o regime militar, o presidente Castello Branco e o Ministro da Justiça e do Interior Carlos Medeiros Silva instituíram a Lei de Segurança Nacional, por meio do DL nº 314, de 13 de março de 1967, que definia os crimes contra a segurança nacional, a ordem política e social. Essa lei foi revogada pela Junta Militar Provisória por meio do DL nº 898, de 29 de setembro de 1969, que reforçava a definição desses crimes.

da história dessa organização e o seu secretariado adquire maior força política no âmbito do Executivo federal.

A SG/CSN contava com a seguinte estrutura organizacional:
- Secretário-Geral;
- Chefia de Gabinete;
- 4 (quatro) subchefias: Assuntos Políticos, Assuntos Econômicos, Assuntos Psicossociais e de Mobilização e Assuntos Militares;
- Seção Administrativa[88].

A atividade de assentimento prévio era conduzida pela CEFF, que possuía regulamento próprio, cujo Presidente da Comissão era o Secretário-Geral do CSN[89].

Com a nova configuração de 1968, as Seções de Segurança passaram a ser denominadas Divisões de Segurança e Informações (DSI), as quais permaneciam ligadas diretamente à SG/CSN para obtenção de informações e orientação de tarefas que interessassem à segurança nacional[90]. O Estado mantém-se fragmentado na condução da política de segurança nacional, e sob o controle isolado do CSN, por meio da SG/CSN, na condução de tal assunto no âmbito do governo.

A atuação constante do CSN na condução de temas relevantes para a Nação, com: (i) o apoio intelectual da ESG; e (ii) a rotina militarmente estruturada pela SG/CSN, sob o padrão de registros históricos do Exército, fez com que esse colegiado alcançasse o mais alto nível de assessoramento direto ao Presidente da República para formulação e execução da política de segurança nacional.

Competia ao CSN, nesta época, o estabelecimento dos objetivos nacionais permanentes e as bases para a política nacional [de segurança nacional]. Os estudos desse colegiado eram direcionados para os assuntos que interessassem à segurança nacional no âmbito interno ou externo[91]. Cabia, ainda, ao CSN, apreciar os problemas que lhe fossem propostos no quadro da conjuntura nacional ou internacional[92]. Nota-se que o CSN passou a não apenas estudar temas referentes à segurança nacional, mas também ditar a política nacional a ser seguida no Executivo federal.

Paralelamente, o CSN mantinha a rotina de dar, em relação às áreas indispensáveis à segurança nacional, o ato de assentimento prévio. Além de manter o controle histórico sob as atividades inerentes à concessão de terras, à abertura de vias de transporte e à instalação de meios de comunicação, à construção de pontes, estradas internacionais e campos de pouso, ao estabelecimento ou exploração de indústrias que interessem à segurança nacional; o CSN também passou a controlar a concessão de licença para o funcionamento de órgãos ou de representações de entidades sindicais estrangeiras e a filiação das nacionais a essas entidades. A Junta Governativa Provisória de 1969, que assumiu a condução do país após a interrupção do governo Costa e Silva, manteve o entendimento de que toda pessoa, natural ou jurídica, seria responsável pela segurança nacional[93].

---

88   Decreto nº 63.282, de 25 de setembro de 1968.
89   Art. 8º, do Decreto nº 63.282, de 1968.
90   Art. 5º, do Decreto nº 63.282, de 1968.
91   Arts. 86 a 89, da EC nº 1, de 1969.
92   Art. 40, §2º, do DL nº 900, de 29 de setembro de 1969.
93   A Junta Governativa Provisória de 1969 era formada pelos ministros da Marinha Augusto Hamann Rademaker Grünewald, do Exército Aurélio de Lyra Tavares e da Aeronáutica Márcio de Souza e Mello.

As incumbências principais do CSN eram: (i) formular e executar a política de segurança nacional; (ii) informar-se de tudo quanto fosse de interesse para a segurança nacional e de tirar conclusões, comunicáveis, dos seus estudos; (iii) indicar as áreas indispensáveis à segurança nacional e os municípios considerados de interesse à segurança nacional; e (iv) dar assentimento prévio, por meio da SG/CSN, para a prática de determinadas atividades em faixa de fronteira[94].

Em 1970, o Chefe do Gabinete Militar passou a ter honras, direitos e prerrogativas de Ministro de Estado[95]. Quatro anos depois, o Chefe do Gabinete Militar assumiu a condição efetiva de Ministro de Estado[96]. Como a ocupação do cargo de Secretário-Geral do CSN sempre foi privativa da carreira militar, a alteração do seu "status" institucional para Ministro de Estado, além de fortalecer possível aplicação de diretrizes militares às atividades na faixa de fronteira, dotou a SG/CSN das prerrogativas de ministério, empoderando essa organização no âmbito do governo.

A estrutura da Presidência, em 1974, classificava o CSN como órgão de assessoramento imediato do Presidente da República, mantendo-o dominante em assuntos relativos à segurança nacional[97].

Em dezembro de 1978, são definidos os crimes contra segurança nacional[98]. Cinco meses depois, a faixa de fronteira de 150 quilômetros é expressamente conceituada uma área indispensável à segurança nacional, por meio da Lei nº 6.634, cuja rotina de assentimento prévio para o exercício de determinadas atividades, nessa região, permanecia no âmbito da competência do CSN e sob o gerenciamento direto da SG/CSN[99]. Essa lei foi baixada no governo Figueiredo, e assinada pelo Ministro da Justiça Petrônio Portela e pelo Ministro Chefe do Gabinete Militar Danilo Venturini, Secretário-Geral do CSN.

---

94 Art. 89, inc. III, da EC nº 1, de 1969. A atribuição de "dar assentimento prévio para o uso efetivo de áreas indispensáveis à segurança nacional consistia em competência originária, privativa e exclusiva do Conselho de Segurança Nacional" (MIRANDA, 1973, p. 386).

95 Art. 2º, do DL nº 1.135, de 1º de dezembro de 1970 e Decreto nº 69.314, de 5 de outubro de 1971. O referido DL foi baixado pelo presidente Médici e pelo maior número de membros da história do CSN, ou seja, 16 (dezesseis) autoridades: Alfredo Buzaid (Ministro da Justiça), Adalberto de Barros Nunes (Ministro da Marinha), Orlando Geisel (Ministro do Exército), Jorge de Carvalho e Silva (Ministro das Relações Exteriores), Antônio Delfim Netto (Ministro da Fazenda), Mário David Andreazza (Ministro dos Transportes), L. F. Cirne Lima (Ministro da Agricultura), Jarbas G. Passarinho (Ministro da Educação), Júlio Barata (Ministro do Trabalho e Previdência Social), Márcio de Souza e Mello (Ministro da Aeronáutica), F. Rocha Lagoa (Ministro da Saúde), Marcus Vinicius Pratini de Moraes (Ministro da Indústria e Comércio), Antônio Dias Leite Júnior (Ministro de Minas e Energia), João Paulo dos Reis Velloso (Ministro do Planejamento), José Costa Cavalcanti (Ministro do Interior), Hygino C. Corsetti (Ministro das Comunicações).

96 A Lei nº 6.036, de 1º de maio de 1974, alterou o art. 32, do DL nº 200, de 25 de fevereiro de 1967, que dispunha sobre a organização da Administração Pública Federal, atualizando o rol de ministérios daquele período: Ministério da Justiça, Ministério das Relações Exteriores, Ministério da Fazenda, Ministério dos Transportes, Ministério da Agricultura, Ministério da Indústria e do Comércio, Ministério das Minas e Energia, Ministério do Interior, Ministério da Educação e Cultura, Ministério do Trabalho, Ministério da Previdência e Assistência Social, Ministério da Saúde, Ministério das Comunicações, Ministério da Marinha, Ministério do Exército, Ministério da Aeronáutica.

97 Art. 1º da Lei nº 6.036, de 1974.

98 A Lei nº 6.620 de 17 de dezembro de 1978 revogou expressamente os DLs nºs 898, de 29 de setembro de 1969, 975, de 20 de outubro de 1969; a Lei nº 5.786, de 27 de junho de 1972, e as demais disposições em contrário. Essa lei foi baixada pelo Presidente Geisel e por Armando Falcão, então Ministro da Justiça, e expressava a doutrina da ESG ao considerar segurança nacional um "estado de garantia proporcionado à Nação, para a consecução dos seus objetivos nacionais", e ainda que a "segurança nacional envolve medidas destinadas à preservação da segurança externa e interna, inclusive a prevenção e repressão da guerra psicológica adversa e da guerra revolucionária ou subversiva" (arts. 2º e 3º).

99 Lei nº 6.634, de 2 de maio de 1979.

Em 1980, poucos anos antes da nova ordem política, introduzida pela Constituição de 1988, a SG/CSN mantinha-se como órgão de estudo, planejamento e coordenação dos assuntos da competência do CSN, e com funções de assessoria direta ao Presidente da República, para formulação e execução da política de segurança nacional. Dentre as rotinas da SG/CSN estava a de praticar os atos que lhe fosse atribuído em lei específica [Lei nº 6.634, de 1979], em relação às áreas indispensáveis à segurança nacional e aos municípios de interesse da segurança nacional. Nota-se que além de manter o direcionamento de atuação na faixa de fronteira, a SG/CSN era dotada de mecanismo legal para realizar a articulação com órgãos federais sobre questões de interesse do CSN, o que reforçava a posição de destaque desse colegiado no controle de algumas práticas organizacionais no Executivo federal[100].

Em dezembro de 1983, foi editada nova Lei de Segurança Nacional, desta vez, sem apresentar os conceitos clássicos da ESG, o que já indicava um enfraquecimento da doutrina militar adotada pela SG/CSN[101]. Essa lei foi assinada pelo então Presidente Figueiredo, o Ministro da Justiça Ibrahim Abi-Ackel e o Chefe do Gabinete Militar Danilo Venturini, então Secretário-Geral da CSN. Nota-se que a SG/CSN estava nitidamente vinculada às questões de segurança nacional e, por consequência, os assuntos inerentes à faixa de fronteira, eram mantidos sob o controle das elites militares.

Nessa época, já se questionava a proximidade do CSN às chefias militares, cujo resultado estaria no desvirtuamento da concepção de segurança nacional, enquanto valor a ser tutelado, qual seja, da intangibilidade dos Poderes democraticamente constituídos, para uma "ideologia" de segurança nacional, como condição orientadora da ação política pelas Forças Armadas[102]. Essa reação à forma de condução dos assuntos de segurança nacional ficou mais evidente nos debates da Constituinte, iniciados em 1987. De um lado, as elites militares buscavam a manutenção do "status quo" e, de outro, as elites civis defendiam o fim de qualquer estrutura organizacional que pudesse indicar uma permanência das atividades do CSN e de seu secretariado[103].

---

100 Era tão evidente que a SG/CSN atuava em nome do CSN e até mesmo em substituição a ele, que nessa época já suscitava comentários na mídia no sentido de que, nas propostas a serem apresentadas na Constituinte, o papel atribuído ao Conselho de Segurança Nacional, de fixar os objetivos nacionais - bem como o de sua Secretaria "que, na verdade, operava em nome daquele - haveria de ser redefinido, confiando-se ao Congresso Nacional aquelas atribuições, como fórum representativo da vontade nacional". Título: Desafios para a constituinte. Fonte: Correio Braziliense, Brasília, nº 8164, p. 4, 08/08/1985. Disponível em:<http://www2.senado.gov.br/bdsf/item/id/109354> Acesso: 23/10/2011.

101 A Lei nº 7.170, de 14 de dezembro de 1983, definia os crimes contra a segurança nacional, a ordem política e social, estabelecia seu processo e julgamento.

102 A crítica que se fazia na época era no sentido de que a segurança nacional deixara "de constituir bem jurídico a ser tutelado pela lei penal, para se transformar em ideologia, em visão do mundo a partir de determinados postulados que presidem a construção de um sistema de crenças". Em editorial especial da época, Miguel Reale Jr. alertou que, por meio da prática organizacional então vigente, "busca-se uma compreensão material e orgânica de Nação, como comunidade homogênea que se aglutina em torno de objetivos nacionais permanentes, a serem detectados e declarados pelo Conselho de Segurança Nacional, situando-se como antagonismos a serem destruídos a atitude, a opinião, a crítica, a ideia que se contraponham à consecução desses objetivos. A política de Segurança Nacional, que incumbe ao Conselho de Segurança Nacional estabelecer e às Forças Armadas executar, consiste na arte de garantir, até mesmo pela guerra, a consecução ou salvaguarda dos objetivos nacionais face aos antagonismos. Dito isto, é mister ponderar que deve ser exorcizada a ideologia de Segurança Nacional, e não Segurança Nacional enquanto valor a ser tutelado, qual seja, a intangibilidade dos Poderes democraticamente constituídos". Título: Bem jurídico se transformou em ideologia. Fonte: Folha de São Paulo, São Paulo, p. 8, 01/09/1985. Disponível: <http://www2.senado.gov.br/bdsf/item/id/110717> Acesso: 23/10/2011.

103 O processo de transição do regime militar para o democrático não se iniciou na Assembleia Nacional Constituinte de 1987 e da mesma forma, a substituição do CSN pelo Conselho de Defesa Nacional (CDN) também não. Aproximadamente dois

Em 1986, no governo José Sarney, o Gabinete Militar foi mantido na estrutura da Presidência da República com a atribuição de assistir o Presidente da República no desempenho de suas atribuições e, em especial, nos assuntos referentes à segurança nacional e à administração militar[104].

O quadro 4 evidencia os recursos de poder do CDN de 1927, do CSSN e do CSN (permanência histórica e estrutura organizacional), que tornaram essas organizações empoderadas na condução de assuntos de interesse da defesa e da segurança nacional no período de 1927 a 1988. O quadro indica, ainda, que os departamentos do Estado, em questões de defesa e segurança nacional, tenderam à racionalização de suas práticas por meio da criação de unidades burocráticas, com certo nível de autonomia em suas atividades.

Quadro 4: Comparação de recursos de poder entre CDN de 1927, CSSN e CSN (Período: 1927-1988)

	Recursos de poder por organização		
Colegiado	CDN (27)	CSSN	CSN
Permanência histórica	1927 - 1934	1934-1937	1937-1988
Estrutura organizacional (departamento e agências – unidades burocráticas)	- Comissão de Estudos da Defesa Nacional; e - Seções da Defesa Nacional (uma em cada ministério).	- Comissão de Estudos de Segurança Nacional; e - Seções de Segurança Nacional (uma em cada ministério).	- Comissão de Estudos; - Seções de Segurança Nacional dos ministérios civis (transformadas em DSI); e - Comissão Especial da Faixa de Fronteiras (CEFF).
Suporte técnico e administrativo	Secretaria Geral da Defesa Nacional (Estado-Maior do Exército)	Secretaria Geral de Segurança Nacional (Estado-Maior do Exército)	Secretaria-Geral (Gabinete Militar em 1938)
"National policies"/ "Structural parameters"	Política de Defesa Nacional	Política de Segurança Nacional	Política de Segurança Nacional

Fonte: Elaboração própria

As elites militares da SG/CSN mantiveram as prerrogativas de (i) oferecer diretamente ao Presidente da República os resultados dos estudos sobre questões de

---

anos antes do início da Constituinte, já havia discussões sobre o papel do CDN na nova República, o qual deveria ser um Conselho de Estado com a função prestar assessoria de alto nível ao presidente da República, cuja premissa para o seu funcionamento seria a de que ele seria independente da ingerência militar e sob fiscalização do Congresso Nacional. Título: Conselho de Segurança já provoca acirrados debates. Fonte: Folha de São Paulo, São Paulo, p. 14, 15/09/1985. Disponível em: <http://www2.senado.gov.br/bdsf/item/id/110701>. Acesso: 23/10/2011.

104 Art. 2º, I, do Decreto nº 92.614, de 1986. O Gabinete Militar possuía estrutura organizacional distinta da SG/CSN e era composto de: I - Chefia; II - Subchefia da Marinha; III - Subchefia do Exército; IV - Subchefia da Aeronáutica; e V - Serviço de Segurança (art. 3º, do referido Decreto).

segurança nacional; (ii) manter a experiência histórica de suporte técnico e administrativo ao CSN; e (iii) atuar em estreita relação com os ministérios civis para recebimento de informações de interesse. Essa condição privilegiada das elites militares da SG/CSN tornava esse departamento politicamente mais forte em relação aos demais que integravam o Executivo federal. A racionalidade na condução dos assuntos de interesse do CSN e do Chefe da Nação proporcionava à SG/CSN certo grau de autonomia sobre questões inerentes à segurança nacional na esfera de governo.

3.4 A estratégia política da elite dominante e o embate: conflitos e ambiguidades na rede organizacional

Às vésperas da nova ordem política, inaugurada pela Constituição Federal de 1988, a SG/CSN é transformada em Secretaria de Assessoramento da Defesa Nacional (SADEN). O objetivo dessa transformação foi manter o suporte técnico e administrativo de apoio ao CSN, até então exercido pela SG/CSN, na configuração do Conselho Defesa Nacional (CDN), que seria criado em 5 de outubro.

A criação da SADEN, em 28 de setembro de 1988[105], foi uma estratégia política extraordinária à permanência do poder político das elites militares até então edificado por meio da SG/CSN. O regulamento da SADEN, baixado pelo Ministro Chefe do Gabinete Militar General-de-Divisão Rubens Bayma Denys, com o aval do então Presidente José Sarney, é a evidência de que os assuntos desse novo departamento eram idênticos àqueles que seriam tratados pelo CDN, os quais foram negociados pelas elites militares no Congresso Nacional e estavam prestes a ser aprovados em Assembleia Nacional[106]. Tratava-se de uma decisão estratégica encabeçada pela elite militar (dominante) da SG/CSN, no jogo político, para manter sua estrutura de poder organizacional no Executivo federal, principalmente na condução dos assuntos de interesse do Alto Comando da Nação, junto ao Presidente da República e sob a confiança deste.

---

105   Decreto nº 96.814, de 28 de setembro de 1988 (publicado no DOU do dia seguinte).
106   Dentre as competências da SADEN estava a de propor os critérios e condições de utilização de áreas indispensáveis à segurança do território nacional, e opinar sobre seu efetivo uso, especialmente na faixa de fronteira e nas áreas relacionadas com a preservação e a exploração dos recursos naturais de qualquer tipo; e, ainda, estudar, propor e acompanhar o desenvolvimento de iniciativas necessárias à garantia da independência nacional e da defesa do Estado democrático. Essa medida adotada pelo então Presidente Sarney foi objeto de críticas severas do então líder do PSDB no Senado, Fernando Henrique Cardoso, que apresentou dias depois, um projeto de decreto legislativo sustando o Decreto nº 96.814, de 1988, que transformou a SG/CSN na SADEN. O projeto de decreto legislativo pretendia sustar, também, os atos decorrentes do decreto. Essa proposta do senador paulista seria a primeira de uma série que a liderança do PSDB pretendia apresentar, para tornar sem efeito alguns dos decretos baixados pelo presidente Sarney "nas horas que antecederam a promulgação da Constituição". Segundo o líder do PSDB, o intento visado era um só: "tornar letra morta a nova Carta, reeditando o período de entorpecimento da ação do Poder Legislativo", uma vez que o "Decreto 98.814 pretendeu manter as atribuições do Conselho de Segurança Nacional, que a Constituinte quis expressamente suprimir". Título: Mudança no CSN sob ameaça. Fonte: Jornal de Brasília, Brasília, nº 4847, p. 3, 07/10/1988. Disponível em: <http://www2.senado.gov.br/bdsf/item/id/119333>. Acesso: 23/10/2011. Diante da denúncia de que o Presidente Sarney (PMDB) teria baixado cerca de cem decretos às vésperas da promulgação da nova Carta, as quais teriam exorbitado os poderes do Executivo, o deputado Nelson Jobim (PMDB-RS), afirmou que "se o presidente agiu dentro da vigência da antiga Constituição, não há o que se contestar". Esse embate demonstra que o ambiente que envolvia a extinção do CSN era altamente conflituoso e que havia forças políticas que apoiavam a permanência da rotina do CSN, enquanto outras pretendiam extingui-la por completo. Título: Senador não quer CSN transformado em secretaria. Fonte: Gazeta Mercantil, São Paulo, p. 5, 07/10/1988. Disponível em: < http://www2.senado.gov.br/bdsf/item/id/119448> Acesso: 23/10/2011.

O decreto de criação da SADEN foi muito questionado no Congresso, uma vez que a SG/CSN teria deixado de existir com a nova Constituição e, com ela, todo o suporte técnico-administrativo do CSN. A SADEN, que se vincularia ao CDN nos mesmos moldes que a SG/CSN se vinculou ao CSN, não era a configuração organizacional esperada pelas elites civis que se opunham ao anterior regime.

A permanência da SG/CSN sob o manto da SADEN contou com um poderoso aliado, o Consultor-Geral da República Saulo Ramos, autor do texto assinado pelo Presidente José Sarney. A mera substituição de um nome por outro foi percebida na arena política e admitida pelo próprio Saulo Ramos em reportagem da época. Pelo texto do decreto, a nova Secretaria conservava todas as competências da SG/CSN e seria dirigida, inclusive, pelo mesmo Secretário-Geral, o Ministro Chefe do Gabinete Militar, Rubens Bayma Denys. De acordo com o Consultor-Geral, a decisão política teria sido baseada no artigo 81, inciso V, da Constituição de 1969, e se adaptaria automaticamente à nova Carta, quando esta fosse promulgada, ocasião em que a SADEN já estaria reorganizada[107].

A estratégia de permanência da rotina e dos procedimentos padronizados, que favorecia o domínio da rede interorganizacional dentro do Executivo federal em assuntos de interesse das elites militares, da SG/CSN na SADEN, logrou o êxito desejado sob o ponto de vista dessas elites, porque manteve o poder político próximo ao Chefe da Nação e em paralelo ao Gabinete Militar.

A primeira reunião do CDN sob a configuração da SADEN foi registrada pelo Secretário-Geral de Assessoramento da Defesa Nacional Rubens Bayma Denys, em 16 de novembro de 1988[108]. Frise-se que esse militar ocupou o cargo de Ministro Chefe do Gabinete Militar da Presidência da República de março de 1985 a março de 1990, sendo o principal articulador da permanência das atividades de suporte ao CSN, como CDN, no âmbito daquele gabinete[109]. Nota-se que mesmo com a passagem do regime militar ao governo civil e com as mudanças ocorridas dentro do Executivo, decorrentes da Carta Política de 1988, a elite organizacional que controlava a faixa de fronteira manteve-se intocável, inclusive com a permanência do referido Ministro Chefe do Gabinete Militar da Presidência no cargo de Secretário da SADEN.

A continuidade das práticas organizacionais do CSN é evidenciada, ainda, na permanência da rotina de assentimento prévio para o exercício de determinadas atividades na faixa de fronteira, conforme se observa do concatenar dos fatos de criação do CDN e da SADEN. Essa continuidade é declarada no texto que regulamenta

---

107 Segundo, ainda, reportagem da época, a SG/CSN começou a funcionar nos moldes repassados à SADEN, durante o governo Castello Branco, mas conheceu seu maior prestígio entre 1967 e 1979. "No governo Costa e Silva passou a absorver crescentes funções de planejamento estratégico da ação governamental, conduzida pelo general Jayme Portella, o todo poderoso chefe do Gabinete Militar. Com o Ato Institucional nº 5, nela era que se preparavam os processos de cassação de mandatos, função que manteve durante os governos Médici e Geisel". No governo desse último, porém, "a Secretaria passou a constituir uma verdadeira administração paralela, produzindo dossiês em que o presidente baseava seu diálogo com os ministros. Depois, perdeu peso político, mas conservou sua estrutura e sua equipe". Título: Muda o Conselho de Segurança, mas só no nome. Fonte: Correio Braziliense, Brasília, nº 9296, p. 4, 29/09/1988. Disponível em:< http://www2.senado.gov.br/bdsf/item/id/104204>. Acesso: 23/10/2011.
108 O Chefe do Gabinete Militar exercia a função de Secretário-Geral da SADEN (art. 2º, §2º, do Decreto nº 96.814, de 1988).
109 Fonte: Arquivo Nacional (2011).

as atividades da SADEN, o qual afirma a possibilidade de aplicação das normas legais e regulamentares em vigor, referentes à SG/CSN, à SADEN[110].

O quadro 5 identifica as variações de dimensão da faixa de fronteira, as definições políticas dessa região, ao longo do tempo, e os enfoques predominantes, no período de 1824 a 1988.

Quadro 5: Evolução histórica da dimensão da "faixa" de fronteira, do enfoque e da trajetória das elites organizacionais

Organização	Marco temporal	Dimensão	Características da "faixa" de fronteira	Enfoque
Império (Repartição Geral de Terras Públicas)	1824 (Lei nº 601, art. 1º)	10 léguas (66 km)	Zona de terras nos limites do Império com países estrangeiros.	Defesa atrelada à vivificação dos limites do Império
Congresso Nacional	1891 (art. 64)	10 léguas (66 km)	Porção do território indispensável para a defesa das fronteiras como bem da União.	Defesa nacional
CDN	1927 (Decreto nº 17.999/27)	10 léguas (66 km)	Porção do território indispensável para a defesa das fronteiras como bem da União.	Defesa nacional
CSSN	1934 (art. 166)	100 km	Faixa de 100 quilômetros ao longo das fronteiras.	Segurança nacional e defesa
CSN	1937 (art. 165)	150 km	Faixa de 150 quilômetros ao longo das fronteiras.	Segurança nacional
CSN	1946 (Lei nº 2.597/55, art. 180 e art. 34, II)	150 km	Zona indispensável à defesa do país. Faixa interna de 150 quilômetros de largura. Porção de terras devolutas indispensável à defesa das fronteiras como bem da União.	Segurança nacional
CSN	1967 (art. 91, II) 1969 (art. 89)	150 km	Área indispensável à segurança nacional. Faixa interna de 150 quilômetros de largura, paralela à linha divisória do território nacional.	Segurança nacional
CDN	1988 (art. 20, §2º e Lei nº 6.634/79)	Até 150 km	Área fundamental para a defesa do território nacional. Faixa de fronteira de até 150 quilômetros de largura, ao longo das fronteiras terrestres.	Defesa nacional

Fonte: Elaboração própria

---

110 Art. 2º,§3º, do Decreto nº 96.814, de 1988.

Nota-se que, por aproximadamente 60 anos, a política de defesa e de segurança nacional foi conduzida no país, de forma ininterrupta, por colegiados, que se sucederam no tempo e mantiveram padrões de comportamento bem definidos na estrutura do Executivo federal.

A experiência histórica do CDN de 1927 e do CSSN, acumulada no CSN, e as decisões estratégicas das elites do CSN em aperfeiçoar a configuração de suas unidades internas (Secretaria-Geral, Comissões de Estudos, Seções de Segurança Nacional − transformada em Divisões de Segurança e Informações −, e Comissão Especial da Faixa de Fronteiras) para conduzir a política de segurança nacional (*national policy*), geraram o empoderamento do CSN para a fixação de parâmetros estruturais ("*structural parameters*") na condução de assuntos referentes à faixa de fronteira no âmbito do Executivo federal.

A faixa de fronteira de 150 quilômetros, por sua vez, manteve-se regrada pelo CSN e controlada pela SG/CSN, por meio da CEFF. Embora esse regramento não existisse para todos os casos de ocupação e uso das terras da faixa de fronteira, o fato de as Constituições de 1934, 1937 e o DL nº 1.968, de 1940, delimitarem uma "faixa" de terras sob o controle do Estado e, vincularem uma prévia autorização do CSN (antes CSSN), fez com que essa região do país passasse a ser entendida como área de segurança nacional.

O CSN manteve o controle da política de segurança nacional desde a sua criação, em 1937, e foi a elite organizacional encarregada de controlar algumas atividades na faixa de fronteira até a promulgação da Constituição de 1988. Essa dupla atribuição do CSN: (i) ditar a política de segurança nacional e (ii) controlar, em certa medida, a região da faixa de fronteira, fez com que essa parte do país sentisse, de perto, os resultados dos padrões de comportamento da SG/CSN.

A SG/CSN era um departamento politicamente forte e estruturado sob as bases da doutrina militar, possuindo uma série de unidades burocráticas nos ministérios civis, com o objetivo de garantir a eficiência na condução dos assuntos referentes à segurança nacional. A SADEN, criada para suceder a SG/CSN, é resultado de uma bem sucedida estratégia política de permanência das práticas organizacionais configuradas pelas elites militares que conduziam a política de segurança nacional no país até 1988.

A atuação isolada do CSN e da SG/CSN no controle da política de segurança nacional, valendo-se, inclusive, de unidades burocráticas estrategicamente distribuídas dentro do Executivo federal, evidencia o Estado fragmentado ou compartimentando na condução das questões de segurança nacional e da faixa de fronteira.

CAPÍTULO 4

O DECLÍNIO DO PADRÃO DE COMPORTAMENTO E A FALTA DA ROTINA BUROCRÁTICA

Os últimos atos de assentimento do CSN foram concedidos pelo então General-de-Divisão Rubens Bayma Denys, em 26 de setembro de 1988 e publicados no dia 29 do mesmo mês[111]. Nota-se, com essa última publicação dos atos de assentimento prévio do CSN, assinados pelo Secretário-Geral do CSN, que a rotina referente ao controle de algumas atividades na faixa de fronteira manteve-se em aparente normalidade e sob o comando do Gabinete Militar[112].

O texto da Constituição de 1988 foi publicado, poucos dias depois, no DOU nº 191-A, Seção 1, de 5 de outubro de 1998, p. 1 e seguintes[113]. Nessa mesma data, foram publicados os atos de assentimento prévio do CDN, também com a assinatura do Ministro Chefe do Gabinete Militar. Entretanto, há ambiguidades nessa primeira publicação de atos de assentimento prévio do CDN: (i) enunciou-se "Secretaria de Assessoramento da Defesa Nacional" ao invés de "Conselho de Defesa Nacional"; e (ii) o texto autorizativo diz equivocadamente que o "Secretário-Geral do Conselho de Segurança Nacional [...] resolveu conceder assentimento prévio [...]", quando o correto deveria ter sido "Secretário-Geral do Conselho de Defesa Nacional". Essa publicação evidencia, de maneira inquestionável, que o suporte técnico-administrativo do CDN, naquele momento, era o mesmo do CSN, faltando a devida rotina burocrática para adequação do padrão de comportamento até então praticado[114].

A seguir, quadro comparativo entre a última publicação do CSN e a primeira do CDN de 1988.

---

111   Atos do Secretário-Geral, datados de 26/09/1988, publicados no DOU, Seção 1, de 29/09/1988, p. 18.836-18.837.
112   O decreto que transformou a SG/CSN na SADEN indica, ainda, que "o Ministro Chefe do Gabinete Militar da Presidência da República disporá sobre as medidas complementares necessárias à execução deste Decreto, submetendo ao Presidente da República, para aprovação, a reforma do Regimento da antiga Secretaria-Geral do Conselho de Segurança Nacional, adaptado às novas atribuições da SADEN/PR ; mais uma evidência da permanência da rotina do CDN sob o comando das elites militares.
113   A publicação foi uma edição especial, na data da promulgação do texto constitucional. Poucos acadêmicos e operadores do Direito têm conhecimento de que a Constituição de 1988 foi publicada em DOU.
114   Atos do Secretário-Geral, datados de 30/09/1988, publicados no DOU, Seção 1, de 5/10/1988, p. 19.519.

Quadro 6: Comparação entre padrões de comportamento do secretariado do CSN e CDN na expedição de atos de assentimento prévio na faixa de fronteira

CSN (DOU de 29/09/1988)
CONSELHO DE SEGURANÇA NACIONAL Secretaria Geral ATOS DO SECRETÁRIO-GERAL Em 26 de setembro de 1988 O SECRETÁRIO-GERAL DO CONSELHO DE SEGURANÇA NACIONAL, de conformidade com o art. 2º, § 1º, da Lei nº 6.634, de 2 de maio de 1979, combinado com o art. 2º do Decreto nº 85.064, de 26 de agosto de 1980, resolveu CONCEDER ASSENTIMENTO PRÉVIO para:

CDN de 1988 (DOU de 5/10/1988)
SECRETARIA DE ASSESSORAMENTO DA DEFESA NACIONAL Secretaria Geral ATOS DO SECRETÁRIO-GERAL Em 30 de setembro de 1988 O SECRETÁRIO-GERAL DO CONSELHO DE SEGURANÇA NACIONAL, de conformidade com o art. 2º, § 1º, da Lei nº 6.634, de 2 de maio de 1979, combinado com o art. 2º do Decreto nº 85.064, de 26 de agosto de 1980, resolveu CONCEDER ASSENTIMENTO PRÉVIO para:

Fonte: DOU (1988) (elaboração própria)

Mesmo com a criação do CDN, em 1988, a ausência de indicação sobre a organização que teria sucedido o CSN na parte referente à concessão de atos de assentimento prévio, referida na Lei nº 6.634, de 1979, fez com que o trâmite administrativo que vinculava uma série de órgãos do Executivo federal à remessa de processos à SG/CSN, começasse a desaparecer[115]. Da mesma forma, a falta de indicação de que a SADEN assumira as atribuições da SG/CSN fez com que o controle burocrático sobre a atuação de empresas e particulares na faixa de fronteira enfraquecesse após 1988.

Em 1990, a SADEN foi sucedida pela Secretaria de Assuntos Estratégicos (SAE)[116], considerada um órgão de assistência direta e imediata ao Presidente da

---

115   O Decreto nº 85.064, de 26 de agosto de 1980, regulamentou a Lei nº 6.634, de 1979, e trata, detalhadamente, da rotina burocrática de submissão de pedidos de assentimento prévio na faixa de fronteira. Este decreto mantém-se em plena vigência nos dias atuais.

116   Por meio da Lei nº 8.028, de 12 de abril de 1990, a SAE é criada com "a finalidade de exercer as atribuições de Secretaria Executiva do Conselho de governo, desenvolver estudos e projetos de utilização de áreas indispensáveis à segurança do território e opinar sobre o seu efetivo uso, fornecer os subsídios necessários às decisões do Presidente da República, cooperar no planejamento, na execução e no acompanhamento de ação governamental com vistas à defesa das instituições nacionais, coordenar a formulação da Política Nacional Nuclear e supervisionar sua execução, salvaguardar interesses do Estado, bem assim coordenar, supervisionar e controlar projetos e programas que lhe forem atribuídos pelo Presidente da República"; tendo como estrutura básica: I - Departamento de Inteligência; II - Departamento de Macroestratégias;

República, com a competência de desenvolver estudos e projetos de utilização de áreas indispensáveis à segurança do território e opinar sobre o seu efetivo uso[117]. O Gabinete Militar também permanecia com estrutura organizacional própria no âmbito da Presidência da República[118].

A lei de organização e funcionamento do CDN de 1988, datada de 1991, estabelecia que esse colegiado contaria com uma Secretaria-Geral (SG) para execução das atividades permanentes necessárias ao exercício de sua missão constitucional e que caberia à SAE executar essas atividades por meio dessa SG. Porém, essa competência exclusiva de suporte técnico e administrativo, em paralelo ao Gabinete Militar, jamais existiu na configuração desse colegiado[119]. O que se teve, com o regulamento da referida lei, foi a indicação de que o Ministro Chefe da SAE seria o Secretário-Executivo do CDN, com cargo de natureza civil, e que caberia à SAE executar as atividades permanentes, técnicas e de apoio administrativo necessários ao exercício da competência do CDN, na condição de SG. Porém, na prática, apenas uma unidade burocrática da SAE exercia essas atividades, o Departamento de Programas Especiais[120].

III - Departamento de Programas Especiais; IV - Centro de Pesquisa e Desenvolvimento para a Segurança das Comunicações; V - Centro de Formação e Aperfeiçoamento de Recursos Humanos (art. 16). Nessa mesma oportunidade, é extinta a SADEN e o Serviço Nacional de Informações (SNI) (art. 27). Não há menção de que a SAE era a SG/CDN. A Lei nº 9.649, de 27 de maio de 1998, que tratou da organização da Presidência da República, indicou que o CDN teria como "Secretário-Executivo", o Secretário de Assuntos Estratégicos. Vê-se que essa alternativa de condução do suporte do CDN ocorreu aproximadamente dez anos depois da criação desse colegiado e após oito anos da SAE.

117 Os registros da segunda reunião do CDN permaneceram no âmbito militar, cujo suporte técnico foi dado pelo Almirante-de-Esquadra Mário César Flores, Ministro Chefe da SAE e Secretário-Geral do CDN, em 10/08/1993. A partir de 1995, a SAE passou a ser conduzida pelo civil da carreira diplomática Ronaldo Mota Sardenberg, sendo que em 1999, com a transferência do acervo dessa secretaria à Casa Militar, a condução das atividades de permanência do CDN voltou a ser militar, sob o comando do General-de-Exército Alberto Mendes Cardoso. O General Cardoso foi sucedido pelo General-de-Exército Jorge Armando Felix, em 2003, que por sua vez foi sucedido pelo General-de-Exército José Elito Carvalho Siqueira, com o início do Governo Dilma Rousseff, em 2011; o qual permanece na função até os dias atuais. A sequência de sucessão Chefes do Gabinete Militar e Casa Militar encontram-se no Anexo – A.

118 A Medida Provisória nº 150, de 15 de março de 1990, convertida na Lei nº 8.028, de 12 de abril de 1990, alterada pela Lei nº 8.410, de 27 de março de 1992, estabeleceu que a Presidência da República era constituída, essencialmente, pela Secretaria de Governo, pela Secretaria-Geral, pelo Gabinete Militar e pelo Gabinete Pessoal do Presidente da República. O Gabinete Militar tinha "a finalidade de assistir direta e imediatamente ao Presidente da República no desempenho de suas atribuições nos assuntos referentes à administração militar, zelar pela sua segurança e pela segurança pessoal dos titulares dos órgãos essenciais da Presidência da República, bem como das respectivas residências e dos palácios presidenciais"; tendo a seguinte estrutura básica: I - Chefia; II - Subchefia da Marinha; III - Subchefia do Exército; IV - Subchefia da Aeronáutica; V - Serviço de Segurança (art. 3º).

119 Somente com o advento da Lei nº 8.183, de 11 de abril de 1991, ou seja, aproximadamente três anos após a criação do CDN, o Presidente Fernando Collor e o Ministro da Justiça, à época, Jarbas Passarinho, delegaram à SAE, criada em 1990, o exercício das atividades permanentes do CDN, com o registro da possibilidade de criação de uma SG para a permanência dessa rotina (art. 2º, §3º e art. 4º). A estrutura regimental da SAE, de 1991 (Decreto nº 339, de 12 de novembro) atribuía a essa secretaria a execução das atividades de Secretaria-Geral do CDN; entretanto, os seus órgãos setoriais eram os mesmos elencados na Lei nº 8.028, de 12 de abril de 1990, ou seja, sem qualquer menção a uma SG/CDN. A permanência do CDN foi dada pelo Departamento de Programas Especiais, a quem competia "desenvolver estudos e projetos para a utilização de áreas indispensáveis à segurança do território nacional" (art. 8º, I, do referido Decreto). Essa mesma norma não dizia que o Secretário da SAE era o Secretário-Geral do CDN, mas sim que competia ao Secretário Adjunto coordenar o exercício das atribuições da SAE referentes à Secretaria-Geral do CDN. Nota-se uma série de ambiguidades entre o que previa a norma de criação do CDN e a estrutura organizacional que assumiu o compromisso de conduzir as atividades desse colegiado na estrutura do Executivo Federal.

120 Art. 1º, §3º e art. 6º, do Decreto nº 893, de 12 de agosto de 1993, e art. 8º, inc. I, do Decreto nº 339, de 12 de novembro de 1991.

Somente em junho de 1994, um parecer interno da própria SAE reconheceu a sucessão, em parte, do CSN pelo CDN[121]. Não há atos de assentimento prévio publicados entre a criação da SAE (1990) e a expedição do parecer interno (junho/1994)[122]. A consequência desse "vazio institucional" foi uma série de pleitos administrativos empilhados na SAE, causando um inconformismo dos requerentes (pessoas naturais e jurídicas originárias da faixa de fronteira) com a morosidade administrativa na deliberação de seus pleitos. Contraditoriamente, tinha-se, por um lado, uma lei que mantinha o regramento da faixa de fronteira sob o controle do CSN. Por outro, não havia, na esfera do governo, uma rotina organizacional estabelecida para atender a demanda burocrática dessa região do país sob o manto do CDN.

A ausência de estrutura organizacional que assumisse e exercesse, com autonomia, as atividades permanentes necessárias ao exercício das competências do CDN, na faixa de fronteira, e a simbiose existente entre a rotina civil e a militar em determinados assuntos, no âmbito da Presidência da República, foi evidenciada no período de transição do acervo documental e de pessoal da extinta SAE para a Casa Militar[123].

4.1 A transferência da estrutura organizacional da SAE

A transferência das atribuições referentes às atividades de suporte ao exercício da competência do CDN de 1988 não foi imediata e exigiu uma atenção especial das elites organizacionais da época para verificar o que era da competência da SAE, o que seria repassado a outros ministérios e o que seria herdado, de fato, pela Casa Militar.

Em março de 1999, foi instituída pelo Chefe da Casa Militar, uma comissão de transferência das atribuições referentes às atividades permanentes necessárias ao exercício da competência do CDN e do acervo patrimonial e documental da SAE para a Casa Militar. Essa comissão era integrada por representantes do Gabinete do Ministro Extraordinário para Projetos Especiais (antiga SAE/PR) e da Casa Militar[124]. Para o estudo e avaliação de processos relativos ao assentimento prévio submetidos ao CDN, a Casa Militar instituiu outra comissão, que além de ser integrada por representantes dos mesmos órgãos da outra comissão, também contou com a participação da Subchefia para Assuntos Jurídicos da Casa Civil (SAJ)[125].

O trabalho da primeira comissão expressou dificuldade em estabelecer exatamente quais eram as atividades próprias da SAE e quais lhe cabiam como SG/CDN, gerando incerteza sobre o objeto de transferência. Já a segunda comissão, diante da

---

121 Parecer nº 004/94-AJU/SAE/PR, de 24 de maio de 1994 (DOU nº 108, de 9 de junho de 1994, p. 8.296).
122 Conforme pesquisa realizada em Diário Oficial da União pela autora, no período de 1990 a 1994. A publicação dos atos de assentimento prévio foi retomada a partir de 26 de julho de 1994 (Ato nº 1, de 25 de julho de 1994, publicado no DOU nº 141, Seção I, p. 11.099, assinado por Mário César Flores).
123 A extinção da SAE ocorreu por meio da MP nº 1.795, de 1º de janeiro de 1999, ratificada pela MP nº 1.799-3, de 18 de março de 1999, no último ano do primeiro mandato do governo Fernando Henrique Cardoso. Tal MP gerou o art. 11, parágrafo único, da Lei nº 9.649, de 27 de maio de 1998, que, por sua vez, foi alterado pela MP nº 2.216-37, de 2001, para registrar a sucessão do Secretário de Assuntos Estratégicos pelo Chefe do GSI/PR com o objetivo de exercer as atribuições de Secretário-Executivo do CDN, dando nova redação ao art. 4º, da Lei nº 8.183, de 11 de abril de 1991.
124 Portaria nº 27, do Ministro Chefe da Casa Militar da Presidência da República, publicada no DOU de 2 de março de 1999.
125 Portaria nº 28, do Ministro Chefe da Casa Militar da Presidência da República, publicada no DOU de 2 de março de 1999.

necessidade de dar continuidade às atividades de assentimento prévio, sugeriu que o Chefe da Casa Militar, no uso das atribuições de Secretário-Executivo do CDN fosse autorizado a assinar os atos de assentimento prévio, como atividade permanente necessária ao exercício da competência desse colegiado; tendo em vista o acúmulo de processos administrativos parados que aguardavam a definição de uma rotina.

A situação que se tinha até aquele momento, era a de que a instrução dos processos de assentimento prévio era realizada pela SAE, como SG/CDN, e os atos eram assinados pelo Secretário de Assuntos Estratégicos. O CDN tinha uma Secretaria-Geral sem o Secretário-Geral e um Secretário-Executivo sem a respectiva Secretaria-Executiva, o que fez a comissão sugerir que a Secretaria-Geral fosse transformada em Secretaria-Executiva e que fosse formalizada autorização do CDN para que seu Secretário-Executivo assinasse os atos de assentimento prévio.

No momento dessa transferência de acervo da SAE para a Casa Militar, o pessoal que trabalhava com a atividade de assentimento prévio resumia-se a um analista DAS1 e um auxiliar nível II conforme diagnóstico da segunda comissão. A autorização do CDN ao seu Secretário-Executivo ocorreu por meio da Resolução nº 1, de 12 de maio de 1999 (publicada no DOU nº 90, Seção 1, pág. 8, de 13/05/1999) e permanece até os dias atuais[126].

Antes de sua extinção, o secretariado do CSN possuía a estrutura de pessoal de aproximadamente 200 servidores, todos lotados na SG/CSN[127].

O Gráfico 1 indica o recurso de pessoal no momento final da trajetória organizacional da SG/CSN, em 1988, da SAE, em 1999:

Gráfico 1: Recurso de pessoal no fim da trajetória organizacional da SG/CSN e SAE (Período: 1988 e 1999)

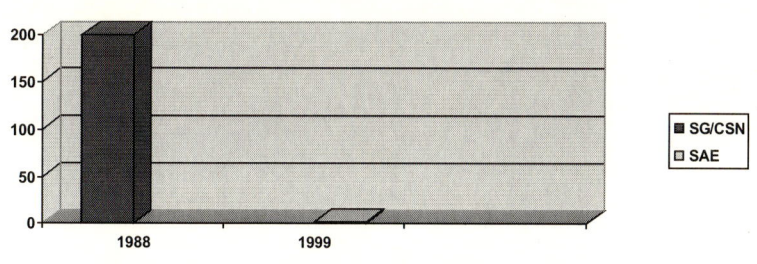

Fonte: Elaboração própria

---

126 Eram 11 (onze) os cargos em comissão, no momento de criação da SAE, o que não significa dizer que era apenas este quantitativo de pessoal que mantinha as atividades da Secretaria. Os dados disponíveis referem-se à distribuição de cargos no âmbito do Executivo federal. O quadro demonstrativo de cargos em comissão, da SAE, foi publicado no Decreto nº 339, de 12 de novembro de 1991, veiculado pelo DOU, Seção I, de 14/11/2011, p. 25.757-25.758.

127 As atividades de rotina exercidas pela SG/CSN ocupavam os mais de 200 funcionários — só um terço de militares — lotados no Anexo 1 do Palácio do Planalto, embora a chefia dessa organização fosse militar. "A estrutura visível do CSN era composta pelo presidente da República, pelos ministros de Estado e pelos chefes de Estado Maior da Marinha, do Exército e da Aeronáutica. Por trás, funcionava a máquina da SG/CSN, comandada pelo chefe do Gabinete Militar da Presidência da República. Havia seis subchefias: Assuntos Políticos, comandada por um oficial da Marinha; Assuntos Econômicos, sob a direção de um diplomata; Assuntos Militares, que tem como encarregado um oficial do Exército; Segurança Nacional, a cargo de uma advogada especialista em assuntos fundiários; Planejamento Governamental, conduzida por um diplomata; e Aspectos Psicossociais, ocupada por um oficial da Aeronáutica". Título: Conselho da ditadura é mantido – Segurança vira defesa mas quem decide é militar. Fonte: Jornal do Brasil, Rio de Janeiro, p. 8, 10/04/1988. Disponível em: <http://www2.senado.gov.br/bdsf/item/id/187035>. Acesso: 23/10/2011.

Nota-se que a extinção do CSN, e da respectiva SG, gerou expressiva perda de recursos de poder, influenciando em grande medida, a fragilização organizacional das elites da SAE na condução de assuntos de seu interesse e deixando a organização vulnerável à extinção.

A extinção da SAE ensejou a distribuição de suas atividades no âmbito do governo Fernando Henrique[128]. Apenas as atividades de assentimento prévio do CDN foram assumidas pela Casa Militar, quando houve a sua transformação, em setembro de 1999, no Gabinete de Segurança Institucional da Presidência da República (GSI/PR)[129]. Não foi por acaso que a Casa Militar recebeu o acervo referente ao apoio técnico e administrativo do CDN para a permanência na condução das atividades de assentimento prévio. Esse interesse político estava nitidamente vinculado ao acúmulo de experiência histórica daquela organização na permanência do suporte burocrático ao CDN[130]. Os demais assuntos conduzidos pela SAE, por não possuírem esse vínculo histórico e não fazerem parte da doutrina militar seguida na Casa Militar, foram repassados, sem grandes negociações políticas, a outras pastas.

A substancial diferença entre a condução dos assuntos do CSN pelo Gabinete Militar e do CDN pela Casa Militar era que, o CSN possuía uma SG com rotinas próprias e distintas do Gabinete Militar, embora o Chefe do Gabinete Militar exercesse a função de Secretário-Geral do CSN. Essa nítida distinção não existiu com o CDN.

A SAE, criada no governo Collor, foi incorporada à Casa Militar, em março de 1999. Por sua vez, a Casa Militar foi sucedida pelo GSI/PR, em setembro de 1999, durante o governo Fernando Henrique Cardoso, encerrado em 2002[131].

De 2003 a 2010, sob o governo Lula, o CDN é mantido como órgão de consulta do Presidente da República. A Secretaria – Executiva do CDN é exercida, atualmente, pelo Ministro Chefe do Chefe do GSI/PR, cargo de natureza civil, ocupado por um General-de-Exército, que passa à reserva logo após a nomeação no cargo de Ministro de Estado. O suporte técnico e administrativo é da competência da Coordenação-Geral da Secretaria-Executiva do CDN, exercida atualmente pela Coordenação-Geral de Assentimento Prévio da Secretaria de Acompanhamento e Estudos Institucionais do GSI/PR[132].

---

128 A SAE possuía a atribuição referente aos estudos e acompanhamento de temas relacionados à faixa de fronteira e áreas estratégicas, defesa nacional, mobilização nacional, patentes de invenção de interesse da defesa nacional, programas tecnocientíficos nucleares, SIVAM/SIPAM, atividades aeroespaciais e ordenação do território. Com a sua extinção, houve uma redistribuição dessas atividades entre GSI/PR, MCT (controle de bens sensíveis, programas nucleares, AEB/VLS/Alcântara), MD (Calha Norte, PAFMFF, PNEMEN, Mobilização Nacional). Na época, alguns assuntos ficaram sem continuidade por falta de indicação de organização responsável.

129 Pela Medida Provisória (MP) nº 1.911-10, de 24 de setembro de 1999, que altera dispositivos da Lei nº 9.649, de 27 de maio de 1998, a Casa Militar a chamar-se Gabinete de Segurança Institucional: no art. 24-A, criou-se o cargo de Ministro-Chefe do Gabinete de Segurança Institucional da Presidência da República.

130 Foi somente a parte relativa à SAE que atuava como Secretaria-Geral do CDN que foi assumida pela Casa Militar, logo transformada em GSI/PR, porque essa atribuição deveria ser mantida no âmbito da Presidência da República.

131 Art. 1º, parágrafo 2º, inciso II e art. 16, parágrafo único, da Lei nº 10.683 de 28 de maio de 2003.

132 Lei nº 8.183, de 11 de abril de 1991 e Decreto nº 7.411, de 29 de dezembro de 2010 e Portaria nº 56, de 5 de novembro de 2009 (publicada no DOU nº 213, Seção 1, p. 13-25, de 9 de novembro de 2009).

4.2. A força da SG/CSN: abrindo a caixa preta

A estrutura e as funções do CSN foram fortalecidas pela filosofia, doutrina e estudos da ESG. Os primeiros indícios da incorporação dos princípios "esguianos" são percebidos ao se comparar a rotina conduzida pela SG/CSN antes e depois da criação da ESG, em 1949. A lei que dispunha sobre as atribuições do CSN, em 1946 (DL nº 9.775), não mencionava a competência da SG/CSN para elaborar o Conceito Estratégico Nacional (CEN) e subsequentes diretrizes de execução dos planejamentos governamentais, a qual foi introduzida em 1958, durante o governo Jucelino Kubitscheck[133]. Essa competência foi reforçada aproximadamente dez anos depois, por meio da lei de organização e funcionamento do CSN, baixada pelos membros desse colegiado, durante o governo militar de Costa e Silva[134].

Com a evolução da doutrina decorrente do binômio "Segurança x Desenvolvimento",

> o envolvimento político do CSN-SG/CSN se expandiu, a ponto de serem inseridos no âmbito de suas competências o "estabelecimento dos Objetivos Nacionais Permanentes e das bases para a política nacional", bem como o estudo, dentre outros assuntos, de tratados, acordos e convênios; de programas de cooperação internacional; e da própria política de desenvolvimento nacional (WALTER, 2003, p. 9-10).

Além das atribuições elencadas no DL nº 1.135, de 1970, incumbia à SG/CSN o assessoramento sobre as atividades relacionadas com as áreas indispensáveis à segurança nacional, que era basicamente a faixa de fronteira, e com os municípios considerados de interesse à segurança nacional. A atuação da SG/CSN ia além da mera assessoria, passando a fomentar e fiscalizar obras e conduzir grupos executivos com objetivos específicos. Por meio de órgãos complementares e de comissões especiais, como o Grupo Executivo para as Terras do Sudoeste do Paraná (GETSOP)[135], o Grupo Executivo das Terras do Araguaia-Tocantins (GETAT)[136] e

---

133 A competência de elaboração do CEN, introduzida pelo art. 2º, do Decreto nº 45.040, de 6 de dezembro de 1958, estaria relacionada, de acordo com a doutrina da ESG, a "arte de preparar e de aplicar o Poder Nacional para, superando os Óbices, alcançar e preservar os Objetivos Nacionais, de acordo com a orientação estabelecida pela Política Nacional" (ESG, 2008, p. 50). No caso, o CEN daria as bases à condução da política de segurança nacional traçada pelo CSN.

134 O DL nº 348, de 4 de janeiro de 1968, fixa a competência do CSN para a formulação da Política de Segurança Nacional mediante o estabelecimento do CEN e das Diretrizes Gerais de Planejamento, incluindo a fixação dos Objetivos Nacionais Permanentes (ONP) e dos Objetivos Nacionais Atuais Estratégicos (ONAE), bem como das Hipóteses de Guerra; a conduta da Política de Segurança Nacional com a apreciação dos problemas que lhe forem propostos no quadro da conjuntura nacional e internacional. O DL nº 1.135, de 1970 também estabelece a competência do CSN para estabelecer os Objetivos Nacionais Permanentes e o Conceito Estratégico Nacional. Todas essas terminologias utilizadas nas normas organizacionais do CSN faziam e ainda fazem parte da doutrina da ESG, cujos cursos são oferecidos a civis e militares. Fonte: ESG (2011). Disponível: <http://www.esg.br/a-esg/>. Acesso em: 14/12/2011.

135 Esse grupo tinha a finalidade de programar e executar os trabalhos necessários à efetivação dos objetivos determinados no Decreto nº 50.494 de 25 de abril de 1961, para a desapropriação e, em convênio com o Estado do Paraná, planejar e executar a colonização das glebas denominadas "Missões" e "Chopim", esta desapropriada em parte. O GETSOP ficava subordinado ao Gabinete Militar da Presidência da República e era presidido pelo CSN e ainda contava com a participação de representante da Procuradoria Geral da República, Ministério da Agricultura, Comissão da Faixa de Fronteiras e Serviço do Patrimônio da União (Decreto nº 51.431, de 19 de Março de 1962).

136 O GETAT foi criado para coordenar, promover e executar as medidas necessárias à regularização fundiária no Sudeste

o Grupo Executivo para a Região do Baixo Amazonas (GEBAM)[137], a SG/CSN tratava de problemas pontuais, normalmente relacionados com graves conflitos pela posse da terra.

A SG/CSN tinha duas funções principais (i) a formulação do Conceito Estratégico Nacional (CEN), realizada com base na agregação-articulação das propostas dos membros do CSN; e (ii) a verificação da conformidade entre as iniciativas dos setores do governo e o mesmo conceito.

Essa verificação de conformidade ocorria por meio das informações repassadas pelas Divisões de Segurança e Informações (DSI), localizadas dentro dos ministérios civis, à SG/CSN. Essa sistemática nasceu na época do CDN de 1927, quando no governo Getúlio Vargas, em 1934, introduziram-se as Seções de Defesa Nacional (SDN) em cada ministério, como órgãos complementares ao CDN[138]. Com o CSSN e subsequente CSN, essas SDN foram transformadas em Seções de Segurança Nacional (SSN), nos ministérios civis, diretamente subordinadas aos respectivos Ministros e em estreita ligação com a SG/CSN. Essas unidades burocráticas do CSN deveriam prestar todas as informações que lhes fossem solicitadas pela SG, além de: (i) manter estudos relacionados com os interesses da segurança nacional; (ii) centralizar todas as questões relativas à segurança nacional no âmbito das atribuições de seus ministérios; e, ainda, (iii) assegurar, nos assuntos de sua competência, as relações entre o seu ministério, a SG/CSN, as forças armadas e os outros ministérios[139]. Essas SSN foram transformadas em Divisões de Segurança e Informações (DSI) nos ministérios civis, com subordinação direta aos respectivos Ministros de Estado e estreito relacionamento com a SG/CSN e o Serviço Nacional de Informações (SNI), aos quais deveriam prestar todas as informações que lhes fossem solicitadas em matéria de segurança nacional[140].

Em setembro de 1967, foi instituído um grupo de trabalho coordenado pelo Chefe do Gabinete da SG/CSN com os representantes da DSI de cada um dos ministérios civis, do SNI e da SG/CSN, com a finalidade de elaborar os projetos do re-

---

do Pará, Norte de Goiás e Oeste do Maranhão, nas áreas de atuação da Coordenadoria Especial do Araguaia-Tocantis e é subordinado à SG/CSN. Foi constituído por seis membros, sendo um representante daquela Secretaria-Geral, como presidente; um Procurador da República; um representante do Instituto Nacional de Colonização e Reforma Agrária (INCRA), e os demais, representantes dos Estados do Pará, Goiás e Maranhão, todos designados pelo Presidente da República (DL nº 1.767, de 1º de fevereiro de 1980). Por meio do Decreto nº 86.255, de 3 de agosto de 1981, foram designados militares que serviam na SG/CSN para exercer funções no GETAT. O GETAT foi extinto por meio do DL nº 2.328, de 5 de maio de 1987, sendo sucedido pelo INCRA.

137 O GEBAM é criado com a finalidade de promover e coordenar as ações de fortalecimento do governo federal na margem esquerda do Baixo Amazonas, promover e acompanhar projetos de desenvolvimento e colonização naquela região, bem como propor medidas para a solução de seus problemas fundiários. Criou-se, na SG/CSN, Tabela Provisória de Gratificação pela Representação de Gabinete, destinada ao pessoal que servia no GEBAM (Decreto nº 84.516, de 28 de fevereiro de 1980, alterado pelo Decreto nº 86.106, de 11 de junho de 1981).

138 Art. 3º, do Decreto nº 23.873, de 15 de fevereiro de 1934.

139 O CDN de 1927 era integrado pela Comissão de Estudo de Segurança Nacional, pela Secretaria-Geral de Segurança Nacional e pelas Seções de Segurança Nacional (uma em cada ministério do governo Getúlio Vargas) (art. 2º, do Decreto nº 7, de 3 de agosto de 1934). Essa unidade do CSN foi mantida nas estruturas subsequentes (art. 2º, do DL nº 4.783, de 5 de outubro de 1942, art. 3º, do DL nº 5.163, de 31 de dezembro de 1942 e art. 5º, do DL nº 9.775, de 6 de setembro de 1946, art. 4º, §2º, do Decreto nº 45.040, de 6 de dezembro de 1958).

140 O art. 2º, do Decreto nº 60.940, de 4 de Julho de 1967 e o art. 7º, do DL nº 348, de 4 de janeiro de 1968, identificam a DSI como órgão complementar do CSN.

gulamento das referidas divisões e, dessa forma, padronizar os procedimentos relativos aos assuntos de interesse do CSN e assegurar as práticas referentes às questões de segurança nacional em cada ministério civil. Essa presença organizacional do CSN em outros ministérios não apenas influenciava o tratamento de determinados assuntos sob o ponto de vista da segurança nacional, mas também fortalecia a rotina daquelas áreas entendidas de segurança nacional, como a faixa de fronteira, cuja lei era aplicada pelo CSN desde 1955.

4.2.1 O alcance da autonomia das unidades burocráticas

A partir da década de 70, as normas que tratavam da organização e do funcionamento do CSN deixaram de mencionar o DSI como órgão complementar do CSN. Entretanto, embora não houvesse mais a nítida vinculação dos DSI à SG/CSN nas regras do CSN, essas unidades burocráticas permaneceram nos ministérios civis mesmo após o advento da Constituição de 1988. Após 5 de janeiro de 1988, em alguns casos, houve apenas a alteração da denominação de DSI para Assessoria de Segurança e Informações (ASI)[141]. Nota-se que a ASI atingiu um grau de autonomia tal que a fez se desvincular da estrutura (CSN-SG/CSN), no âmbito da Presidência da República, para incorporar-se às práticas organizacionais dos ministérios onde haviam sido introduzidas pela SG/CSN.

Percebe-se então que o CSN, elite organizacional do Executivo federal, tinha a SG/CSN como um departamento com significativo grau de autonomia na condução de assuntos de seu interesse. A SG/CSN controlava as DSI, em cada um dos ministérios civis, até a Constituição de 1988, como típicas agências, com vistas a manter e fortalecer as rotinas inerentes à política de segurança nacional traçadas pelo CSN. Com a ruptura ocasionada pela nova ordem constitucional, as DSI acabaram sendo mantidas na estrutura de governo, como ASI, dentro dos ministérios civis. Nota-se a complexidade burocrática dentro do Estado que o mantém dividido por meio de unidades organizacionais, no Executivo federal, para a condução de assuntos de interesse das elites dominantes em questões de segurança nacional até o advento da Carta Política de 1988[142].

---

141 Analisando-se os Diários Oficiais da União no período de 29 de setembro a 11 de outubro de 1988, verifica-se que apenas alguns ministérios civis transformaram a DSI em Assessoria de Segurança e Informações. Os decretos baixados pelo então Presidente José Sarney e cada um de seus Ministros continham uma tabela relativa à estrutura organizacional e aos (situação atual e situação proposta). São exemplos: Decreto nº 96.891, de 30 de setembro de 1988, do Ministério da Habitação e do Bem-Estar Social, que manteve DSI (DOU, Seção I, de 3/10/88, p. 19.119); Decreto nº 96.899, de 30 de setembro de 1988, do Ministério da Justiça, que alterou para ASI (DOU, Seção I, de 4/10/88, p. 19.292); Decreto nº 96.934, de 4 de outubro de 1988, do Ministério do Interior, que manteve DSI (DOU, Seção I, de 5/10/88, p. 19.490); Decreto nº 96.936, de 4 de outubro de 1988, do Ministério da Saúde, que alterou para ASI (DOU, Seção I, de 5/10/88, p. 19.495); Decreto nº 96.938, de 4 de outubro de 1988, do Ministério dos Transportes, que manteve DSI (DOU, Seção I, de 5/10/88, p. 19.507); e Decreto nº 96.903, de 3 de outubro de 1988, da Secretaria de Planejamento e Coordenação da Presidência da República, que manteve DSI (DOU, Seção I, de 5/10/88, p. 19.515).

142 As funções da SG/CSN "foram exercidas plenamente no período compreendido entre 1969 (ano da formulação do primeiro CEN) e 1974, ocasião em que o Presidente da República, recém-empossado, não aprovou a reformulação do CEN. A partir de 1974, a lógica das funções principais do CSN-SG/CSN foi comprometida, em razão do envelhecimento do CEN/69 e da consequente perda de autoridade do referencial básico de análise dos assuntos submetidos ao exame da SG/CSN. Não obstante, os trabalhos da SG/CSN prosseguiram refletindo uma preocupação fundamental: verificar se as iniciativas em exame comprometiam ou não a 'Segurança Nacional'. Foi a partir dessa época que se verificou a expansão do ramo executivo (GETAT, GEBAM etc.). Não há registros no

Figura 6: Distribuição de poder organizacional da SG/CSN por meio de unidades burocráticas nos ministérios

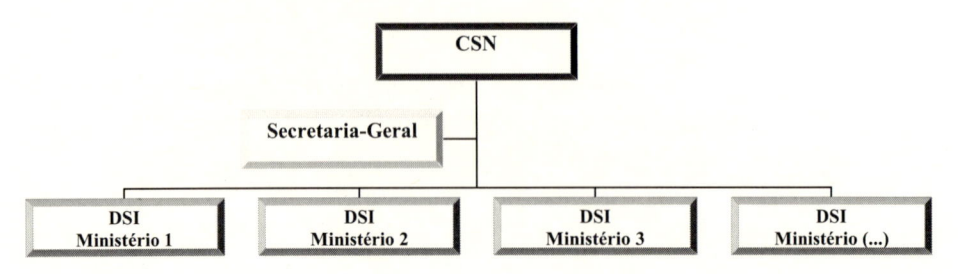

```
                            CSN
                             |
              Secretaria-Geral
        _____|_____
       |          |           |          |
      DSI        DSI         DSI        DSI
  Ministério 1  Ministério 2  Ministério 3  Ministério (...)
```

Fonte: Elaboração própria

Nota-se que o fim da SG/CSN e CSN, com a criação da SADEN, coincidiu com uma série de ambiguidades burocráticas, as quais repercutiram, em certa medida, no poder organizacional da SAE[143].

A legislação, que criou e estabeleceu as competências da SAE sinalizou no sentido de que cabia a ela o papel de órgão governamental "encarregado de pensar o problema estratégico no alto nível, de agregar as posições a esse respeito, a fim de propiciar a formulação da 'grande estratégia brasileira' e, finalmente, de verificar a conformidade estratégica das iniciativas setoriais" (WALTER, 2003, p. 16).

Entretanto, essa legislação que direcionava o modelo CDN-SAE, por outro lado, apresentava "imprecisões e omissões possivelmente decorrentes de uma imperfeita compreensão do problema estratégico por parte das elites políticas", fato que dificultava "um eficiente, eficaz e sistemático desempenho das funções dessa Secretaria". "Se isso resultou, no passado autoritário, em excessos funcionais", a

---

sentido da SG/CSN ter formulado algum outro Conceito Estratégico Nacional ou documento afim. [...] O modelo [...] apresentava, entretanto, três pecados básicos, incompatíveis com qualidades essenciais a órgãos da espécie e que, somados a uma função revolucionária e eventual – tratamento dos processos de cassação – acabavam por estigmatizar e comprometer a imagem política do órgão perante a sociedade: a SG/CSN não tinha a representatividade adequada, não utilizava técnicas nem instrumentos com rigor científico aceitável; tampouco dispunha de pessoal com formação apropriada para tratar da gama de assuntos que transitavam pela instituição e, em especial, para chegar a formular 'Objetivos Nacionais Permanentes'. [...] A principal deficiência do processo residia na falta do ensino das técnicas e dos instrumentos que permitissem a operacionalização de suas diversas etapas com um mínimo de cientificidade. Como resultado, essas etapas foram cumpridas com completo empirismo, chegando-se ao "achismo". [...] Para agravar ainda mais esse problema, a metodologia era aplicada por um grupo de assessores que não possuía especialização sobre muitos, se não a maioria, dos assuntos tratados, fator que, sem dúvida, restringia a autoridade do planejador ou formulador. [...] Para suprir o esquema CSN-SG/CSN de parcela dos dados necessários às análises em curso, a SG/CSN era considerada um dos "clientes preferenciais" do Serviço Nacional de Informações (SNI). Os fatores que comprometiam politicamente a legitimidade e a autoridade dos trabalhos do CSN-SG/CSN, somados ao estigma produzido por certas práticas revolucionárias do passado, acabaram por conduzir à extinção do modelo dessas instituições. Tudo indica que esses fatores dificultaram, *mutatis mutandi*, a completa configuração funcional da Secretaria de Assuntos Estratégicos (SAE), que guardava, inegavelmente, semelhanças estruturais com o modelo CSN-SG/CSN-SNI" (WALTER, 1993, p. 11-13).

143   Em 1992, conforme art. 10 da Lei nº 8.490, de 19 de novembro, a Secretaria de Assuntos Estratégicos (SAE) assumiu a atribuição de coordenar o planejamento estratégico nacional, promover estudos, elaborar, coordenar e controlar planos, programas e projetos de natureza estratégica, assim caracterizados pelo Presidente da República, inclusive no tocante a informações e ao macrozoneamento geopolítico e econômico, executar as atividades permanentes necessárias ao exercício da competência do Conselho de Defesa Nacional, e coordenar a formulação e acompanhar a execução da política nuclear; tendo a seguinte estrutura básica: Subsecretaria de Planejamento Estratégico; II - Subsecretaria de Programas e Projetos Estratégicos; III - Subsecretaria de Inteligência; IV - Centro de Estudos Estratégicos.

partir da criação da SAE, essa fragilidade conceitual teria provocado "o imobilismo do modelo" (WALTER, 2003, p. 21)[144].

O quadro 7 indica a produção dos instrumentos normativos do CDN (1927), do CSSN, do CSN, do CDN (1988), e respectivas Secretarias-Gerais por período de existência até a atualidade (2011). Nota-se que o CSSN foi a organização que mais produziu instrumentos normativos durante a sua trajetória organizacional, em comparação aos demais colegiados. Porém, essa organização durou apenas três anos. Em quantidade de produção por ano de existência, o CSN ocupa o segundo lugar. Entretanto, como essa organização teve a maior permanência histórica, no país, as suas rotinas burocráticas tiveram maior impacto no âmbito do Executivo federal, do que tiveram os demais colegiados[145].

---

144 Se não se chegasse, por exemplo, a um entendimento legal, ou regulamentar, sobre o que seria "estratégico", seria difícil para a SAE, e para sua subsecretaria específica, qual seja, a Secretaria de Planejamento Estratégico - SPE, "coordenar a formulação e o acompanhamento da execução do planejamento estratégico nacional". Debates no âmbito do Centro de Estudos Estratégicos alertavam no sentido de que a imprecisão nos conceitos aplicados pela SAE poderia se refletir na descrição funcional do órgão e o colocar à mercê das interpretações pessoais, do estilo e mesmo da ambição dos eventuais ocupantes dos cargos de escalão superior, aspecto que poderia resultar em "conflitos de competência" no âmbito do governo, bem como em descontinuidade funcional do próprio órgão. "A imprecisão poderia gerar, também, a tendência ao gigantismo pois uma grande variedade de assuntos em exame implica uma correspondente necessidade de técnicos e especialistas" (WALTER, 2003, p. 21-22).

145 As normas baixadas pelo CDN de 1927, CSSN e CSN encontram-se no Anexo – B.

Quadro 7: Compilação de instrumentos normativos produzidos por organização CDN(27)/CSSN/CSN/CDN(88) (Período: 1927 - 2011)

	Recurso de poder (normas e rotinas burocráticas)		
Organização	Instrumentos normativos produzidos/natureza	Origem/ Período de existência	Nº de norma/ ano/ média anual
CDN (1927)	1. Decreto nº 17.999, de 29 de novembro de 1927 (funcionamento do CDN)	PR e Membros 29/11/1927 a 15/07/1934	2/7 anos = 0,22 média anual
	2. Decreto nº 23.873, de 15 de fevereiro de 1934 (funcionamento do CDN)		
CSSN	3. Decreto nº 7, de 3 agosto de 1934 (funcionamento da SG/CSSN)	PR e Membros 16/07/1934 a 9/11/1937	4/3 anos = 1,33 média anual
	4. Decreto nº 191, de 18 de junho de 1935 (regulamento da SG/CSN)		
	5. Decreto nº 991, de 27 de julho de 1936 (organiza a Comissão de Estudos de Segurança Nacional)		
	6. Decreto nº 1.505, de 15 de março de 1937 (regulamento da Comissão de Estudos do CSSN)		
CSN	7. DL nº 1.164, de 18 de março de 1939 (dispõe sobre a faixa de fronteira)	PR e Membros 10/11/1937 a 4/10/1988	30/51 anos = 0,58 média anual
	8. DL nº 1.968, de 17 de janeiro de 1940 (dispõe sobre a faixa de fronteira)		
	9. DL nº 2.610, de 20 de setembro de 1940 (dispõe sobre a faixa de fronteira)		
	10. DL nº 4.766, de 1º de outubro de 1942 (define crimes militares e contra a segurança do Estado)		
	11. DL nº 4.783, de 5 de outubro de 1942 (funcionamento do CSN)		
	12. DL nº 5.163, de 31 de dezembro de 1942 (funcionamento do CSN)		
	13. DL nº 6.476, de 8 de maio de 1944 (cria órgão complementar do CSN)		
	14. DL nº 8.908, de 24 de janeiro de 1946 (transforma em cargo isolado a função de Secretário da CEFF)		
	15. DL nº 9.775, de 6 de setembro de 1946 (funcionamento do CSN)		
	16. Decreto nº 22.048, de 13 de novembro de 1946 (regimento da Comissão de Estudos do CSN)	PR e Ministro da Justiça e Negócios Interiores	

CSN	17. Lei nº 1.551, de 7 de fevereiro de 1952 (fixa prazo para manifestação do CSN)	PR e Ministro da Justiça e Negócios Interiores	30/51 anos = 0,58 média anual
	18. Lei nº 1.802, de 5 de janeiro de 1953 (define crimes contra o Estado e a Ordem Política e Social)		
	19. Lei nº 2.597, de 12 de setembro de 1955 (dispõe sobre a faixa de fronteira)	PR e Membros	
	20. Decreto nº 45.040, de 6 de dezembro de 1958 (regulamento da SG/CSN)		
	21. Decreto nº 46.804, de 11 de setembro de 1959 (regulamento de grupo de estudos da SG/CSN)	PR e Secretário-Geral (CSN)	
	22. Decreto nº 60.892, de 23 de junho de 1967 (altera grupo consultivo para incluir representante da SG/CSN)	PR e Secretário-Geral (CSN)	
	23. Decreto nº 61.341, de 13 de setembro de 1967 (institui grupo de trabalho na SG/CSN)	PR e Membros	
	24. DL nº 348, de 4 de janeiro de 1968 (funcionamento da CSN)	PR e Membros	
	25. Decreto nº 63.282, de 25 de setembro de 1968 (regulamento da SG/CSN)	PR e Membros	
	26. DL nº 1.094, de 17 de março de 1970 (dispõe sobre a CEFF)	PR e Ministro da Justiça	
	27. DL nº 1.135, de 1º de dezembro de 1970 (funcionamento do CSN)	PR e Membros	
	28. Decreto nº 69.314, de 5 de outubro de 1971 (regulamento da SG/CSN)	PR e Membros	
	29. Lei nº 6.634, de 2 de maio de 1979 (dispõe sobre a faixa de fronteira)	PR, Secretário-Geral (CSN) e Ministro da Justiça	
	30. Decreto nº 84.067, de 08 de outubro de 1979 (cria a Secretaria Especial de Informática como órgão complementar)	PR, Secretário-Geral (CSN) e Ministro do Planejamento	
	31. Decreto nº 85.128, de 10 de setembro de 1980 (regulamenta a SG/CSN)	Secretário-Geral (CSN)	
	32. Decreto nº 85.064, de 25 de agosto de 1980 (regulamenta a lei da faixa de fronteira)	PR e Secretário-Geral (CSN)	
	33. Lei nº 7.170, de 14 de dezembro de 1983 (define os crimes contra a segurança nacional)	PR, Secretário-Geral (CSN) e Ministro da Justiça	
	34. Decreto nº 86.255, de 03 de agosto de 1981 (designa militares para a SG/CSN)	PR e Secretário-Geral (CSN)	

CSN	35. Decreto nº 88.375, de 08 de junho de 1983 (delega competência ao Secretário-Geral do CSN)	PR e Secretário-Geral (CSN)	30/51 anos = 0,58 média anual
	36. Decreto nº 96.814, de 28 de setembro de 1988 (transforma a SG/CSN na SADEN)	PR e Secretário-Geral (CSN)	
CDN (1988)	37. Lei nº 8.183, de 11 de abril de 1991 (funcionamento do CDN)	PR e Ministro da Justiça	3/23 anos= 0,13 média anual
	38. Decreto nº 893, de 12 de agosto de 1993 (regulamenta a lei de funcionamento do CDN)	PR e Membros	
	39. Decreto nº 3.505, de 13 de junho de 2000 (institui a Política de Segurança da Informação)	PR , Membros do CDN e outros ministros	

Fonte: Elaboração própria

Nota-se do quadro acima que, a partir de 1980, a SG/CSN – departamento do CSN – passou a expedir suas próprias rotinas, na forma de regulamentos, com autonomia no governo Figueiredo (regime militar), não havendo participação direta dos membros do CSN nesses instrumentos legais; situação que não existia em anos anteriores. A partir da década de 80, a SG/CSN também começou a baixar diretrizes de atuação organizacional na faixa de fronteira, o que evidenciava, ainda mais, o grau de autonomia desse departamento na condução de tal assunto no âmbito do Executivo federal. Por outro lado, o CDN, que contava com o suporte da SADEN, sucedida pela SAE, Casa Militar e GSI/PR, praticamente não fixou normas, tendo a menor produção de diretriz burocrática até os dias atuais.

Os *outputs* do CSN e da SG/CSN de acordo com padrões regulares de comportamento, estruturados em normas, rotinas e registros burocráticos bem definidos, para conduzir de forma isolada as questões de segurança nacional, fortaleceram essas elites organizacionais durante décadas. As estruturas organizacionais moldadas por essas elites refletiram as circunstâncias históricas de sua criação para a condução da política de segurança nacional no país e não se adaptaram rapidamente para acompanhar as mudanças dos padrões de comportamento introduzidas pelo texto constitucional de 1988.

A SAE herdara a estrutura da SADEN, na atividade de assentimento prévio na faixa de fronteira. A ausência de rotina burocrática específica para a condução dos assuntos do CDN de 1988, na faixa de fronteira, fez com que fosse retomado o suporte técnico e administrativo de natureza militar. Assim, quando da extinção da SAE, a Casa Militar recebeu o acervo da parte referente à permanência da Lei nº 6.634, de 1979 (atividade de assentimento prévio), o qual foi repassado ao GSI/PR.

As elites organizacionais do CSN expressavam poder político dentro das outras estruturas do Executivo federal por meio de unidades burocráticas criadas com fins específicos (DSI). Entretanto, a partir de 1988, essas unidades deixaram de existir, enfraquecendo a estrutura organizacional herdada pela SADEN. Por outro lado, o poder político do CSN era também expresso por meio de uma série de instrumentos legais até a sua extinção. O CDN de 1988, por sua vez, baixou menor quantidade de normas em relação ao CSN, o que sugere a perda de recursos de poder no âmbito do Executivo federal.

Como a Lei nº 6.634, de 1979, define a faixa de fronteira de 150 quilômetros como área indispensável à segurança nacional e a aplicação dessa lei era da competência do CSN, encarregado da condução da política de segurança nacional, a concepção predominante para essa região estava vinculada a essa dominação histórica, mesmo após a criação do CDN, em 1988.

CAPÍTULO 5

O ENFRENTAMENTO: o resultado das práticas organizacionais na Assembleia Nacional Constituinte

Em 27 de abril de 1987, foram instaladas vinte e quatro subcomissões na Assembleia Nacional Constituinte, cujas reuniões de audiência pública geraram relatórios que começaram a ser discutidos no mês seguinte. Durante aproximadamente três semanas, foram realizadas

> cerca de 200 reuniões, sendo ouvidos, simultaneamente, os mais diferentes setores da sociedade brasileira. Ao longo desses dias intensos, quase 900 pessoas – representantes de organizações da sociedade civil, acadêmicos, órgãos governamentais, juristas e outros – ocuparam todas as tribunas do Congresso, apresentaram centenas de propostas, polemizaram em torno dos principais temas em discussão, debateram com os constituintes, demarcaram campos e objetos de disputa política. O Parlamento foi tomado por delegações de todo o Brasil, abrindo espaço para múltiplas vozes. Que marcas deixou este turbilhão? (Audiências públicas na Assembleia Nacional Constituinte, 2009, p. 15).

O tema "defesa e segurança do Estado e da sociedade" foi tratado na Subcomissão de Defesa do Estado, da Sociedade e da sua Segurança[146], presidida e relatada pelos constituintes José Tavares (PMDB-PR) e Ricardo Fiúza (PFL-PE), no período de 22 de abril a 6 de maio de 1987. As reuniões dessa subcomissão contaram mais com a participação de representantes de organizações governamentais do que da sociedade, o que levou a acreditar que tal representatividade se dava "em razão do tema e do contexto histórico que ele se inseria"[147].

Foram realizadas sete audiências públicas: a primeira contou com a participação de representantes da ESG, para falar sobre o tema a partir de sua doutrina, que, como era sabido "havia fornecido o suporte teórico e ideológico do regime militar e da Constituição de 1969, que então se encerravam"[148]; a segunda manteve o debate iniciado na primeira reunião, cujos participantes procuraram demonstrar que a "relação entre a ideologia esguiana e o regime autoritário, longe de ser contingente, era necessária e profunda", considerando que os representantes da ESG, procuraram, de

---

[146] Essa Subcomissão se chamaria "Subcomissão de Segurança Nacional"; entretanto, "ela se chamou Subcomissão de Defesa do Estado, da Sociedade e de sua Segurança, o que significava uma mudança importante de perspectiva, segundo intervenção do constituinte Roberto Brant, na terceira audiência pública, ao reforçar que não se tratava de debates no contexto político da Constituição de 1967, ou da Constituição de 1969" (Audiências públicas na Assembleia Nacional Constituinte, 2009, p. 264).
[147] Audiências públicas na Assembleia Nacional Constituinte, 2009, p. 263.
[148] Essa audiência ocorreu no dia 22 de abril de 1987.

certa maneira, "desvincular as teses da Escola do regime autoritário"[149]; a terceira e a quarta trataram da relação entre as Forças Armadas e o Poder Político e do tema "segurança pública"[150]; a quinta contou com a participação de um representante do CSN, cuja legitimidade foi fortemente questionada pelos constituintes, e que discorreu sobre o "papel do Conselho de Segurança Nacional"[151]; a sexta retomou as discussões sobre a relação entre as Forças Armadas e a sociedade civil, desta feita com personalidades de expressão da época, o que suscitou discussão na subcomissão[152]; e a última contou com a presença de representantes do Exército, da Marinha, da Aeronáutica e do Estado-Maior das Forças Armadas para discutir o tema "segurança pública e outros interesses da corporação", tendo sido afastada pelas elites militares a tentativa de criação do Ministério da Defesa, que se demonstrava sem qualquer serventia frente ao papel desempenhado pelos ministérios militares e o Estado Maior das Forças Armadas naquela época.

A primeira, a segunda, a quinta e a sétima audiência pública serão mais detalhadas no presente trabalho, uma vez que expressam os conflitos entre as elites políticas na Constituinte, evidenciando as disputas que precederam à criação CDN de 1988, e as raízes de sua criação, em virtude do encerramento do regime anterior.

Os debates ocorridos na Subcomissão de Defesa do Estado, da Sociedade e da sua Segurança expressaram o confronto entre as elites dominantes (militares) e as emergentes (civis), tornando a Assembleia Nacional Constituinte uma arena política onde se externavam reações às práticas instituídas pelas elites organizacionais do regime militar, ao mesmo tempo em que se buscava um caminho para a construção das bases organizacionais em que se pretendia erguer um regime democrático:

> [...], se a correlação de forças na Constituinte era favorável às tendências políticas que queriam aprovar uma Constituição que efetivamente inaugurasse um regime político substancialmente distinto do que se encerrava, em outros lócus político-institucionais a correlação de forças era diversa. Em alguns desses locais, a hegemonia era claramente de setores que estiveram comprometidos com o regime autoritário. Era o caso de diversos organismos e instituições estatais, como os relacionados à segurança pública e à defesa do Estado.
> Por outro lado, talvez em razão da estreita vinculação da chamada ideologia de segurança nacional com o regime autoritário e da própria hipertrofia e sobrevalorização que as questões atinentes à segurança e defesa tinham naquele regime, havia certa reserva e mesmo desconfiança de amplos setores da sociedade civil no que diz respeito à discussão desses temas, embora o próprio nome atribuído à Subcomissão (de Defesa do Estado, da Sociedade e de sua Segurança) deixasse antever que o Constituinte pretendia examinar a questão da defesa e da segurança do Estado em articulação com a defesa e a segurança da própria sociedade e não em contraposição a ela, como se dava no regime anterior (Audiências públicas na Assembleia Nacional Constituinte, 2009, p. 15)

---

149 A segunda audiência ocorreu em 23 de abril de 1987.
150 Estas audiências ocorreram nos dias 28 e 29 de abril de 1987.
151 Audiência pública ocorrida em 30 de abril de 1987.
152 Essa audiência foi realizada em 5 de maio de 1987.

Essa Subcomissão de Defesa do Estado, da Sociedade e da sua Segurança realizou um roteiro para direcionar os debates nas audiências públicas, de onde se pode destacar os tópicos: "Natureza, finalidade e características do Estado" e "Conceito de Segurança Interna e Externa". Diante desse horizonte temático, a subcomissão solicitou à ESG, ao Estado Maior das Forças Armadas e à Ordem dos Advogados do Brasil (OAB), a indicação de representantes para discorrer sobre tais questões[153].

A primeira audiência, que tratou da formação do Estado brasileiro, contou com a participação de professores da ESG, os quais apresentaram a doutrina por eles aplicada na compreensão do Estado e da segurança (interna e externa). O simples fato de representantes da ESG terem sido convidados a apresentar suas concepções doutrinárias na Constituinte evidenciava a importância que essa organização tinha na condução da política do regime de governo que se findava[154].

A segunda audiência pública pode ser considerada a mais polêmica de todas, uma vez que apresentou o contraponto aos representantes da ESG. Enquanto que na

> primeira audiência, os depoentes buscaram desvincular a ESG e a chamada 'ideologia de segurança nacional' de responsabilidade maior no período ditatorial que se encerrava naquele momento, Márcio Thomaz Bastos procurou demonstrar os vínculos entre a ideologia de segurança nacional e o regime autoritário (Audiências públicas na Assembleia Nacional Constituinte, 2009, p. 267).

Márcio Thomaz Bastos, presidente do Conselho Federal da OAB, à época, registrou que a ideologia da segurança nacional, "que veio sendo trabalhada não apenas no Brasil, mas em muitos países", encontrava sua cristalização nos conceitos da ESG, os quais teriam entrado no país por meio da Emenda Constitucional (EC) de 1969 (art. 89, I)[155]. Segundo esse depoente a doutrina esguiana teria criado

> [...] uma nação abstrata, sem conexão com a realidade, homogênea, simplificada, onde as pessoas todas têm um só objetivo, onde as pessoas são cordiais, onde as pessoas são boas e onde as pessoas têm certos objetivos e esses objetivos têm que ser operados pelo Estado e pelo sistema de poder. De modo que tudo que é divergência, tudo que é desacerto, tudo que é conflito de interesses deixa de existir nesta fórmula mágica, porque a nação tem um projeto,

---

153 Foram indicados pelo Almirante-de-Esquadra Bernard David Blower, então comandante da ESG, os professores: Ubiratan Borges de Macedo, Pedro Figueiredo, Paulo César Milani Guimarães e Roberto Cavalcanti de Albuquerque (Audiências públicas na Assembleia Nacional Constituinte, 2009, p. 265).

154 Na doutrina esguiana, "o Estado deveria representar a todos e realizar o bem comum. Para tanto, a ESG cunhou os objetivos nacionais permanentes, que seriam a cristalização dos interesses permanentes da população dentro do Estado". Esses objetivos seriam: "a soberania, a integração nacional [...], que a Escola Superior de Guerra sempre teria entendido não apenas como regime político, mas também como forma de vida" (Audiências públicas na Assembleia Nacional Constituinte, 2009, p. 266).

155 Bastos, representante da OAB na Constituinte, foi expoente em seus pensamentos contra as práticas conduzidas pela SG/CSN a título de segurança nacional, segundo ele: "Falar-se em características de defesa do Estado significa repelir a defesa de segurança nacional, retirar da Constituição o Conselho de Segurança Nacional e implantar fórmulas de defesa do Estado desatrelada das do Gabinete Militar da Presidência da República, que secretaria o atual CSN. E, na medida em que se repele a segurança nacional, cria-se uma ideologia das liberdades públicas, cria-se a defesa do Estado, da sociedade civil e das instituições democráticas." Defesa do Estado : OAB propõe o fim do CSN. Fonte: Jornal da Tarde, São Paulo, nº 6566, p. 5, 24/04/1987. Disponível em: <http://www2.senado.gov.br/bdsf/item/id/111818 > Acesso: 15/11/2011.

> o projeto da nação é um só [...] (Audiências públicas na Assembleia Nacional Constituinte, 2009, p. 267-268).

O Anteprojeto Afonso Arinos, segundo Bastos, conseguira expungir da sua proposta de Constituição a doutrina de segurança nacional, na medida em que o Conselho de Segurança Nacional é substituído pelo Conselho de Defesa Nacional[156]. Nota-se que a noção que se tem, a partir dos debates na Constituinte, é que o CSN teria sido extinto por completo, juntamente com a doutrina que lhe dava suporte ideológico e que o CDN de 1988 estaria sendo criado sob novas bases e fórmulas democráticas. Essas "novas" bases estariam relacionadas: (i) a não inclusão de qualquer menção que pudesse fazer referência à prática organizacional do CSN, no texto constitucional; e (ii) ao desatrelamento do Gabinete Militar da Presidência da República dos assuntos inerentes à defesa do Estado, considerando sua vinculação à doutrina de segurança nacional, que se pretendia aniquilar[157].

O embate entre a "ideologia de segurança nacional" e o novo pensamento sobre "defesa do Estado e da sociedade", que nascia na Constituinte, ocorreu entre o constituinte Ottomar Pinto (PTB-RR), de carreira militar e o advogado Bastos. Segundo o constituinte, que defendeu os depoentes da primeira audiência pública, representantes da ESG:

> [...] o Estado democrático, dentro da ESG, não tem fins próprios, seus objetivos são os buscados pela nação ao longo de sua trajetória, não dispõe da totalidade dos recursos produzidos pela nação e que deve garantir a pluralidade e o dissenso na cidadania (Audiências públicas na Assembleia Nacional Constituinte, 2009, p. 269).

Em reposta à intervenção do constituinte, Bastos disse que

> [...] os objetivos nacionais permanentes, colocados assim como um enunciado de boas intenções, eles realmente são muito bonitos, parece até um cartão

---

156 Audiências públicas na Assembleia Nacional Constituinte, 2009, p. 268.
157 Em jornal veiculado à época, nota-se que a postura de Bastos evidenciou a ruptura entre os dois regimes políticos e o choque das ideologias das elites representadas na Constituinte. Segundo Bastos, "falar-se em características de defesa do Estado significa repelir a defesa de segurança nacional, retirar da Constituição o Conselho de Segurança Nacional e implantar fórmulas de defesa do Estado desatreladas do Gabinete Militar da Presidência da República, que secretaria o atual CSN. E, na medida em que se repele a segurança nacional, cria-se uma ideologia das liberdades públicas, cria-se a defesa do Estado, da sociedade civil e das instituições democráticas". Segundo a reportagem, "para Márcio Bastos o CSN, com sua doutrina e conceitos reducionistas do mundo, instalou no País uma visão maniqueísta, onde quem não é a favor da doutrina de segurança nacional é inimigo do Estado, considerando-se ainda que a Nação deva se transformar num coral homogêneo, sem respeito por qualquer opinião estranha". E ainda, "no que diz respeito ao papel das Forças Armadas, a OAB é de opinião que a intervenção interna deve ser perfeitamente definida, e só autorizada depois de ouvida toda a sociedade, legitimamente representada no Legislativo, e no que vier a se constituir no Conselho de Defesa Nacional". Título: OAB é contra doutrina da segurança nacional. Fonte: O Estado de São Paulo, São Paulo, nº 34.402, p. 5, de 24/4/2011. Disponível em: <http://www2.senado.gov.br/bdsf/item/id/114518> Acesso: 22/10/2011. Nota-se que nessa época, Bastos, enquanto presidente do Conselho Federal da OAB, defendia a atenção especial do governo a assuntos que estariam "parados", por causa da Constituinte, como a Lei de Defesa do Estado de Direito e Lei de Imprensa. Enquanto Ministro da Justiça, em 2003 a 2007, M.T.Bastos buscou dar prosseguimento à essa proposta de lei, entretanto, até a sua saída, o assunto não avançou por falta de consenso dentro e fora do governo, principalmente diante da polêmica de criminalização de integrantes de movimentos sociais. Fonte:<http://www.direitos.org.br/index.php?option=com_content&task=view&id=1553&Itemid=2> Acesso: 16/11/2011.

de Boas-Festas, de Natal, felicidade, paz, prosperidade, mas que os instrumentos de consecução é que foram o fim do Estado de Direito por uma larga temporada: o uso da repressão da maneira mais dura e mais violenta que se presenciou na História do Brasil, estes meios não tem nada a ver com os seus fins. [...] Quando o eminente constituinte fala que a repressão no Brasil se deu contra guerrilheiros, contra violências, V.Exa. faz uma injustiça histórica às leis de segurança nacional que, principalmente aquele decreto-lei de 1969, se não me falha a memória, é o Decreto nº 869[158] [...], que pune todos os delitos de pensamento possíveis. Se você pensasse em criar um partido político era cominado com uma pena de doze anos de reclusão; ajudar a constituir uma organização de pensamento que, a critério subjetivo das auditorias militares pudesse ser considerada diversa aos objetivos nacionais permanentes, imputava uma pena extremamente alta (Audiências públicas na Assembleia Nacional Constituinte, 2009, p. 269).

Esse enfrentamento levou o relator da subcomissão, Ricardo Fiúza, a afirmar que "qualquer pessoa de bom senso haverá de ficar contra a ideologia de segurança nacional, da forma como está posta", uma vez que ela

sem dúvida reflete um longo período de exceção, um longo período no regime autoritário e se assim não fosse não teria sentido estarmos aqui reunidos para fazer uma nova Constituição que traduzisse o sentimento da nação e da alma do povo brasileiro. [...] E esta questão básica de nação versus Estado é realmente o tema central de tudo isso. O Estado sempre nasceu após a nação. A nação cria o Estado. Como foi dito ontem no caso brasileiro é um pouco atípico. O Estado nasceu antes da nação, podemos dizer, com a vinda de toda a legislação portuguesa para o país colonizado (Audiências públicas na Assembleia Nacional Constituinte, 2009, p. 269).

A quinta audiência pública também foi bastante polêmica e manteve o entendimento de que as atribuições do CSN não deveriam ser herdadas pelo CDN. Essa audiência se iniciou com um protesto do constituinte Iram Saraiva, advogado, contra a falta de representatividade do CSN ao enviar o Coronel Mendes Ribeiro, então Chefe do Gabinete da SG/CSN, uma vez que, mesmo encarregado de falar sobre o papel desse Conselho, por questões hierárquicas não estaria autorizado a enfrentar toda a sorte de debate a que os membros da subcomissão demandassem. Essa discussão gerou uma ponderação da presidência da subcomissão, que admitiu ter se descuidado na formulação do convite ao CSN, uma vez que solicitara a presença de um ou mais representantes do CSN e não do Secretário-Geral do CSN, como deveria ter ocorrido.

A fala do Coronel Mendes Ribeiro não se diferenciou daquela apresentada pelos representantes da ESG sobre a concretização dos "objetivos nacionais permanentes", acrescentando que "a ideia de criar uma instituição nos moldes do CSN não era recente, pois já no Império, sentiu-se a necessidade de estatuir na Constituição

---

158 A referência diz respeito ao DL nº 898, de 29/9/1969, baixado pelo CSN durante o governo provisório da Junta Militar.

um órgão para assessorar o imperador, nas ocasiões em que ele exercia o Poder Moderador ou em todos os negócios graves da administração pública". Frisa-se que "naquela época, a legitimidade da participação de pessoas que não eram representantes oficiais de entidades em debates institucionais não era tão óbvia como hoje, antes pelo contrário. Aliás, tal mudança também foi uma das características da Constituinte de 1987-1988". Nota-se que a SG/CSN exercia papel de destaque no governo que se findava. E a insatisfação das elites civis frente à ausência de representante militar da cúpula de poder da SG/CSN, evidencia o interesse dessas elites civis em conhecer a rotina organizacional daquela secretaria sobre as questões de segurança nacional; questões estas que se pretendia eliminar no novo regime[159].

A sétima audiência pública foi marcada pela resistência das elites militares à criação do Ministério da Defesa (MD). A Marinha tinha nítida posição contrária à criação do MD por entender que tal organização seria inócua ao aperfeiçoamento das Forças Armadas brasileiras para a guerra, bem como prejudicial aos esforços que vinham desenvolvendo para dotar o país de poder naval. Ademais, tal criação ensejaria

> o rebaixamento dos Comandos da Marinha, do Exército e da Força Aérea da posição de ministro para um escalão inferior, no qual veria reduzida a sua capacidade de influir em assuntos não especificamente militares. [...] Assim, nas épocas de crise, espera-se que os comandantes das Forças Armadas exerçam os atributos típicos da condição de ministro, e não os essencialmente militares, participando da solução política da crise e evitando o recurso à força, ou pelo menos o restringindo ao indispensável. O acesso direto que os ministros militares têm ao presidente da República configura caminho de duas direções, em que se manifestam influências e lealdades recíprocas, extremamente úteis em épocas de crise. Reduzir os ministros à condição exclusiva de comandantes militares leva-los-á, provavelmente, a uma atitude de maior isolamento em relação ao presidente da República e às forças políticas em geral, favorecendo, eventualmente, a adoção por eles, em épocas de crise, de pontos de vista predominantemente militares, da lealdade exclusiva às próprias corporações em desfavor daquela ao presidente da República e ao poder político, de preferência pelas soluções de força (Audiências públicas na Assembleia Nacional Constituinte, 2009, p. 276-277).

As elites militares tinham nítida noção da perda do espaço político com a criação do MD e que as lealdades e influências recíprocas, próprias da proximidade ao Chefe da Nação, poderiam deixar de existir; gerando a fragilidade da rede interorganizacional e a perda do controle de seus interesses junto ao poder central.

Observa-se que o Contra-Almirante Tasso de Aquino, representante do Estado-Maior das Forças Armadas evidenciou a preocupação de, com a criação do MD, haver um distanciamento do Chefe da Nação e consequentemente, uma diminuição do nível de lealdade e confiança das elites militares por não mais disporem de um canal direto para expressar seus interesses no jogo político. O posicionamento da

---

159   Audiências públicas na Assembleia Nacional Constituinte, 2009, p. 265, 269 e 273.

Marinha foi acompanhado pelo General de Brigada Oswaldo Pereira Gomes, representante do Ministério do Exército e pelo Brigadeiro-do-Ar José Elislande Bayer de Barros, representantes do Exército e da Aeronáutica[160].

5.1 O nascimento do CDN de 1988: divergências e negociações políticas

O CSN, por meio de sua SG, teria instalado no Congresso Nacional – como fizeram todos os ministérios – sua assessoria parlamentar com o objetivo de demonstrar aos Constituintes a necessidade de o novo texto constitucional manter um órgão de assessoramento direto ao Presidente da República nos mesmos padrões do CSN e com permanência em moldes estruturais semelhantes à SG/CSN. O Ministro-Chefe do Gabinete Militar, General-de-Divisão Rubem Bayma Denys, que acumulava a função de Secretário Geral do CSN, comemorou a proposta final da Constituinte, quanto à forma ideal do CDN[161].

Numa das primeiras reuniões da subcomissão temática que tratou do assunto, o referido Ministro-Chefe se propôs a fazer uma palestra aos Constituintes, para expor as atividades e as atribuições do órgão. A intenção era a de promover algumas modificações que facilitassem o acesso às reuniões. Nota-se que não se tratou de audiência pública, posto que estas foram somente sete na Subcomissão de Defesa do Estado, da Sociedade e da sua Segurança. Àquela época, eram membros natos

---

160 O tema referente à criação do Ministério da Defesa dominou os debates da sétima audiência pública por conta do interesse dos deputados José Genuíno (PT-SP), Iram Saraiva (PMDB-GO), Haroldo Lima (PC do B-BA) e José Tavares (PMDB-PR) em introduzir essa novidade na Constituição de 1988. Enquanto os parlamentares argumentavam que o MD asseguraria mais estabilidade às instituições, uma vez que seria conduzido por um civil, que tenderia a ser mais fiel ao poder constituído, as elites militares entendiam que a estabilidade das instituições independeria da criação do MD, e que essa criação acarretaria dois prejuízos à Nação: concentração de poder e centralização administrativa. O maior problema identificado pelo Alte Tasso de Aquino era a atribuição a um único homem – o ministro da Defesa, em sua opinião, um "superministro" – de autoridade sobre todo o poder militar, com a consequente diminuição da autoridade do comandante supremo das Forças Armadas, que é o Presidente da República. Por sua vez, o Brigadeiro Sidney Azambuja entendia que os parlamentares incorriam em erro ao verem o MD como solução para tudo, uma vez que "uma realidade institucional tipicamente brasileira, era a existência, há 40 anos, do Estado-Maior das Forças Armadas e o seu papel integrador e coordenador das questões comuns a mais de uma força". O debate travado entre as elites militares e os parlamentares evidenciou a luta daquelas elites em manter a influência política exercida pelos ministros militares sobre o presidente da República, a qual, segundo eles, ocorria mais em consequência do peso de cada força do que por motivos ideológicos. Nos debates, o Brigadeiro Azambuja preveniu também que "as Forças Armadas preferem a estabilidade da subordinação direta do presidente da República". Título: EMFA veta pasta da Defesa. Fonte: Jornal do Brasil, Rio de Janeiro, p. 5, 07/05/1987. Disponível em: <http://www2.senado.gov.br/bdsf/item/id/130550>. Acesso: 23/10/2011. O mesmo representante da Aeronáutica informou à Subcomissão "que a criação do Ministério da Defesa em muitos países foi mais uma cópia da solução americana, que, na época, teve como razão básica bloquear a hipertrofia das Forças Singulares embaladas pelas vitórias na II Guerra Mundial e que por coincidência ou não, em termos operacionais, os EUA não ganharam uma guerra desde a criação do Departamento de Defesa, com o *National Security Act* de 26 de julho de 1947" (Audiências públicas na Assembleia Nacional Constituinte, 2009, p. 277).

161 A estratégia da presença de integrantes da SG/CSN para acompanhar os debates da Constituinte era medida necessária. Era tão evidente que a SG/CSN atuava em nome do CSN e até mesmo em substituição a ele, que três anos antes da Constituinte já havia comentários na mídia no sentido de que, nas propostas que fossem apresentadas na Constituinte, o papel atribuído ao Conselho de Segurança Nacional, de fixar os objetivos nacionais – bem como o de sua Secretaria que, na verdade, operava em nome daquele – haveria de ser redefinido, confiando-se ao Congresso Nacional aquelas atribuições, como fórum representativo da vontade nacional. Certa das críticas que enfrentaria, a SG/CSN manteve-se presente, de forma articulada, por meio das assessorias parlamentares. Título: Desafios para a constituinte. Fonte: Correio Braziliense, Brasília, nº 8164, p. 4, 08/08/1985. Disponível em:<http://www2.senado.gov.br/bdsf/item/id/109254>. Acesso: 23/10/2011.

do CSN todos os Ministros de Estado e o Presidente da República, que o presidia e podia convocar as pessoas que julgasse necessárias.

Os debates da Constituinte evidenciaram o aspecto fragmentado do Estado, uma vez que as elites organizacionais militares buscavam se manter estruturadas para a condução de assuntos de seus interesses em contraposição às elites civis que pretendiam edificar suas próprias pretensões na nova ordem política; daí a preocupação do então Secretário-Geral do CSN em negociar, na Constituinte, um espaço político para condução de assuntos de relevante interesse à Nação.

O CDN, que substituiria o CSN, no assessoramento ao Presidente, teria ainda mais uma função: a defesa do Estado democrático, o que não estava especificado nas atribuições do extinto CSN. Mas, algumas das suas atuais atribuições - como a declaração de guerra e de paz - seriam transferidas para o futuro Conselho da República, também aprovado pelo plenário da Constituinte. Outra diferença do CDN, em relação ao CSN, é a abertura do colegiado à participação de membros do Legislativo. Com a nova Carta, os Presidentes da Câmara e do Senado seriam membros do Conselho de Defesa Nacional[162].

5.2 A extinção do CSN e o fim de um império organizacional

A criação do CDN despertou resistências do PC do B e do PT, mas foi aprovada por 284 - votos a favor, 46 contra e quatro abstenções. Nos bastidores do governo, esse colegiado foi aprovado depois de intensas negociações entre parlamentares do "Centrão"[163] e oficiais do CSN[164]. Entretanto, o que era visível das negociações sugeria que, com a substituição do CSN pelo CDN, se estaria "acabando com o militarismo no país", segundo o discurso da tribuna realizado pelo deputado Haroldo Lima (PC do B-BA). O resultado das negociações, porém, mostrava "consagração da militarização do Estado", de acordo com o deputado José Genoíno (PT-SP)[165]. A maioria do plenário, porém, acompanhou os argumentos do deputado Adolpho de Oliveira (PL-RJ), Ricardo Fiúza (PFL-PE) e do relator

---

162 "Para os membros do Conselho, um grande número de participantes dificultaria as reuniões - muitos podem ter impedimentos - e, em outros casos, suas presenças poderiam não acrescentar muito ao debate em questão. Um membro do CSN, por exemplo, questionou que sentido teria o Ministro da Cultura participar de um debate sobre os garimpos". Título: Presidencialistas repudiam a duplicidade de Conselhos. Fonte: O Globo, Rio de Janeiro, p. 5, 06/04/1988. Disponível em:<http://www2.senado.gov.br/bdsf/item/id/108731>. Acesso: 22/10/2011.

163 O grupo majoritário na Constituinte era o Centro Democrático, também conhecido como "Centrão", formado por uma parcela dos parlamentares do PMDB, pelo PFL, PDS e PTB, além de outros partidos menores. O "Centrão", apoiado pelo Executivo e representantes das tendências mais conservadoras da sociedade, conseguiu influir decisivamente na regulamentação dos trabalhos da Constituinte e no resultado de votações importantes, como a duração do mandato de Sarney (estendido para cinco anos), a questão da reforma agrária e o papel das Forças Armadas. Fonte: Brasil Escola. Disponível em: <http://www.brasilescola.com/historiab/constituicao-de-1988.htm>. Acesso: 11/11/2011.

164 Título: Conselho da ditadura é mantido - Segurança vira defesa mas quem decide é militar. Fonte: Jornal do Brasil, Rio de Janeiro, p. 8, 10/04/1988. Disponível em: <http://www2.senado.gov.br/bdsf/item/id/187035>. Acesso: 23/10/2011.

165 O Deputado José Genuíno (PT-SP) apresentou proposta de extinção do CSN, da criação do serviço militar voluntário e da destinação das Forças Armadas "à função exclusiva de defesa externa, proibido o seu envolvimento, como instituição, em atividades políticas ou ditas de segurança interna", como reação ao regime anterior. Título: Genuíno quer limitar ação dos militares. Fonte: Correio Braziliense, Brasília, nº 8749, p. 2, 25/03/1987. Disponível em:<http://www2.senado.gov.br/bdsf/item/id/115447> Acesso: 22/10/2011.

Bernardo Cabral (PMDB), que consideraram preconceituosas as afirmações de Lima e Genoíno, uma vez que "o conceito de segurança nacional, desvirtuado no tempo do arbítrio", não existia na Carta que estava sendo votada. E o contraponto crucial de diferenciação entre os dois Conselhos, segundo Fiúza era que o CDN era apenas um órgão de assessoria do Presidente da República em assuntos relativos à soberania nacional e à defesa do Estado democrático, enquanto que o CSN era o mais alto órgão de assessoria do presidente. A partir do novo texto constitucional, essa atribuição passou a ser do Conselho da República, segundo o relator Bernardo Cabral[166].

A maioria da esquerda apoiou a criação do CDN e registrou sua posição por meio da fala do deputado Roberto Freire, líder do PCB, segundo o qual o CDN seria muito distinto do CSN[167].

O debate na votação do art. 91 da Constituição de 1988, que criou o CDN na estrutura do Executivo federal, mostrou ruptura entre o CSN e o CDN, e um nascedouro politicamente fraco do CDN de 1988. Paralelamente, a estratégia política das elites militares em dar permanência ao CDN acabou sendo um ponto de inflexão na medida em que a queda do CSN passou a exigir a emergência de um CDN com padrões de comportamento diferenciado daquele aplicado por outro colegiado no regime anterior e em desvantagem política frente ao Conselho da República[168].

Nesse período de transição, a faixa de fronteira começou a deixar de ser entendida como área "indispensável" à segurança nacional passando a área de "fundamental" à defesa do território nacional. Essa mudança, introduzida pelas elites civis na Constituinte, durante o debate sobre a redação do atual §2º, do art. 20, da Constituição de 1988, foi decisiva para indicar que a faixa de fronteira não era mais apenas uma área de segurança nacional, como historicamente vinha sendo concebida.

---

166 De fato, o texto da Constituição de 1988 expressou a votação da maioria política vencedora, ou seja, registrou o Conselho da República como o órgão superior de consulta do Presidente da República (art. 89), enquanto que o CDN seria um órgão de consulta do Presidente da República nos assuntos relacionados com a soberania nacional e a defesa do Estado democrático. Diante dessas configurações dos colegiados, aprovou-se, na Constituinte, a criação do Conselho da República e do CDN para assessorar o presidente da República. Com a decisão, o CSN, que durante os últimos 20 anos concentrou extraordinária soma de poderes e deliberou sobre os mais diferentes aspectos da vida do país, fora extinto. Título: Constituinte extingue Conselho de Segurança Nacional. Fonte: Jornal do Brasil, Rio de Janeiro, p. 3, 05/04/1988. Disponível em: http://www2.senado.gov.br/bdsf/item/id/107911> Acesso em: 22/10/2011.

167 Mesmo diante das explicações do Presidente Sarney de que estaria antecipando algumas medidas de adequação da estrutura administrativa do Executivo à nova Carta. Título: Planalto diz que só antecipará a Carta. Fonte: Correio Braziliense, Brasília, nº 9298, p. 3, 01/10/1988. Disponível em: <http://www2.senado.gov.br/bdsf/item/id/118822>. Acesso: 23/10/2011. Dois dias antes da promulgação da nova Carta e diante das denúncias de tentativas para fazer permanecer o regime anterior, como a criação pelo Presidente da República e do então Secretário-Geral do CSN de uma secretaria com as atribuições do CDN, o presidente da Constituinte, Ulysses Guimarães, em abertura do 12º Congresso Nacional da Ordem dos Advogados do Brasil, em Porto Alegre, pediu aos advogados que fossem "os guardiões da nova Constituição". Título: Ulisses pede ajuda a advogados. Fonte: Correio Braziliense, Brasília, nº 9300, p. 3, 03/10/1988. Disponível: <http://www2.senado.gov.br/bdsf/item/id/119815>. Acesso: 23/10/2011.

168 O CDN nasceu sendo considerado um órgão de consulta do Presidente da República nos assuntos relacionados com a soberania nacional e a defesa do Estado democrático enquanto que o órgão superior de consulta é o Conselho da República (arts. 91 e 90, da Constituição de 1988, respectivamente).

5.3 A proximidade do SNI ao CSN

Perto da entrada em vigor do novo texto constitucional, que ensejaria a renovação de práticas organizacionais frente à nova ordem política, o Ministro de Estado Chefe do Serviço Nacional de Informações (SNI) Ivan de Souza Mendes fez publicar a Exposição de Motivos (EM) nº 2, por meio do qual aquela organização, que havia dado o apoio de inteligência ao CSN assume o compromisso público de revogar todos os decretos referentes ao SNI, particularmente os decretos reservados, com vistas a simplificar os trabalhos e assegurar maior transparência às atividades de informação[169].

Por meio de um novo regulamento, o SNI prometia se atualizar e ter condições mais adequadas para assessorar o Presidente da República na condução dos destinos do país. Essa declaração foi publicada, juntamente com o novo regulamento, em DOU, no dia 29 de setembro de 1988, e já considerava, em seu texto, a SADEN, criada naquela mesma data. Isso indica a proximidade entre as elites militares do CSN e o SNI[170], já que não era de conhecimento público a mudança organizacional pretendida pelo SNI e tampouco a notícia de criação da SADEN nos moldes apresentados às vésperas na nova Constituição. O novo texto regulamentar incluía, dentre as finalidades do SNI, a difusão para as autoridades governamentais e particularmente à SADEN, dos conhecimentos referentes às suas respectivas áreas de atuação, o que também indicava a tendência à manutenção do padrão de comportamento desenvolvido pela extinta SG/CSN, que contava com o Chefe do SNI na composição do CSN.

5.4 A repercussão para a faixa de fronteira na Constituinte

Foram necessárias três votações na Comissão de Sistematização, na Assembleia Nacional Constituinte, para aprovar o texto que define a faixa de fronteira brasileira, cujo acordo somente foi alcançado antes da votação da quarta emenda. A emenda vitoriosa modificou o substitutivo do Relator Bernardo Cabral, cuja proposta estabelecia uma dimensão de 150 quilômetros para a faixa de fronteira em toda a sua extensão, considerada "indispensável" à defesa das fronteiras.

---

169 A EM nº 2, de 29 de setembro de 1988, foi publicada no DOU, Seção 1, de 30/09/1988, p. 18.986, data do regulamento do SNI (Decreto nº 96.876, de 29 de setembro de 1988, publicado no DOU, Seção 1, de 30/09/1988). Essa vinculação é evidenciada, mais tarde, na criação da ABIN e sua incorporação nas estruturas organizacionais do GSI/PR. Em 6 de outubro de 1988, é aprovado o Parecer nº SR-71, do Consultor Geral da República Saulo Ramos que responde consulta formulada pelo Ministro Chefe do SNI versando sobre a interpretação e aplicação das regras da nova Constituição no que se refere ao instituto do *habeas-data* e a outros temas correlatos. Esse parecer foi publicado no DOU, Seção 1, de 1988, p. 19805-19812, e defende, especialmente, que a publicidade dos atos estatais "não constitui valor jurídico absoluto, pois situações excepcionais existem, que justificam o sigilo da Administração ou do Estado". Esse assunto ainda é objeto de polêmica nos dias atuais. Na discussão no Congresso Nacional sobre a nova lei do sigilo, o ex-Presidente e Senador Fernando Collor (PTB-AL) chegou a dizer que "se o Senado aprovar o texto da Câmara com prazo máximo de 50 anos para acesso restrito a papéis, o 'Brasil será o primeiro país a abrir todas as suas informações'". Segundo ele, é preciso garantir "salvaguardas" sobre a integridade territorial do país, acesso à tecnologia sensível e a questões de segurança nacional. Título: Ao defender sigilo, Collor diz que país precisa de salvaguardas. Data: 24/10/2011. Fonte: Folha.com Disponível em: <http://www1.folha.uol.com.br/poder/996012-ao-defender-sigilo-collor-diz-que-pais-precisa-de-salvaguardas.shtml>. Acesso: 15/11/2011.

170 A SG/CSN era a principal cliente do SNI.

O texto aprovado por 71 (setenta e um) votos a favor e 9 (nove) contra, considerou, como área "fundamental" à defesa do território nacional, a faixa de "até" 150 quilômetros ao longo das fronteiras terrestres. Esta redação agradou a grande maioria parlamentar, ali presente, por possibilitar que lei complementar permitisse o estabelecimento de uma largura variável, de região para região nessa faixa, para fins de regulamentação do uso e da ocupação.

Durante os debates, também foram rejeitadas tentativas de reduzir a faixa de fronteira para 50 e 66 quilômetros de largura, sob o argumento de que ela causaria embaraços à legalização fundiária e ao desenvolvimento da região. Com o apoio o líder do governo, Carlos Sant'Anna, as lideranças pactuaram em torno da Emenda nº 31.654, do Deputado Jovanni Masini (PMDB-PR)[171], que estabelecia a faixa de fronteira de até 150 quilômetros de largura como área fundamental para a defesa do território nacional, cuja ocupação e utilização seriam regulamentados em lei complementar[172]. A versão final do texto constitucional ocorreu por meio dos debates no Plenário da Constituinte, onde se substituiu a forma de regulamentação do dispositivo constitucional para lei ordinária, que exige apenas maioria simples de votos para ser aceita e promulgada no ordenamento jurídico brasileiro; à semelhança das Constituições anteriores (1946 e 1967/1969).

Nos debates que antecederam a negociação ultimada na Comissão de Sistematização, não houve qualquer menção a conceitos da doutrina da ESG[173].

Os principais fundamentos que levaram à permanência da faixa de fronteira na dimensão de até 150 quilômetros foram no sentido de que: (i) a alteração da definição historicamente consagrada, causaria embaraços não apenas à legalização fundiária, mas também ao desenvolvimento da região; (ii) o conceito de faixa de fronteira não poderia ser confundido com o conceito de segurança nacional; (iii) quanto mais extensa fosse a faixa de fronteira, mas assegurados estariam os interesses nacionais do ponto de vista econômico, considerando-se a importância de se atrelar o texto da definição constitucional da faixa de fronteira (art. 20, §2º) àquele que tratava da mineração em tal localidade (art. 176); (iv) a substituição da expressão "faixa indispensável" por "faixa considerada fundamental" à defesa seria de suma relevância à compreensão do alcance civil da delimitação jurídica, uma vez que considerar os 150 quilômetros "fundamentais" à defesa não significaria dizer que fossem "indispensáveis" à defesa, ou seja, toda essa dimensão poderia ser usada, se fosse necessária e fundamental, e poderia não ser usada, se não fosse nem necessária e nem fundamental à defesa do território nacional[174].

---

171 Título: Faixa de fronteira só é definida depois de três votações de emendas. Fonte: O Globo, Rio de Janeiro, p. 2, 23/10/1987. Disponível em: <http://www2.senado.gov.br/bdsf/item/id/153374>. Acesso: 14/11/2011.
172 O texto acordado pelas lideranças girou foi o apresentado pelo Deputado Jovanni Masini, com o seguinte teor: "a faixa interna de até cento e cinquenta quilômetros de largura, ao longo das fronteiras, designada como 'faixa de fronteira', é considerada fundamental para a defesa do território nacional, e sua ocupação e utilização serão regulamentadas em lei complementar".
173 O anteprojeto de Afonso Arinos, apresentado ao então Presidente da República José Sarney, considerava indispensável à defesa das fronteiras, a faixa interna de cem quilômetros de largura, paralela à linha divisória terrestre do território nacional, entretanto, essa proposta também não prosperou. Fonte: DOU, Seção 1, Suplemento Especial ao nº 185, de 26 de setembro de 1986, p. 1.
174 As discussões do novo texto constitucional na Assembleia Nacional Constituinte tiveram início nas 24 (vinte e quatro) subcomissões temáticas, agrupadas em 8 (oito) Comissões Temáticas. Após aprovado na Subcomissão, o texto seguiu para a Comissão Respectiva, onde foram elaborados os capítulos por temas. Os três anteprojetos de cada subcomissão

A SG/CSN também detinha conhecimento sobre aquisições de terras por estrangeiro, na faixa de fronteira, em virtude de a lei geral de aquisição de terras por estrangeiro, datada de 1971, remeter a esse departamento, a rotina de concessão de ato de assentimento prévio para transações imobiliárias[175]. Assim, além das questões referentes à segurança nacional, as elites da SG/CSN também interferiram nos debates sobre o tratamento do capital estrangeiro na Constituinte. Essa interferência organizacional foi sentida quando oficiais militares da SG/CSN negociaram com o "Centrão", a Liderança do PMDB e a Frente Parlamentar Nacionalista a proposta de texto constitucional sobre o controle de capital estrangeiro em empresa brasileira de capital nacional. Segundo reportagem da época, "o capital estrangeiro, mesmo minoritário numa empresa nacional, poderia assumir o controle da empresa mediante contratos de transferência ou venda de tecnologia". Essa era a preocupação principal das elites militares da SG/CSN na arena política[176].

Como medida de defesa do interesse da União, na esfera administrativa, a Lei nº 6.634, de 1979, foi declarada como recepcionada pela Constituição de 1988 por meio de parecer normativo vinculante expedido pela Advocacia-Geral da União (AGU), em 2004, após provocação do GSI/PR, no exercício da atividade de assentimento prévio do CDN[177].

---

foram reunidos em um anteprojeto único e, em seguida, transformado em um anteprojeto de Comissão. A relação das Comissões Temáticas e das respectivas subcomissões pode ser consultada no link: <http://www2.camara.gov.br/internet/constituicao20anos/o-processo-constituinte/lista-de-comissoes-e-subcomissoes >. Fonte: Centro de Documentação e Informação da Câmara dos Deputados, em 30/03/2010. Título da pesquisa: histórico do art. 20, §2º, da Constituição de 1988. As negociações em torno da dimensão da faixa de fronteira podem ser encontradas no Diário da Assembleia Nacional Constituinte (Suplemento "C"), p. 680-685.

175 Segundo o art. 7º, da Lei nº 5.709, de 1971, "a aquisição de imóvel situado em área considerada indispensável à segurança nacional por pessoa estrangeira, física ou jurídica, depende do assentimento prévio da Secretaria-Geral do Conselho de Segurança Nacional".

176 Título: Conselho de Segurança influi na negociação. Fonte: Jornal do Brasil, Rio de Janeiro, p. 2, 26/04/1988. Disponível em:< http://www2.senado.gov.br/bdsf/item/id/107667> Acesso: 15/11/2011. A lei geral de aquisição de imóveis rurais por estrangeiro, datada de 7 de outubro de 1971 (Lei nº 5.709) remetia ao CSN as compras de imóveis rurais envolvendo estrangeiros, mas a legislação do CSN não previa expressamente essa atribuição; situação que foi adequada com a edição da Lei nº 6.634, de 1979. A preocupação esboçada, na época, por integrantes da SG/CSN, no texto que mais tarde veio se tornar o art. 171, da Constituição de 1988, vinha da experiência histórica adquirida com as rotinas de atos de assentimento prévio sobre pedidos de aquisição de imóveis rurais por estrangeiros na faixa de fronteira. O art. 1º, parágrafo único, da Lei nº 5.709, de 1971, entende como empresa estrangeira, para fins de controle fundiário, a pessoa jurídica brasileira da qual participem, a qualquer título, pessoas estrangeiras físicas ou jurídicas que tenham a maioria do seu capital social e residam ou tenham sede no Exterior. O artigo de lei e o artigo constitucional referidos tinham plena vigência no ordenamento jurídico pós-88 até que, com o advento da EC nº 6, de 1995, o art. 171 foi revogado e dois anos depois, foi editado o Parecer GQ 181, da AGU (publicado no DOU de 22 de janeiro de 1999, p.7-10) que declarou inconstitucional o parágrafo único do art. 1º, da Lei nº 5.709. Nova reviravolta sobre esse assunto ocorreu em 2008, quando a AGU reviu seu posicionamento (Parecer nº LA 01, de 19 de agosto de 2010, publicado no DOU nº 161, de 23/08/2010, p. 1-10) e declarou plena a vigência desse texto da lei geral de aquisição de terras, depois que o Conselho Nacional de Justiça assim o fez para vincular os Tabeliães e Registrados ao fiel cumprimento dessa lei. Fonte: Pedido de Providências – Corregedoria nº 0002981-80.2010.2.00.0000. Requerente: Ministério Público Federal - 5ª Câmara de Coordenação e Revisão. Disponível em: <http://www.prr4.mpf.gov.br/site/index.php?option=com_content&view=article&id=172:a-pedido-do-mpf-cnj-determina-que-cartorios-controlem-compra-de-terras-por-empresas-controladas-por-estrangeiros&catid=10:noticias&Itemid=58>. Acesso: 01/12/2011.

177 Processo nº 00186.000106/2004-14. Origem: Presidência da República. Assunto: **Mineração** na **Faixa** de **Fronteira**. Aplicabilidade do art. 3º da Lei nº 6.634, de 2 de maio de 1979. Extensão da exigência do inciso I do mesmo artigo. Conselho de Defesa Nacional. Competência para opinar sobre o efetivo uso da **Faixa** de **Fronteira**. (*) Parecer no AC - 14. "Adoto nos termos do Despacho do Consultor-Geral da União, para os fins do art. 41 da Lei Complementar no 73, de 10 de fevereiro de 1993, o anexo Parecer nº AGU/JD - 01/04, de 12 de maio de 2004, da lavra do Consultor da União, Dr.

5.5 O Legislativo e os ideais da nova Constituição: pressão externa

A análise do poder das elites no Executivo federal, segundo a dimensão política da perspectiva organizacional mostra uma parte, e não a totalidade, do fenômeno da fragmentação do Estado quanto à concepção da faixa de fronteira.

A tendência do predomínio de interesses marcadamente militares na faixa de fronteira sofreu uma interferência após a promulgação da Constituição de 1988, pois ela teria provocado, em linhas gerais, a mudança do paradigma militar para o civil em matéria de segurança do Estado e da sociedade. No entanto, a mobilização das elites civis que possibilitou a ruptura entre o CSN e o CDN não se manteve de forma a ditar as bases à construção do CDN nos moldes idealizados na Constituinte.

5.6 As bases do CDN: valores em ebulição

O processo constituinte brasileiro contou com a participação de diversos atores políticos que, ao contribuírem na construção da nova ordem constitucional, acabaram por influenciar, por via reflexa, uma alteração na concepção até então predominantemente militar para a faixa de fronteira.

Vários representantes do constitucionalismo português e espanhol contemporâneo, influenciados pelo constitucionalismo alemão, participaram de forma ativa do processo constituinte brasileiro com o objetivo de contribuir com a elaboração de uma Constituição que fosse adequada à conformação de uma sociedade justa no país. Esses colaboradores "buscaram dar um fundamento ético à nova ordem constitucional brasileira, tomando-a como uma estrutura normativa que incorpora os valores de uma comunidade histórica concreta" (CITTADINO, 2000, p. 3)[178].

O discurso no sentido de como seria possível conformar uma sociedade justa e uma estrutura normativa a ela adequada tomou conta do debate conduzido pelos "constitucionalistas comunitários". Somava-se a isso a proposta desses constitucionalistas no sentido da inclusão do ideário comunitário, que remetia à democracia participativa, no ordenamento constitucional do país.

Esta discussão "tem seu início no âmbito da filosofia política contemporânea e organiza-se em torno dos debates acerca das relações entre ética, direito e política" (CITTADINO, 2000, p. 4). A constituição para os "comunitários" é a força normativa da vontade política de uma comunidade histórica e, por consequência, a fonte real de validade de todo o sistema normativo. Em outras palavras, a constituição se-

---

João Francisco Aguiar Drumond, e submeto-o ao Excelentíssimo Senhor Presidente da República, para os efeitos do art. 40, § 1º da referida Lei Complementar". "(*) A respeito deste Parecer o Excelentíssimo Senhor Presidente da República exarou o seguinte despacho: "Aprovo. Em, 1º de junho de 2004." (DOU, Seção 1, de 4 de junho de 2004, p. 6).

178   O constitucionalismo "comunitário" brasileiro "é, primordialmente, influenciado pelo pensamento constitucional português e espanhol, especialmente pelas discussões travadas por ocasião dos processos constituintes dos quais resultaram a Constituição Portuguesa de 1976 e a Constituição Espanhola de 1978.[...] Os trabalhos de José Joaquim Gomes Canotilho, Jorge Miranda e José Carlos Vieira de Andrade, em Portugal, e Pablo Lucas Verdu e Antonio Enrique Pérez Luño, na Espanha, influenciaram decisivamente o pensamento constitucional brasileiro contemporâneo" (CITTADINO, 2000, p. 22).

ria um conjunto dos valores de uma comunidade histórica, e, neste sentido, o compromisso com a concepção material da constituição (CITTADINO, 2000, p. 31).

Então, durante o processo constituinte brasileiro, havia dois grupos ideológicos diferentes, um conduzido pelos liberais e outro pelos comunitários[179]. O primeiro era caracterizado pelo pensamento liberal, positivista e privatista, que predominava até então na cultura jurídica brasileira, e onde se defendia a concepção de constituição-quadro, enquanto marco que preserva a esfera da ação individual e prioriza a dimensão formal do ordenamento constitucional. O segundo seria o grupo dos comunitários, orientado pelo pluralismo e pelo relativismo de valores, cuja concepção predominante era a de que a constituição não se prestaria a fixar, teleologicamente, conteúdos substantivos ou objetivos a seguir. Ao contrário, seria limitada a um instrumento de governo, com a exclusiva função de estabelecer procedimentos e determinar as competências dos órgãos politicamente responsáveis pela concretização das demandas de indivíduos e grupos (CITTADINO, 2000, p. 33).

Dessa forma, diferentemente das constituições anteriores, onde havia um predomínio do entendimento formalista do texto da norma, a Constituição de 1988 nasce envolvida em um sistema de valores que transcende o texto normativo, o qual passa a ser reconhecido para a concretização do direito por meio de atores políticos[180].

É nesse contexto de novos valores em ebulição que, o CDN é criado na Constituição de 1988, como órgão de consulta do Presidente da República nos assuntos relacionados com a soberania nacional e a defesa do Estado democrático, e não apenas segurança nacional, como o colegiado anterior. Deveria, assim, possuir a potencialidade suficiente para se tornar um órgão político concretizador de demandas individuais e coletivas na faixa de fronteira.

A Constituição Cidadã de 1988 manteve, então, um colegiado composto por elites organizacionais, como órgão de assessoria direta do Presidente da República, e inovou ao dotá-lo de competência para estudar, propor e acompanhar o desenvolvimento de iniciativas necessárias a garantir a independência nacional e a defesa do Estado democrático (art. 91, §1º).

O CDN é composto, atualmente, pelo Vice-Presidente, Presidente do Senado Federal, Presidente da Câmara dos Deputados, Ministro da Justiça, Ministro da De-

---

179 "Os representantes deste constitucionalismo 'comunitário' integraram a Comissão de Estudos Constitucionais, a quem coube elaborar estudos e anteprojeto de Constituição, a título de colaboração, enviado à Assembleia Constituinte, em 1987. Foi de Tancredo Neves a ideia de organizar a Comissão Provisória de Estudos Constitucionais, composta por representantes de diferentes setores econômicos e com distintos compromissos político-ideológicos. O Presidente José Sarney tornou efetiva esta ideia através do Decreto nº 91.450, de 18 de julho de 1985. A Comissão de Estudos Constitucionais, presidida por Afonso Arinos, era composta por quarenta e nove membros, assim distribuídos: trinta advogados, cinco empresários, quatro sociólogos, três jornalistas, três economistas, dois religiosos, um escritor e um médico. Jornalistas da *Folha de S. Paulo* estabeleceram, a partir da análise de suas biografias, a seguinte caracterização político--ideológica: cinco de direita, seis de centro-direita, dezesseis de centro, quinze de centro-esquerda e sete de esquerda" (CITTADINO, 2000, p. 33).

180 Nesta época, a rotina do SG/CSN dava sinais que descompasso com aquela que a sociedade e o Estado desejavam. Os estudos elaborados pela SG/CSN eram criticados no sentido de não serem "atuais". D. Luciano, presidente da Conferência Nacional dos Bispos do Brasil (CNBB) registrou em jornal que percebia nos estudos "a apresentação de um Estado marcado pelos famosos objetivos nacionais, pela doutrina da segurança nacional, que contrasta com a imagem de um Estado" que para aquela instituição deveria ser democrático. Título: D. Luciano diz que textos do CSN "não são atuais". Fonte: Folha de São Paulo, São Paulo, p. 7, de 6/11/1987. Disponível em: <http://www2.senado.gov.br/bdsf/bitstream/id/132966/1/Nov_87%20-%200458.pdf >. Acesso: 15/11/2011.

fesa, Ministro do Planejamento, Orçamento e Gestão[181], Comandantes da Marinha, do Exército e da Aeronáutica[182]. Este Conselho passa a ser majoritariamente civil, inclui a representação do governo e da sociedade por meio de representantes do Legislativo e exclui de sua composição os órgãos de informação e inteligência[183]. Nota-se que com a nova configuração, o CDN pode ser entendido como colegiado de Estado e não de governo, como era o CSN.

5.7 Indícios do prestígio na estrutura do Executivo Federal

O CSSN, CSN e CDN (1988), e suas unidades burocráticas, realizaram uma série reuniões para a condução das questões afetas à defesa e à segurança nacional[184].

O CSSN realizou 17 (dezessete) reuniões de dezembro de 1934 a dezembro de 1951, ou seja, em 17 anos, a média de reunião foi de uma ao ano. O CSN, por sua vez, realizou 56 (cinquenta e seis) reuniões, de março de 1955 até julho de 1988, significando mais de uma reunião nesse período de 33 (trinta e três anos) (média de 1,69 reuniões/ano). Paralelamente, a SG/CSN realizou 53 (cinquenta e três) consultas aos membros do CSN. Já o CDN, que se reuniu 8 (oito) vezes no período de novembro de 1988 a outubro de 2002, alcançou a média de 1,75 reuniões/ano em 14 (quatorze) anos[185]. Nota-se que, em número de reuniões realizadas, por período, o CDN de 1988 foi mais intenso. Entretanto, o CSN manteve-se atuante na sua trajetória organizacional, por meio de permanentes reuniões e consultas temáticas realizadas pela SG/CSN durante décadas.[186]

O CSN contou, ainda, com os estudos da Comissão de Estudos de Segurança Nacional (CESN) sobre segurança nacional[187]. Essa comissão contava com a participação de elites civis e militares do Executivo federal e reuniu-se 83 (oitenta e

---

181   Nomenclatura dada pela Medida Provisória nº 1911-8, de 29 de julho de 1999.
182   Art. 91, da Constituição de 1988 e Lei nº 8.183, de 11 de abril de 1991.
183   A composição de órgãos de informação e inteligência é mantida dentro da estrutura do Gabinete de Segurança Institucional da Presidência da República, que exerce a função de SE/CDN, por meio das atividades da Agência Brasileira de Inteligência – ABIN, que é criada por meio da Lei nº 9.883, de 7 de dezembro de 1999, ocasião em que é criado o Sistema Brasileiro de Inteligência (SISBIN), que integra as ações de planejamento e execução das atividades de inteligência do País, com a finalidade de fornecer subsídios ao Presidente da República nos assuntos de interesse nacional.
184   Não há dados disponíveis referentes às práticas organizacionais do CDN de 1927 e estudos da Comissão de Estudos da Defesa Nacional.
185   Com a exceção da primeira ata de reunião do CDN, as demais reuniões trataram tão somente de compra de equipamentos para as forças armadas, as quais dependiam de prévia manifestação do colegiado para dispensa de licitação, conforme estabelece o Decreto nº 2.295, de 4 de agosto de 1997.
186   Um dos episódios mais importantes da história brasileira foi objeto da 43ª Reunião do CSN, realizada em 13 de dezembro de 1968, no Palácio das Laranjeiras, no Rio de Janeiro. Naquela ocasião, os membros do CSN, sob a presidência do então Presidente Arthur da Costa e Silva, aprovaram o Ato Institucional nº 5. Título: A reunião que radicalizou a ditadura. Disponível em: <http://www1.folha.uol.com.br/folha/treinamento/hotsites/ai5/index_ppal.html?var=site>. Acesso: 11/11/2011. O inteiro teor da Ata da 43ª reunião encontra-se no Anexo – D. Nota-se que não consta assinatura do Presidente da República da época e que o Ministro do Interior não compareceu. Fonte: Arquivo Nacional. Documento disponibilizado por meio da Correspondência AN/COACE/COADI nº 3.141/2011 (CS), de 16/11/2011, em: <http://www.arquivonacional.gov.br> Serviços>Banco de Dados SIAN>Multinível-Fundos e coleções>Multinível>Conselho de Segurança Nacional> . Acesso: 16/11/2011.
187   A primeira reunião da Comissão de Estudos de Segurança Nacional, criada pelo DL nº 23.873, de 1934, ratificado pelo Decreto nº 7, de 1934, e organizada pelo Decreto nº 991, de 27 de julho de 1936. Por isso que as reuniões se iniciaram em dezembro de 1936. Fonte: Arquivo Nacional (2011). Disponível em: <http://www.an.gov.br/sian/inicial.asp >. Acesso: 16/12/2011.

três) vezes, no período de dezembro de 1936 a julho de 1952[188]. Os registros e a condução dos trabalhos foram exercidos predominantemente pela SG/CSN, uma vez que o CSN foi criado em 1937. Essa permanência burocrática nos estudos sobre temas de sua competência, fez com que a SG/CSN atingisse autonomia nos assuntos de interesse do CSN e controlasse as relações interorganizacionais em matéria de segurança nacional no âmbito do governo[189].

O Gráfico 2 evidencia o padrão de comportamento do CSSN, CSN e CDN (1988) na condução dos assuntos de sua competência, e respectivas comissões de estudo.

Gráfico 2: Comparação entre quantitativo de reuniões realizadas por colegiado (Período: 1936-2002)

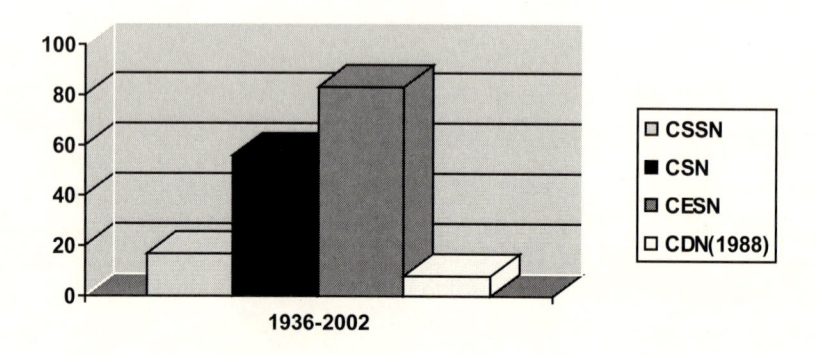

Fonte: Elaboração própria

As práticas burocráticas do CSN, somadas à permanência de estudos do CESN, sugerem que essas organizações conduziram os assuntos de segurança nacional com mais intensidade durante as suas trajetórias organizacionais que o CSSN e o CDN de 1988. Essa presença histórica influenciou, decisivamente, a faixa de fronteira como área de segurança nacional até 1988.

O confronto entre as elites militares dominantes e as elites civis emergentes na Assembleia Nacional Constituinte, desvendou os padrões de comportamento do CSN e de seu suporte burocrático na condução da política de segurança nacional; e colocou em evidência a fragmentação do Estado no nível de análise das organizações burocráticas. Nota-se que a pressão exercida pelo Legislativo sobre o Executivo durante os debates na Constituinte expôs as divergências políticas sobre a condução da política nacional até então aplicada pelas elites militares, de forma isolada,

---

188 Fonte: Arquivo Nacional. Disponível em: <http://www.arquivonacional.gov.br/cgi/cgilua.exe/sys/start.htm?infoid=426&sid=40>. Acesso: 11/11/2011.
189 Essa Comissão de Estudos da Defesa Nacional foi criada por meio do DL nº 23.873, de 15 de fevereiro de 1934, ratificado pelo Decreto nº 7, de 8 de agosto de 1934 e organizada pelo Decreto nº 991, de 27 de julho de 1936, normas que fizeram os registros das discussões sobre as matérias submetidas ao CDN e, posteriormente ao CSSN e CSN, fossem antecipadamente estudadas por membros de alto escalão no governo e pudesse oferecer ao colegiado, propostas de solução quando as questões que dependessem de mais de um ministério.

e aquela desejada pelas elites civis. As negociações na arena política para a criação do CDN, na Constituinte, indicam a vinculação deste colegiado aos novos valores políticos do regime pós-1988, os quais são necessariamente diferentes daqueles que sustentaram o CSN.

A permanência histórica do CSN na condução da política de segurança nacional e os recursos de poder utilizados pelas elites organizacionais no controle da faixa de fronteira (CDN de 1927, CSSN e CSN), foram fatores decisivos à concepção da faixa de fronteira como área de segurança nacional.

CAPÍTULO 6

AS ELITES ORGANIZACIONAIS NA FAIXA DE FRONTEIRA APÓS 1988

Com a extinção do CSN em 1988 e a desmobilização da máquina burocrática herdada pela SADEN/SAE/Casa Militar, outras elites organizacionais começaram a entrar no jogo político visando assumir um maior protagonismo na faixa de fronteira, mantendo em evidência a divisão burocrática do Estado. A emergência dessas outras elites, no entanto, não foi imediata, e foi resultado: (i) da trajetória das organizações na faixa de fronteira; e (ii) da importância que a temática "fronteira e integração sul-americana" adquiriu após 1988[190].

Uma rápida incursão histórica permite observar a trajetória das organizações que racionalizaram suas práticas na faixa de fronteira, evidenciando um caráter não monolítico do Estado no tratamento dessa região do país ao longo do tempo.

Em 1736, D. João V criou juntamente com a Secretaria de Estado dos Negócios Interiores do Reino e a Secretaria de Estado da Marinha e Domínios Ultramarinos, a Secretaria de Estado dos Negócios Estrangeiros e da Guerra. O Príncipe Regente D. João, em 1801, desmembrou-a em duas. Entretanto, seis meses depois, restabeleceu a situação anterior. O Príncipe Regente D. Pedro, em 1822, voltou a dividi-la em Secretaria de Estado dos Negócios do Reino e Estrangeiros e Secretaria de Estado dos Negócios da Guerra. Em 1823, essa mesma secretaria, sob a nova denominação de Secretaria de Estado dos Negócios do Império e Estrangeiros foi desmembrada e passou a se chamar simplesmente Secretaria de Estado dos Negócios Estrangeiros[191].

A Secretaria de Estado dos Negócios Estrangeiros era encarregada da política externa da diplomacia e das relações com os países limítrofes, principalmente no que se referia à delimitação e à demarcação do limite internacional. Já a Secretaria de Estado dos Negócios da Guerra, preocupava-se com a ocupação da fronteira, como instrumento de defesa do território. Esta Secretaria era encarregada em desenvolver a política de colonização das fronteiras na zona de dez léguas, área com tratamento especial no período imperial.

A lei imperial que dispunha sobre as terras devolutas encarregou-se de mencionar, que uma zona de dez léguas nos limites com os países estrangeiros[192] per-

---

190 Os temas de fronteira passaram a entrar na agenda política do Brasil a partir da década de 80, quando 2 (dois) acordos internacionais entraram no ordenamento jurídico do país: o Tratado de Montevidéu e o Tratado de Assunção, promulgados pelos Decretos nºs 87.054, de 23 de março de 1982 e 350, de 21 de novembro de 1991, respectivamente. A partir da Constituição de 1988, esses instrumentos internacionais ganharam força com a diretriz política de integração econômica, política, social e cultural dos povos da América Latina (parágrafo único, do art. 4º).
191 Histórico da Criação dos Ministérios e Órgãos da Presidência da República. Fonte: <http://www.planalto.gov.br/Infger_07/ministerios/Ministe.htm>. Acesso: 17/12/2011.
192 A légua, que mede 6.000 metros lineares, corresponde a 6.600 metros. Deste modo, as mencionadas dez léguas corres-

tenciam ao Império e poderiam ser concedidas gratuitamente, ao invés de vendidas. O sentido da faixa de terras de dez léguas estava baseado em fatores de defesa da fronteira. Nota-se que o atributo militar da Secretaria de Estado dos Negócios da Guerra refletiu na concepção dada à região de fronteira na época do Império[193].

Os empresários que pretendessem fazer povoar, à sua custa, a faixa de dez léguas limítrofe a países estrangeiros, deveriam dirigir suas propostas à Repartição – Geral de Terras Públicas (RGTP)[194]. Uma das atividades-fim da RGTP era povoar essa zona de dez léguas por meio de colônias militares[195].

A RGTP era subordinada ao Ministro e ao Secretário de Estado dos Negócios do Império, sendo composta pelo Diretor - Geral das Terras Públicas, Chefe da Repartição, e de um Fiscal. Com "status" de Secretaria, tal diretoria era ainda composta de um Oficial Maior, dois Oficiais, quatro Amanuenses[196], um Porteiro e um Contínuo. Segundo o regulamento da lei imperial, um Oficial e um Amanuense deveriam ser hábeis em desenho topográfico, podendo ser tirados dentre os Oficiais do Corpo de Engenheiros ou do Estado-Maior de 1ª Classe[197]. Nota-se que essa organização era composta por militares de carreira.

A Guarda Nacional também foi uma organização atuante durante do governo imperial na promoção da defesa das fronteiras. Essa Guarda era composta por, no máximo, quatro mil homens e era incumbida, mediante ordem imperial, de fazer o serviço de Corpos destacados no auxílio do Exército de 1ª Linha, na defesa das Praças[198], Costas, e Fronteiras das Províncias, por um período de até oito meses.

As rotinas adotadas pela RGTP e pela Guarda Nacional, subsidiária às atividades do Exército, eram resultantes do interesse do Império na vivificação das fronteiras, como forma de defesa desse espaço territorial, sendo direcionada para essa região, as práticas organizacionais de natureza militar[199].

Neste período, o regramento incidente sobre a faixa de terras que separava a Colônia Portuguesa da Espanhola buscava fomentar a fixação do homem ao território por meio de concessão gratuita de terras da Coroa, como forma de defesa das fronteiras, aplicando-se o princípio do "*uti possidetis*"[200]. Por meio desse princípio, passou-se a

---

pondiam a 66.000 metros, equivalentes a 66 quilômetros. Fonte: NOTA AGU/SG-CS/nº 06/2005. Disponível em:< https://sistema.planalto.gov.br/asprevweb/exec/NotaTecnicaAGUfaixafronteira.pdf>. Acesso em: 12/01/2011.

193 Lei Imperial nº 601, de 18 de setembro de 1850.
194 Art. 85, do Decreto nº 1.318/1854. A lei imperial (art. 21) criou a Repartição Geral das Terras Públicas (RGTP), repartição especial, encarregada de dirigir a medição, divisão e descrição das terras devolutas, e sua conservação, além de fiscalizar a venda e a distribuição delas, e de promover a colonização nacional e estrangeira.
195 Art. 82, do Decreto nº 1.318, de 30 de janeiro de 1854.
196 A palavra amanuense provém do latim *amanuensis*, por sua vez derivado da expressão latina "*ab manu*" (à mão). Sinônimos: escrevente e copista. Fonte: Novo dicionário Aurélio, 1986, p. 98.
197 Art. 1º, do Decreto nº 1.318, de 30 de janeiro de 1854.
198 Praças significam, na estrutura organizacional militar, de maneira geral, regiões ou delimitações territoriais. Podem ser classificadas, por exemplo, como praças de combate e praças de atuação militar.
199 Em 1918, "já por efeito da Primeira Guerra Mundial, procedem-se novas e importantes modificações no mecanismo do Exército. Extingue-se a Guarda Nacional que, nos termos do Decreto nº 1.790, de 12 de janeiro desse ano, passa a constituir o Exército de 2ª Linha, e se desloca do âmbito do Ministério do Interior e Justiça, para o da Guerra. O Decreto nº 13.040, de 29 de maio de 1918, dá nova organização à Guarda Nacional, "sendo que seu papel e missão precípua era reforçar as guarnições de fortalezas e pontos fortificados; defender localidades e pontos estratégicos dos teatros de operações, dentre outras" (MAGALHÃES, 1998, p. 324-325).
200 O Tratado de Madri (1750) revogou expressamente o Tratado de Tordesilhas, em vigor desde 1494, "pela insuficiência e omissões do próprio Tratado" e fixou dois princípios de alta importância à compreensão da destinação de terras dada pela

entender que uma fronteira defendida é aquela onde há a presença do homem; daí a origem da expressão "vivificação das fronteiras", muito utilizada na Política de Defesa Nacional (PDN) e Estratégica Nacional de Defesa (END) dos dias atuais[201].

Em 1860, ainda durante o regime imperial, foi criada a Secretaria de Estado da Agricultura, Comércio e Obras Públicas, em decorrência do desmembramento dos serviços de correios, telégrafos, estradas e obras públicas[202].

Após a proclamação da República, em 1889, foi reestruturada a administração do país. Uma grande reforma administrativa foi iniciada, no governo Deodoro da Fonseca, em 1891, ocasião em que foram reorganizados os serviços da Administração Federal, distribuindo-os por seis Ministérios, sendo eles: Ministério da Fazenda; Ministério da Justiça e Negócios Interiores; Ministério da Indústria, Viação e Obras Públicas; Ministério das Relações Exteriores; Ministério da Guerra; Ministério da Marinha[203].

Coroa Portuguesa ao então Brasil Colônia: 1) política do bom vizinho (art. XXI), que enaltecia a paz e o fim de hostilidades entre os vassalos; e o instituto do "uti possidetis" (art. III), originário da doutrina do Direito Romano, na órbita do Direito Público, que consagrava as terras ocupadas pela Coroa Portuguesa e Espanhola. Fonte: Texto integral do Tratado de Madri. Disponível em: <http://historiaaberta.com.sapo.pt/lib/doc016b.htm>. Acesso: 27/11/2011. Uma das principais consequências à compreensão da política expansionista portuguesa no processo colonial brasileiro "foi o estabelecimento do instituto do 'uti possidetis', como norma jurídica para a fixação de limites e negociação dos casos omissos" (REZENDE, 1980, p. 12). Foi pelo Tratado de Madri que se definiu, sem os conhecimentos geográficos essenciais, o Brasil de hoje, com algumas incorreções (FERREIRA, 1966, p. 11). O Tratado de El Pardo (1761) representou o recuo das fronteiras dos domínios portugueses, ferindo o direito do "uti possidetis", uma vez que não o reconhecia. Por não haver uma correspondência entre a situação de fato e jurídica na formação dos limites, voltaram os questionamentos entre Portugal e Espanha. Entretanto, "este tratado não teve grande repercussão nas fronteiras do Brasil, pois no ano seguinte, Portugal voltou à guerra contra Espanha" (REZENDE, 1980, p. 13). O Tratado de Santo Ildefonso, de 1777, "mantinha as ideias básicas do 'uti possidetis' e do aproveitamento das linhas naturais do terreno constante no de Madri" (REZENDE, 1980, p. 15). A vigência do Tratado de 1777 não foi longa porque a "Revolução Francesa e a política expansionista de Napoleão acabaram por quebrar a paz entre Portugal e Espanha". Em 1801, a Espanha, aliada à França, invadiu Portugal, durando a guerra apenas algumas semanas, em razão do Tratado de Paz de Badajoz (1801). O Tratado de 1801, que fora o último a ser celebrado entre a Espanha e Portugal, antes da Independência, deixara de mencionar, expressamente, qual o tratado anterior, referente à fronteira, que tinha validade. Essa omissão "deixou o problema no mais absoluto caos, pois que o Tratado de 1777, revogando o de 1750, foi apenas um tratado preliminar de fronteira, mas que não chegou a ser completado pelo definitivo". Ademais, "os trabalhos de demarcação, por ele previstos, nunca chegaram a ser feitos" (REZENDE, 1980, p. 19). Restando indefinido o direito de demarcação de limite, sob o ponto de vista jurídico, adotou-se o princípio do "uti possidetis", consagrado pelos Tratados de 1750 e 1777. Mesmo esse princípio básico "deu margem a dupla interpretação: ora foi entendido como a simples "posse mansa e pacífica, independente de qualquer título (*uti possidetis solis*), ora como o direito assegurado pela existência de um título definidor do direito anterior ou à revelia da posse efetiva (*uti possidetis juri*)" (REZENDE, 1980, p. 20). Diante dos litígios na demarcação dos limites, tornou-se necessário estabelecer um marco no tempo para o uso do *uti possidetis solis*. O marco temporal aceito foi o do ano de 1810, data em que se iniciou a independência dos Estados de origem espanhola. Surge, então, o *uti possidetis* de 1810, que se refere "a posse de fato, independente de qualquer título vigorante naquele ano com os vice-reinados, capitanias, intendências ou as presidências, de onde se originam os atuais Estados hispano-americanos" (REZENDE, 1980, p. 20). Nas zonas desabitadas, seria necessário recorrer-se à posse tradicional, consagrada pelos Tratados de 1777 ou de 1750. Embora celebrados para atenderem aos interesses estranhos às colônias, esses dois tratados foram os grandes marcos para a definição das fronteiras do Brasil. Os portugueses que definiram, ao longo da história, os limites de suas colônias, fixaram diretrizes para a posse de suas terras, entre elas, o entendimento de que, embora os limites existissem, era necessário povoá-los, uma vez que uma fronteira existe quando alguém a ocupa e a defende (PALERMO, 2001 apud BENTANCOR, 2009, p. 19). *A tradição do instituto do* "uti possidetis" influenciou decisivamente, a lei imperial de 1850, a qual incorporou o princípio da ocupação das terras de fronteira no projeto expansionista vigorante até 1822.

201 Decreto nº 5.484, de 30 de junho de 2005 e Decreto nº 6.703, de 18 de dezembro de 2008.
202 Por meio do Decreto nº 1.067, de 28/07/1860, foi criada a Secretaria de Estado dos Negócios da Agricultura, Comércio e Obras Públicas, cujas atribuições passaram, depois, para o Ministério da Indústria, Viação e Obras Públicas, por força da Lei nº 23, de 30/10/1891.
203 Art. 1º, da Lei nº 23, de 30 de outubro de 1891.

O Ministério da Guerra tinha como objetivo dar maior autonomia às Forças Armadas brasileiras, centralizando todas as forças militares de terra sob um só poder. Essa reforma administrativa não alterou as competências dos Ministérios da Guerra e da Marinha[204]. Dentre as atuações do Ministério da Guerra, no final do governo Floriano Peixoto[205], destaca-se aquela advinda do recebimento de crédito extraordinário para realização de obras e aquisição de armamentos indispensáveis às fortificações, principalmente nas fronteiras do Amazonas e Mato Grosso[206].

Em 1891, no governo Deodoro da Fonseca, reservou-se ao domínio da União a porção do território que era indispensável para a defesa das fronteiras[207], restando transferidas aos Estados (antigas Províncias do Império), as terras devolutas que se encontravam nos respectivos territórios[208].

Uma das atribuições privativas do Congresso Nacional, em 1891, era adotar regime conveniente à segurança das fronteiras[209], não havendo indicação na Carta Política, então vigente, qualquer organização com a atribuição de monitorar ou regrar o acesso às atividades na fronteira, o que acabou ocorrendo na Constituição seguinte[210].

A partir de 1891, competia ao MRE o expediente e o despacho dos negócios e serviços incumbidos ao Ministério do Exterior, a colonização e o serviço dos núcleos coloniais[211]. Pode-se citar a atuação desse Ministério na demarcação de limites internacionais; atributo que permanece até os dias atuais[212].

O ato de criação do Ministério da Indústria, Viação e Obras Públicas, sucessor da Secretaria de Estado da Agricultura, Comércio e Obras Públicas, em 1891, não continha indicação expressa de atuação na área de fronteira[213], mas há registros de suas atribuições na fundação das colônias nas fronteiras, inclusive promovendo a

---

204 Art. 8º, da Lei nº 23, de 1891.
205 O governo Floriano Peixoto durou de 23/11/1891 a 15/11/1894.
206 Decreto nº 1.696, de 20 de abril de 1894, que abre ao Ministério da Guerra um crédito extraordinário para custear despesas urgentes com os reparos e armamento das fortificações da República, principalmente do porto do Rio de Janeiro e das fronteiras do Amazonas e de Mato Grosso.
207 Teria sido adotada, nesta época, a dimensão de dez léguas - consagradas como de domínio do Império - para fins de identificação da porção de terras destinada à mencionada defesa das fronteiras (art. 64, da Constituição de 1891).
208 Constituição da República dos Estados Unidos do Brasil, promulgada a 24 de fevereiro de 1891.
209 Art. 34 da Constituição de 1891.
210 "A Constituição de 1891 tinha o texto da Constituição norte-americana completado com algumas disposições das Constituições suíça e argentina; a Constituição de 1934 foi fortemente influenciada pela Constituição alemã de Weimar; e a Constituição de 1946 reutilizou os textos das Constituições de 1891 e 1934" (CITTADINO, 2000, p. 22).
211 Art. 7º, da Lei nº 23, de 1891.
212 O MRE atuava na delimitação de limites internacionais, como no caso da fronteira do Brasil com a Argentina, conforme se pode observar do Decreto nº 3.129, de 1898.
213 De acordo com o art. 6º, da Lei nº 23, de 1891: "Compete ao Ministerio da Industria, Viação e Obras Publicas: a) os serviços que interessem á agricultura, ao commercio e a quaesquer outras industrias, bem como aos institutos ou associações que se destinarem á instrucção technica, desenvolvimento e aperfeiçoamento desses ramos de trabalho nacional; b) a administração da fabrica de ferro de S. João de Ipanema e de quaesquer outras industrias geridas por conta da União; c) a garantia de juros a emprezas de vias ferreas, engenhos centraes ou outras emprezas para fins economicos; d) a conservação das florestas e a execução das leis e regulamentos concernentes á pesca nos mares territoriaes; e) a navegação dos mares e rios no que for da competencia do Governo Federal; f) a administração e custeio das vias-ferreas pertencentes à União, bem como o serviço do pagamento de juros ou de subvenções a emprezas ou companhias particulares, e a fiscalização respectiva; g) as obras publicas em geral, inclusive a dos portos; h) a direcção da Repartição de Estatistica; i) o expediente e o despacho nos processos relativos a patentes de invenção e marcas de fabricas e de commercio; j) o que for attinente a caixas economicas, montes de soccorro, particulares, ás sociedades anonymas, bancos de credito real e quaesquer outras instituições de credito que tenham por fim favorecer a uma classe de productores ou a um ramo especial de industria; k) o serviço dos telegraphos e correios".

construção de linhas telegráficas e estradas para facilitar as comunicações para as colônias militares[214]. Em 1906, esse Ministério passou a denominar-se Ministério da Viação e Obras Públicas[215], e em 1967, essa denominação foi alterada para Ministério dos Transportes.

A reforma administrativa que ocorreu durante o governo Costa e Silva[216] ensejou profundas alterações na estrutura do Executivo federal, por meio do DL nº 200, de 1967, alterado em parte pelo DL nº 900, de 1969[217]. Nessa ocasião, alterou-se a denominação do Ministério da Guerra para Ministério do Exército e criou-se o Ministério do Interior[218]. Por sua vez, o Ministério da Justiça e Negócios Interiores passou a denominar-se somente Ministério da Justiça[219].

Em 1974, no início do governo Ernesto Geisel[220], houve novo ajuste da máquina administrativa, mas os ministérios com atribuições específicas na faixa de fronteira permaneceram inalterados: Ministério das Relações Exteriores, Ministério dos Transportes, Ministério do Interior, Ministério da Marinha, Ministério do Exército e Ministério da Aeronáutica, conforme DL nº 200, de 1967[221].

Em abril de 1990, o governo Collor promoveu a fusão dos Ministérios dos Transportes, das Minas e Energia e das Comunicações, e criou o Ministério da Infraestrutura[222].

Ainda em 1990, o Ministério do Interior é extinto, abrindo-se um período de descontinuidade organizacional na época[223].

Em maio de 1992, foi extinto o Ministério da Infraestrutura e criado o Ministério de Minas e Energia, o Ministério dos Transportes e das Comunicações, além do Ministério da Previdência Social e do Ministério do Trabalho e da Administração[224]. Em novembro do mesmo ano, o Ministério dos Transportes fica encarregado de conduzir a política nacional de transportes, sem ênfase de atuação na faixa de

---

214 Decreto nº 2.231, de 10 de fevereiro de 1896, que abre ao Ministério da Indústria, Viação e Obras Publicas um crédito especial "para favorecer a civilização dos silvícolas nos Estados do Pará e Amazonas e fundar colônias nas fronteiras; construir linhas telegráficas e estradas que facilitassem as comunicações para essas colônias". As colônias militares surgem como órgão subsidiário da administração do Exército e com "a ideia de facilitar a colonização do interior e de guarnecer as longínquas fronteiras" (MAGALHÃES, 1998, p. 317).
215 Decreto nº 1.606, de 29 de dezembro de 1906.
216 O governo Costa e Silva durou de 15/03/1967 a 31/08/1969.
217 O DL nº 900, de 29 de setembro de 1969, altera disposições do DL nº 200, de 1967.
218 Segundo o DL nº 200, 1967, eram competências do Ministério do Interior: I - Desenvolvimento regional; II - Radicação de populações, ocupação do território; Migrações internas; III - Territórios federais; IV - Saneamento básico; V - Beneficiamento de áreas e obras de proteção contra secas e inundações. Irrigação. VI - Assistência às populações atingidas pelas calamidades públicas; VII - Assistência ao índio; VIII - Assistência aos Municípios; IX - Programa nacional de habitação. Este Ministério, além de exercer atividades de antigas Secretarias de Estado, absorveu os órgãos e as atribuições antes sob a responsabilidade do Ministro Extraordinário para Coordenação dos Organismos Regionais, cargo criado pela Lei nº 4.344, de 21.06.1964.
219 Art. 199, item II, e 200, do DL nº 200, de 1967.
220 O governo Geisel durou de março de 15/03/1974 a 15/03/1979.
221 Somente em 1987, a Lei nº 7.596, de 10 de abril, alterou dispositivos do DL nº 200, de 1967, que por sua vez havia sido modificado pelo DL nº 900, de 1969, e pelo DL nº 2.299, de 21 de novembro de 1986.
222 Segundo a Lei nº 8.028, de 12 de abril de 1990, que dispõe sobre a organização da Presidência da República e dos Ministérios, esse Ministério da Infraestrutura tinha a competência também nas áreas de geologia, recursos minerais e energéticos, regime hidrológico e fontes de energia hidráulica, mineração e metalurgia, indústria do petróleo e de energia elétrica, inclusive nuclear, fiscalização com utilização de radiofrequência e serviços postais, não havendo indicação especial de atuação na área de fronteira.
223 Lei nº 8.028, de 12.04.1990, art. 27, item V.
224 A Lei nº 8.422, de 13 de maio de 1992, dispõe sobre a organização dos Ministérios e dá outras providências.

fronteira[225]. Sob o governo Fernando Henrique[226], o Ministério dos Transportes[227] assume a política nacional de transportes ferroviário, rodoviário e aquaviário; à marinha mercante, aos portos e às vias navegáveis; e à participação na coordenação dos transportes aeroviários[228]. Percebe-se que, após a reestruturação das atribuições desse Ministério, a política aplicada passa a atender a todas as regiões do país sem indicação de área prioritária.

Em maio de 1998, durante o governo Fernando Henrique, competia ao Ministério do Exército: a) política militar terrestre; b) organização dos efetivos, aparelhamento e adestramento das forças terrestres; c) estudos e pesquisas do interesse do Exército; d) planejamento estratégico e execução das ações relativas à defesa interna e externa do país; e) participação na defesa da fronteira marítima e na defesa aérea; f) participação no preparo e na execução da mobilização e desmobilização nacionais; g) fiscalização das atividades envolvendo armas, munições, explosivos e outros produtos de interesse militar; e h) produção de material bélico[229]. Embora a Constituição de 1988 defina a faixa de fronteira como uma área fundamental para a defesa do território nacional, nota-se que não há previsão de atuação específica do Exército nesta região do país[230]. Essa competência surge em 2004[231].

Em 1999, durante o segundo mandato do então Presidente Fernando Henrique, reforçou-se a representatividade das organizações militares, no Executivo federal, por meio da criação do Ministério da Defesa[232]. Essa criação ocorreu por meio da promulgação de emendas à Constituição de 1988, cujo especial reflexo foi a transformação, dos então Ministérios Militares, em Comandos da Marinha, Exército e Aeronáutica[233].

Ainda em 1999, somente a partir da transferência das competências da Secretaria Especial de Políticas Regionais da Câmara de Políticas Regionais do Conselho de Governo, é criado, o Ministério da Integração Nacional[234]. Na mesma oportunidade, é revogada a atribuição da SAE, prevista na Lei nº 6.634, de 1979 (art. 9º) de receber recursos orçamentários para concorrer com o custo, ou parte deste, para a construção de obras públicas em municípios total ou parcialmente abrangidos pela faixa de fronteira[235]. Esta competência passou a ser do Ministério da Integração Nacional (MIN), o que significava uma ruptura em relação ao modelo organizacional anterior, que atrelava o repasse orçamentário à tal organização, sucessora da SG/

---

225 A Lei nº 8.490, de 19 de novembro de 1992, dispõe sobre a organização da Presidência da República e dos Ministérios e dá outras providências.
226 O governo Fernando Henrique Cardoso durou de janeiro de 1995 a dezembro de 2002.
227 Conforme art. 13, inc. XX e art. 14, inc. XX, da Lei nº 9.649, de 27 de maio de 1998; e MP nº 1799-3, de 18 de março de 1999.
228 Por meio da Lei nº 10.683, de 28 de maio de 2003, com a redação da Lei nº 11.518, de 5 de setembro de 2007, o governo Lula adequou a competência do Ministério dos Transportes para portos fluviais e lacustres, excetuados os outorgados às companhias docas; bem como autorizou a participação desse Ministério na coordenação dos serviços portuários.
229 Lei nº 9.649, de 27 de maio de 1998.
230 Art. 20, §2º, da Constituição de 1988.
231 A Lei Complementar (LC) nº 117, de 2 de setembro de 2004, alterou a LC nº 97, de 9 de junho de 1999, que trata das normas gerais para a organização, o preparo e o emprego das Forças Armadas.
232 LC nº 97, de 9 de junho de 1999 e Decreto nº 3.080, de 10 de junho de 1999, que aprova a estrutura regimental e o quadro demonstrativo dos cargos em Comissão do Grupo-Direção e Assessoramento Superiores.
233 EC nº 23, de 2 de setembro de 1999, que altera os arts. 12, 52, 84, 91, 102 e 105 da Constituição Federal.
234 MP nº 1911-8 de 29/07/1999.
235 Revogado o § 1º do art.9º da Lei nº 6.634, de 2 de maio de 1979, pela MP nº 1911-8, de 29/7/99.

CSN na aplicação da referida lei. Nota-se que esta transferência de recurso de poder orçamentário foi uma das consequências visíveis da extinção da SAE e da redução do rol de atribuições assumido pela Casa Militar, para a permanência das rotinas do CDN, a partir de 1999.

Entretanto, a mudança do tratamento da faixa de fronteira não foi imediata. Somente em 2003 foi aprovada a estrutura regimental do MIN[236]; e apenas em 2007, surge a Política Nacional de Desenvolvimento Regional (PNDR), a qual considera faixa de fronteira uma área de tratamento prioritário dessa política (art. 3º, §4º)[237].

O fato de as elites civis do Executivo federal retirarem a rubrica orçamentária até então vinculada à SAE, para colocá-la no MIN, foi uma decisão política chave ao direcionamento à faixa de fronteira de uma política diferente daquela conduzida, de forma isolada, pela SG/CSN e cujos *modus operandi* foram mantidos na configuração SADEN/SAE/Casa Militar. Nota-se que foi somente a partir da extinção da SAE e da criação dos Ministérios da Defesa e da Integração Nacional, em 1999, que a faixa de fronteira começou a ser tratada não apenas como área indispensável à segurança do território nacional.

Vê-se que dentro da estrutura do Estado, poucas organizações foram configuradas por suas elites para condução de assuntos relativos à faixa de fronteira até 1999.

6.1 A faixa de fronteira sob nova base política

Em 2004, o Exército brasileiro passou a direcionar suas práticas à faixa de fronteira, principalmente em relação às ações preventivas e repressivas contra delitos transfronteiriços e ambientais. Essa atuação pode ocorrer de forma isolada ou em coordenação com outros órgãos do Executivo, principalmente em atividades de patrulhamento, revista de pessoas e de veículos terrestres, de embarcações e de aeronaves, e prisões em flagrante delito[238].

Nota-se que, embora existente o manto político do CDN, as elites militares, desta feita com o apoio de representantes políticos do governo e da sociedade, acordaram em direcionar regras e rotinas militares para a faixa de fronteira, não apenas ao fundamento de defesa nacional, mas também de segurança pública.

Em 2005, o MD passa a conduzir a Política de Defesa Nacional (PDN) voltada, preponderantemente, para ameaças externas, sendo um documento condicionante de mais alto nível do planejamento de defesa no país[239]. Percebe-se da PND que é atribuição do MD controlar a rede interorganizacional em questões de defesa nacional.

---

236 A Política Nacional de Desenvolvimento Regional–PNDR, criada pelo Decreto nº 4.649, de 27 de março de 2003, no início do governo Lula, tem como objetivo a redução das desigualdades de nível de vida entre as regiões brasileiras e a promoção da equidade no acesso a oportunidades de desenvolvimento, e deve orientar os programas e ações federais no Território Nacional. Disponível em: <htttp://www.mi.gov.br/desenvolvimentoregional/pndr/>. Acesso: 10/12/2011.
237 Decreto nº 6.047, de 22 de fevereiro de 2007.
238 Essas atribuições do Exército foram incluídas na Lei nº 97, de 9 de junho de 1999, que dispõe sobre as normas gerais para a organização, o preparo e o emprego das Forças Armadas, por meio da Lei Complementar nº 117, de 2 de setembro de 2004.
239 Essa política tem por finalidade estabelecer objetivos e diretrizes para o preparo e o emprego da capacitação nacional, com o envolvimento dos setores militar e civil, em todas as esferas do Poder Nacional (Decreto nº 5.484, de 2005).

A PDN considera que, com a ocupação dos últimos espaços terrestres, as fronteiras continuarão a ser motivo de litígios internacionais, sendo consideradas região de vulnerabilidade. Faz parte do rol de diretrizes da referida política: (i) o aprimoramento da vigilância, do controle e da defesa das fronteiras; (ii) a vivificação da faixa de fronteira amazônica; e (iii) a cooperação nas áreas de fronteira[240].

Nota-se que a PDN atrela o conceito de defesa ao de integração e de desenvolvimento da região da faixa de fronteira, demonstrando uma perspectiva política diferente daquela que prevaleceu até período pré-Constituição de 1988, que era a de segurança nacional.[241]

A mudança de paradigma para a faixa de fronteira torna-se mais evidente a partir da política introduzida pela Estratégia Nacional de Defesa (END)[242]. A END complementa a PDN e traça uma vinculação entre os conceitos "defesa" e "desenvolvimento". Segundo essa política, a "estratégia nacional de defesa" seria inseparável da "estratégia nacional de desenvolvimento".

> Esta motiva aquela. Aquela fornece escudo para esta. Cada uma reforça as razões da outra. Em ambas, se desperta para a nacionalidade e constrói-se a Nação. Defendido, o Brasil terá como dizer não, quando tiver que dizer não. Terá capacidade para construir seu próprio modelo de desenvolvimento (END, 2008).

Dentre as diretrizes da END, conduzida pelo MD, está a de adensar a presença de unidades do Exército, da Marinha e da Força Aérea nas fronteiras, ressaltando que essas unidades militares possuem, sobretudo, tarefas de vigilância. Nota-se que essa diretriz identifica o interesse da elite organizacional do MD em direcionar suas práticas, por meio dos respectivos comandos militares, para a região da fronteira. A estratégia da presença dos militares da carreira do Exército ocorrerá, segundo a END, por meio do funcionamento dos destacamentos avançados de vigilância e de dissuasão das unidades militares situadas nas fronteiras.

Como medida de implementação, a END fixa o aumento da participação de organizações governamentais, militares e civis, no plano de vivificação e desenvolvimento da faixa de fronteira amazônica, empregando a estratégia da presença. Esta

---

240   A PDN considera a faixa de fronteira da Amazônia como área de vulnerabilidade, razão pela qual direciona, boa parte de seu texto, à indicação de atuação do MD com vistas à mitigar possíveis ameaças. Destaca-se trecho do referido documento: "4.4 A Amazônia brasileira, com seu grande potencial de riquezas minerais e de biodiversidade, é foco da atenção internacional. A garantia da presença do Estado e a vivificação da faixa de fronteira são dificultadas pela baixa densidade demográfica e pelas longas distâncias, associadas à precariedade do sistema de transportes terrestre, o que condiciona o uso das hidrovias e do transporte aéreo como principais alternativas de acesso. Estas características facilitam a prática de ilícitos transnacionais e crimes conexos, além de possibilitar a presença de grupos com objetivos contrários aos interesses nacionais".

241   Embora tenha havido uma mudança de perspectiva para a faixa de fronteira, atrelando-se defesa e desenvolvimento, há proposta legislativa que questiona o tratamento dado a esta região do país, valendo-se do argumento de que esta região estaria sendo considerada, ainda, uma área de segurança nacional (PEC nº 49, de 2006 e PL nº 6.856, de 2006). Fonte: Senado Federal e Câmara dos Deputados (2011).

242   As principais organizações dessa política são o Ministério da Defesa e o Estado-Maior de Defesa, a ser reestruturado como Estado-Maior Conjunto das Forças Armadas, os quais deverão ganhar dimensão maior e responsabilidades mais abrangentes. Essa estratégia política foi baixada, à época, pelo Presidente Lula, o Ministro da Defesa Nelson Jobim e o Ministro da Secretaria de Assuntos Estratégicos Mangabeira Unger (Decreto nº 6.703, de 18 de dezembro de 2008).

medida proporciona ao MD o exercício da articulação sobre questões que envolvem defesa e desenvolvimento no âmbito do governo.

A END é um instrumento político que ressalta a necessidade de se compatibilizar os esforços governamentais de aceleração do crescimento com as necessidades da defesa nacional e delega ao MD uma série de prerrogativas ao exercício dessa articulação organizacional.

Especificamente em relação à presença na região de fronteira, a END prevê que: (i) o MD e o MIN desenvolvam estudos conjuntos com vistas a compatibilização dos Programas Calha Norte (PCN) e de Promoção do Desenvolvimento da Faixa de Fronteira (PDFF)[243] para atendimento a necessidades de vivificação e desenvolvimento da fronteira, identificadas nos planejamentos estratégicos decorrentes das Hipóteses de Emprego; (ii) o Ministério das Comunicações (MC), no contexto do Programa Governo Eletrônico Serviço de Atendimento ao Cidadão (GESAC), deverá prever a instalação de telecentros comunitários com conexão em banda larga nas sedes das instalações militares de fronteira existentes; (iii) o MD, com o apoio das Forças Armadas no que for julgado pertinente, e o MC promoverão estudos com vistas à coordenação de ações de incentivo à habilitação de rádios comunitárias nos municípios das áreas de fronteira, de forma a atenuar, com isto, os efeitos de emissões indesejáveis; e (iv) o MD e o MRE promoverão o incremento das atividades destinadas à manutenção da estabilidade regional e à cooperação nas áreas de fronteira do país.

Nota-se que a END direciona o MD à atuação coordenada com outras organizações do Executivo federal para implementar os interesses das organizações militares. Ademais, essa política capacita o MD ao controle da rede interorganizacional na região da faixa de fronteira na medida em que vincula a atuação de algumas organizações (MIN, MC e MRE) ao conceito advindo do binômio "defesa x desenvolvimento". As elites organizacionais do MD configuraram a PDN e a END de forma a possibilitar a condução isolada dessas políticas dentro do Executivo federal.

Quase que paralelamente, em 2007, o GSI/PR, que exerce as atividades permanentes de SE/CDN, concluiu uma série de estudos realizados por meio de Comissões Especiais, com vistas à promoção do desenvolvimento na faixa de fronteira[244]. Esses estudos e as propostas deles resultantes visaram atender a uma demanda social, em especial aquela formalizada por municípios localizados na faixa de fronteira[245].

Como reflexo da ação política encabeçada pela SE/CDN, a Secretaria de Relações Institucionais da Presidência da República (SRI/PR) instituiu um Grupo de

---

243 O PDFF encontra-se inserido na PNDR, instituída por meio do Decreto nº 6.047, de 22 de fevereiro de 2007. Essa política considera a faixa de fronteira uma área de tratamento prioritário, assim como o semiárido e as Regiões Integradas de Desenvolvimento - RIDE definidas em anexo ao referido decreto.

244 Portarias nº 19, de 09 de novembro de 2007 (DOU nº 217, de 12 de novembro de 2007); nº 28, de 18 de setembro de 2008 (DOU nº 182, de 19 de setembro de 2008); nº 53 - GSIPR/CH, de 1º de outubro de 2009 (DOU nº 189, de 2 de outubro de 2009, p. 3); nº 60, de 9 de novembro de 2009 (DOU nº 216, de 12 de novembro de 2009, p. 3); e nº 24, de 19 de abril de 2010 (publicada no DOU nº 74, de 20 de abril de 2010, p. 3); todas expedidas pelo Ministro de Estado Chefe do GSI/PR, na condição de Secretário-Executivo do CDN.

245 Fronteiras em debate: I Encontro Nacional dos Municípios de Fronteira: a visão dos municípios sobre a questão fronteiriça. Comissão Nacional de Municípios, 2007. Disponível em: <http://portal.cnm.org.br/sites/8300/8400/RelatoriodeFronteiras-Miolo.pdf >. Acesso: 17/12/2011.

Trabalho Interfederativo (GTI), sob coordenação do MIN, com o objetivo de elaborar propostas de desenvolvimento à região da faixa de fronteira[246]. Os trabalhos desenvolvidos por esse GTI culminaram na criação de um mecanismo de diálogo interfederativo a ser desenvolvido por uma Comissão Permanente para o Desenvolvimento e a Integração da Faixa de Fronteira (CDIF), a partir de um documento que indica as bases para o desenvolvimento dessa região[247].

Nota-se que a atuação da PR, por meio de dois departamentos (SE/CDN e SRI), evidencia um entendimento político convergente para faixa de fronteira no sentido de considerá-la uma área prioritária ao desenvolvimento. Esse entendimento é consistente com aquele encabeçado pelas elites organizacionais do MD e do MIN.

No final do governo Lula, o MD passou a exercer também a direção superior das Forças Armadas, com assessoria do Conselho Militar de Defesa e do Estado-Maior Conjunto das Forças Armadas[248]. Em 2011, é anunciada uma aliança política entre as elites militares e civis para o fortalecimento da prevenção, do controle, da fiscalização e da repressão aos delitos transfronteiriços e aos praticados na faixa de fronteira brasileira[249].

A partir da criação do MD, em 1999, e do estabelecimento da PDN, em 2004, as elites do MD tomaram uma série de decisões estratégicas que, além de garantir o destaque organizacional na condução de questões da defesa nacional, assegurava o domínio da rede interorganizacional. Essas decisões fizeram com que o MD alcançasse autonomia na condução dos assuntos de defesa nacional, sob a perspectiva do desenvolvimento do país, e passasse a controlar, em regime de cooperação, as organizações civis e militares do Executivo federal na atuação na faixa de fronteira.

A configuração da PDN e da END (pós-1988) assemelha-se à da política de segurança nacional (pré-1988) na medida em que elas oferecem recursos de poder às elites militares para condução de seus interesses na faixa de fronteira. Da mesma forma que o CSN e suas unidades burocráticas racionalizaram suas práticas para centralizar a condução da política de segurança nacional, no Executivo federal; as elites organizacionais do MD controlam a PND e END, evidenciando-se sua autonomia dentro Estado em questões de defesa nacional.

O quadro 8 demonstra que as elites organizacionais que, ao longo da história burocrática brasileira, atuaram na região de fronteira, perpetuaram suas práticas organizacionais e tiveram maior influência sobre a concepção da faixa de fronteira, do que aquelas que sofreram descontinuidade na estrutura organizacional.

---

246 Resolução nº 8, de 19 de novembro de 2008, do Ministro de Estado Chefe da Secretaria de Relações Institucionais, no âmbito do Comitê de Articulação Federativa (CAF) (publicada no DOU nº 245, Seção 1, de 17 de dezembro de 2008, p. 2).

247 A CDIF foi instituída por meio do Decreto de 8 de setembro de 2010, cujas práticas organizacionais estão definidas no documento: Bases para uma proposta de desenvolvimento e integração da faixa de fronteira. Disponível em: <http://www.integracao.gov.br/programasregionais/integracaofronteirica/index.asp>. Acesso em: 24/02/2011.

248 A Lei Complementar nº 136, de 25 de agosto de 2010 altera a Lei Complementar nº 97, de 9 de junho de 1999, para criar o Estado-Maior Conjunto das Forças Armadas e disciplinar as atribuições do Ministro de Estado da Defesa. O Decreto nº 7276, de 25 de agosto de 2010 aprova a Estrutura Militar de Defesa, com vistas ao preparo e ao emprego do Poder Militar.

249 O poder de polícia das Forças Armadas é incluído na Lei Complementar nº 117, de 2 de setembro de 2004, com consequente revogação da Lei Complementar nº 136, de 25 de agosto de 2010. Na sequência, como moldura estrutural decisiva para presença na faixa de fronteira, é lançado o Plano Estratégico de Fronteiras, por meio do Decreto nº 7.496, de 8 de junho de 2011, pela Presidenta Dilma Roussef e os Ministro da Justiça José Eduardo Cardozo e da Defesa, Nelson Jobim. Disponível em: <http://g1.globo.com/politica/noticia/2011/06/governo-lanca-plano-estrategico-de-fronteira.html>. Acesso em: 30/08/2011.

DESCOBRINDO A FAIXA DE FRONTEIRA - A trajetória das elites organizacionais
do Executivo federal - As estratégias, as negociações e o embate na Constituinte

Quadro 8: Trajetórias organizacionais contínuas e descontínuas no Executivo federal (Período: 1736-2012)

Trajetória das organizações: continuidade e descontinuidades			
1736	1821-1823	1891 - 1967	1968-2012
Secretaria de Estado dos Negócios Estrangeiros e da Guerra	Secretaria de Estado dos Negócios da Guerra (1822) / Secretaria de Estado dos Negócios do Reino e Estrangeiros (1822)	Ministério da Guerra (1891) / Ministério do Exército (1967) / Ministério da Aeronáutica* (1941)	Comandos da Marinha, Exército e Aeronáutica (1999) / Ministério da Defesa (1999)
Secretaria de Estado da Marinha e Domínios Ultramarinos	Secretaria de Estado da Marinha (1821) / Secretaria de Estado dos Negócios da Marinha (1842)	Ministério da Marinha (1967)	
Trajetória militar	Comandos / MD		
Secretaria de Estado dos Negócios Interiores do Reino	Secretaria de Estado dos Negócios do Reino e Estrangeiros (1822) / Secretaria de Estado dos Negócios do Império e Estrangeiros (1823) / Secretaria de Estado dos Negócios Estrangeiros (1823)	Ministério das Relações Exteriores (1891) / Ministério da Justiça e Negócios Interiores (1891) / Ministério do Interior (1967 - extinto 1990)	Ministério das Relações Exteriores
Trajetória civil	MRE / MIN		Ministério da Integração Nacional (1999)
		Ministério da Indústria, Viação e Obras Públicas (1891) / Ministério da Viação e Obras Públicas (1906) / Ministério dos Transportes (1967) / Ministério da Infraestrutura (1990-1992)	Ministério dos Transportes
Trajetória civil	MT		

Legenda:
Continuidade ⟶ Descontinuidade ⬯

Fonte: Elaboração própria

* Anteriormente, os assuntos de aeronáutica eram de competência do Ministério da Marinha e dos ex-Ministérios da Guerra e da Viação e Obras Públicas.

Conforme se pode observar do Quadro 8, as organizações que hoje atuam na faixa de fronteira (Comandos militares, MD, MRE, MIN e MT), surgiram no mesmo momento histórico. Entretanto, o que diferencia o poder político do MD e do MRE em relação às demais, é que essas organizações e os comandos militares não tiveram que enfrentar a descontinuidade burocrática. Ademais, suas elites tomaram sucessivas decisões estratégicas destinadas ao aumento dos recursos de poder (estrutura organizacional) no âmbito do Executivo federal, para atuação específica na faixa de fronteira.

6.2 A disponibilidade orçamentária no período de transição política

A análise dos recursos orçamentários, dentre outros recursos de poder, é uma forma de visualizar a concretização de decisões estratégicas das elites organizacionais. É por meio do orçamento que "planos passam a uma dimensão menos abstrata, na medida em que se definem ações organizacionais específicas e identificadas com cada um dos responsáveis pela sua execução" (BIN; CASTOR, 2007, p. 41).

Ademais, a elaboração de orçamentos e de padrões de trabalho, a supervisão diária e o controle do trabalho, assim como a busca de oportunidades e de carreira são frequentemente caracterizados por formas sutis da arte de ganhar sem infringir as regras do jogo (MORGAN, 1996, p. 160).

No orçamento, os requerimentos são formulados por processos independentes de tomada de decisão e determinados por negociações internas. "Externamente, estes conflitos internos podem ou não ser vistos, mas são transformados em um resultado: a rubrica orçamentária" (ALFORD; FRIEDLAND, 1985, p. 216).

No período transição para o regime democrático, além do CSN, outras organizações possuíam atribuição na faixa de fronteira como resultado de sua trajetória histórica. A SG/CSN não possuía rubrica orçamentária própria, valendo-se do destaque orçamentário destinado à Presidência da República. As demais organizações que atuavam na faixa de fronteira (ministérios militares, Ministério dos Transportes e Ministério do Interior) possuíam seu próprio orçamento.

Conforme se pode observar do quadro 9[250], o orçamento destinado às organizações militares manteve-se em ascendência, mesmo durante o período de mudança de regime político.

---

[250] Este quadro foi elaborado a partir dos recursos orçamentários disponibilizados às organizações do Executivo Federal, conforme as Leis nºs 7.276, de 10 de dezembro de 1984 (LOA 1985); 7.420, 17 de dezembro de 1985 (LOA 1986); 7.544, 3 de dezembro de 1986 (LOA 1987); 7.632, de 3 de dezembro de 1987 (LOA 1988); 7.715, de 3 de janeiro de 1989 (LOA 1989); 7.999, de 31 de janeiro de 1990 (LOA 1990); 8.175, de Janeiro de 1991 (LOA 1991); 8.409, de 28 de fevereiro de 1992 (LOA 1992); 8.652, de 29 de abril de 1993 (LOA 1993). Conversor utilizado: Variação do índice Dólar - Taxa de câmbio livre de venda (de 07-01-1985 a 21-10-2011). Fonte: Cálculo Exato (2011). Disponível em: <http://www.calculoexato.com.br/parprima.aspx?codMenu=FinanAtualizaIndice> Acesso: 21/10/2011.

Quadro 9: Compilação de recursos orçamentários por organização (Período: 1985-1993)

Org	Recursos orçamentários por órgão em números absolutos (Período 1985 – 1993) (R$ 1,00)								
	1985	1986	1987	1988	1989	1990	1991³	1992	1993
PR*	474.317,99	951.949,52	1.920.067,64	2.414.623,63	4.535.025,53	2.412.151,60	12.612.396,08	12.725.145,09	3.773.532,31
MAER	1.744.419,78	3.696.665,91	2.973.995,41	3.288.879,61	3.716.107,56	3.565.622,39	5.460.764,69	6.831.428,43	7.370.232,48
MEX	1.046.311,32	2.106.349,78	1.859.102,61	2.066.579,75	4.718.791,55	4.352.848,59	5.298.078,28	5.094.242,77	6.219.612,18
MMAR	1.042.898,30	2.329.313,32	1.918.377,85	2.256.197,52	3.810.995,36	3.457.521,85	4.542.148,68	5.628.322,51	5.997.777,69
MRE	377.366,13	650.784,20	418.602,63	453.438,51	725.356,27	407.132,82	644.673,23	923.760,51	1.428.883,35
MT**	3.900.923,04	12.012.637,30	7.576.601,62	8.419.812,74	7.498.696,59	5.805.479,41	1.519.097,65	12.853.291,37	12.095.250,83
MI	441.803,03	746.778,12	1.787.859,83	1.522.258,53	2.425.025,04	5.107.691,02	-	-	

Fonte: LOA (1985-1993) (elaboração própria)

* Neste ano, a LOA apresentou o orçamento da Presidência da República distribuído pelos órgãos que a compunha. No ano seguinte, o orçamento voltou a ser apresentado de forma única, ao título de "Presidência da República". Esta tabela destaca o orçamento total destinado à PR.
** Em 1991 e 1992, esta organização foi denominada Ministério da Infraestrutura.

O orçamento dos ministérios militares manteve-se em movimento crescente no período de 1985 a 1993. O Ministério do Interior embora com orçamento também estivesse em ascendência, foi extinto em 1990. O MT sofreu grandes oscilações orçamentárias, cuja maior ascendência ocorreu no governo José Sarney (1986) e queda no governo Collor (1991). O orçamento da PR cresceu durante o governo Collor, com queda acentuada no início do governo Itamar Franco (1992). Já o MRE permaneceu em uma trajetória orçamentária constante e inferior aos demais ministérios que tratavam da faixa de fronteira, conforme se percebe do Gráfico 3, que é uma ilustração do Quadro 9.

Gráfico 3: Distribuição orçamentária por organizações (Período: 1985-1993)

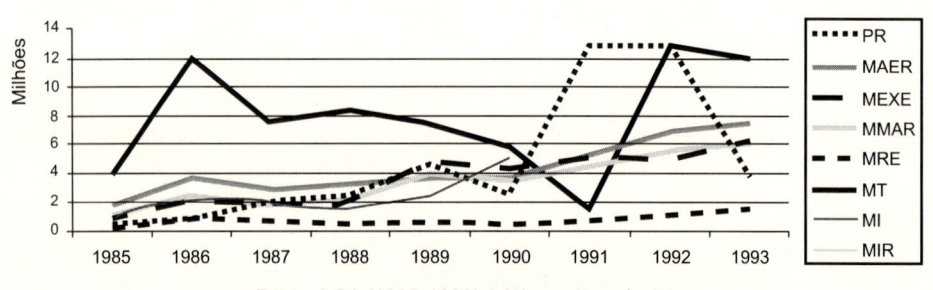

Fonte: LOA (1985-1993) (elaboração própria)

O quadro 10 indica a disponibilidade orçamentária das organizações com atuação na faixa de fronteira a partir de 1994. Nota-se que o orçamento destinado às organizações militares manteve-se crescente até a criação do MD, em 1999. A partir do ano 2000, o orçamento do MD correspondeu àquele destinado às Forças Armadas no ano anterior (R$17.473.344.607,00), com acréscimo de aproximadamente 11,25% (R$1.966.799.354), demonstrando a permanência das elites militares na preponderância orçamentária em relação aos outros ministérios; superando, inclusive, o MT que atua de maneira transversal nessa região do país.

Quadro 10: Compilação de recursos orçamentários por organização (Período: 1994-2002)

Org.	Recursos orçamentários por órgão em números absolutos (Período 1994-2002) (R$ 1,00)								
	1994	1995	1996	1997	1998	1999	2000	2001	2002
PR*	882.369.202	4.475.847.757	748.365.122	999.631.251	878.969.694	790.097.027	1.511.049.463	2.277.728.864	2.215.775.602
MD							19.440.143.961	20.162.126.084	26.205.558.550
MAER	1.251.857.106	2.958.194.761	3.952.973.191	3.985.586.412	3.889.044.155	4.076.680.898			
MEX	2.256.364.215	5.464.183.955	6.817.273.327	7.444.935.725	7.332.873.049	8.691.120.371		-	
MMAR	2.214.351.728	3.144.456.548	4.011.822.331	4.348.323.701	4.358.278.788	4.705.543.338		-	
MRE	281.733.338	542.604.628	449.811.560	471.690.549	863.476.697	499.565.424	699.514.873	766.745.976	974.818.921
MT	2.575.417.390	5.211.482.146	5.074.301.455	5.530.291.043	6.443.827.621	5.719.060.265	7.176.801.134	7.014.677.286	7.938.009.403
MIN							2.913.808.049	3.241.740.302	4.071.208.925

Fonte: LOA (1994-2002) (elaboração própria)

* O orçamento do Gabinete de Segurança Institucional (GSI/PR) está inserido na rubrica orçamentária da Presidência da República (PR). Para fins do presente estudo, a ausência de dados sobre a distribuição interna do orçamento da PR para o GSI/PR não interfere no resultado da investigação, uma vez que a totalidade do orçamento da PR é inferior àquele destinado ao Ministério da Defesa. O rol de atribuições legais do CDN, assumidas pelo GSI/PR, como suporte burocrático, encontra-se no Anexo – C.

A preponderância de orçamento destinado às elites organizacionais militares, no período de 1994 a 2002, pode ser observada no Gráfico 4. Vê-se que o sentido do gráfico é ascendente do final do governo Itamar Franco até o fim do governo Fernando Henrique. Nota-se que no período subsequente à criação do MD, as organizações militares mantiveram-se com orçamento consideravelmente superior às demais organizações do Executivo; chegando a triplicar o montante orçamentário.

Gráfico 4: Distribuição orçamentária por organizações (Período: 1994-2002)

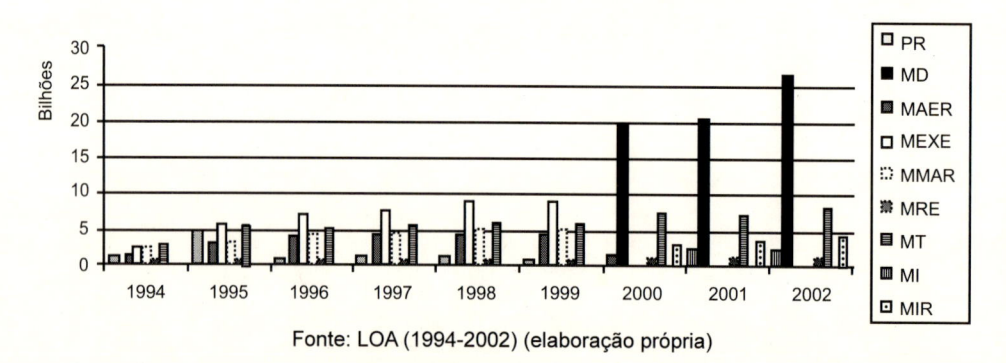

Fonte: LOA (1994-2002) (elaboração própria)

Durante o governo Lula, o orçamento destinado ao MD manteve-se em sentido crescente e notadamente superior aos demais ministérios com atribuição na faixa de fronteira, conforme se observa do Quadro 11.

Quadro 11: Compilação de recursos orçamentários por organização (Período: 2003-2010)

Org.	Recursos orçamentários por órgão em números absolutos (Período 2003-2010) (R$ 1,00)							
	2003	2004	2005	2006	2007	2008	2009	2010
PR	4.598.448.635	6.878.353.966	3.041.683.670	2.948.630.087	3.443.029.989	5.439.618.292	6.737.985.832	7.351.078.834
MD	28.084.664.562	28.068.982.114	32.273.794.037	36.081.974.122	40.122.657.557	42.729.576.757	51.381.906.855	59.006.895.802
MRE	1.052.362.826	1.285.155.267	1.572.004.361	1.593.465.250	1.953.514.926	4.912.040.462	1.892.008.016	2.145.870.616
MT	11.358.389.926	8.277.440.307	9.220.726.138	8.007.153.631	10.618.185.383	12.565.806.144	12.787.777.714	17.648.183.420
MIN	3.809.650.172	2.133.158.811	3.242.945.435	2.709.085.702	2.804.793.578	4.912.040.462	5.533.695.906	6.056.874.065

Fonte: LOA (2003-2010) (elaboração própria)

6.3 A presença organizacional na faixa de fronteira

Conforme a Lei Orçamentária do ano de 2011 e 2012, somente MD, MIN, MRE e MT possuem ações específicas para a faixa de fronteira[251]. Nota-se que a predominância de aporte orçamentário ao MD é mantida em 2012, seguida pelo MT e PR, esta última sendo o responsável financeiro do GSI/PR, de acordo com o Quadro 12:

Quadro 12: Compilação de recursos orçamentários por organização (Período: 2011-2012)

Organização	Orçamento 2011 (R$ 1,00)	Orçamento 2012 (R$ 1,00)
Presidência da República	7.376.254.810	7.779.177.476
Ministério da Defesa	61.402.360.357	64.794.765.301
Ministério das Relações Exteriores	2.213.844.665	2.069.628.106
Ministério dos Transportes	21.540.089.753	22.388.470.289
Ministério da Integração Nacional	5.541.748.132	7.702.917.323

Fonte: LOA (2011-2012) (elaboração própria)

A superioridade orçamentária do MD está descrita nos Gráficos 5 e 6, e permanece no governo Dilma Rousseff. Essa preponderância de recursos orçamentários, aliada às diretrizes políticas da PDN e END, faz com que o MD seja a organização dominante na condução da política na faixa de fronteira, influenciando decisivamente a concepção como área de defesa do território nacional.

Gráfico 5: Distribuição orçamentária por organizações (Período: 2003-2012)

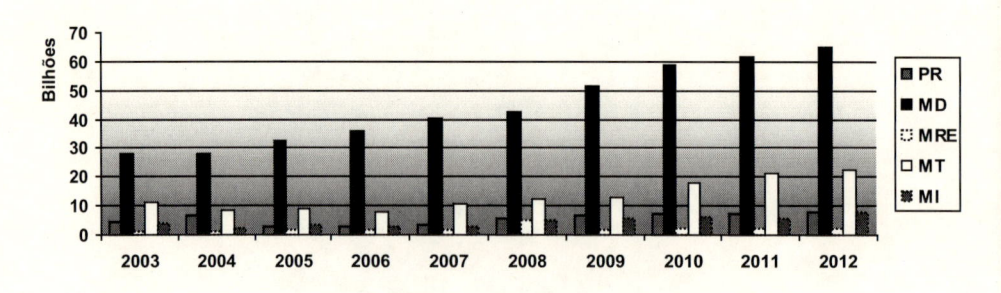

Fonte: LOA (2003-2012) (elaboração própria)

---

[251] Disponível em:<http://www.planejamento.gov.br/secretarias/upload/Arquivos/sof/orcamento_12/L12595_12_Anexo_II.pdf.> Acesso: 04/01/2013.

O exame da alocação orçamentária das organizações que mais diretamente atuaram na faixa de fronteira brasileira, no período de 2000 a 2012, mostra a prevalência das elites militares, cuja permanência da rotina de defesa nacional para a faixa de fronteira tem influenciado a concepção dessa região do país como uma área de defesa do território nacional.

Gráfico 6: Evolução orçamentária por organizações após a criação do MD (Período: 2000-2012)

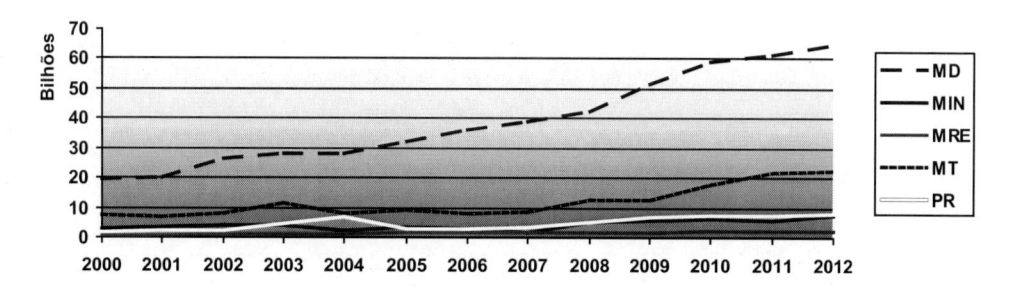

Fonte: LOA (2000-2012) (elaboração própria)

Os Gráficos 5 e 6 indicam o movimento crescente do orçamento do MD e em superioridade às demais organizações com rubrica orçamentária destinada à faixa de fronteira.

6.3.1 A atuação fragmentada do Estado na faixa de fronteira

O MD executa 4 (quatro) programas na faixa de fronteira, dois deles diretamente na região. Esses programas possuem ações claramente definidas e a elite organizacional, mantém, para realizá-las, um significativo aporte orçamentário com a correspondente estrutura organizacional. Nota-se no Quadro 13 que o MD possui unidade burocrática encarregada de conduzir altos estudos sobre a política que executa, o que a diferencia dos demais ministérios, neste aspecto.

Quadro 13: Distribuição de recursos orçamentários do MD direcionado para a faixa de fronteira

Ministério da Defesa	Orçamento destinado ao programa (R$)	Orçamento destinado à ação (R$)
Programa 0643 Calha Norte. Objetivo: Aumentar, em sua área de atuação, a presença do Poder Público, contribuindo para a defesa nacional, proporcionando assistência às suas populações e fixando o homem na região.	484.951.546	
Ação 2452 Manutenção da Infraestrutura instalada nos Pelotões Especiais de Fronteira na Região do Calha Norte.		12.104.000
Programa 8032 Preparo e Emprego Combinado das Forças Armadas. Objetivo: Desenvolver e garantir a capacidade operacional e o emprego combinado das Forças Armadas no desempenho de suas missões constitucionais e no apoio às comunidades nacional e internacional.	277.898.977	
Ação 6499 Intensificação da Presença das Forças Armadas nas Áreas de Fronteira.		6.560.082
Programa 1383 Assistência e Cooperação das Forças Armadas à Sociedade. Apoiar as ações governamentais de caráter cívicosociais, de infraestrutura, e de meio ambiente, disponibilizando os meios do Ministério da Defesa e das Forças Armadas, para a superação das dificuldades do país.	16.400.000	
Ação 8425 Apoio das Forças Armadas ao Projeto Rondon		4.200.000
Programa 0625 Gestão da Política de Defesa Nacional. Coordenar o planejamento e a formulação de políticas setoriais e a avaliação e controle dos programas na área das Forças Armadas.	15.319.000	
Ação 2055 Curso de Altos Estudos e de Política e Estratégia		8.000.000

Fonte: LOA-MD (2011) (elaboração própria)

Em relação ao MT, há significativos aportes orçamentários com o objetivo de promover a integração física do Brasil aos países limítrofes por meio de investimentos em obra de conexão. Entretanto, o aporte orçamentário do MT para 2011 ainda é menor do que aquele destinado ao MD, conforme o Quadro 15:

Quadro 14: Distribuição de recursos orçamentários do MT direcionado para a faixa de fronteira

Ministério dos Transportes	Orçamento destinado ao programa (R$)	Orçamento destinado à ação (R$)
Programa 1456 Vetor Logístico Amazônico. Objetivo: Promover eficiência e efetividade nos fluxos de transporte na região dos estados do AC, AM, RR e RO e oeste dos estados do PA e MT.	2.458.264.930	
Ação 113Y Construção do Trecho Rodoviário – Entroncamento BR 364-Entroncamento RO-478 (Fronteira Brasil/Bolívia) (Costa Marques) – na BR-429 – no Estado de Rondônia		170.000.000
Programa 1457 Vetor Logístico Centro Norte. Objetivo: Promover eficiência e efetividade nos fluxos de transporte dos estados do AP, MA e TO e leste dos estados do PA e MT.	2.211.909.189	
Ação 126R Construção de Ponte sobre o Rio Oiapoque (Fronteira Brasil/Guiana Francesa) – na BR-156 – no Estado do Amapá		18.253.750
Ação 1418 Construção de Trecho Rodoviário – Ferreira Gomes – Oiapoque (Fronteira com a Guiana Francesa) - na BR-156 – no Estado do Amapá		63.809.500
Programa 1461 Vetor Logístico Centro-Sudeste. Promover eficiência e efetividade nos fluxos de transporte na região dos estados de SP, PR e MS e sudoeste do estado de GO.	1.802.874.106	
Ação 7M80 Construção do Trecho Rodoviário – Divisa SP/MS - Fronteira Brasil/Bolívia na BR.262 no Estado do Mato Grosso do Sul		50.000.000
Programa 1462 Vetor Logístico Sul. Objetivo: Promover eficiência e efetividade nos fluxos de transporte na região dos estados de SC e RS.	1.835.213.319	
Ação 10L4 Construção do Trecho Rodoviário – São Miguel do Oeste – Fronteira Brasil/Argentina (Ponte s/Rio Peperiguaçu) – na BR-282 – no Estado de Santa Catarina		1.942.250
Ação 112N Construção de Ponte sobre o Rio Jaguarão (Fronteira Brasil/Uruguai) – na BR-116 – no Estado do Rio Grande do Sul		914.600
Ação 7M64 Construção de Trecho Rodoviário – Entroncamento BR-472 – Fronteira Brasil/Argentina – na BR -468 – no Estado do Rio Grande do Sul		594.000

Fonte: LOA-MT (2011) (elaboração própria)

O MIN formulou a Política Nacional de Desenvolvimento Regional (PNDR), instituída por meio do Decreto nº 6.047, de 22 de fevereiro de 2007, cujos programas de desenvolvimento regional são prioritários à implementação de tal política. Conforme se observa do Quadro 15, o MIN executa o programa "Promoção do Desenvolvimento da Faixa de Fronteira", com cinco ações específicas para a região; sendo a única organização com recurso orçamentário destinado para redução de desigualdades nessa localidade do país:

Quadro 15: Distribuição de recursos orçamentários do MIN direcionado para a faixa de fronteira

Ministério da Integração Nacional	Orçamento destinado ao programa (R$)	Orçamento destinado à ação (R$)
Programa 0120 Promoção do Desenvolvimento da Faixa de Fronteira. Objetivo: Promover o desenvolvimento da Faixa de Fronteira.	103.126.350	
Ação 6551 Estruturação e Dinamização de Arranjos Produtivos Locais na Faixa de Fronteira.		5.737.600
Ação 6552 Organização Social e do Associativismo na Faixa de Fronteira		200.000
Ação 6553 Apoio a Implementação da Infraestrutura complementar, social e produtiva na Faixa de Fronteira		96.038.750
Ação 6565 Apoio à Geração de Empreendimentos Produtivos na Faixa de Fronteira		950.000
Ação 6593 Formação de Agentes para o Desenvolvimento Integrado e Sustentável na Faixa de Fronteira		200.000
Programa 1025 Promoção da Sustentabilidade de Espaços Sub-Regionais (PROMESO) Induzir o aproveitamento dos potenciais endógenos, de forma articulada, com vistas à sustentabilidade das subregiões definidas pela Política Nacional de Desenvolvimento Regional.	375.062.289	
Ação 6424 Estruturação e Dinamização de Arranjos Produtivos Locais em Espaços Sub-regionais - Nacional		28.471.174
0070 Estruturação e Dinamização de Arranjos Produtivos Locais em Espaços Sub-regionais na Grande Fronteira do Mercosul		700.000

Fonte: LOA-MIN (2011) (elaboração própria)

Quadro 16: Distribuição de recursos orçamentários do MRE direcionado para a faixa de fronteira

Ministério das Relações Exteriores	Orçamento destinado ao programa (R$)	Orçamento destinado à ação (R$)
Programa 0683 Gestão da Política Externa. Objetivo: Coordenar o planejamento e a formulação de políticas setoriais e a avaliação e controle dos programas na área de relações exteriores		119.716.122
Ação 2536 Demarcação de Fronteiras	Campanha realizada > Meta 8 unidades	2.000.000

Fonte: LOA-MRE (2011) (elaboração própria)

Analisando-se os programas desenvolvidos pelo MIN e MRE (Quadro 15 e 16 respectivamente), nota-se que o aporte orçamentário destinado ao primeiro para condução do PDFF, que integra a PNDR, é inferior ao concedido para execução do Programa de Gestão de Política Externa (PGPE) do MRE. Porém, o programa do MRE não é destinado a projetos regionais de desenvolvimento, mas a manutenção das embaixadas e consulados do Brasil no exterior. O recurso de poder do MRE possui, então, natureza diversa daquele do MIN, ou seja, destina-se a presença do Estado.

O Governo Dilma Rousseff inovou na elaboração do Plano Plurianual (PPA) 2012-2015 PLANO MAIS BRASIL ao criar programas temáticos e exigir diálogo entre as unidades burocráticas do Executivo federal no planejamento orçamentário[252].

O debate referente à integração sul-americana ganhou espaço orçamentário no PPA 2012-2015[253]. A iniciativa inserida pelo GSI/PR, no uso das atribuições de Secretaria - Executiva do Conselho de Defesa Nacional (SE/CDN), foi resultante da atuação da Coordenação-Geral de Assentimento Prévio, e encontra-se inserida na pág. 207, do Programa Integração Sul-Americana. O resultado das negociações na arena política resultou na iniciativa 031J - Estudos e análises para fortalecimento do caráter estratégico da faixa de fronteira, constante do Objetivo 0765, cuja coordenação é do MIN. Como a referida iniciativa não envolve recursos orçamentários, em virtude de diretriz das elites do GSI/PR à época, a mesma não se encontra relacionada na LOA 2012 em destaque[254]:

---

252 Disponível em: <http://www.planejamento.gov.br/noticia.asp?p=not&cod=7571&cat=155&sec=10>. Acesso: 04/01/2013.
253 A oficina temática desenvolveu trabalhos em maio e junho de 2011 e foi conduzida pela Coordenação-Geral de Assuntos Econômicos da América do Sul (CGDECAS), da Subsecretaria-Geral da América do Sul, Central e do Caribe (SGAS). Os programas temáticos do PPA 2012-2015 encontram-se disponíveis em: <http://www.planejamento.gov.br/secretarias/upload/Arquivos/spi/PPA/2012/120313_anexo_I.pdf>. Acesso: 04/01/2013.
254 O Programa 2043 Integração Sul-Americana encontra-se no volume II, da Consolidação dos Programas de Governo, p. 105. Disponível em: <http://www.planejamento.gov.br/secretarias/upload/Arquivos/sof/orcamento_12/L12595_12_Volume_II.pdf>. Acesso: 04/01/2013.

Programa: 2043 Integração Sul-Americana		Valor do Programa Constante no PLOA:	5.750.000
Objetivo: 0765	Estimular o desenvolvimento socioeconômico e a integração das regiões inseridas na Faixa de Fronteira, por meio de políticas públicas que tenham em conta sua singularidade e seu caráter estratégico para a integração regional sul americana, com vistas a reduzir a vulnerabilidade das populações fronteiriças, sobretudo no fomento a micro, pequenos e médios empreendimentos e na promoção do acesso a políticas sociais.	Órgão: 5300 Ministério da Integração Nacional	

Iniciativa: 031D Aprimoramento das Áreas de Livre Comércio (ALC) da Amazônia Ocidental e Amapá		
Ação Título	Unidade Orçamentária	Valor
031D Estudo para Implantação do Centro de Comercialização Fronteiriço nas Áreas de Livre Comércio	28233 - Superintendência da Zona Franca de Manaus - SUFRAMA	200.000 200.000

Iniciativa: 031E Capacitação de atores locais em elaboração de projetos, cooperação internacional e outros temas afetos a integração fronteiriça		
Ação Título	Unidade Orçamentária	Valor
5693 Formação de Agentes para o Desenvolvimento Integrado e Sustentável na Faixa de Fronteira	53101 - Ministério da Integração Nacional	500.000 500.000

Iniciativa: 031I Estruturação e Integração de Arranjos Produtivos Locais na faixa de fronteira, conforme as potencialidades identificadas na região		
Ação Título	Unidade Orçamentária	Valor
20NG Estruturação e Dinmização de Arranjos Produtivos Locais na Faixa de Fronteira	53101 - Ministério da Integração Nacional	5.050.000 3.550.000
	53202 - Superintendência do Desenvolvimento da Amazônia	1.500.000

Fonte: LOA 2012

  Embora na LOA 2012 tenha destinado R$5.750.000,00 para o Programa Integração Sul-Americana, conforme destacado acima, na PLOA 2013 não consta qualquer destinação orçamentária ao referido programa. A ausência de orçamento na LOA 2013[255], além de inviabilizar importantes ações na faixa de fronteira, confirma o entendimento de que a concepção de integração sul-americana ainda não é hegemônica.

  O PPA 2012-2015 possui, ainda, o Programa: 2058 Política Nacional de Defesa [256], cuja Meta 2012-2015 é estruturar 20% do Sistema Integrado de Monitoramento de Fronteiras (SISFRON). Destaca-se as iniciativas 01LS, 01LT e 01LV para o aperfeiçoamento desse sistema[257]. O SISFRON tornou-se prioritário ao integrar o PPA e visa aumentar a capacidade de monitoramento e controle do Estado na faixa de fronteira, reforçar a capacidade de dissuasão do Poder Nacional, efetivar a estratégia da presença, melhorar as operações de Garantia da Lei e da Ordem e das ações subsidiárias[258]. Nota-se que o MD tem se dedicado ao fortalecimento da presença e da capacidade de ação do Estado na região de fronteira do país.

  O MJ, por sua vez, é responsável, no PPA 2012-2015, pela iniciativa 03DO, que visa implementar a Estratégia Nacional de Segurança Pública nas Fronteiras (ENAFRON) para o monitoramento das regiões fronteiriças e Amazônia Legal, bem como para a ampliação da presença dos órgãos de segurança pública e outras instituições nessas regiões[259]. Essa iniciativa está inserida no Objetivo 0825 do Programa: 2070

---

255 PLDO 2013. Vol. IV, Tomo II, p. 745. Disponível em: http://www.planejamento.gov.br/secretarias/upload/Arquivos/sof/ploa2013/Volume_4_Tomo_II.pdf Acesso: 28/02/2013.
256 Disponível em: <http://www.planejamento.gov.br/secretarias/upload/Arquivos/spi/PPA/2012/120313_anexo_I.pdf> Acesso: 18/02/2013.
257 A meta 2012-2015 é estruturar 20% do SISFRON.
258 In Verde-Oliva. Ano XL, nº 217, Especial, nov. 2012, p. 13-19.
259 Anexo I - Programas Temáticos, p. 340. Disponível em: <http://www.planejamento.gov.br/secretarias/upload/Arquivos/spi/PPA/2012/Anexo_I.pdf> . Acesso: 10/03/2013.

Segurança Pública com Cidadania (Anexo I - Programas Temáticos, p. 337), que visa aprimorar o combate à criminalidade, com ênfase em medidas de prevenção, assistência, repressão e fortalecimento das ações integradas para superação do tráfico de pessoas, drogas, armas, lavagem de dinheiro e corrupção, enfrentamento de ilícitos característicos da região de fronteira e na intensificação da fiscalização do fluxo migratório.

A ENAFRON começou a ser implementada em 2011 com a instituição do Plano Estratégico de Fronteiras, que visa a atuação integrada, com troca de informações entre os órgãos federais, estaduais e municipais de segurança pública e as Forças Armadas, inclusive prevendo parcerias com os países limítrofes. A execução das ações do Plano Estratégico de Fronteiras (PEF) ocorre por meio dos Gabinetes de Gestão Integrada de Fronteira (GGIF), que estão sendo implantados em cada um dos 11 Estados fronteiriços, e pelo Centro de Operações Conjuntas (COC). O GGIF e o COC são mecanismos flexíveis e não hierárquicos de gestão da segurança nas fronteiras, onde se espera que as decisões sejam tomadas por consenso e em ambiente de trabalho colaborativo. Essa estratégia tem foco na inteligência e base no trabalho integrado dos agentes de segurança pública do Brasil e dos países limítrofes, o que é fundamental para o enfrentamento do tráfico de entorpecentes e dos demais ilícitos transnacionais[260].

A concepção de área fundamental à defesa do território nacional para a faixa de fronteira tende a ganhar força na medida em que o MD, ao conduzir com autonomia a PDN e a END, vincula a atuação das demais organizações do Executivo federal à promoção do desenvolvimento, que por sua vez fortalece a defesa nacional. Pode-se dizer que há uma possibilidade de o MD manter o movimento crescente de fortalecimento de seus recursos de poder, uma vez que, além de conduzir a PDN e a END, coordena o PEF, juntamente com o MJ e o Ministério da Fazenda.

O período de 1988 a 1999 foi de transição na concepção da faixa de fronteira, uma vez que as influências das práticas organizacionais da política de segurança nacional ainda eram consideráveis no Executivo federal (SADEN/SAE/Casa Militar) e somente com a criação do MD e surgimento da PDN e da END, os padrões de comportamento vigentes no regime militar passaram a ser, paulatinamente, substituídos pelo padrão de defesa nacional, com foco no desenvolvimento socioeconômico (Quadro 17), próprio do novo regime.

Quadro 17: Mudança de paradigma da concepção da faixa de fronteira

	Tendência da concepção faixa de fronteira		
Período	Séc. XX		Séc. XXI
	1937- 1988	1988 – 1999	2000 - ...
Concepção	Segurança nacional	Segurança e defesa nacional	Defesa nacional

Fonte: Elaboração própria

---

260 Mensagem Presidencial - Brasil, 2012. Disponível em: <http://www2.planalto.gov.br/imprensa/discursos/mensagem-ao--congresso-nacional-2012-zip>. Acesso: 10/03/2013. Para essas ações, segundo o Projeto de Lei Orçamentária Anual (2013), serão gastos recursos na ordem de R$ 307,2 milhões. Fonte: <http://www.planejamento.gov.br/secretarias/upload/Arquivos/sof/ploa2013/Volume_2.pdf> . Acesso: 10/03/2013.

7. Conclusão

A dimensão burocrática do Estado foi analisada a partir do comportamento das elites organizacionais do Executivo federal na condução das questões de segurança e defesa nacional e, de maneira reflexa, no tratamento dispensado à faixa de fronteira do Brasil.

A perspectiva organizacional ofereceu elementos para a observação do fenômeno da fragmentação do Estado, evidenciando que o Estado encontra-se dividido em organizações burocráticas, não homogêneas, que se estruturaram, ao longo do tempo, para conduzir as políticas de defesa e segurança nacional no Executivo federal. A análise interna do Executivo possibilitou identificar os componentes administrativos e de suporte do Estado na condução dessas políticas, colocando em evidência o fato de uma organização assumir uma determinada configuração porque as suas elites tomaram decisões estratégicas em tal sentido.

A partir do modelo do processo organizacional, identificou-se as elites organizacionais com maior autonomia no Executivo federal (CSN, SG/CSN e MD), considerando a trajetória histórica e os recursos de poder disponíveis para a tomada de decisão em assuntos de segurança e defesa nacional e, consequentemente, na faixa de fronteira.

Observou-se que o comportamento das elites organizacionais (colegiados e departamentos) expresso por meio de práticas organizacionais (rotinas, normas e estratégias decisórias), interferiu sobremaneira na concepção dominante da faixa de fronteira. Essa interferência foi resultante do alto nível de autonomia burocrática atingido dentro do Estado. A concepção da faixa de fronteira variou entre área de segurança nacional até 1988 e de defesa nacional a partir desse período.

O caráter não monolítico do Estado foi evidenciado na medida em que as elites organizacionais do CDN, de 1927, do CSSN, do CSN e Secretarias-Gerais se estruturaram para conduzir os seus interesses em questões de defesa (até 1937) e segurança nacional dentro do Executivo federal. O papel desempenhado por essas elites organizacionais, como atores políticos, foi decisivo para a determinação dos resultados na arena política, na medida em que tais organizações acumularam experiência histórica; que as tornaram empoderadas frente às demais unidades burocráticas do Executivo federal. Essa fragmentação manteve-se em evidência após a Carta de 1988, com a criação de algumas agências (SADEN/SAE/Casa Militar) e, principalmente do MD, que passou a conduzir os assuntos relativos à defesa nacional com alto nível de autonomia e de recursos de poder orçamentário.

Assim, a evidência empírica comprovou que a concepção da faixa de fronteira do Brasil expressa o grau de permanência histórica e os recursos de poder das organizações do Executivo federal que operam nessa região.

Comprovou-se empiricamente, ainda, que a racionalidade e a autonomia burocrática das elites organizacionais do CDN, de 1927, do CSSN, do CSN, e, em momento recente, do MD, na condução de questões de segurança e de defesa nacional, foram decisivas para a concepção da faixa de fronteira variar apenas entre área de segurança nacional e de área de defesa nacional ao longo da história brasileira.

A resposta ao problema de pesquisa é que o comportamento das elites organizacionais do Executivo federal interferiu e ainda interfere na concepção da faixa de fronteira brasileira sob o aspecto burocrático do Estado. Essa interferência é resultante: (i) do grau de permanência histórica; (ii) dos recursos de poder; e (iii) do nível de racionalidade e autonomia burocrática das elites organizacionais com práticas nessa região do país.

Até o regime político inaugurado com a Constituição de 1988, a concepção que prevalecia para a faixa de fronteira era de área de segurança nacional. Essa concepção foi resultado dos padrões regulares de comportamento do CSN e da SG/CSN na condução da política de segurança nacional no país. Tais organizações foram configuradas por elites preponderantemente militares que tomaram decisões estratégias à condução da política nacional e ao controle da rede interorganizacional sobre questões de segurança nacional da época. Esse controle foi feito, de forma mais presente, pela SG/CSN; departamento dotado de autonomia na estrutura de governo, cujos registros organizacionais eram realizados por apoio técnico-administrativo militar dotado de rigor burocrático.

As elites organizacionais do CSN e da SG/CSN eram dotadas de poder político suficiente para configurar normas e rotinas bem definidas com o objetivo de conduzir, com autonomia e racionalidade burocrática, a política de segurança nacional.

O CSN foi a organização que mais influenciou a concepção da faixa de fronteira, no período de sua existência (1937-1988), em virtude de duas variáveis relevantes: (i) trajetória histórica mais longa e ininterrupta e (ii) superioridade em recursos de poder (estrutura organizacional). Esses dois fatores foram decisivos para o empoderamento dessa organização na condução dos assuntos de interesse do Chefe da Nação em questões de segurança nacional, onde se incluía a faixa de fronteira. A força organizacional era resultante dos rígidos padrões de comportamento oferecidos pelas organizações militares no suporte burocrático ao CSN e na estratégia de controle da rede interorganizacional no âmbito do Executivo federal, por meio das DSI. A condução da política de segurança nacional pelo CSN e SG/CSN contou com fortes alianças políticas, principalmente aquelas viabilizadas pelas Comissões de Estudos.

Há nítida relação entre a permanência histórica do CDN de 1927, do CSSN e do CSN, seus recursos de poder no Executivo federal, e suas autonomias organizacionais, e a concepção de área de segurança nacional para a faixa de fronteira do Brasil. Esses colegiados, e suas unidades burocráticas acumularam experiência ao longo do tempo, a qual foi codificada por meio de regras para: (i) suas próprias estruturas organizacionais; (ii) crimes contra a segurança nacional; e (iii) uso e ocupação da faixa de fronteira. O comportamento dessas organizações, expresso por meio de rotinas, normas e estratégias decisórias para a execução da política nacional interferiu sobremaneira na concepção da faixa de fronteira brasileira até o final do séc. XX.

As estruturas organizacionais existentes à época da Constituição de 1988, que consideravam a faixa de fronteira uma área de segurança nacional, refletiam as circunstâncias históricas inerentes à sua criação no regime anterior e não se adaptaram rapidamente para incorporar as mudanças dos padrões de comportamento exigidas nas negociações da Constituinte. Essa dificuldade de adaptação às novas regras do jogo político fez com que a estrutura organizacional da SADEN entrasse em declínio no âmbito da Presidência da República e juntamente com ela, a concepção predominante de segurança nacional para a faixa de fronteira.

A concepção moderna da faixa de fronteira como área de defesa nacional surge na Assembleia Nacional Constituinte e entra no texto da nova Carta Política; mas apenas ganha força a partir da criação do MD, em 1999. As práticas organizacionais do MD começam a surgir, no Executivo federal, no início do séc. XXI.

A formulação e a execução da Política de Defesa Nacional (PDN) e da Estratégia Nacional de Defesa (END) pelo MD, acompanhadas dos respectivos recursos orçamentários indica o declínio da concepção de segurança nacional, que é substituída pela de área de defesa nacional para a faixa de fronteira.

A permanência histórica do MD a partir da tradição dos ministérios militares, e a sua capacidade de expandir seus recursos orçamentários até 2011, indicam que essa organização tende a consolidar-se como dominante na concepção da faixa de fronteira como área de defesa nacional.

A política de segurança nacional foi conduzida de forma autônoma pelas elites organizacionais do CSN da mesma forma que as elites do MD conduz, na atualidade, a política de defesa nacional. Ambas as políticas foram configuradas estrategicamente por suas elites para atender interesses, no âmbito do governo, quanto à faixa de fronteira. Até 1988, esses interesses organizavam-se em torno do conceito de segurança nacional. Após 1988, e com a criação do MD, os interesses passaram a ser articulados em torno do conceito de defesa nacional. Nota-se, que a trajetória histórica, os recursos de poder e a autonomia do MD na condução da política de defesa nacional interferiu, em momento mais recente, na concepção da faixa de fronteira como área de defesa nacional.

A presente investigação revelou o que estava por detrás da matiz acinzentada da burocracia que conduzia à concepção de segurança nacional e, atualmente de defesa nacional para a faixa de fronteira. A compreensão da concepção contemporânea dessa região do país mostra o êxito da teoria aplicada, uma vez que advém do resultado de práticas organizacionais.

A faixa de fronteira é entendida como uma área legalmente estabelecida pelo Estado para direcionar um tratamento político diferenciado em relação ao restante do país; enquanto que a zona de fronteira é um espaço geográfico variável, construído pelas próprias redes e fluxos fronteiriços; o limite encerra uma unidade política territorial e está atrelado à delimitação do poder do Estado e fronteira é uma área onde as influências socioculturais e econômicas dos países limítrofes se superpõem, e cujas relações sociais fogem do controle do Estado.

A presente investigação permite algumas generalizações: (i) o êxito da elite organizacional em fazer valer os seus interesses na arena política estaria relacionado ao controle permanente da rede interorganizacional; e (ii) a faixa de fronteira por se tratar de um espaço de atuação organizacional, sujeita-se aos efeitos dos padrões de comportamento de organizações.

Alguns pontos ventilados neste trabalho sugerem a necessidade de avançar nos estudos no sentido de explorar as contribuições advindas do conhecimento dos efeitos burocráticos da permeabilidade das fronteiras ao direcionamento da atuação organizacional e, ainda, de traçar um paralelo, em perspectiva comparada, sobre as semelhanças e as diferenças no tratamento dessa faixa entre países da América Latina.

O Brasil está no período de descoberta de suas potencialidades com a sua aproximação aos dez países limítrofes e em plena fase de amadurecimento de um processo integrativo. Assim, compreender a concepção da faixa de fronteira é antever a atuação do Estado, sob o aspecto burocrático, em 588 municípios e nos 11 estados da federação por ela abarcados; os quais representam cerca de 27% do território nacional, onde residem aproximadamente dez milhões de pessoas. O pleno conhecimento da burocracia do Executivo federal pode favorecer o protagonismo do Brasil na América Latina e isso é possível, de acordo com o referencial teórico adotado neste trabalho, por meio da análise do comportamento das elites organizacionais e de suas práticas nessa região do país.

Esta investigação contribuiu, por fim, à construção de uma parte da história brasileira sobre a condução da defesa e da segurança nacional, a partir de seus principais atores políticos no Executivo federal e, ainda, sobre a faixa de fronteira; temas poucos explorados na academia.

Na análise dos instrumentos normativos e dos debates políticos e na busca de compreensão do papel das elites organizacionais e suas decisões estratégicas na determinação de resultados desejados na arena política; o diálogo interdisciplinar mostra-se fundamental para desvendar o significado da concepção da faixa de fronteira brasileira.

ANEXO A

Rol de elites civis e militares do Executivo federal

Quadro 18: Compilação de elites civis e militares do Executivo federal (Período: 1930 - 2013)

Rol de elites civis e militares do Executivo federal (Período: 1930 - 2013)			
	PRESIDENTES	**PERÍODO**	**CHEFES**
Estado-Maior do Governo Provisório	Julio Prestes Menna Barreto Isaías de Noronha Augusto Fragoso Getúlio Dornelles Vargas	NOV/30 a JAN./31	Gen Bda Francisco Ramos de Andrade Neves
		JAN/31 a MAI/31	CMG Raul Tavares
		MAI/31 a NOV/32	Gen Bda João Ferreira Johnson
		NOV/32 a JUL/34	Cel Pantaleão da Silva Pessôa
Estado-Maior do Governo	Getúlio Dornelles Vargas	JUL/34 a MAI/35	Gen BdaPantaleão da Silva Pessôa
		MAI/35 a JUL/35	Cel Newton de Andrade Cavalcante (interino)
		JUL/35 a NOV/38	Gen Bda Francisco José Pinto
Gabinete Militar	Getúlio Dornelles Vargas	DEZ/38 a SET/42	Gen Bda Francisco José Pinto
		SET/42 a OUT/45	Gen Bda Firmo Freire do Nascimento
		OUT/45 a JAN/46	Gen Bda Francisco Gil Castello Branco
	Eurico Gaspar Dutra	JAN/46 a SET/48	Gen Bda Álcio Souto
		SET/48 a ABR/50	Gen Bda João Valdetaro de Amorim E Mello
		ABR/50 a JAN/51	Gen Ex Newton de Andrade Cavalcante
	Getúlio Dornelles Vargas	JAN/51 a MAR/52	Gen Bda Ciro do Espírito Santo Cardoso
		ABR/52 a AGO/54	Gen Bda Aguinaldo Caiado de Castro

Continua...

Continuação

Gabinete Militar	João Fernandes Campos Café Filho	AGO/54 a ABR/55	Gen Div Juarez Do Nascimento Fernandes Távora
		MAI/55 a OUT/55	Gen Div José Bina Machado
	Nereu de Oliveira Ramos	NOV/55 a JAN/56	Gen Div Floriano De Lima Brayner
	Juscelino Kubitschek de Oliveira	JAN/56 a JAN/61	Gen Bda Nélson De Mello
	Jânio da Silva Quadros	JAN/61 a AGO/61	Gen Bda Pedro Geraldo De Almeida
	Paschoal Ranieri Mazilli	AGO/61 a SET/61	Gen Bda Ernesto Geisel
	João Belchior Marques Goulart	SET/61 a SET/62	Gen Div Amaury Kruel
		SET/62 a OUT/63	Gen Bda Albino Silva
		OUT/63 a MAR/64	Gen Bda Argemiro De Assis Brasil
	Gov. Provisório Paschoal Ranieri Mazilli	ABR/64 a ABR/64	Gen Bda André Fernandes De Souza
	Humberto de Alencar Castello Branco	ABR/64 a MAR/67	Gen Bda Ernesto Geisel
	Arthur da Costa e Silva	MAR/67 a AGO/69	Gen Div Jayme Portella De Mello
	Gov. Provisório - Junta Militar	AGO/69 a OUT/69	
	Emílio Garrastazu Médici	OUT/69 a MAR/74	Gen Bda João Baptista De Oliveira Figueiredo
	Ernesto Geisel	MAR/74 a JAN/78	Gen Bda Hugo De Andrade Abreu
		JAN/78 a MAR/79	Gen Bda Gustavo Moraes Rego Reis
	João Baptista de Oliveira Figueiredo	MAR/79 a AGO/82	Gen Bda Danilo Venturini
		AGO/82 a MAR/85	Gen Bda Rubem Carlos Ludwig
	José Sarney	MAR/85 a MAR/90	Gen Div Rubens Bayma Denys
Gabinete Militar	Fernando Affonso Collor De Mello	MAR/90 a OUT/92	Gen Div Agenor Francisco Homem De Carvalho
Casa Militar	Itamar Augusto Cautiero Franco	OUT/92 a JAN/95	Gen Bda Fernando Cardoso

Continua...

Continuação

Gabinete De Segurança Institucional	Fernando Henrique Cardoso	JAN/95 a SET/99	Gen Ex Alberto Mendes Cardoso
		SET/99 a DEZ/02	Gen Ex Alberto Mendes Cardoso
	Luiz Inácio Lula da Silva	JAN/03 a DEZ/10	Gen Ex Jorge Armando Felix
	Dilma Vana Rousseff	JAN/11 até os dias atuais	Gen Ex José Elito Carvalho Siqueira

Fonte: GSI/PR (2013) adaptada pela autora

ANEXO B

Compilação de normas baixadas por colegiado e respectivas elites

Quadro 19: Compilação de normas relativas à faixa de fronteira, respectivos conselhos e elites (Período: 1927 – 1993)

Compilação normas baixadas por colegiado e respectivas elites (Período: 1927 – 1993)				
Normas relacionadas/ Colegiado	**Assunto**	**Autoridades**	**Cargo**	**Formação**
Decreto nº 17.999, de 29 de novembro de 1927 CDN (1927)	Providencia sobre o Conselho da Defesa Nacional.	Washington Luis P. de Sousa	Presidente	Civil (advogado)
		Nestor Sezefredo dos Passos	Ministro de Guerra	Militar (General-de-Divisão)
		Arnaldo Siqueira Pinto da Luz	Ministro da Marinha	Militar
		Getúlio Vargas	Ministro da Fazenda	Civil (advogado)
		Victor Konder	Ministro dos Transportes	Civil (advogado)
		Geminiano Lyra Castro	Ministro da Agricultura	Civil
		Augusto de Vianna do Castello	Ministro da Justiça e Negócios Interiores	Civil
		Octavio Mangabeira	Ministro das Relações Exteriores	Civil (engenheiro)
Decreto nº 23.873, de 15 de fevereiro de 1934 CDN (1927)	Dá organização ao Conselho da Defesa Nacional.	Getúlio Vargas	Presidente	Civil
		Francisco Antunes Maciel	Ministro da Justiça e Negócios Interiores	Civil (advogado)
		Protógenes Guimarães	Ministro da Marinha	Militar (Vice-Almirante)
		José Américo de Almeida	Ministro da Viação e Obras Públicas	Civil (advogado)
		Washington Ferreira Pires	Ministro da Educação e Saúde Pública	Civil (médico)
		Osvaldo Aranha	Ministro da Fazenda	Civil (diplomata)
		Edmundo Navarro de Andrade	Ministro Interino da Agricultura	Civil (engenheiro agrônomo)

Continua...

Continuação

Decreto nº 23.873, de 15 de fevereiro de 1934 CDN (1927)	Dá organização ao Conselho da Defesa Nacional.	Felix de Barros Cavalcanti de Lacerda	Ministro das Relações Exteriores	Civil (diplomata)
		P. Góes Monteiro	Ministro da Guerra	Militar (General-de-Divisão)
		Joaquim Pedro Salgado Filho	Ministro do Trabalho, Indústria e Comércio	Civil (magistrado)
Decreto nº 7, de 3 agosto de 1934 CSSN	Modifica a denominação do Conselho de Defesa Nacional e, de seus órgãos componentes.	Getúlio Vargas	Presidente	Civil
		Protogenes Guimarães	Ministro da Marinha	Militar (Vice-Almirante)
		P. Góes Monteiro	Ministro da Guerra	Militar (General-de-Divisão)
		José Carlos de Macedo Soares	Ministro das Relações Exteriores	Civil (jurista e diplomata)
		Artur de Souza Costa	Ministro da Fazenda	Civil (economista)
		Marques dos Reis	Ministro dos Transportes	Civil
		Odilon Braga	Ministro da Agricultura	Civil (advogado)
		Agamemnon Magalhães	Ministro do Trabalho, Indústria e Comércio	Civil (promotor de justiça)
		Gustavo Capanema	Ministro da Educação	Civil (advogado)
		Vicente Ráo	Ministro da Justiça e Negócios Interiores	Civil (filósofo e advogado)
Decreto nº 191, de 18 de junho de 1935 CSSN	Manda adotar, a título provisório, o regulamento interno da Secretaria Geral do Conselho Superior de Segurança Nacional.	Getúlio Vargas	Presidente	Civil
		João Gomes Ribeiro Filho	Ministro da Guerra	Militar (General-de-Divisão)
		Artur de Souza Costa	Ministro da Fazenda	Civil (economista)
		Vicente Ráo	Ministro da Justiça e Negócios Interiores	Civil (filósofo e advogado)
		João Marques dos Reis	Ministro dos Transportes	Civil
		José Carlos de Macedo Soares	Ministro das Relações Exteriores	Civil (jurista e diplomata)
		Protogenes Pereira Guimarães	Ministro da Marinha	Militar (Vice-Almirante)
		Odilon Braga	Ministro da Agricultura	Civil (advogado)

Continua...

Continuação

		Gustavo Capanema	Ministro da Educação	Civil (advogado)
		Agamemnon Magalhães	Ministro do Trabalho, Indústria e Comércio	Civil (promotor de justiça)
Decreto nº 991, de 27 de julho de 1936 CSSN	Organiza a Comissão de Estudos de Segurança Nacional.	Getúlio Vargas	Presidente	Civil
		João Gomes Ribeiro Filho	Ministro da Guerra	Militar (General-de-Divisão)
		Henrique A. Guilhem	Ministro da Marinha	Militar (Vice-Almirante)
		Artur de Souza Costa	Ministro da Fazenda	Civil (economista)
		Vicente Ráo	Ministro da Justiça e Negócios Interiores	Civil (filósofo e advogado)
		João Marques dos Reis	Ministro dos Transportes	Civil
		José Carlos de Macedo Soares	Ministro das Relações Exteriores	Civil (jurista e diplomata)
		Odilon Braga	Ministro da Agricultura	Civil (advogado)
		Gustavo Capanema	Ministro da Educação	Civil (advogado)
		Agamemnon Magalhães	Ministro da Justiça e Negócios Interiores	Civil (promotor de justiça)
Decreto nº 1.505, de 15 de março de 1937 CSN	Manda adotar, a título provisório, o Regulamento Interno da Comissão de Estudos do Conselho Superior de Segurança Nacional.	Getúlio Vargas	Presidente	Civil
		Eurico G. Dutra	Ministro da Guerra	Militar
		Henrique A. Guilhem	Ministro da Marinha	Militar (Vice-Almirante)
		Artur de Souza Costa	Ministro da Fazenda	Civil (economista)
		Agamemnon Magalhães	Ministro da Justiça e Negócios Interiores	Civil (promotor de justiça)
		João Marques do Reis	Ministério dos Transportes	Civil
		Mário de Pimentel Brandão	Ministro das Relações Exteriores	Civil (diplomata)
		Odilon Braga	Ministro da Agricultura	Civil (advogado)
		Gustavo Capanema	Ministro da Educação	Civil (advogado)

Continua...

Continuação

DL nº 1.164, de 18 de março de 1939 CSN	Dispõe sobre as concessões de terras e vias de comunicação na faixa da fronteira, bem como sobre as indústrias aí situadas.	Getulio Vargas	Presidente	Civil
		F. Negrão de Lima	Ministro da Viação e Obras Públicas	Civil
		Artur de Souza Costa	Ministro da Fazenda	Civil (economista)
		Eurico G. Dutra	Ministro da Guerra	Militar
		Henrique A. Guilhem	Ministro da Marinha	Militar (Vice-Almirante)
		C. de Freitas Valle	Ministro das Relações Exteriores	Civil (diplomata)
		João de Mendonça Lima	Ministério dos Transportes	Civil
		Fernando Costa	Ministro da Agricultura	Civil (agrônomo)
		Gustavo Capanema	Ministro da Educação	Civil (advogado)
		Waldemar Falcão	Ministro do Trabalho, Indústria e Comércio	Civil (advogado e jornalista)
DL nº 1.968, de 17 de janeiro de 1940 CSN	Regula as concessões de terras e vias de comunicação, bem como o estabelecimento de indústrias na faixa de fronteira.	Getúlio Vargas	Presidente	Civil
		Francisco Campos	Ministro da Justiça e Negócios Interiores	Civil (jurista)
		Artur de Souza Costa	Ministro da Fazenda	Civil (economista)
		Eurico G. Dutra	Ministro da Guerra	Militar
		Henrique A. Guilhem	Ministro da Marinha	Militar (Vice-Almirante)
		Gustavo Capanema	Ministro da Educação	Civil (advogado)
		João de Mendonça Lima	Ministério dos Transportes	Civil
		Oswaldo Aranha	Ministro das Relações Exteriores	Civil (diplomata)
		Fernando Costa	Ministro da Agricultura	Civil (agrônomo)
		Waldemar Falcão	Ministro do Trabalho, Indústria e Comércio	Civil (advogado e jornalista)

Continua...

Continuação

DL nº 2.610, de 20 de setembro de 1940 CSN	Interpreta disposições do decreto-lei n. 1.968, de 17 de janeiro de 1940, e dá outras providências.	Getúlio Vargas	Presidente	Civil
		Francisco Campos	Ministro da Justiça e Negócios Interiores	Civil (jurista)
		Artur de Souza Costa	Ministro da Fazenda	Civil (economista)
		Eurico G. Dutra	Ministro da Guerra	Militar
		Henrique A. Guilhem	Ministro da Marinha	Militar (Vice-Almirante)
		João de Mendonça Lima	Ministério dos Transportes	Civil
		Oswaldo Aranha	Ministro das Relações Exteriores	Civil (diplomata)
		Fernando Costa	Ministro da Agricultura	Civil (agrônomo)
		Gustavo Capanema	Ministro da Educação	Civil (advogado)
		Waldemar Falcão	Ministro do Trabalho, Indústria e Comércio	Civil (advogado e jornalista)
DL nº 4.766, de 1º de outubro de 1942 CSN	Define crimes militares e contra a segurança do Estado, e dá outras providências.	Getúlio Vargas	Presidente	Civil
		Alexandre Marcondes Filho	Ministério do Trabalho, Indústria e Comércio	Civil
		Artur de Souza Costa	Ministro da Fazenda	Civil (economista)
		Eurico G. Dutra	Ministro da Guerra	Militar
		Henrique A. Guilhem	Ministro da Marinha	Militar (Vice-Almirante)
		João de Mendonça Lima	Ministério dos Transportes	Civil
		Oswaldo Aranha	Ministro das Relações Exteriores	Civil (diplomata)
		Apolonio Salles	Ministro da Agricultura	Civil (engenheiro agrônomo)
		Gustavo Capanema	Ministro da Educação	Civil (advogado)
		Joaquim Pedro Salgado Filho	Ministro da Aeronáutica	Civil (magistrado)

Continua...

Continuação

DL nº 4.783, de 5 de outubro de 1942 CSN	Dispõe sobre a organização do Conselho de Segurança Nacional.	Getúlio Vargas	Presidente	Civil
		Alexandre Marcondes Filho	Ministro da Justiça e Negócios Interiores	Civil
		Artur de Souza Costa	Ministro da Fazenda	Civil (economista)
		Eurico G. Dutra	Ministro da Guerra	Militar
		Henrique A. Guilhem	Ministro da Marinha	Militar (Vice-Almirante)
		João de Mendonça Lima	Ministério dos Transportes	Civil
		Oswaldo Aranha	Ministro das Relações Exteriores	Civil (diplomata)
		Apolonio Salles	Ministro da Agricultura	Civil (engenheiro agrônomo)
		Gustavo Capanema	Ministro da Educação	Civil (advogado)
		J. P. Salgado Filho	Ministro da Aeronáutica	Civil (magistrado)
DL nº 5.163, de 31 de dezembro de 1942 CSN	Dispõe sobre a organização do Conselho de Segurança Nacional.	Getúlio Vargas	Presidente	Civil
		Alexandre Marcondes Filho	Ministro da Justiça e Negócios Interiores	Civil
		Eurico G. Dutra	Ministro da Guerra	Militar
		Henrique A. Guilhem	Ministro da Marinha	Militar (Vice-Almirante)
		João de Mendonça Lima	Ministério dos Transportes	Civil
		Oswaldo Aranha	Ministro das Relações Exteriores	Civil (diplomata)
		Apolonio Salles	Ministro da Agricultura	Civil (engenheiro agrônomo)
		Gustavo Capanema	Ministro da Educação	Civil (advogado)
		J. P. Salgado Filho	Ministro da Aeronáutica	Civil (magistrado)

Continua...

Continuação

DL nº 6.476, de 8 de maio de 1944 CSN	Cria no Conselho de Segurança Nacional, como órgão complementar, a Comissão de Planejamento Econômico, e dá outras providências.	Getúlio Vargas	Presidente	Civil
		Alexandre Marcondes Filho	Ministro da Justiça e Negócios Interiores	Civil
		Artur de Souza Costa	Ministro da Fazenda	Civil (economista)
		Eurico G. Dutra	Ministro da Guerra	Militar
		Henrique A. Guilhem	Ministro da Marinha	Militar (Vice-Almirante)
		João de Mendonça Lima	Ministério dos Transportes	Civil
		Oswaldo Aranha	Ministro das Relações Exteriores	Civil (diplomata)
		Apolonio Salles	Ministro da Agricultura	Civil (engenheiro agrônomo)
		Gustavo Capanema	Ministro da Educação	Civil (advogado)
		Joaquim Pedro Salgado Filho	Ministro da Aeronáutica	Civil (magistrado)
DL nº 8.908, de 24 de janeiro de 1946 CSN	Transforma em cargo isolado a função de Secretário da Comissão Especial da Faixa de Fronteiras.	José Linhares	Presidente	Civil (advogado)
		José Pires do Rio	Ministro da Fazenda	Civil (engenheiro civil)
DL nº 9.775, de 6 de setembro de 1946 CSN	Dispõe sobre as atribuições do Conselho de Segurança Nacional e de seus órgãos complementares e dá outras providências.	Gaspar Dutra	Presidente	Militar
		Carlos Coimbra da Luz	Ministro da Justiça e Negócios Interiores	Civil (delegado de polícia)
		Jorge Dodsworth Martins	Ministro da Marinha	Militar (Vice-Almirante)
		Canrobert P. da Costa	Ministro da Guerra	Militar
		Samuel de Souza Leão Gracie	Ministro das Relações Exteriores	Civil (diplomata)
		Gastão Vidigal	Ministro da Fazenda	Civil (advogado)
		Edmundo de Macedo Soares e Silva	Ministro dos Transportes	Militar (engenheiro)
		Netto Campelo Júnior	Ministro da Agricultura	Civil (ruralista)
		Ernesto de Souza Campos	Ministro da Educação	Civil (médico)
		Armando Trompowsky	Ministro da Aeronáutica	Militar

Continua...

Continuação

Decreto nº 22.048, de 13 de novembro de 1946 CSN	Aprova o Regimento da Comissão de Estudos do Conselho de Segurança Nacional.	Eurico G. Dutra	Presidente	Militar
		Benedito Costa Netto	Ministro da Justiça e Negócios Interiores	Civil
Lei nº 1.551, de 7 de fevereiro de 1952 CSN	Fixa o prazo para o Conselho de Segurança Nacional emitir parecer nos termos do § 2º, do art. 28 da Constituição Federal.	Getúlio Vargas	Presidente	Civil
		Francisco Negrão de Lima	Ministro da Justiça e Negócios Interiores	Civil
Lei nº 1.802, de 5 de janeiro de 1953 (Lei de Segurança Nacional) CSN	Define os crimes contra o Estado e a Ordem Política e Social, e dá outras providências.	Getúlio Vargas	Presidente	Civil
		Francisco Negrão de Lima	Ministro da Justiça e Negócios Interiores	Civil
		Renato de Almeida Guillobel	Ministro da Marinha	Militar
		Cyro Espírito Santo Cardoso	Ministro da Guerra	Militar
		João Neves da Fontoura	Ministro das Relações Exteriores	Civil (advogado e diplomata)
		Horácio Lafer	Ministro da Fazenda	Civil (diplomata)
		Álvaro de Souza Lima	Ministro dos Negócios da Viação e Obras Públicas	Civil (engenheiro)
		João Cleofas	Ministro da Agricultura	Civil
		Ernesto Simões Filho	Ministro da Educação	Civil (jornalista)
		Segadas Viana	Ministro do Trabalho, Indústria e Comércio	Civil
		Nero Moura	Ministro da Aeronáutica	Militar

Continua...

Continuação

Lei nº 2.597, de 12 de setembro de 1955 CSN	Dispõe sobre zonas indispensáveis à defesa do país e dá outras providências.	José Café Filho	Presidente	Civil (advogado)
		Prado Kelly	Ministro da Justiça e Negócios Interiores	Civil (advogado e jurista)
		Edmundo Jordão Amorim do Valle	Ministro da Marinha	Militar (Vice-Almirante)
		Henrique Lott	Ministro da Guerra	Militar
		Raul Fernandes	Ministro das Relações Exteriores	Civil (diplomata)
		J. M. Whitaker	Ministro da Fazenda	Civil (advogado)
		Octavio Marcondes Ferraz	Ministro dos Transportes	Civil (engenheiro civil)
		Munhoz da Rocha	Ministro da Agricultura	Civil (engenheiro civil)
		Candido Motta Filho	Ministro da Educação	Civil (advogado)
		Napoleão de Alencastro Guimarães	Ministro do Trabalho, Indústria e Comércio	Civil
		Eduardo Gomes	Ministro da Aeronáutica	Militar
		Aramis Athayde	Ministro da Saúde	Civil (médico)
Decreto nº 45.040, de 6 de dezembro de 1958 CSN	Aprova o Regulamento da Secretaria Geral do Conselho de Segurança Nacional.	Jucelino Kubitschek	Presidente	Civil
		Cyrillo Junior	Ministro da Justiça e Negócios Interiores	Civil
		Nelson de Mello	Secretário-Geral do CSN	Militar (General-de-Brigada)
Decreto nº 46.804, de 11 de setembro de 1959 CSN	Aprova instruções que regulam as atividades e o funcionamento do Grupo de Estudos e Planejamentos da Secretaria Geral do Conselho de Segurança Nacional, de que trata o Decreto nº 45.040, de 6 de dezembro de 1958.	Nelson de Mello	Secretário-Geral do CSN	Militar (General-de-Brigada

Continua...

Continuação

Decreto nº 60.892, de 23 de junho de 1967 CSN	Altera o Decreto nº 60.642, de 27 de abril de 1967, que criou o Grupo Consultivo da Indústria Siderúrgica, para incluir no mesmo o representante da Secretaria-Geral do Conselho de Segurança Nacional.	A. Costa e Silva	Presidente	Militar
		Edmundo de Macedo Soares	Ministro da Indústria e Comércio	Militar (engenheiro)
Decreto nº 61.341, de 13 de setembro de 1967 CSN	Institui, na Secretaria-Geral do Conselho de Segurança Nacional, Grupo de Trabalho para o fim de elaborar o Regulamento das Divisões de Segurança e Informações dos Ministérios Civis.	A. Costa e Silva	Presidente	Militar
		Luís Antônio da Gama e Silva	Ministro da Justiça	Civil (jurista)
		José de Magalhães Pinto	Ministro das Relações Exteriores	Civil
		Antônio Delfim Netto	Ministério da Fazenda	Civil (economista)
		Mário David Andreazza	Ministro das Transportes	Militar
		Ivo Arzua Pereira	Ministro da Agricultura	Civil (engenheiro)
		Tarso Dutra	Ministro da Educação	Civil (advogado)
		Jarbas G. Passarinho	Ministro do Trabalho	Militar
		Leonel Tavares Miranda	Ministro da Saúde	Civil (médico)
		José Costa Cavalcanti	Ministro de Minas e Energia	Militar
		José Fernandes de Luna	Ministro Interino de Indústria e Comércio	Militar (Almirante-de-Esquadra)
		Hélio Beltrão	Ministro do Planejamento	Civil (economista)
		Afonso Augusto de Albuquerque Lima	Ministro do Interior	Militar (General-de-Exército)
		Carlos Furtado de Simas	Ministro das Comunicações	Civil (engenheiro civil)

Continua...

Continuação

DL nº 348, de 4 de janeiro de 1968 CSN	Dispõe sobre a organização, a competência e o funcionamento do Conselho de Segurança Nacional e dá outras providências.	A. Costa e Silva	Presidente	Militar
		Luís Antônio da Gama e Silva	Ministro da Justiça	Civil (jurista)
		Augusto Ramann Rademaker Grünewald	Ministro da Marinha	Militar
		Aurélio de Lyra Tavares	Ministro do Exército	Militar (General-de--Exército)
		José de Magalhães Pinto	Ministro das Relações Exteriores	Civil
		Antônio Delfim Netto	Ministério da Fazenda	Civil (economista)
		Mário David Andreazza	Ministro dos Transportes	Militar
		Ivo Arzua Pereira	Ministro da Agricultura	Civil (engenheiro)
		Tarso Dutra	Ministro da Educação	Civil (advogado)
		Jarbas G. Passarinho	Ministro do Trabalho	Militar
		Márcio de Souza e Mello	Ministro da Aeronáutica	Militar
		Leonel Tavares Miranda	Ministro da Saúde	Civil (médico)
		José Costa Cavalcanti	Ministro de Minas e Energia	Militar
		José Fernandes de Luna	Ministro Interino de Indústria e Comércio	Militar (Almirante--de-Esquadra)
		Hélio Beltrão	Ministro do Planejamento	Civil (economista)
		Afonso Augusto de Albuquerque Lima	Ministro do Interior	Militar (General-de--Exército)
		Carlos Furtado de Simas	Ministro das Comunicações	Civil (engenheiro civil)

Continua...

Continuação

		A. Costa e Silva	Presidente	Militar
Decreto nº 63.282, de 25 de setembro de 1968 CSN	Face ao Decreto-lei número 348, de 4 de janeiro de 1968, aprova o Regulamento da Secretaria-Geral do Conselho de Segurança Nacional.	Luís Antônio da Gama e Silva	Ministro da Justiça	Civil (jurista)
		Augusto Ramann Rademaker Grünewald	Ministro da Marinha	Militar
		Aurélio de Lyra Tavares	Ministro do Exército	Militar (General-de--Exército)
		José de Magalhães Pinto	Ministro das Relações Exteriores	Civil
		Antônio Delfim Netto	Ministério da Fazenda	Civil (economista)
		Mário David Andreazza	Ministro das Transportes	Militar
		Ivo Arzua Pereira	Ministro da Agricultura	Civil (engenheiro)
		Tarso Dutra	Ministro da Educação	Civil (advogado)
		Jarbas G. Passarinho	Ministro do Trabalho	Militar
		Márcio de Souza e Mello	Ministro da Aeronáutica	Militar
		Leonel Tavares Miranda	Ministro da Saúde	Civil (médico)
		José Costa Cavalcanti	Ministro de Minas e Energia	Militar
		Edmundo de Macedo Soares	Ministro da Indústria e Comércio	Militar (engenheiro)
		Hélio Beltrão	Ministro do Planejamento	Civil (economista)
		Afonso Augusto de Albuquerque Lima	Ministro do Interior	Militar (General-de--Exército)
		Carlos Furtado de Simas	Ministro das Comunicações	Civil (engenheiro civil)
DL nº 1.094, de 17 de março de 1970 CSN	Dispõe sobre a Comissão Especial da Faixa de Fronteiras e dá outras providências.	Emílio G. Médici	Presidente	Militar
		Alfredo Buzaid	Ministro da Justiça	Civil (advogado e jurista)

Continua...

Continuação

DL nº 1.135, de 1º de dezembro de 1970 CSN	Dispõe sobre a organização, a competência e o funcionamento do Conselho de Segurança Nacional e dá outras providências.	Emílio G. Médici	Presidente	Militar
		Alfredo Buzaid	Ministro da Justiça	Civil (advogado e jurista)
		Adalberto de Barros Nunes	Ministro da Marinha	Militar
		Orlando Geisel	Ministro do Exército	Militar
		Jorge de Carvalho e Silva	Ministro das Relações Exteriores	Civil (diplomata)
		Antônio Delfim Netto	Ministério da Fazenda	Civil (economista)
		Mário David Andreazza	Ministro dos Transportes	Militar
		Luís Fernando Cirne Lima	Ministro da Agricultura	Civil
		Jarbas G. Passarinho	Ministro da Educação	Militar
		Júlio Barata	Ministro do Trabalho e Previdência Social	Civil
		Márcio de Souza e Mello	Ministro da Aeronáutica	Militar
		Francisco de Paula Rocha Lagoa	Ministro da Saúde	Civil (médico)
		Marcus Vinicius Pratini de Moraes	Ministro da Indústria e Comércio	Civil (economista)
		Antônio Dias Leite Júnior	Ministro de Minas e Energia	Civil (engenheiro e economista)
		João Paulo dos Reis Velloso	Ministro do Planejamento	Civil (economista)
		José Costa Cavalcanti	Ministro do Interior	Militar
		Hygino C. Corsetti	Ministro das Comunicações	Civil

Continua...

Continuação

Decreto nº 69.314, de 5 de outubro de 1971 CSN	Aprova o Regulamento da Secretaria-Geral do Conselho de Segurança Nacional.	Emílio G. Médici	Presidente	Militar
		Alfredo Buzaid	Ministro da Justiça	Civil (advogado e jurista)
		Adalberto de Barros Nunes	Ministro da Marinha	Militar
		Orlando Geisel	Ministro do Exército	Militar
		Mário Gibson Barbosa	Ministro das Relações Exteriores	Civil (diplomata)
		Antônio Delfim Netto	Ministério da Fazenda	Civil (economista)
		Mário David Andreazza	Ministro dos Transportes	Militar
		Luís Fernando Cirne Lima	Ministro da Agricultura	Civil
		Jarbas G. Passarinho	Ministro da Educação	Militar
		Júlio Barata	Ministro do Trabalho e Previdência Social	Civil
		Márcio de Souza e Mello	Ministro da Aeronáutica	Militar
		Francisco de Paula Rocha Lagoa	Ministro da Saúde	Civil (médico)
		Marcus Vinicius Pratini de Moraes	Ministro da Indústria e Comércio	Civil (economista)
		Benjamin Mário Baptista	Ministro de Minas e Energia	Civil (engenheiro e economista)
		João Paulo dos Reis Velloso	Ministro do Planejamento	Civil (economista)
		José Costa Cavalcanti	Ministro do Interior	Militar
		Hygino C. Corsetti	Ministro das Comunicações	Civil
Lei nº 6.634, de 2 de maio de 1979 CSN	Dispõe sobre a Faixa de Fronteira, altera o Decreto-lei nº 1.135, de 3 de dezembro de 1970, e dá outras providências.	João Baptista de Oliveira Figueiredo	Presidente	Militar
		Petrônio Portela	Ministro da Justiça	Civil (advogado)
		Danilo Venturini	Secretário-Geral do CSN	Militar (General-de-Brigada)

Continua...

Continuação

Decreto nº 84.067, de 08 de outubro de 1979 CSN	Cria a Secretaria Especial de Informática, como órgão complementar do Conselho de Segurança Nacional, e dá outras providências.	João Baptista de Oliveira Figueiredo	Presidente	Militar
		Danilo Venturini	Secretário-Geral do CSN	Militar
		Delfim Netto	Ministro do Planejamento	Civil (economista)
Decreto nº 85.064, de 25 de agosto de 1980 CSN	Regulamenta a Lei nº 6.634, de 2 de maio de 1979, que dispõe sobre a faixa de fronteira.	João Baptista de Oliveira Figueiredo	Presidente	Militar
		Danilo Venturini	Secretário-Geral do CSN	Militar (General-de-Brigada)
Decreto nº 85.128, de 10 de setembro de 1980 CSN	Aprova o Regulamento da Secretaria-Geral do Conselho de Segurança Nacional.	Danilo Venturini	Secretário-Geral do CSN	Militar (General-de-Brigada)
Lei nº 7.170, de 14 de dezembro de 1983 CSN	Define os crimes contra a segurança nacional, a ordem política e social, estabelece seu processo e julgamento e dá outras providências.	João Baptista de Oliveira Figueiredo	Presidente	Militar
		Ibrahim Abi-Ackel	Ministro da Justiça	
		Danilo Venturini	Secretário-Geral do CSN	Militar (General-de-Brigada)

Continua...

Continuação

Decreto nº 86.255, de 03 de agosto de 1981 CSN	Dispõe sobre a designação de militares servindo na Secretaria-Geral do Conselho de Segurança Nacional para exercer funções no Grupo Executivo das Terras do Araguaia-Tocantins – GETAT.	João Baptista de Oliveira Figueiredo	Presidente	Militar
		Danilo Venturini	Secretário-Geral do CSN	Militar (General-de-Brigada)
Decreto nº 88.375, de 08 de junho de 1983 CSN	Delega competência ao Ministro de Estado Secretário-Geral do Conselho de Segurança Nacional para a prática dos atos que menciona.	João Baptista de Oliveira Figueiredo	Presidente	Militar
		Danilo Venturini	Secretário-Geral do CSN	Militar (General-de-Brigada)
Decreto nº 96.814, de 28 de setembro de 1988 CSN	Transforma a Secretaria-Geral do Conselho de Segurança Nacional em Secretaria de Assessoramento da Defesa Nacional - SADEN/PR, e dá outras providências.	José Sarney	Presidente	Civil
		Rubens Bayma Denys	Secretário-Geral do CSN	Militar (General-de-Divisão)
Lei nº 8.183, de 11 de abril de 1991 CDN (1988)	Dispõe sobre a organização e o funcionamento do Conselho de Defesa Nacional e dá outras providências.	Fernando Collor	Presidente	Civil
		Jarbas Passarinho	Ministro da Justiça	Militar

Continua...

Continuação

Decreto nº 893, de 12 de agosto de 1993 CDN (1988)	Aprova o Regulamento do Conselho de Defesa Nacional.	Itamar Franco	Presidente	Civil
		Maurício Corrêa	Ministro da Justiça	Civil (jurista)
		Ivan da Silveira Serpa	Ministro da Marinha	Militar
		Zenildo de Lucena	Ministro do Exército	Militar
		Celso Luiz Nunes Amorim	Ministro das Relações Exteriores	Civil (diplomata)
		Lelio Viana Lôbo	Ministro da Aeronáutica	Militar
		Alexis Stepanenko	Ministro do Planejamento	Civil (sociólogo)
		Fernando Cardoso	Ministro da Fazenda	Civil (sociólogo)
		Arnaldo Leite Pereira	Ministro de Estado Maior das Forças Armadas	Militar (Almirante-de-Esquadra)
		Mario César Flores	Secretário de Assuntos Estratégicos	Militar (Almirante-de-Esquadra)

Fonte: Elaboração própria

ANEXO C

Atuais atribuições do Conselho de Defesa Nacional

Quadro 20: Compilação das atuais atribuições do CDN

Competência do Conselho de Defesa Nacional					
Área	Consulente	Base Legal	Manifestação	Abrangência	Assunto
MINERAL	DNPM	Lei nº 6.634/79 Decreto nº 85.064/80	Assentimento Prévio	Faixa de fronteira	Instalação de empresas que se dedicarem à atividade de pesquisa, lavra, exploração e aproveitamento de recursos minerais, salvo aqueles de imediata aplicação na construção civil, assim classificados no Código de Mineração.
	MD	Lei nº 6.634/79 Decreto nº 85.064/80 Lei nº 7.565/86	Assentimento Prévio	Faixa de fronteira	Execução de serviços de aerolevantamento geofísico magnetométrico e gravimétrico.
TELECOMUNICAÇÕES	MC	Lei nº 6.634/79; Dec. nº 85.064/80; Arts. 222 e 223-CF/88	Assentimento Prévio	Faixa de fronteira	Instalação de meios de comunicação destinados à exploração de serviços de radiodifusão de sons ou radiodifusão de sons e imagens.
FUNDIÁRIA	SPU	Lei nº 11.481/2007 DL nº 271/1967	Anuência Prévia	Faixa de fronteira	Regularização das ocupações imóveis da União e de assentamentos informais de baixa renda.
	SPU	Lei nº 6.634/79 Art. 91, §1º, III – CF/88	Assentimento Prévio	Faixa de fronteira	Alienação e Concessão terras públicas urbanas não incidentes na Amazônia Legal
	INCRA	Lei nº 6.634/79 Decreto nº 85.064/80	Assentimento Prévio	Faixa de fronteira	Alienação e Concessão de terras públicas rurais não incidentes na Amazônia Legal
	INCRA	Lei nº 6.634/79 Decreto nº 85.064/80 Lei nº 5.709/71	Assentimento Prévio	Faixa de fronteira	Transações com imóvel rural, que impliquem a obtenção, por estrangeiro, do domínio, da posse ou de qualquer direito real sobre o imóvel (aquisição direta de imóvel rural).
	INCRA	Decreto nº 4.887/2003	Manifestação	Território nacional	Identificação, reconhecimento, delimitação, demarcação e titulação das terras ocupadas pelos remanescentes das comunidades dos quilombos.

Continua...

Continuação

FUNDIÁRIA	INCRA	Lei nº 6.634/79	Assentimento Prévio	Faixa de fronteira	Instalação de empresas que se dedicarem à atividade de colonização e loteamentos rurais.
	PARTICULAR	Lei nº 6.634/79 Decreto nº 85.064/80 Lei nº 5.709/71	Assentimento Prévio	Faixa de fronteira	Participação, a qualquer título, de estrangeiro, pessoa natural ou jurídica, em pessoa jurídica que seja titular de direito real sobre imóvel rural (aquisição indireta de imóvel rural).
	SERFAL	Lei nº 11.952/2009 Decreto nº 6.992/2009	Assentimento Prévio	Faixa de fronteira	Regularização fundiária das áreas rurais situadas em terras da União na Amazônia Legal.
	SERFAL	Lei nº 11.952 Decreto nº 7.341/201 Lei nº 6.431/1977 Dec. nº 80.511/1977	Assentimento Prévio	Faixa de fronteira	Regularização fundiária das áreas urbanas situadas em terras da União na Amazônia Legal.
	JUÍZO DE DIREITO	Lei nº 6.634/79	Manifestação	Faixa de fronteira	Usucapião de terras particulares em faixa de fronteira.
PESQUISA CIENTÍFICA	CNPq	Decreto nº 98.830/90 Art. 91, §1º, III – CF/88	Assentimento Prévio	Faixa de fronteira, especialmente.	Autorizações para as atividades que envolvam a permanência ou trânsito de estrangeiros em áreas de faixa de fronteira ou que possam afetar outros interesses da Defesa Nacional.
	MMA	Lei nº 8.183/91 Art. 91, §1º, III – CF/88 MP nº 2186-16/2001	Anuência Prévia	Faixa de fronteira	Acesso ao patrimônio genético, a proteção e o acesso ao conhecimento tradicional associado, a repartição de benefícios e o acesso à tecnologia e transferência de tecnologia para sua conservação e utilização.
	COMANDO DA MARINHA	Lei nº 8.183/91 Decreto nº 96.000/88	Anuência Prévia	Plataforma continental, em águas sob jurisdição brasileira e espaço aéreo sobrejacente	Pesquisa e investigação científica na plataforma continental e em águas sob jurisdição brasileira, e sobre navios e aeronaves de pesquisa estrangeiros em visita aos portos ou aeroportos nacionais, em transito nas águas jurisdicionais brasileiras ou no espaço aéreo sobrejacente.

Continua...

Continuação

AMBIENTAL	ICMBio	Decreto nº 4.411/2002	Anuência Prévia	Faixa de fronteira	Planos de Manejo e respectivas atualizações de Unidades de Conservação Federal.
	ICMBio	Decreto de 8 de maio de 2008	Manifestação	Faixa de fronteira	Participação na análise e elaboração do Plano de Manejo da Floresta Nacional do Iquiri, no Município de Lábrea, no estado do Amazonas.
	ICMBio	Decreto de 5 de junho de 2008	Manifestação	Faixa de fronteira	Participação na análise e elaboração do Plano de Manejo da Reserva Extrativista Ituxí, localizada no Município de Lábrea, no Estado do Amazonas.
	ICMBio	Decreto de 5 de junho de 2008	Manifestação	Faixa de fronteira	Participação na análise e elaboração do Plano de Manejo do Parque Nacional Mapinguari, nos Municípios de Canutama e Lábrea, no Estado do Amazonas.
	SFB	Lei nº 11.284/2006 Art. 91, §1º, III – CF/88	Anuência Prévia	Faixa de fronteira	Apreciação do Plano Anual de Outorga Florestal para concessão de florestas públicas
ESTRATÉGICA	MT MRE	Lei nº 6.634/79	Assentimento Prévio	Faixa de fronteira	Abertura de vias de transporte, Construção de pontes, estradas internacionais.
	MD	Lei nº 6.634/79	Assentimento Prévio	Faixa de fronteira	Estabelecimento ou exploração de indústrias que interessem à Segurança Nacional, assim relacionadas em decreto do Poder Executivo.
	GSI/PR	Decreto nº 3.505/2000	Manifestação	Território nacional	Consecução das diretrizes da Política de Segurança da Informação nos órgãos e nas entidades da Administração Pública Federal.
	MD	Decreto nº 4.412/2002	Manifestação	Território nacional	Instalação de unidades militares e policiais em terras indígenas.
	PODER EXECUTIVO FEDERAL	Decreto nº 2.295/1997	Manifestação	Território nacional	Dispensa de licitação sobre compras e contratações de obras ou serviços quando a revelação de sua localização, necessidade, característica do seu objeto, especificação ou quantidade coloque em risco objetivos da segurança nacional.

Fonte: Elaboração própria

ANEXO D

Ata da 43ª Reunião do CSN (Ato Institucional nº 5)[261]

SECRETO

ÍNDICE

MEMBROS	PÁGINA
PRESIDENTE DA REPÚBLICA	1
VICE-PRESIDENTE DA REPÚBLICA	3
MINISTRO DA MARINHA	6
MINISTRO DO EXÉRCITO	7
MINISTRO DAS RELAÇÕES EXTERIORES	8
MINISTRO DA FAZENDA	9
MINISTRO DOS TRANSPORTES	10
MINISTRO DA AGRICULTURA	10
MINISTRO DO TRABALHO E PREVIDÊNCIA SOCIAL	12
MINISTRO DA SAÚDE	14
MINISTRO DA AERONÁUTICA	14
MINISTRO DA EDUCAÇÃO E CULTURA	15
MINISTRO DAS MINAS E ENERGIA	17
MINISTRO DO INTERIOR	18
MINISTRO DO PLANEJAMENTO E COORDENAÇÃO GERAL	18
MINISTRO DAS COMUNICAÇÕES	19
CHEFE DO SERVIÇO NACIONAL DE INFORMAÇÕES	20
CHEFE DO ESTADO-MAIOR DAS FÔRÇAS ARMADAS	20
CHEFE DO ESTADO-MAIOR DA ARMADA	21
CHEFE DO ESTADO-MAIOR DO EXÉRCITO	21
CHEFE DO ESTADO-MAIOR DA AERONÁUTICA	21

SECRETO

---

[261] Documento desclassificado. Fonte: Arquivo Nacional. Disponível em: <http://www.arquivonacional.gov.br> Serviços>Banco de Dados SIAN>Multinível-Fundos e coleções>Multinível>Conselho de SegurançaNacional> . Acesso: 16/11/2011

SECRETO

M E M B R O S	P Á G I N A
CHEFE DO GABINETE CIVIL DA PRESIDÊNCIA DA REPÚBLICA	22
SECRETÁRIO-GERAL DO CONSELHO DE SEGURANÇA NACIONAL	24
MINISTRO DA JUSTIÇA	24
PRESIDENTE DA REPÚBLICA	27

SECRETO

SECRETO

- 1 -

N.º 71

ATA DA QUADRAGÉSIMA TERCEIRA SESSÃO

DO CONSELHO DE SEGURANÇA NACIONAL

Aos treze dias do mês de dezembro do ano de hum mil novecentos e sessenta e oito, às dezesseis horas, no PALÁCIO DAS LARANJEIRAS, na cidade do RIO DE JANEIRO, Estado da GUANABARA, realizou-se a quadragésima terceira sessão do CONSELHO DE SEGURANÇA NACIONAL, sob a presidência do Excelentíssimo Senhor Marechal ARTHUR DA COSTA E SILVA, Presidente da República, e com a presença dos seguintes membros: Doutor PEDRO ALEIXO, Vice-Presidente da República; General-de-Brigada JAYME PORTELLA DE MELLO, Chefe do Gabinete Militar da Presidência da República e Secretário-Geral do Conselho de Segurança Nacional; Deputado RONDON PACHECO, Chefe do Gabinete Civil da Presidência da República; Doutor LUIZ ANTONIO DA GAMA E SILVA, Ministro da Justiça; Almirante-de-Esquadra AUGUSTO HAMANN RADEMAKER GRÜNEWALD, Ministro da Marinha; General-de-Exército AURÉLIO DE LYRA TAVARES, Ministro do Exército; Deputado JOSÉ DE MAGALHÃES PINTO, Ministro das Relações Exteriores; Doutor ANTONIO DELFIM NETTO, Ministro da Fazenda; Coronel MARIO DAVID ANDREAZZA, Ministro dos Transportes; Doutor IVO ARZUA PEREIRA, Ministro da Agricultura; Deputado TARSO DE MORAES DUTRA, Ministro da Educação e Cultura; Senador JARBAS GONÇALVES PASSARINHO, Ministro do Trabalho e Previdência Social; Marechal-do-Ar MÁRCIO DE SOUZA E MELLO, Ministro da Aeronáutica; Doutor LEONEL TAVARES MIRANDA, Ministro da Saúde; Deputado JOSÉ COSTA CAVALCANTI, Ministro das Minas e Energia; General-de-Divisão EDMUNDO DE MACEDO SOARES E SILVA, Ministro da Indústria e do Comércio; Doutor HÉLIO MARCOS PENNA BELTRÃO, Ministro do Planejamento e Coordenação Geral; General-de-Divisão AFONSO AUGUSTO DE ALBUQUERQUE LIMA, Ministro do Interior; Professor CARLOS FURTADO DE SIMAS, Ministro das Comunicações; General-de-Divisão EMILIO GARRASTAZU MÉDICI, Chefe do Serviço Nacional de Informações; General-de-Exército ORLANDO GEISEL, Chefe do Estado-Maior das Forças Armadas; Almirante-de-Esquadra ADALBERTO DE BARROS NUNES, Chefe do Estado-Maior da Armada; General-de-Exército ADALBERTO PEREIRA DOS SANTOS, Chefe do Estado-Maior do Exército e Tenente-Brigadeiro CARLOS ALBERTO HUET DE OLIVEIRA SAMPAIO, Chefe do Estado-Maior da Aeronáutica.------------------------------
v.v..

PRESIDENTE DA REPÚBLICA - Meus senhores, eu convoquei o Conselho de Segurança Nacional que é o órgão consultivo da Presidência da República, para colocá-los a par de problemas de mui

SECRETO

SECRETO

- 2 -

ta gravidade, que devem ser equacionados e resolvidos com a maior tranquilidade de espírito e a maior isenção de ânimo. O Presidente da República, que se considera ainda um legítimo representante da Revolução de 31 de março de 1964, vê-se em um momento dramático, em que tem de tomar uma decisão optativa: ou a Revolução continua - ou a Revolução se desagrega. Até agora, todo o povo brasileiro, inclusive os senhores, todos são testemunhas do meu grande empenho, do meu grande esforço, da minha maior boa vontade e tolerância no sentido de uma compreensão e união entre a área política e a área militar, ambas responsáveis pelo advento da Revolução. Várias divergências, vários embates, várias incompreensões foram registradas, e eu, pacientemente, pregando essa harmonia entre as duas áreas, consegui chegar a quase dois anos de governo decididamente constitucional da Revolução. Eu não preciso apelar para o testemunho dos meus ministros, para o testemunho dos Membros do Conselho de Segurança Nacional, para afirmarem ou confirmarem esse meu esforço, porquanto, todos são testemunhas e há poucos momentos, Sua Excelência, o Senhor Vice-Presidente da República declarou, na minha presença, que é testemunha viva desse meu interêsse. Mas chegou o momento em que, acima da vontade de um homem está o interêsse nacional, está a harmonia, está a tranquilidade e está a paz para o povo brasileiro. Compreendo, perfeitamente, que por um fato, aparentemente insignificante, que revelou, talvez não devesse empregar o têrmo, por ser muito forte, a falta de apoio político ao govêrno. Falta de apoio político justamente quando o govêrno contava com a compreensão dos homens públicos do País, compreensão daqueles que têm tanta responsabilidade quanto nós, na manutenção da paz, da ordem e da tranquilidade pública. Contava que compreendessem que não poderiam colaborar em uma agressão à outra área, também responsável pela Revolução e que se tem mostrado dignamente acatadora de tôdas as ordens e de todos os princípios estabelecidos pela Constituição e pela ordem jurídica e civil. Apresenta-se, portanto, um fato novo com características típicas de provocação visando a interromper o processo evolutivo da Revolução, na consecução da ordem democrática e do regime democrático completo. Disse perante homens do Congresso, e repito, que era mais fácil, para mim, adotar medidas de prepotência e de fôrça, do que manter a continuidade do regime dentro da Constituição, mais fácil porque eu não estava tendo a compreensão necessária e nem o denodo daqueles que deveriam me ajudar na defesa desta ordem democrática. Meus senhores, naquela hora, eu não sabia o que se estava preparando e o que estava por acontecer. O que aconteceu foi muito pior do que esperado. Como o vamos chamar? Em que sentido vamos tomar a manifestação do Congresso? Da Câmara dos Deputados? No sentido meramente de solidariedade a um membro do Congresso? No sentido de uma manifestação ou de uma expansão ou extrapolação de recalques, que porventura tenham sido causados pela hostilidade do Poder Público em relação a área política? Não creio, porque, não creio que a área política tenha merecido, de qualquer govêrno, de qualquer Chefe de Estado, as considerações que eu lhe tenho dispensado. Considerações de tal ordem que chegaram a ponto de me

SECRETO

SECRETO

- 3 -

comprometer na área militar, de onde provenho, na área revolucionária de onde não fugi e onde pretendo me manter à custa de qualquer sacrifício. Não tenho o mínimo interesse pessoal, pelo contrário, desejo, se Deus me ajudar, chegar rapidamente ao fim de meu governo para entregar este fardo penoso e duro a quem possa melhor do que eu, cumprir e conseguir essa harmonia entre a área política e a área militar, porque sem ela o Brasil irá à desagregação. Ainda há poucos dias, disse a um grupo de deputados, que a maré é violenta contra nós. Procuram iludir a área revolucionária e a área política, levando o País à desagregação material, moral e política. Não há dúvida que tratam de fazê-lo por todos os meios e modos. Vivemos então um momento histórico que merece uma definição clara e insofismável de que o Brasil precisa da união dessas classes. Meus senhores, quando o fenômeno se me apresentou eu repeli uma decisão imediata, porque compreendo que um fato como este, um marco como este, exige reflexão, mas exige, também, uma decisão. Essa decisão está tomada e é proposta aos senhores, para ampla discussão, para a ampla opinião de cada um, porque eu não desprezo o assessoramento do Conselho de Segurança Nacional. Eu preciso que cada um dos senhores diga aquilo que sente, aquilo que pensa e aquilo que está errado, para que eu possa, com consciência tranquila e vivamente apoiado por este órgão com uma responsabilidade enorme perante a Nação, autenticar, assinar este Ato, que aqui está proposto. Dou aos senhores vinte minutos para a leitura do que está escrito. Não vou mandar lê-lo, quero que cada um o leia, que cada um pense. Vou me retirar por alguns instantes, para em seguida voltar e estabelecer a discussão sobre o assunto. Eu sei que há premência de tempo, eu sei que este documento deveria ter sido distribuído com maior antecedência, mas infelizmente não foi possível obtermos o documento acabado e completo antes do início da reunião. Espero que cada um o leia com atenção, aconselho discuti-lo entre os senhores. Eu, como parte do problema, me retiro agora e os deixo completamente a vontade para que os senhores estabeleçam a discussão. Muito obrigado. (palmas - saída do Presidente - intervalo). Reabertura da sessão.--
....

PRESIDENTE DA REPÚBLICA - Desejo ouvir a opinião de cada um dos senhores membros do Conselho de Segurança Nacional. Como é natural, a maior autoridade deste Conselho é Sua Excelência o Senhor Vice-Presidente da República, tão interessado quanto eu na solução do problema, porquanto estamos ligados pelo resultado de uma mesma eleição feita no Congresso Nacional, por um colegiado, no qual, a maioria era do próprio Congresso Nacional. Por isso, (voltando-se para o Vice-Presidente) desejaria ouvir a sua opinião, o seu conselho.-------------------------------
....

VICE-PRESIDENTE DA REPÚBLICA - Senhor Presidente, senhores membros do Conselho de Segurança Nacional. Nenhum de nós, ao tomar conhecimento da matéria, pode deixar de reconhecer a gra

SECRETO

- 4 -

vidade da situação tão proveitosamente exposta por Vossa Excelência, na convocação, que nos fêz, para a leitura do projeto de Ato Institucional. A êsse propósito, julgo ser de meu dever, primeiramente, assinalar que na apreciação do comportamento dos membros da Câmara dos Deputados teremos de enfileirar fatôres diversos que levaram a um resultado, efetivamente, inesperado. O problema tinha sido situado mais na área política, do que pròpriamente na área jurídica. Situado assim na área política, na verdade, poderia-se reclamar, dos correligionários do govêrno, que manifestassem seu ponto de vista como sendo uma demonstração de apoio ao govêrno, embora não estivessem procedendo segundo as normas dos direitos aplicáveis ao caso. Esta distinção eu a faço porque, na evidência do ponto de vista jurídico, não seria possível que se afirmasse a capacidade da Câmara dos Deputados ou de qualquer das Casas do Congresso, para dar uma licença, a fim de que se iniciasse um processo contra qualquer dos seus membros, por palavras proferidas durante debates, em votos ou em pareceres. Desde logo, portanto, se salienta que uma votação que tivesse sido inspirada em razões de ordem jurídica, estaria inteiramente acima das suspeitas de que pudesse ser uma manifestação de solidariedade ao agressor, ao insólito agressor da dignidade dos elementos componentes das Fôrças Armadas. Esta razão, só por si, nos levaria à conclusão de que, agindo dêsse modo, quem assim agisse, estaria agindo na convicção de que não estaria obrigado a concordar com aquelas palavras proferidas, pelo fato de se manifestar contra a concessão da licença. Por outro lado, cumpre ainda ser dito, e este é um ponto que me parece da maior significação, que outras medidas também, poderiam ter sido solicitadas, que não tivesse aquêle alcance de situar os membros da Câmara dos Deputados no dilema de conceder ou negar a licença. A escolha do processo de representação ao Supremo Tribunal Federal, sob o ponto de vista jurídico, não me parece o mais aconselhável. Acresce ainda, que a repressão às palavras proferidas, ao ato praticado pelo deputado, que ainda continua em condições de ser manifestado, teriam que guardar, deveriam guardar, realmente, proporção como o próprio crime praticado, isto é: crime de injúria, crime de difamação, crime de calúnia. Para êsses crimes, as sanções estabelecidas não têm nunca o alcance de implicar na própria perda da sua condição de mandatário do povo. Pode daí decorrer uma deliberação, se puder ser tomada, uma manifestação da própria Câmara, considerando que se trata de um deputado que procedeu contra o decôro parlamentar. Estas considerações preliminares, Senhor Presidente e eminentes membros do Conselho de Segurança Nacional, eu as faço, sinceramente. Declaro ainda que, reconheço que a proclamação daquele resultado, nos têrmos em que foi feito, teria que causar, como causou, um profundo impacto nas Fôrças Armadas. Daí, estarmos vivendo um dos momentos mais graves e mais difíceis para a ordem nacional. Nesta oportunidade, pois, o que me parece aconselhável, seria antes do exame de um Ato Institucional, a adoção de uma medida de ordem constitucional que viesse a permitir o melhor exame do caso em tôdas as suas consequências. A medida seria a suspensão da Constituição por intermédio do recurso do Estado de Sítio. Acrescento, Senhor Pre

SECRETO

— 5 —

sidente, que da leitura que fiz do Ato Institucional, cheguei à sincera conclusão de que, o que menos se faz nele é resguardar a Constituição que no seu artigo 1º declara-se preservada. Eu estaria faltando um dever comigo mesmo se não emitisse, con sinceridade, esta opinião. Da Constituição, que é, antes de tudo, um instrumento de garantia dos direitos da pessoa humana e da garantia de direitos políticos, não sobra, nos artigos posteriores, absolutamente nada que possa ser realmente apreciada como uma caracterização do regime democrático. Há, desde logo, a possibilidade de ser decretado um recesso do Congresso e, também, de tôdas as Assembléias Legislativas até mesmo de caráter municipal. Confia-se, imediatamente, ao Poder Executivo, a faculdade de legislar. Ressalva aí, e nisso até me parece a recordação de alguma coisa feita indevidamente, a questão da percepção da parte fixa dos subsídios, o que, no meu entender, seria o de menor importância para ser defendida pelo próprio Congresso, ou por qualquer deputado ou senador digno, que seria o fato de receber subsídios indevidos, durante um recesso, que não se sabe qual a sua duração. De outra parte, as demais garantias constitucionais, são de tal modo suspensas, que nem os próprios tribunais poderiam realmente funcionar para preservar, realmente, quem quer que seja, do abuso do mais remoto, do mais distante, e vamos dar ênfase assim, usando uma linguagem vulgar, do mais ínfimo de todos os agentes da autoridade. Pelo Ato Institucional, o que me parece, adotado êsse caminho, é que estaremos com uma aparente ressalva da existência de vestígios dos poderes constitucionais decorrentes da Constituição de 24 de janeiro de 1967, e instituindo um processo equivalente a uma própria ditadura. Se é necessário fazê-lo, se esta é uma contingência da necessidade, então o problema se apresenta sob um outro aspecto do ponto de vista jurídico. No entanto, eu entendo que, realmente, o Ato Institucional elimina a própria Constituição. Acresce ainda, e para mim êsse argumento vem na hora, que quando se diz que a Revolução é e ainda continua sendo, é preciso que não se perca de vista que a Revolução de 31 de março de 1964, se institucionalizou primeiramente pelo Ato nº 1 emitido a 9 de abril de 1964, estava ela ainda numa fase de preparação quando teve que se emitir o Ato Institucional nº 2. Decorreram daí, numerosos Atos Complementares que foram sendo emitidos ao lado de emendas à Constituição que foram sendo votadas no Congresso, que havia sido resguardada de uma dissolução. Sucede entretanto que, antes de terminado o período presidencial do Marechal CASTELO BRANCO, foi considerado como indispensável a institucionalização da própria revolução num diploma Constitucional. Foi então promulgado o Ato Institucional nº 4, que afirmava que a Revolução continuava existindo, que ela estava em seu desenvolvimento. Continha, no entanto, êsse Ato Institucional nº 4, a promessa de que, votada aquela Constituição nos têrmos e nas condições estabelecidas, nós teríamos, nesse diploma, a própria institucionalização da Revolução. Daí por diante, todo o procedimento haveria de ser feito em virtude de compromissos que foram assumidos no cumprimento da própria Constituição. Eu não posso, efetivamente, compreender nenhum Ato Institucional que não seja o procedimento de uma nova Revolução, que para mim não é a Revolução de 31 de março de 1964, uma vez que esta declarou-se institucionalizada

SECRETO

pela Constituição de 24 de janeiro de 1967. Todo Ato Institucional, portanto, com êste nome ou com qualquer outro, que implique na modificação da Constituição existente é, realmente, um ato revolucionário. Caso se torne necessário fazer essa revolução, é uma matéria que poderá ser debatida e acredito, até, que se possa demonstrar que essa necessidade existe. Mas, o que me parece, é que nós não estamos realmente, cumprindo uma Constituição quando a declaramos existente, tão somente, para que dela fiquem fragmentos, trechos que não têm, efetivamente, a capacidade de dar vida às instituições democráticas. Nessas condições, respeitando, como me cumpre respeitar a opinião contrária, compreendendo como pude compreender tôdas as altas razões de Estado que inspiram Vossa Excelência, e inspiraram os elaboradores dêste documento, eu, muito humildemente, muito modestamente declaro que a ter que se tomar uma medida desta natureza que precisa ser tomada em virtude da necessidade de uma afirmação, eu começaria exatamente pela declaração do Estado de Sítio. O Estado de Sítio previniria tôdas aquelas perturbações que decorreriam exata e rigorosamente daquele ato de recusa da licença para processar o deputado MARCIO MOREIRA ALVES. Depois disso então, se essas medidas constitucionais não fôssem suficientes, se o País continuasse ainda sendo vítima dessas tentativas de subversão que estão na rua a todo momento, nesta oportunidade então, a própria Nação, entendo eu, sem que houvesse uma antecipação de movimentos, compreenderia a necessidade de um outro procedimento. Esse, Senhor Presidente, senhores conselheiros, é o meu ponto de vista, eu o enuncio com o maior respeito, mas com aquela certeza de que estou cumprindo um dever para comigo mesmo, para com Vossa Excelência, a quem devo a maior solidariedade, um dever para com o Conselho e um dever para com o Brasil.

PRESIDENTE DA REPÚBLICA - Muito obrigado. Eu indagaria a opinião do senhor Ministro da Marinha.

MINISTRO DA MARINHA - Senhor Presidente, senhores membros do Conselho de Segurança Nacional. Acabamos de ouvir a palavra abalizada do Excelentíssimo Senhor Vice-Presidente da República e a sua modéstia, da qual, discordo totalmente. Eu acho que nós estamos vivendo uma situação de fato, nós não temos que debater jurIdicamente, legalmente ou constitucionalmente a questão, porquanto, lá no Congresso, os atos que se passaram não foram apenas, de palavras, foram de ofensas a uma instituição, não de ofensas a uma pessoa. A instituição da democracia, creio, não fica defendida assim e os meios de repressão não têm defesa nesta Constituição. Nós temos tentado, o Excelentíssimo Senhor Ministro do Exército iniciou o processo e não houve uma repressão, não houve, pelo menos no papel, uma repressão. Eu julgo que por essa situação o que se tem que fazer é realmente uma repressão, acabar com estas situações que podem levar o País, não a uma crise, mas a um caos do qual não sairemos. É oportuno portanto, fazer qualquer Ato Institucional como êste, e o re-

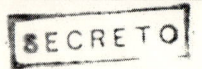

SECRETO

- 7 -

cesso é que vai dar valor, justamente, a esta repressão. Essa é a minha opinião.

PRESIDENTE DA REPÚBLICA - Com a palavra Sua Excelência o Senhor Ministro do Exército.

MINISTRO DO EXÉRCITO - Senhor Presidente, senhores membros do Conselho de Segurança Nacional. Eu também desejo me declarar de acôrdo com as palavras do Ministro da Marinha. Declarar que ouvi com grande e merecido respeito, os conceitos de jurista, com a responsabilidade de Vice-Presidente, do Doutor PEDRO ALEIXO. No entanto, devo lembrar que se êle tivesse a responsabilidade direta de manter esta Nação em ordem, êle não se ateria tanto aos textos respeitabilíssimos do direito e das leis. Nós estamos agora perdendo condições e reconhecemos isso, e o Excelentíssimo Senhor Presidente da República sabe disso, perdendo condições de manter a ordem neste País. Além disso, no caso do deputado MARCIO MOREIRA ALVES, como assinalou o Ministro da Marinha, não se trata de inviolabilidade por palavras, de votos proferidos, mas de ofensas às Fôrças Armadas, como Instituições, e, em que têrmos? Palavras de incitamente do povo contra elas, palavras que são muito mais de combate ao Regime do que ao governo. Não se trata apenas de questão, devo esclarecer e nós fazemos questão disso, do impacto sob a sensibilidade moral do militar e da Instituição que êle integra, porque, tais são as responsabilidades dos seus encargos perante a Nação, que êles procuram cumprí-los, sem querer nada mais do que cumprir seus deveres. É preciso assinalar que foi com grande sacrifício que as Fôrças Armadas e particularmente o Exército, que guardaram, até aqui, como fato inédito na história política do Brasil, o seu silêncio, a espera de uma solução, pois que convencidos todos estavam de que não poderia deixar de haver uma solução. Nós não podemos assumir a responsabilidade da Segurança Nacional na se do que está acontecendo no Brasil. Devo dizer que o silêncio imposto pela disciplina e pelo respeito à Democracia deve-se, principalmente, ao Exército, e estou certo que nas três Fôrças Armadas, pelo que ouço sempre, ao respeito que delas merece, a pessoa do Presidente da República. O que acontece, é que o Exército não terá condições de resguardar a Segurança Nacional, quando deputados, impunemente, intentam contra ela, usando a tribuna da Câmara. O episódio do deputado MARCIO MOREIRA ALVES, deve ser, no quadro da subversão que está em marcha, encarado, apenas, como um dos numerosos e gravíssimos episódios de crises sucessivas, pelas quais, tôda a Nação está reclamando uma atitude das Fôrças Armadas. A atitude não é do governo, é dos Três Poderes. Êste próprio Conselho de Segurança Nacional já se reuniu, sem qualquer resultado, pelas limitações que se encontra, para dar remédio a essas crises sucessivas. Não parece, além disso, opinião pessoal minha, que haja dentro da Constituição a harmonia de poderes para salvar a Nação. Era isso que eu queria dizer.

SECRETO

SECRETO

- 8 -

PRESIDENTE DA REPÚBLICA - Com a palavra Sua Excelência o Ministro das Relações Exteriores, que se segue na ordem de antiguidade dos Ministérios.

MINISTRO DAS RELAÇÕES EXTERIORES - Senhor Presidente, senhores membros do Conselho de Segurança Nacional. Pelo pouco tempo, Senhor Presidente, no qual, o projeto de Ato Institucional nos foi confiado para leitura, eu não quero entrar em minúcias a respeito do que êle contém, penso que isso poderia ser feito ainda, tendo em vista as ponderações aqui feitas pelo Senhor Vice-Presidente e já pelos senhores Ministros da Marinha e do Exército, pelos juristas do govêrno. Desde o princípio da REvolução, nos contatos com o Presidente CASTELO BRANCO e mesmo com Vossa Excelência, sempre declarei que nós estavamos vivendo uma certa contradição. Depressa demais instituímos uma legalidade que não correspondia à realidade. Vê-se que hoje nós estamos diante de uma situação de fato, julgo mesmo que Vossa Excelência ao apresentar o problema à Nação não deveria situá-lo apenas no caso do deputado MARCIO MOREIRA ALVES. Êsse problema é parte, um pequeno percentual de um contexto geral de crises que se sucedem e que precisam ser debeladas com o nosso esfôrço, e mais do que isso, com o nosso exemplo. Com nosso exemplo de austeridade, de dignidade de govêrno, de lealdade para com o povo e para com as autoridades. Enfim, Senhor Presidente, não quero entrar em detalhes porque as pessoas que foram incumbidas por Vossa Excelência, naturalmente, examinaram todos êsses detalhes. Sei que o caso MARCIO MOREIRA ALVES foi, digamos, uma gôta de água, que fêz entornar o caldo. Eu tenho muitas ligações no meio revolucionário e posso dar o meu testemunho de que Vossa Excelência muitas vêzes conversou comigo sôbre o assunto, dizendo o que acabou de dizer há pouco, que era mais fácil sair da legalidade do que mantê-la. Vi os esforços que foram feitos por Vossa Excelência para não sair dessa legalidade. Eu também confesso, como o Vice-Presidente da República, que realmente com êste Ato nós estamos instituindo uma ditadura. Acho que se ela é necessária, devemos tomar as responsabilidades de fazê-la. Eu não conheço, bem dentro do mecanismo constitucional, comparando os textos, se o que resta caracteriza mesmo essa ditadura. Acho que ainda é tempo de se fazer alguma coisa para se acabar com as crises. Sei que ninguém está sofrendo maior violência, nesta hora, no seu temperamento, no seu modo de ser, do que Vossa Excelência. Os problemas que lhes serão atribuídos de agora em diante, serão um encargo pesado, um fardo duro de carregar, porque na verdade, quanto maiores os podêres de um homem de govêrno, maiores as suas responsabilidades. Mas é certo, também, Senhor Presidente, e agora quero falar como homem da Revolução, com as responsabilidades que tive no desencadeamento dêste movimento, que a Revolução precisa atingir os seus objetivos. Eu acho que ela não chegou aos seus objetivos apenas com a Constituição, inclusive, porque esta Constituição que aí está foi feita apressadamente e com os debates em prazos muito exíguos porque o saudoso Presidente CASTELO BRANCO, tinha se imposto, como ta

SECRETO

SECRETO

- 9 -

refa sua, deixar a Revolução institucionalizada para o seu sucessor. Como homem amante da legalidade, desejara deixar prontas as normas que deveriam servir permanentemente de base para os governos revolucionários. Verificamos, no entanto, que a realidade foi outra, estamos então lutando, há muito tempo, com a subversão, sob os mais variados processos, o que significa que há desejos, de várias correntes, de fazer a derrubada da obra realizada pela Revolução. Agora, são as próprias Forças Armadas, através da palavra de seus chefes que afirmam ser difícil manter a ordem no País com apenas a Constituição. Então, no meu entender, Senhor Presidente, devemos fazer um Ato Institucional que resguarde a obra revolucionária, procurando-se colocar nele, apenas, o essencial. Eu confesso a Vossa Excelência que, naturalmente, um debate privado entre os elementos que redigiram o Ato com aqueles que possam dar uma contribuição jurídica, seria útil, porque devemos elaborar um documento o mais jurídico possível e que simultaneamente, resguarde o máximo possível, os direitos dos cidadãos. Evidentemente, o governo desejando armar-se de poderes para agir em determinadas circunstâncias, não quer tirar a liberdade de todos, porque, na verdade, isso recairá sobre nós mesmos. Porque na verdade, seria tirar de cada um o direito de divergir e isso não deve acontecer em uma democracia, e acontecendo, teria naturalmente, um efeito desfavorável na opinião pública. A opinião pública quer a ordem resguardada, mas, também, quer resguardados os direitos daqueles cidadãos que não estão, com seu comportamento, causando qualquer embaraço às autoridades. Deste modo, no meu entender, Senhor Presidente, devemos preservar a Revolução, tudo fazer para que ela possa atingir os seus objetivos. Acho, no entanto, que o instrumento que Vossa Excelência vai promulgar pode ser reexaminado e sinto mesmo que Vossa Excelência não tenha dado, em primeiro lugar, a palavra ao Ministro da Justiça, porque ele talvez pudesse nos elucidar as razões que o levaram a fazer um documento com todos aqueles artigos e parágrafos. A minha opinião, portanto, Senhor Presidente é essa, sei que estamos diante de uma situação de fato e não de direito, é uma situação terrível para todos nós. Devo dizer que, quando tomei a responsabilidade de deflagrar o movimento de 1964, não me senti tão constrangido como estou neste momento, devo, no entanto, dizer que dou toda a minha solidariedade, não só a Vossa Excelência, como também, à Revolução porque, na verdade, como homem que naquela hora teve a responsabilidade de deflagrá-la, não desejo vê-la perdida.----------------

PRESIDENTE DA REPÚBLICA -   Sua Excelência o Senhor Ministro da Fazenda com a palavra.----------------

MINISTRO DA FAZENDA -   Senhor Presidente, senhores membros do Conselho de Segurança Nacional. Eu creio que a Revolução veio não só apenas para restabelecer a moralidade administrativa

SECRETO

SECRETO

- 10 -

neste País, mas principalmente, para criar as condições que permitissem uma modificação de estruturas que facilitassem o desenvolvimento econômico que realmente é o nosso objetivo básico. Creio que a Revolução, muito cedo, meteu-se em uma camisa de fôrça que a impede, realmente, de realizar êsses objetivos. Mais do que isso, creio que institucionalizando-se tão cedo, possibilitou tôda a sorte de contestações que colimaram com êste episódio último que acabamos de assistir. Realmente, êsse episódio é o sinal mais marcante da contestação global do processo revolucionário. Porisso, Senhor Presidente, eu estou plenamente de acôrdo com a proposição que está sendo analisada neste Conselho. Se Vossa Excelência me permitir, direi mesmo que creio que ela não é suficiente. Acredito que deveríamos atentar que deveríamos dar a Vossa Excelência, Senhor Presidente da República, a possibilidade de realizar certas mudanças constitucionais, que são absolutamente necessárias para que êste País possa realizar o seu desenvolvimento com maior rapidez. Eram essas as considerações que eu gostaria de fazer.————————————————

PRESIDENTE DA REPÚBLICA - Tem a palavra Sua Excelência o Senhor Ministro dos Transportes.————————

MINISTRO DOS TRANSPORTES - Senhor Presidente, senhores membros do Conselho de Segurança Nacional. Estou de pleno acôrdo com a proposição feita, porque acho que, no momento, há uma contestação ao processo revolucionário.————————————————————————

PRESIDENTE DA REPÚBLICA - Sua Excelência o Senhor Ministro da Agricultura com a palavra.————————

MINISTRO DA AGRICULTURA - Excelentíssimo Senhor Presidente da República, senhores membros do Conselho de Segurança Nacional. I - ENCONTRO COM A VERDADE NACIONAL. Estamos vivendo um momento histórico da maior gravidade. É tal a sua transcendência, que poderíamos denominá-lo de ENCONTRO COM A VERDADE NACIONAL. II - SOLIDARIEDADE INTEGRAL AO EXCELENTÍSSIMO SENHOR PRESIDENTE DA REPÚBLICA E ÀS FÔRÇAS ARMADAS. Não poderia deixar de externar, neste momento, a minha integral solidariedade a Sua Excelência o Senhor Presidente da República, e às Fôrças Armadas Brasileiras, pelo insidioso e solerte ataque de que foram alvo, quanto pelo seu passado pontilhado de glórias, só merecem o nosso mais profundo reconhecimento, e as nossas mais significativas homenagens. Acredito que as Fôrças Armadas, neste episódio, tiveram conduta das mais exemplares e comedidas, pois, dada a minha formação um tanto rude, eu talvez não tivesse tido outra atitude que não a de repudiar fìsicamente as ofensas. Eis porque rendo o meu preito de homenagem e admiração a Sua Excelência o Senhor Presidente da República, e às gloriosas Fôrças Armadas Nacio

SECRETO

SECRETO

- 11 -

nais que, mais uma vez, demonstraram o seu amadurecimento político e o seu acendrado patriotismo. III - AUTENTICIDADE. Sou, também por formação, frontalmente contrário a tudo que é artificial ou inautêntico, pois, tudo aquilo que tiver origem viciada, não tem condições de subsistir ao longo do tempo. Eis porque, há muito venho me preocupando com a Organização de um autêntico Estado Brasileiro. A Lei de Organização de um Estado é a sua Constituição. Acreditamos que a expressão abreviada CONSTITUIÇÃO, significa o ATO DE CONSTITUIR UM ESTADO POLÍTICO. IV - AS NOSSAS CONSTITUIÇÕES. Infelizmente, as nossas Constituições, jamais tiveram origem autêntica, e jamais espelharam a verdadeira índole do nosso povo, e muito menos as suas legítimas aspirações. Todas elas foram encomendadas pelo Governo a ilustres e dignos juristas e constitucionalistas, que merecem o nosso maior respeito, como o genial Rui, que, não obstante os seus inquestionáveis méritos, baseou a nossa na Constituição Norte Americana. De lá para cá as nossas Constituições foram sofrendo emendas e adições, copiadas de outras Constituições que as transformaram em verdadeiras colchas de retalhos, e assim, poderiam representar tudo, menos, como eu já disse, a índole do Povo Brasileiro e suas autênticas aspirações. Quem constitui um Estado somos nós, o povo, para dizer os poderes ou direitos que transferimos ao Estado, e para reter aqueles que julgamos devam permanecer inalienavelmente com o cidadão ou a coletividade. Por isso, como Prefeito de Curitiba, e como autêntico revolucionário, ao ensejo da elaboração e discussão da Constituição atual, respeitosamente sugeri a Sua Excelência o Marechal CASTELO BRANCO, que submetesse o seu texto básico à ampla discussão pública, através de procedimentos que estabelecesse, pois quem faz uma concessão democrática, tem também o direito de assegurar o seu êxito através de regras convenientes. Teríamos assim conferido legitimidade à institucionalização da Revolução de 31 de março, através de uma autêntica Constituição que, efetivamente, expressasse o livre consentimento popular. Tal não ocorreu, e a nova Constituição nasceu com os mesmos vícios das anteriores, adicionando alguns mais. É evidente que, tôda forma defeituosa gera sempre atos e decisões deformados, que não estão conforme à realidade. As crises se sucedem, agravam-se, e culminam com situações de emergência, e extrema gravidade, como esta que hoje estamos enfrentando. V - PREGAÇÃO DEMOCRÁTICA E CONSTITUCIONALISTA DE SUA EXCELÊNCIA O SENHOR PRESIDENTE DA REPÚBLICA. Contudo através do honroso convívio com Sua Excelência o Senhor Presidente da República, e haurindo suas tantas pregações constitucionalistas, aprendi a respeitar e fazer cumprir integralmente a atual Constituição da República. Sou testemunha, portanto, de que, ninguém mais do que Sua Excelência, acatou, respeitou e empenhou-se em cumprir e fazer cumprir a atual Constituição da República. VI - OS PARTIDOS. Apesar de revolucionário da primeira hora, discordei também da forma como foram constituídos os dois grandes partidos nacionais: sem filosofia, sem programa, e tentando somar o impossível - quantidades heterogêneas. Na época, esposei a ideia da reforma e a perfeiçoamento dos quatro maiores partidos nacionais, os quais poderiam reconstituir-se e renovar-se em torno de princípios filosóficos e doutrinários bem defi

SECRETO

— 12 —

nidos. Constituídos como o foram, sem substância filosófica nem programas e com forças heterogêneas, e até incompatíveis, tudo haveria de resultar naquilo que efetivamente resultou: crises sucessivas, com frequência e gravidade crescentes. VII A CRISE ATUAL. Agora estamos face a face, mais uma vez, com um evento histórico da máxima gravidade, e devemos estar à altura do momento que vivemos. Paliativos, poderão retardar novas e graves crises, mas não as evitarão. Sou favorável a medidas profundas, corajosas, e que possam realmente remover as causas destas sucessivas crises e não apenas eliminar os seus efeitos. Lembro-me, neste momento, dos sábios conselhos do grande estadista dêste século, Sir Winston Churchill, muito apropriados para orientar a nossa conduta neste momento decisivo da história pátria. Dizia o imortal inglês: "De nada adianta nos desculparmos, dizendo que ESTAMOS FAZENDO O POSSÍVEL. É preciso - dizia êle - FAZER O QUE FÔR NECESSÁRIO". É portanto a hora nacional do encontro com a verdade. É preciso perquirir as verdadeiras causas das nossas deficiências e falhas, arrolar minuciosamente aquilo que ainda não foi feito, eleger os instrumentos de ação, e avançar decididamente em direção à concretização das mais caras e sagradas aspirações nacionais. Aos homens públicos só resta optarem pela maneira como serão criticados no futuro, principalmente em países ditos subdesenvolvidos. Devemos optar entre FICARMOS A MEIO CAMINHO NO PROCESSO REVOLUCIONÁRIO BRASILEIRO, e sermos criticados pelos maus brasileiros e também pelo povo - que nos julgará omissos, acomodados ou incompetentes - ou IRMOS ATÉ O FIM, fazendo tudo aquilo que fôr necessário para REALIZAR INTEGRALMENTE OS OBJETIVOS DA REVOLUÇÃO E AS LEGÍTIMAS ASPIRAÇÕES DO POVO BRASILEIRO, e sermos então criticados apenas pelos maus brasileiros, pois TEREMOS NO FUTURO O RECONHECIMENTO DO NOSSO POVO. VIII - A NOVA REPÚBLICA. Acredito, pois, sinceramente, que devemos ir mais longe, não parando neste Ato Adicional, para cuja promulgação eu já havia votado favoràvelmente em sessão dêste Conselho de 16.7.68. Êle seria apenas o verdadeiro início de uma NOVA REPÚBLICA, permitindo: a) a dissolução do Congresso Nacional; b) a convocação de novas eleições, com prazo definido; c) a constituição de autênticos Partidos aglutinados em tôrno de princípios filosóficos e programáticos; d) a convocação de uma nova Constituinte; e) a elaboração e discussão de uma nova e autêntica Constituição, dando lugar ao surgimento do verdadeiro ESTADO BRASILEIRO. IX - CONCLUSÃO. As palavras que aqui pronunciei, sob intensa emoção, espelham realmente o que me vai na alma, no coração e no cérebro. Contudo, como bom brasileiro, e homem de equipe, submeter-me-ei à decisão dêste Egrégio Conselho, e a cumprirei fielmente.————————————————————
.....-..

PRESIDENTE DA REPÚBLICA -   Com a palavra Sua Excelência o Ministro do Trabalho.————————————

....

MINISTRO DO TRABALHO E PREVIDÊNCIA SOCIAL-Senhor Presidente, não entendo propriamente nas sábias e judiciosas palavras do ilustre Senhor Vice-Presidente da República uma discordância irremovível com a

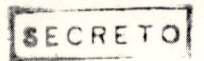

SECRETO

- 13 -

decisão de uma retomada da Revolução. Parece-me até que Sua Excelência se referiu que os instrumentos de institucionalização da Revolução de março de 1964, não poderiam agora abrigar um ato que na verdade representassem um retrocesso e os desfigurassem. Mas Sua Excelência falou claramente, também, na sua bela oração, na possibilidade da retomada da Revolução. Desgraçadamente, fazendo um paralelo com Regis Debray, que usou o título "A Revolução dentro da Revolução", parece que Sua Excelência sente igualmente, porque o enfatizou, que estamos diante de uma contingência, de uma contingência imperativa, que implica, portanto, na necessidade da retomada da Revolução, como contingência do momento histórico nacional. Porisso, suponho de minha parte, Senhor Presidente, muito interessante que o Conselho considere a possibilidade de compatibilizar as restrições, que me parecem como sendo mais da forma que de substância, que oferece o Senhor Vice-Presidente em seu pensamento, com o nosso quando se admite uma nova Revolução, para ir direto às origens da primeira. Não se trata, talvez, de vestir uma roupa usada e sim de fazer um novo figurino. De minha parte, Senhor Presidente, quero, já que estamos em uma sessão histórica, me referir às vezes que ouvi de Vossa Excelência, não só coletivamente, como individualmente, em despacho, palavras remarcadas de absoluta sinceridade, pois Vossa Excelência não estava em nenhum momento, sendo menos sincero do que agora, quando Vossa Excelência, inclusive, aqui mesmo, neste Palácio, no dia do seu aniversário, chamou a atenção para o peso da responsabilidade da dita dura sobre os ombros dos homens, mesmo que fôsse um triunvirato, que fôsse um colegiado. Sei que a Vossa Excelência repugna, como a mim, e creio que a todos os membros deste Conselho, enveredar para o caminho da ditadura pura e simples, mas parece claramente, que é ela que está diante de nós. Eu seria menos cauteloso do que o próprio Ministro das Relações Exteriores, quando diz que não sabe se o que restou caracteriza a nossa ordem jurídica como sendo ditatorial, eu admitiria que ela é ditatorial. Mas, Senhor Presidente, ignoro todos os escrúpulos de consciência. Quando nós encontramos a necessidade de tomar uma decisão fundamental, tudo aquilo que é fundamental em situações normais, passa a ser secundário em situações anormais. Eu creio que nós estamos não fazendo uma penitência, que foi o da autolimitação, que foi o açodamento que a Revolução de março de 1964 se impôs. O meu caso, no Pará, como Governador de Estado, Governador que surgiu com a Revolução (não me parece que aqui haja caso similar, pois que eu saí do Quartel direto para o cumprimento dessas obrigações) é ilustrativo, sendo que não vou me demorar na sua análise. Claro, em um determinado aspecto, do que aqui se contém neste Ato, a questão que me atingiria mais de perto seria, por exemplo, o do enriquecimento ilícito e o ônus de prova que coube a um Governador revolucionário de provar que um Governador que utilizava dinheiro do jôgo do bicho e negócios escusos de marcações mentirosas, de movimento de terras do Departamento de Estradas de Rodagem, repito, coube a mim fazer prova disso quando não tinha mais capacidade de provar. Vejo, com uma certa alegria, que aqui se fala em confiscar os bens daqueles que enriqueceram ilìcitamente. Nesse ponto, parece-me que se deveria repetir

SECRETO

a revolução de 1930, quando se deu a êsses homens o ônus de provar que os bens lhe pertenciam de direito. Sei bem, como sabem os homens de artilharia que há dois limites sôbre tudo a que os canhões se submetem: um que é aquêle que êles resistem bem, que é o da elasticidade; o outro, aquêle que não podem resistir, que é o limite de rutura. Tenho a impressão Senhor Presidente, que Vossa Excelência chegou ao limite de rutura e êste govêrno também. Não me importa que neste instante a democracia seja definida apenas pelo texto de uma Constituição, o que me importa é que tenhamos a coragem histórica, de retomar o processo, sabendo o ônus que vamos carregar e que principalmente Vossa Excelência carregará, para que tenhamos a possibilidade de corrigir os erros que nós antes cometemos e que tenhamos a coragem, maior ainda, de tirar lições desses erros, não deixando que, no momento em que Vossa Excelência tem a Nação a sua mercê e dêsse govêrno, êstes erros sejam confundidos e pretextos menos nobres sejam utilizados. Com toda a minha vocação libertária e não liberticida, eu acho também, que, cumprindo um dever para comigo, um dever para com meu País eu aceito uma nova Revolução.----------

PRESIDENTE DA REPÚBLICA - Com a palavra Sua Excelência o Ministro da Saúde.----------

MINISTRO DA SAÚDE - Senhor Presidente, senhores conselheiros. É inegável que a Revolução de 1964, trouxe o sentimento de segurança que não se gozava no Brasil até então. Ela terminou com o movimento de subversão claro e evidente. O primeiro govêrno da revolução tinha meios, tinha instrumentos aptos para manter-se e garantir-se. A seguir o segundo govêrno, dirigido por Vossa Excelência, não teve os instrumentos necessários para preservar a continuação da vida nacional. Todos nós somos testemunha do interêsse, da dedicação, do desvêlo de Vossa Excelência, no sentido de encontrar uma solução que fôsse democrata para o Brasil, todos sabemos que o acidente último da votação na Câmara dos Deputados, foi apenas mais um acidente no rosário de atitudes e acontecimentos que marcam bem um propósito contra-revolucionário no Brasil. Então Senhor Presidente, não vejo como possamos nos eximir do dever de criar os instrumentos necessários à preservação do modo de vida que adotamos no Brasil. Êsse é um sacrifício que Vossa Excelência fará, com certeza, dado o seu espírito democrático. Eu acho que devem ser editados os instrumentos necessários para manter a Nação Brasileira dentro do regime, da tranquilidade, da ordem e do trabalho.----------

PRESIDENTE DA REPÚBLICA - Com a palavra Sua Excelência o Ministro da Aeronáutica.----------

MINISTRO DA AERONÁUTICA - Senhor Presidente, senhores membros

SECRETO

– 15 –

do Conselho de Segurança Nacional. Vou abster-me das considerações no campo jurídico, deixando a outros que possam perlustrá-lo e procurarei ir direto ao problema. O dever de ofício, Senhor Presidente, trouxe-me à presença de Vossa Excelência por diversas vêzes para expor, as apreensões e comoções imperantes no setor de minha área de responsabilidade, face a um verdadeiro e inequívoco processo contra-revolucionário em curso no País. Processo revolucionário êsse, patente nas diversas ocorrências recentes e progressivamente mais afoitas. Em tais ocasiões encontrei, sempre, de parte de Vossa Excelência, a confiança de que a base política do govêrno não lhe faltaria, nas ocasiões necessárias. Os fatos verificados, nos últimos dias, justamente nessa área política, agravaram, entretanto, as preocupações a que me referi, porque, entendo que se configurou um divórcio senão uma hostilidade dessa área política. Êsse fato nos levaram a convicção de que, uma brecha muito grave e perigosa fora aberta na defesa das instituições. Dêsse modo, impõe-se no entender de todos, uma corajosa decisão que corresponda ao risco que se apresenta. As medidas corretivas propostas, neste momento, parecem-me as mais adequadas, intransferíveis e convenientes.------------------------------------

PRESIDENTE DA REPÚBLICA –   Com a palavra Sua Excelência o Ministro
                                  da Educação e Cultura.------------------

MINISTRO DA EDUCAÇÃO E CULTURA – Excelentíssimo Senhor Presidente da República, senhores membros do Conselho de Segurança Nacional. Por ocasião da realização de outra reunião do Conselho de Segurança Nacional, tive a oportunidade de proferir algumas palavras que vou ler neste momento. "Mesmo com as Fôrças Armadas exemplarmente unidas, no seguro apoio ao govêrno constituído, êle encontra-se desarmado de poderes constitucionais de eficácia imediata que lhe permita cortar, desde logo, pela raiz, ocorrências e males que intranquilizam a Nação. A contra-revolução está em andamento aos olhos de todos, explorando psicologicamente e seu povo, as angústias das chamadas classe média e popular mais humildes, que por desvirtuamento da imprensa, da oposição radical e até de alguns membros do partido oficial, não chegam a compreender o valor da obra de recuperação econômica e moral que o govêrno realiza no País. O dilema Senhor Presidente", dizia eu para terminar a minha intervenção naquela oportunidade é êste, "ou a Revolução arma-se de poderes e continua ou deixará de corresponder integralmente a sua destinação histórica". Parece assim, Excelentíssimo Senhor Presidente, que, com alguns meses de anterioridade no tempo, eu estava, por assim dizer, quase que motivando o ato que se deve praticar neste instante. Posso considerar, ainda, que o quadro sofreu um agravamento no tempo, basta dizer que a referência quanto a atitude de apenas alguns membros do Partido Oficial, naquela oportunidade, está hoje substituída pela influência decisiva que aquele Partido teve no episódio de ontem, contribuindo com nada menos de cento e cinco votos para enfraquecer o govêrno, derrotar a política revolucionária do govêrno. Mais do

SECRETO

que nunca impõe-se, portanto, a edição de um nôvo Ato que tendo o sentido que ti ver ou institua nova Revolução ou prossiga na revolução que está em andamento. Quero, neste particular, depois de declarar que estou inteiramente solidário com Vossa Excelência, não só como Chefe do Govêrno, mas como intérprete e executor do processo revolucionário brasileiro. Declaro ainda, que não assinto totalmente com as ponderações formuladas pelo ilustre Vice-Presidente da República. Antes eu procuro, no estudo da apresentação formal dêste Ato, encontrar um desajuste entre a motivação com que êle se apresenta e a designação técnica que se lhe dá. Vejo, por exemplo, neste documento, que êle timbra em afirmar a sobrevivência do processo revolucionário. Não se diz que a Revolução foi, mas que ela é e continuará a ser. É uma das considerações invocadas para o édito revolucionário que Vossa Excelência expedirá. Em outro ponto é declarado, que o processo revolucionário está em desenvolvimento e não pode ser detido e que é necessário enfrentar aqueles que estão servindo de meio para enfrentar, combater e destruir a Revolução. Trata-se portanto, no meu entender, e é êste um aspecto talvez formal na apreciação da matéria, que não há propriedade para a designação de Ato Institucional. Êsse Ato não vai instituir nenhuma Revolução, êle vai apenas, nesse sentido, aditando normas com maior afirmação, acentuar o conteúdo revolucionário no sistema que a primeira etapa da Revolução instituiu, através de Atos iniciais e da própria Constituição de 1967, na qual, aqueles atos foram desembocar. Parece-nos assim, que a conceituação que se deve dar é de Ato Adicional e não Ato Institucional, inclusive, pela transitoriedade que essas normas devem ter no tempo, pois que, todo o processo revolucionário é por natureza, limitado no tempo. Na oportunidade em que êle já tenha cumprido tôda a sua finalidade, a ordem de exceção então estabelecida, deve ser substituída pelo regresso às normas constitucionais formalmente votadas pelo Poder a quem cabe editá-las. É exatamente como conclusão dessas declarações que eu me permitiria dar ao nôvo Ato a ser distribuído pelo governo, o conteúdo de um Ato Transitório, que apenas suspende dispositivos da Constituição vigente. Nesse particular, nós não precisaríamos examinar com mais profundidade as razões invocadas pelo ilustre Senhor Vice-Presidente da República, que no último artigo do Ato, em vez de se dizer que as disposições constitucionais ficam revogadas, poder-se-ia dizer que elas ficam suspensas. Suspender as disposições constitucionais ou legais em contrário não havendo, portanto, necessidade de afirmar a existência da Constituição ou a sua revogação. O próprio artigo 1º poderia ser suprimido. Não se diria que a Constituição é mantida, apenas altera-se a sistemática constitucional existente, suspendendo aquelas normas que não são convenientes ao desenvolvimento do processo revolucionário autêntico. O Ato produziria todos os efeitos que dêle se deseja sem termos a discussão em tôrno da existência ou não da Constituição e sem o conteúdo revogatório das medidas que são propostas. Há um outro sentido, há uma outra conveniência também, da maior profundidade que é a de se evitar no tempo, quando se encerrar a vigência do nôvo Ato de exceção, o histórico ajuste de contas que sempre fazem todos aqueles que são atingidos pelas medidas

SECRETO

- 17 -

revolucionárias, no momento em que se reedita a norma constitucional votada pelo Poder Constituinte. Se é apenas a suspensão dos atos que se determina, chegada a oportunidade, o governo que editou as medidas de execução as revogará, voltando-se ao leito da Constituição vigente sem necessidade de convocação de um Poder Constituinte para reeditar as normas que tinha sido revogadas. Passa-se, assim, de um ciclo revolucionário, para um ciclo constitucional normal sem a necessidade de se permitir a discussão de tudo o que aconteceu no período em que as normas de exceção tiveram a sua vigência. São as considerações que faço Excelentíssimo Senhor Presidente da República, é esta a proposta que encaminho para a modificação de dispositivos desse Ato proposto, afirmando tudo que nele se contém, sem que modifique, no entanto, o intérprete da lei e de seus efeitos ao longo do tempo, discutindo se a Constituição existe ou não, ou se houve a revogação ou não de normas constitucionais.--

PRESIDENTE DA REPÚBLICA - Com a palavra Sua Excelência o Senhor Ministro das Minas e Energia.------------

MINISTRO DAS MINAS E ENERGIA - Senhor Presidente, Senhores Conselheiros Estou de pleno acôrdo com o Ato Institucional no que pese a abalizada e douta opinião do Excelentíssimo Senhor Vice-Presidente da República, porque creio que já não existe mais solução dentro da Constituição. Creio então, que só medidas fora, alheias, acima da Constituição serão suficientes e necessárias para resolver a situação criada. Não é uma situação surgida nestes últimos dias com o caso MÁRCIO ALVES, ela vem de longa data. Aliás, o Ato Institucional que me foi dado a examinar, não se refere nenhuma vez se quer, a êsse caso específico, mas sim, faz referência a fatos já discutidos muitas vêzes, no decorrer do tempo, nos meses passados. Acho que não se trata de discutir ou pensar se ficaremos em ditadura ou não, mas sim, se é fundamental, em preservarmos a ordem, a segurança interna e, quem sabe, até a integridade nacional. Acredito que só uma medida dessa natureza possa surtir o efeito desejado e permitir aos homens do Govêrno, responsáveis pelos destinos do Brasil, conduzí-lo ao fim a que todos nós desejamos. Um ligeiro comentário em relação ao parecer do Ministro TARSO DUTRA, acredito que o têrmo adicional seria correto para qualquer coisa que fôsse acrescentar à Constituição. Creio que nós o queremos fazer de uma maneira ou de outra, mas, na realidade, estamos tirando vários dispositivos da Constituição e acho que o têrmo Ato Institucional é mais próprio do que Ato Adicional. Com êsse Ato, acredito, e sei que Vossa Excelência Senhor Presidente, está bem ciente disso, que as suas responsabilidades e também as nossas, a de seus auxiliares, cresceram em muito, em consequência, maior responsabilidade para nós. Confio que essas responsabilidades nos animarão e nos incentivarão, todos nós a procurarmos, ainda mais, a melhor executar as nossas tarefas. Assim, Senhor Presidente, repetindo, estou plenamente de acôrdo com o Ato Institucional a ser editado.-----------------------

SECRETO

SECRETO

- 18 -

PRESIDENTE DA REPÚBLICA - Com a palavra Sua Excelência o Ministro do Interior.------

MINISTRO DO INTERIOR - Senhor Presidente, senhores membros do Conselho de Segurança Nacional. Na oportunidade em que tomei conhecimento da decisão histórica dada por Vossa Excelência e comunicada a êste Conselho, dei a ela o meu apoio, de modo integral e absoluto. Não no estreito dever funcional, mas por motivos muito mais profundos e sérios, pois que se identificam com os interêsses superiores da própria Nação. A Revolução de março de 1964, vinha sendo desafiada constantemente por fôrças da corrupção e da subversão ainda existentes e insatisfeitas com a contenção que a elas foi imposta. Não compreenderam a magnanimidade da posição de Vossa Excelência inspirada em compromissos formais com sua vocação democrática. À compreensão de Vossa Excelência responderam com desafio e ofensa, que tinham como destinatários, não os titulares eventuais do Poder, mas sim, todo aquêle sistema que a Revolução procurava fazer por consolidar, dentro de um justo equilíbrio entre o seu sentido renovador e as estruturas sócio-jurídicas inadequadas, mas legitimadas pela tradição. A Revolução de 1964, autolimitando-se fôra parcial, permitiu a coexistência dos podêres que portadores de vícios residuais, em tôdas as oportunidades faziam por contestá-la. Assim, no recente caso ocorrido na Câmara dos Deputados, atingindo profundamente as nossas Fôrças Armadas, não foi um fenômeno episódico e particular, mas teve o inegável sentido de uma contestação e de execução de um plano anti-revolucionário em marcha. Contestação inaceitável, na medida que entendemos a Revolução, como instrumento da realização dos grandes objetivos nacionais. Assim, Senhor Presidente, apresento a Vossa Excelência o meu integral apoio e solidariedade no sentido de conduzir a Revolução aos seus grandes destinos, concordando plenamente com a edição dêste Ato Institucional com a sugestão apresentada pelo ilustre Ministro da Fazenda no sentido de poder corrigir a própria Constituição.------

PRESIDENTE DA REPÚBLICA - Com a palavra Sua Excelência o Ministro do Planejamento.------

MINISTRO DO PLANEJAMENTO E COORDENAÇÃO GERAL - Senhor Presidente, senhores membros do Conselho de Segurança Nacional. Fui formado no respeito às instituições democráticas e à ordem jurídica. Sou filho de um homem público que consumiu a vida combatendo a ditadura. Eu mesmo, na minha obscura vida pública, registro vários atos claros de repúdio à ditadura. Neste momento, em que somos chamados a nos manifestar sôbre um ato que formalmente parece atentar contra a ordem jurídica e as instituições democráticas, julgo necessária uma profunda reflexão e identificação com os mais autênticos interêsses nacio

SECRETO

SECRETO

- 19 -

nais. Feita essa reflexão, a conclusão a que cheguei, Senhor Presidente, é a seguinte: não pode haver nenhum argumento formal, nenhuma consideração de ordem abstrata, que justifique a implantação da desordem neste País ou a interrupção de um processo de desenvolvimento que foi penosamente retomado a partir de 1964, justamente depois de um período em que a ordem jurídica e o respeito às instituições estavam "formalmente" assegurados, mas, na verdade, a ordem e a tranquilidade pública estavam substancialmente afetadas e comprometidas; período que registrou um perigoso colapso em nosso processo de desenvolvimento, fazendo com que a taxa de crescimento anual caísse, em dois anos, de 7,3% para 1,6%. Neste momento, nenhuma consideração de ordem puramente formal nos deve afastar, e, sobretudo, a Vossa Excelência, da responsabilidade de assegurar neste País, a ordem e a tranquilidade para o trabalho e para o desenvolvimento. Ora, nós ouvimos hoje, nesta mesa, os responsáveis pela Segurança Nacional; e êles nos vieram dizer que "estão perdendo as condições para assegurar a ordem neste País". Creio, Senhor Presidente, que qualquer motivação de ordem pessoal, qualquer que seja a nossa formação pessoal, qualquer respeito que tenhamos pela ordem democrática e pelas instituições (e Vossa Excelência tem demonstrado, em todos os momentos, o seu respeito e a sua preocupação por elas) nada disso nos deve eximir, neste momento, de apoiar a decisão que Vossa Excelência venha a tomar, na oportunidade em que é convocado para restabelecer a ordem e preservar uma revolução que deve continuar. Não se trata, realmente, de assumir a responsabilidade de uma ditadura, porque só existirá ditadura na medida em que os poderes excepcionais que estão sendo concedidos ao governo forem usados arbitrariamente. Penso que a medida que fôr tomada esta noite vai exigir de todos nós muita ponderação, muito equilíbrio, muita moderação, muita austeridade, muito cuidado na execução. É na execução dela que se revelará ou não o conteúdo anti democrático, ditatorial ou arbitrário. Êsses podêres Senhor Presidente, só deverão ser usados por nós, na medida em que se justifiquem para a preservação da Revolução; nem um milímetro a mais. Nunca deverão ser usados para retirar a liberdade de um inocente, daquele que nada tem a ver com a subversão e a contra-revolução. Êstes cuidados devemos ter. Por outro lado, é preciso que Vossa Excelência se sinta inteiramente livre para exigir de todos nós mais eficiência, mais austeridade, mais exação, mais rigor; e que possa avaliar, inclusive, a competência de cada um de nós, para fazer as modificações que bem entender, no seu governo, no momento em que a opinião pública vai exigir muito mais, não tenhamos a menor dúvida. É o que eu queria dizer.---

....

PRESIDENTE DA REPÚBLICA -   Com a palavra Sua Excelência o Ministro das Comunicações.-----------------------------------

....

MINISTRO DAS COMUNICAÇÕES   Excelentíssimo Senhor Presidente, senhores conselheiros. Aqui estamos reunidos para uma deci

SECRETO

SECRETO

- 20 -

são histórica e fala, com emoção, para os Senhores Conselheiros, o mais humilde de todos que estão a esta mesa. Quando vim participar deste Governo, estava, como brasileiro, inteiramente dedicado a trabalhos de atividade privada. A esta altura poderemos dizer que o esforço que vim empreendendo é auspicioso e que pode realmente trazer ao Brasil, no nosso setor, aquêle desenvolvimento tão falado pelo Ministro HELIO BELTRÃO. Tenho notado, nesses quase dois anos, de uma experiência que eu não tinha tido ainda, certos fenômenos, certos fatos que merecem, realmente, uma consideração para um brasileiro simples e honesto como todos nós. Portanto, ao considerar o documento que me foi hoje apresentado, em que pesem as razões de ordem jurídica que, como democrata que sou, poderia, opor ao documento, vejo, acima disso , depois de ouvir as palavras dos responsáveis pela Segurança Nacional, do Ministro do Exército, como necessário que rompamos, dizendo assim, com certos preceitos que estão realmente dificultando o desenvolvimento brasileiro. Quero me solidarizar com Vossa Excelência, Presidente ARTHUR DA COSTA E SILVA, como o mais humilde daqueles que nesta mesa se acham, para o meu "de acôrdo pelo bem do Brasil", ao Ato que me foi apresentado. Era o que eu tinha a dizer.------------------------------------

PRESIDENTE DA REPÚBLICA - Com a palavra Sua Excelência o Chefe do Serviço Nacional de Informações.-------

CHEFE DO SERVIÇO NACIONAL DE INFORMAÇÕES - Senhor Presidente, senhores conselheiros. Eu me sinto perfeitamente a vontade Senhor Presidente, e porque não dizer, com bastante satisfação, em dar o meu aprovo ao documento que me foi apresentado. Isto porque Senhor Presidente, em uma reunião do Conselho de Segurança Nacional, no desempenho das funções que Vossa Excelência me atribuiu, como Chefe do Serviço Nacional de Informações, tive a oportunidade de fazer um minucioso relatório da situação nacional brasileira e demonstrar aos conselheiros por fatos e por ações que o que estava na rua era a contra-revolução. Acredito, Senhor Presidente, que, com a sua formação democrática, foi Vossa Excelência tolerante demais, porque naquela oportunidade eu já solicitava a Vossa Excelência que fôssem tomadas medidas excepcionais para combater a contra-revolução que estava na rua. Era só isso que eu tinha a dizer.---------------------

PRESIDENTE DA REPÚBLICA - Com a palavra o Excelentíssimo Senhor General Chefe do Estado-Maior das Forças Armadas.--

CHEFE DO ESTADO-MAIOR DAS FÔRÇAS ARMADAS - Senhor Presidente e senhores conselheiros. O meu parecer, o meu ponto-de-vista já é sobejamente conhecido de Vossa Excelência Senhor Presidente da República.

SECRETO

SECRETO

- 21 -

Coincide em termos gerais, com a maioria dos pareceres emitidos nesta mesa e é, como não poderia deixar de ser, de inteiro aplauso à medida que Sua Excelência pretende tomar. Responsável direto e imediatamente subordinado a Sua Excelência nos problemas ligados às Forças Armadas devo ser e sou um dos homens melhores informados sôbre o que se passa do ponto de vista da contra-revolução neste País. Concordo inteiramente e corroboro as palavras do Excelentíssimo Senhor General Chefe do Serviço Nacional de Informações. Se não tomarmos, neste momento, esta medida que está sendo aventada, amanhã vamos apanhar na carne, Senhor Presidente. Desejaria, apenas, que se fizesse um adendo neste projeto, é o adendo já preconizado por Sua Excelência o Ministro da Fazenda e apoiado pelo Excelentíssimo Senhor Ministro do Interior. Que se facultasse ao Presidente a possibilidade de modificar a Constituição, nos pontos em que fôssem necessários. É êsse o meu parecer Senhor Presidente.

PRESIDENTE DA REPÚBLICA - Com a palavra Sua Excelência o Senhor Almirante Chefe do Estado-Maior da Armada.

CHEFE DO ESTADO-MAIOR DA ARMADA - Excelentíssimo Senhor Presidente, senhores membros do Conselho de Segurança Nacional. Estou de pleno acôrdo com a proposição apresentada, por ter encontrado nesse documento as armas necessárias para que se possa combater a desordem e a contra-revolução.

PRESIDENTE DA REPÚBLICA - Com a palavra Sua Excelência o Senhor General Chefe do Estado-Maior do Exército.

CHEFE DO ESTADO-MAIOR DO EXÉRCITO - Senhor Presidente, senhores membros do Conselho de Segurança Nacional. Estou de acôrdo com o Ato do Excelentíssimo Senhor Presidente.

PRESIDENTE DA REPÚBLICA - Com a palavra Sua Excelência o Senhor Brigadeiro Chefe do Estado-Maior da Aeronáutica.

CHEFE DO ESTADO-MAIOR DA AERONÁUTICA - Excelentíssimo Senhor Presidente da República, Excelentíssimos Senhores Membros do Conselho de Segurança Nacional. A Revolução de março de 1964, teve um início, a meu ver, melancólico, quando se deixou envolver pela preocupação de não

SECRETO

SECRETO

– 22 –

se afastar do preceito constitucional. Não entendo revolução em têrmos de Constituição. Além do mais, a ação revolucionária se fêz sentir, com a maior severidade, sôbre os militares, área em que se verificou as mais fortes punições. Os Legislativo e Judiciário, pràticamente, foram poupados, pouco sofrendo e agora estamos vendo a reação dêsses Podêres, criando as situações que agora estão a exigir medidas enérgicas e imediatas como as sugeridas nesta reunião. HENRIQUE PONGETI, disse certa vez, analisando a Revolução de março de 1964, que era preciso lembrar não ser indicado passar pomada em um ferimento onde a imputação fôsse indicada, como também não pensar na amputação onde a pomada fôsse remédio. Creio vivermos o caso da amputação e não o de passar pomada. Considero, um suicídio aceitarmos a situação tal qual ela se apresenta agora, para demonstrarmos o nosso respeito à democracia. Se não houver qualquer medida que proteja o regime, em pouco a Nação será envolvida pelos atos de subversão, que cada vez mais vão se avolumando, até que correrá o risco o próprio regime pela impossibilidade de se frear a aceleração da contra-revolução. Se não há como aceitar juridicamente o Ato Institucional, poder-se-ia dar ao mesmo o caráter revolucionário e, nesse caso, o fechamento puro e simples do Congresso seria válido. Seria válido também, a reformulação do Poder judiciário, onde pontificam ainda juízes do govêrno deposto em março de 1964. A medida aqui proposta não é tão drástica, julgo-a, portanto, necessária e indispensável de ser tomada, sem perda de tempo. Era o que eu tinha a dizer.------------
....

PRESIDENTE DA REPÚBLICA – Com a palavra o Excelentíssimo Senhor Ministro Extraordinário, Chefe do Gabinete Civil da Presidência da República.---------------------------------
....

CHEFE DO GABINETE CIVIL DA PRESIDÊNCIA
DA REPÚBLICA – Excelentíssimo Senhor Presidente da República. Eminentes senhores conselheiros. Há quatro membros dêste Conselho, que têm os maiores compromissos com a Constituição em vigor, no País, porque foram êles constituintes. Êsses mesmos quatro componentes.............................

MINISTRO DAS MINAS E ENERGIA – (interrompendo) Cinco.........................
CHEFE DO GABINETE CIVIL – Quais são os cinco? Doutor PEDRO ALEIXO, TARSO DUTRA, Vossa Excelência e eu. Êsses quatro membros do Conselho de Segurança Nacional, durante todo o processo revolucionário instaurado pela revolução de 31 de março de 1964, tiveram as posições mais nítidas, junto ao Congresso Nacional, no sentido da institucionalização dessa Revolução. O eminente Senhor Vice-Presidente da República, foi líder do govêrno revolucionário. O membro do Conselho que ora vos fala foi quem leu o manifesto da Revolução na Câmara dos Deputados, o manifesto do então Governador de Minas Gerais, o Excelentíssimo Senhor MAGALHÃES PINTO, em uma hora de incertezas ou seja, no primeiro minuto da partida das Fôrças de Minas Gerais para a GUANABARA. Êsses mesmos quatro Ministros dêste Conselho votaram o

SECRETO

SECRETO

- 23 -

seguinte artigo nas disposições gerais e transitórias da Constituição de 1967."Ficam aprovados e excluídos de apreciação judicial os atos praticados pelo Comando Supremo da Revolução de 31 de março de 1964, assim como: I - pelo Govêrno Federal com base nos Atos Institucionais número 1, de 9 de abril de 1964; número 2, de 27 de outubro de 1965; número 3, de 5 de fevereiro de 1966; número 4, de 6 de dezembro de 1966, e Atos Complementares dos mesmos Atos Institucionais. II - as resoluções das Assembléias Legislativas e Câmaras de Vereadores que hajam cassado mandatos eletivos ou declarado o impedimento de Governadores, Deputados, Prefeitos e Vereadores, fundados nos referidos Atos Institucionais. III - os atos de natureza legislativa expedidos com base nos Atos Institucionais e Complementares referidos no item I. IV - as correções que, até 27 de outubro de 1965, hajam incidido, em decorrência da desvalorização da moeda e elevação do custo de vida,sôbre vencimentos, ajuda de custo e subsídios de componentes de qualquer dos Podêres da República". Ato êste precedente apenas para justificar a posição que vou tomar perante êste Conselho, porquanto, pelo depoimento dos membros responsáveis pela ordem pública, existe uma guerra revolucionária em marcha, como existe, também, um processo contra-revolucionário instaurado neste País. Não constitui novidade para nós de que alguns membros do Congresso Nacional são os líderes desse processo contra-revolucionário. Pelo grande aprêço que merece a palavra do eminente líder atual Vice-Presidente da República, eu quero declarar que na apreciação desta matéria, não deixei de considerar a preliminar que Sua Excelência hoje arguiu perante êste Conselho, de que a Constituição forneceria os remédios, legais e constitucionais, para uma primeira etapa do que ora está sendo instalado. Vejamos a parte do Estado de Sítio, que foi uma das preliminares hoje arguídas por Sua Excelência, diz: "O artigo 154 da Constituição durante a vigência do estado de sítio e sem prejuízo das medidas previstas no artigo 151, também o Congresso Nacional, mediante lei, poderá determinar a suspensão das garantias constitucionais. Parágrafo único. As imunidades dos deputados federais e senadores poderão ser suspensas durante o estado de sítio, pelo voto secreto de dois terços dos membros da Casa a que pertencer o congressista. " Vejo que uma decisão dessa natureza, por voto secreto e pelo quorum de dois terços, é uma decisão praticamente impossível,em qualquer uma das Casas do Congresso Nacional. Outro artigo - "Artigo 37 - Perde o mandato o deputado ou senador: I - que infringir qualquer das proibições estabelecidas no artigo anterior; II - cujo procedimento fôr declarado incompatível com o decôro parlamentar". Vejamos o que dispõe a Constituição sôbre decôro parlamentar no mesmo artigo 37, parágrafo 1º: "Nos casos dos itens I e II, a perda do mandato será declarada, em votação secreta, por dois terços da Câmara dos Deputados ou do Senado Federal, mediante provocação de qualquer de seus membros, da respectiva Mesa,ou de partido político". Mais uma vez estamos esbarrando no embaraço constitucional da votação secreta e com quorum qualificado de dois terços dos membros de cada Casa onde ocorrer o fato. Ora, Senhor Presidente, diante dessa conjuntura, diante desta encruzilhada e diante do depoimento dos órgãos responsáveis pela Segurança Nacional, dos órgãos responsáveis pela ordem pública do País, e face aos

SECRETO

SECRETO

- 24 -

compromissos anteriormente assumidos, eu não tive outro rumo a tomar, outro caminho a escolher, de acôrdo com a minha consciência senão aquele de aceitar, em princípio e em tese, a sugestão de se aprovar perante êste Conselho a edição ou édito de um Ato Institucional. Entretanto, no curso da discussão da matéria, fui honrado por Vossa Excelência para tomar conhecimento da primeira proposta encaminhada, e de outras subseqüentes. Então considerei e agora o faço, novamente, em face das discussões aqui ocorridas, e das sugestões apresentadas, a conveniência política de de estabelecer prazo, no Ato Complementar, para o recesso porque pelo Ato Institucional, o recesso deverá ser fixado através de um Ato Complementar. Fixar-se, também, um prazo para o Ato Institucional. Prazos que poderiam ser de um ano. Seria uma medida política, segundo o meu ponto de vista, que poderia dar, nos limites da contingência humana, os elementos para que o govêrno pudesse debelar a subversão e o processo da guerra revolucionária ora em marcha.------------------
....

PRESIDENTE DA REPÚBLICA -   Com a palavra Sua Excelência o Secretário-Geral do Conselho de Segurança Nacional.---
....

SECRETÁRIO-GERAL DO CONSELHO DE SEGURANÇA
NACIONAL -   Senhor Presidente, senhores conselheiros. Estou plenamente de acôrdo com a assinatura da proposição apresentada.----------------------------------
....

PRESIDENTE DA REPÚBLICA -   Finalmente acolhidas e tendo em consideração tôdas as impressões, opiniões e votos, cabe a Sua Excelência o Senhor Ministro da Justiça, responsável direto pela redação dêsse projeto, que representa a decisão do Presidente da República , expor o seu ponto de vista e as razões,pelas quais, o Ato Institucional apresentado à consideração dêste Conselho, foi redigido dessa forma. Com a palavra Sua Excelência o Senhor Ministro da Justiça.-------------------------------------
....

MINISTRO DA JUSTIÇA -   Excelentíssimo Senhor Presidente da República, senhores membros dêste Conselho. Os considerandos apresentados justificam as razões determinantes do Ato Institucional. Motivos de natureza política, motivos de segurança, motivos de defesa da ordem revolucionária. O eminente Senhor Vice-Presidente da República, grande mestre de direito constitucional, especialista em problemas de imunidades parlamentares com uma clássica monografia, embora não tenha entrado a fundo no problema, fêz algumas observações de natureza jurídica sôbre o projeto do Ato. Entende Sua Excelência que, outro procedimento poderia ter sido adotado na representação encaminhada à Câmara dos Deputados. Responsável pela justificativa de natureza

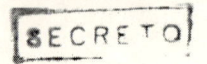

SECRETO

SECRETO

- 25 -

jurídica da decisão adotada por Sua Excelência o Senhor Presidente da República, cujas ordens estava cumprindo, foi eu quem encaminhou a representação ao Senhor Procurador Geral da República e nesta oportunidade reafirmo meu ponto de vista, e minente Vice-Presidente PEDRO ALEIXO, que, pelo texto constitucional, a representação do Poder Executivo tem todo o seu fundamento. Vossa Excelência observa, reiteradamente, de que a minuta do Ato Institucional apresentada à apreciação deste Conselho, praticamente nada deixa da Constituição, mais uma vez lamento divergir de Vossa Excelência porque lendo-se o Ato, até mesmo na matéria do estado de sítio, os preceitos constitucionais são respeitados. Há um sem número de normas, da própria Constituição que são mantidas. Fala Vossa Excelência que se estabelece uma ditadura, também, não acredito que se estabeleça uma ditadura, porque não se dá a Sua Excelência o Senhor Presidente da República, um poder discricionário que é a nota qualitativa dos regimes ditatoriais, investe-se sim, Sua Excelência, de poderes necessários, que por assim dizer, se tornaram tradicionais apesar de tão curto os prazos de existência, pois que nasceram na Revolução de março de 1964. A atual Constituição não correspondeu às necessidades revolucionárias. A subversão que surgiu nos mais variados setores e atingiu, também, o Congresso Nacional, o que não posso entender senão como ato de autêntica subversão contra o regime, o comportamento da Câmara dos Deputados, em particular, do Partido que deveria apoiar o governo e que se quiz até chamar de "Partido da Revolução", na apreciação do pedido de licença para processar um dos seus pares. A subversão está nas ruas, os senhores Ministros responsáveis pelas Pastas Militares, os eminentes Chefes dos Estados-Maiores aqui presentes, o Senhor Chefe do Serviço Nacional de Informações declararam, inequivocamente, o grande risco que corre a Nação. A Revolução foi feita exatamente, tendo como um dos seus pontos fundamentais, impedir a subversão e assegurar a ordem democrática. Se essa ordem democrática corre risco, outra razão não existe se não nos socorrermos dos instrumentos revolucionários adequados para que possamos restaurar a verdadeira democracia, autêntica democracia que é o desejo de todos nós. Porque outra coisa não desejamos senão isso. Em despachos com Sua Excelência o Senhor Presidente da República, por várias vezes, tivemos oportunidade de tratar desse assunto e quero, mais uma vez, declarar o empenho do ilustre Chefe da Nação em manter, a qualquer preço, a ordem constitucional implantada pela Constituição de 24 de janeiro de 1967. Ocorre, porém, que essa Constituição não correspondeu fazendo-se necessário instrumentos mais rígidos. Sua Excelência, o Vice-Presidente da República, entendeu que o Estado de Sítio poderia ser a primeira fase. O eminente Ministro RONDON PACHECO, apresentou argumentos que provam amplamente o contrário, embora Sua Excelência tivesse admitido que se o Estado de Sítio falhasse, então deveríamos prosseguir com a adoção dos instrumentos adequados e esses instrumentos eu não vejo senão esta série de normas de caráter revolucionário, que nós consideramos como sendo a continuidade do processo revolucionário. O Ato Institucional número quatro, ao delegar ao Congresso Nacional a elaboração da nova Constituição estabeleceu pressupostos para a elaboração do próprio texto constitucional, os quais, consta nos considerandos que abran

SECRETO

SECRETO

- 26 -

a série de dispositivos dêsse Ato. Não encontramos outro instrumento, dentro dos quadros legais do Brasil, que possa conter a subversão e que possa assegurar a ordem, a paz, a tranquilidade, o progresso e o desenvolvimento cultural e social do País, por essa razão é que nós entendemos plenamente justificado o Ato Institucional proposto como verdadeira medida de salvação nacional. É sem dúvida uma medida revolucionária e verdadeira, mas sem caráter ditatorial, porque a pessoa a quem êsses podêres são confiados, pelo seu passado, pelas suas atitudes, pela sua ponderação, pelo seu equilíbrio e pelo seu patriotismo, saberá dosar e aplicar, nos casos que se tornarem necessários, as medidas que lhe são conferidas. O Senhor Ministro DELFIM NETTO, apoiado pelo Senhor Ministro ALBUQUERQUE e pelo Senhor Chefe do Estado-Maior das Forças Armadas, sugeriram uma emenda ao Ato, dando a Sua Excelência, o Senhor Presidente da República a possibilidade de emendar a Constituição. Efetivamente foi êsse o nosso pensamento, tanto que redigimos um texto, segundo o qual, sem as limitações constitucionais, poderia o Presidente da República fazer emendas à Constituição, menos aquelas que pudessem, virtualmente, atentar contra a Federação e a República, repetindo assim um ciclo tradicional que vem desde a Constituição de 1891. Estamos de inteiro acôrdo com essa sugestão. O ilustre Ministro JARBAS PASSARINHO, fêz observação quanto ao artigo 8º do Ato. No caso, Senhor Ministro, o parágrafo único dêsse artigo, ao transferir o ônus de prova no caso de enriquecimento ilícito ao acusado, responde precisamente a idéia de Vossa Excelência. O Senhor Ministro TARSO DUTRA, apresentou três observações: a primeira quanto à denominação do Ato. Devo dizer a Vossa Excelência que exatamente era nossa idéia denominar o instrumento de Ato Adicional, todavia, designado o eminente Ministro RONDON PACHECO para dar a redação final a ser apresentada a êsse Conselho, Sua Excelência ponderou que, tendo em vista, os princípios e os fundamentos dêste Ato, que eram, na verdade, a continuidade do processo revolucionário, preferível seria que se adotasse a denominação de Ato Institucional. Talvez a denominação de Ato Adicional, Senhor Presidente da República, como chamei Ato Adicional à Constituição, apesar das observações em contrário, fôsse a mais adequada. Não vejo, no entanto, que possa surgir qualquer problema de natureza jurídica pela qualificação que se dê a êsse instrumento revolucionário. Vossa Excelência sugere também, a supressão do artigo 1º, na verdade êsse dispositivo foi colocado, como um preceito inicial ao texto, por sugestão do eminente Ministro RONDON PACHECO, dentro da tradição dos Atos Institucionais da Revolução de 1964. Finalmente, refere-se Vossa Excelência ao último artigo, onde efetivamente houve um equívoco, é a expressão "constitucionais" não devia ter constando. O Senhor Ministro RONDON PACHECO, apresentou duas sugestões: primeira, que o prazo de recesso, acaso decretado, para o Congresso Nacional, Assembléias Legislativas ou Câmaras Municipais, devesse ser fixado prèviamente. Nós entendemos que não, nós entendemos que o prazo do recesso deve ficar, isto sim, ao árbitro do Presidente da República que, no momento que julgar oportuno, convocará o Congresso Nacional para retornar às suas funções constitucionais. Não receiamos de que, porventura, uma atitude como esta, possa ser tida, lá fora, como objeto de entendimentos, ou, para usar

SECRETO

SECRETO

- 27 -

da expressão um pouco chula, de "cambalacho político", nem de parte do Poder Executivo, nem de parte do Poder Legislativo, se poderia fazer semelhante juízo. Não vejo razões porque se fixar os prazos, quando fica entregue à prudência de Vossa Excelência a sua determinação. Quanto ao se fixar o prazo de duração do próprio Ato Institucional, a experiência demonstrou bem como foi errado ter fixado os prazos no Ato Institucional número hum. Penso e isto é motivo mais do que suficiente para justificar, que êste Ato, outorgado como foi, possa também ser revogado a curto ou a longo prazo. Outros fatos podem suceder-se, mas limitar, no tempo, aquilo que agora se dispõe a fazer para assegurar a continuidade da Revolução de 1964, seria, para nós, com a devida vênia, incidir no mesmo êrro praticado no Ato Institucional número hum, quando a Revolução autolimitou-se e a consequência é a autodestruição que estão querendo provocar dentro dela própria. São essas Senhor Presidente da República, as observações que apresento à decisão de Vossa Excelência quanto às sugestões que foram apresentadas.----------------------------------

....

PRESIDENTE DA REPÚBLICA - Com o levantamento dos pareceres, que a cabo de fazer, dos senhores membros dêste Conselho, tenho a impressão de que o Ato Institucional, ora proposto, conta com a aprovação quase unânime dêste Conselho. Evidentemente, houve observações, as quais, considero, apenas, de caráter formal de redação, enfim de pouca influência, no conteúdo, no contexto geral. Sugiro, portanto, que a redação final dêsse Ato, já do conhecimento de todos os membros do Conselho, seja revista por uma Comissão que eu tomo a liberdade de agora nomear e que inclui: Sua Excelência o Senhor Ministro da Justiça, Sua Excelência o Ministro Extraordinário Chefe do Gabinete Civil da Presidência da República, Sua Excelência o Ministro da Educação e Cultura, para, fazendo um levantamento das sugestões apresentadas, feita a devida triagem que se aproveite aquilo que não venha a modificá-lo na essência. São, sem dúvida, ponderáveis as observações de Sua Excelência o Senhor Vice-Presidente da República, que, como jurista e grande parlamentar, vê que damos um passo definitivo, quando talvez pudéssemos, na sua opinião, passar por uma fase intermediária; eu, em todo o caso, considero que, dentro do Conselho de Segurança Nacional, devamos, pesando a opinião de cada membro, adotar o voto da maioria. Em determinada ocasião, quando era Ministro da Guerra do então govêrno do Marechal CASTELO BRANCO, apresentei uma representação, sugerindo, pedindo, a cassação do mandato de um homem público do Brasil. Calcado em razões que foram expostas francamente ao Conselho de Segurança Nacional, Sua Excelência, o então Presidente da República submeteu a representação proposta à apreciação de cada membro. Eu me lembro que, ouvindo os pareceres, Sua Excelência escrevia: "sim", "não" " ? " e no final computados os votos chegou à conclusão, eram na ocasião dezoito membros do Conselho de Segurança Nacional e êle disse - por dezesseis votos a dois, a representação, de Sua Excelência o Senhor Ministro da Guerra, é aceita pelo Conselho de Segurança Nacional, e decidiu pela cassação dos direitos políticos de um homem que se não estivesse

SECRETO

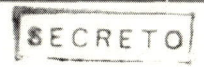

SECRETO

- 28 -

com os seus direitos cassados, evidentemente, teria já subvertido a ordem revolucionária, isto porque, mesmo com essas restrições, êle tem atuado poderosamente , obstinadamente contra o processo revolucionário. Louvando-me neste exemplo de Sua Excelência o Presidente Marechal CASTELO BRANCO, embora o Conselho de Segurança Nacional seja um órgão consultivo e não deliberativo eu prefiro louvar-me no voto quase unânime dêsse alto órgão, nunca deixando de ter em muita conta, o voto pode rosíssimo de Sua Excelência o Senhor Vice-Presidente da República. Eu bem sei que Sua Excelência, como é natural, está vivendo um momento tão dramático quanto nós outros e quero revelar a êste Conselho que Sua Excelência, há poucos minutos, em confidência, apresentou a sua indiscutível solidariedade às decisões do Presidente da República incorporando-as como de sua própria atuação. Essa atitude, trouxe me um grande confôrto. Compreendo perfeitamente que Sua Excelência poderia,a qualquer momento, ocupando êste lugar, com as mesmas responsabilidades e talvez com maior brilho e maior competência para resolver êste problema de ordem política e institucional, face a qualquer decisão do Presidente da República de cumprir essa decisão como fôsse a sua própria decisão. Sua Excelência acaba de me dizer que a sorte dêle é a minha sorte, e êste fato lhe dá a grande autoridade de emitir o seu voto com tôda lealdade e com tôda convicção. Devemos, portanto, respeitar o seu voto embora não seja o da maioria do Conselho prezo muito a sua opinião. Peço a Deus que não me venha convencer amanhã de que êle é que estava certo, porque êle admitiu mesmo a hipótese do Ato final, porque entendo como entende o Conselho na sua sabedoria de maioria, de quase unanimidade, de que nesta escalada, o degrau proposto se torna evidentemente desnecessário. Aceitamos esta deliberação, eu confesso que é com verdadeira violência aos meus princípios e idéias que adoto uma medida como esta. Adoto-as convencido que elas são do interêsse do País, do interêsse nacional que demos um "basta" a contra-revolução. Já em outra reunião dêste Conselho, ouvida pelos senhores a palavra do Chefe do Serviço Nacional de Informações, houve propostas já naquela época, para levantar-se uma barreira a êsse trabalho insidioso, persistente, obstinado e terrível mesmo da contra-revolução Aqui estou hoje, senhor de uma investidura constitucional, com a responsabilidade tremenda e indeclinável de Chefe de uma Revolução que se impôs no País para a solução dêsses mesmos problemas que se agravaram muito nestes últimos anos. Naquela época, não houve a exploração da mocidade como acontece hoje, não havia a interferência deslavadamente ostensiva do dinheiro internacional, procurando interromper o processo revolucionário, por motivos, talvez, inconfessáveis, por interêsses que não são os nacionais, e contra os quais, devemos levantar esta barreira antes que a crise seja irremediável. Considero que o momento nacional é grave mas ainda não desesperador, porisso mesmo, devemos lançar mão dos remédios que possam recuperar o organismo da Nação. Os remédios, as medidas curativas, são as contidas , as preconizadas no Ato Institucional que hoje será adotado e cuja fiel aplicação desejo realizar. Neste momento solene e dramático para a vida nacional, em que medidas de tão alto alcance são tomadas, quero, mais uma vez, afirmar que não me

SECRETO

SECRETO

- 29 -

move qualquer intenção continuísta, move-me apenas o desejo do bem servir à Pátria e do bem-estar do nosso povo. Inspirado por Deus e sob sua proteção, pretendo cumprir o restante do meu mandato e, na oportunidade constitucional, passar os meus pesados encargos ao substituto legal para que êle melhor que eu, continue a obra da Revolução de março de 1964.--

....

PRESIDENTE DA REPÚBLICA

VICE-PRESIDENTE DA REPÚBLICA

CHEFE DO GABINETE CIVIL DA PRESI-
DÊNCIA DA REPÚBLICA

MINISTRO DA JUSTIÇA

MINISTRO DA MARINHA

MINISTRO DO EXÉRCITO

MINISTRO DAS RELAÇÕES EXTERIORES

MINISTRO DA FAZENDA

MINISTRO DOS TRANSPORTES

MINISTRO DA AGRICULTURA

Departamento de Imprensa Nacional

SECRETO

SECRETO

- 30 -

[signature]
MINISTRO DA EDUCAÇÃO E CULTURA

[signature]
MINISTRO DO TRABALHO E PREVIDÊNCIA SOCIAL

[signature]
MINISTRO DA AERONÁUTICA

[signature]
MINISTRO DA SAÚDE

[signature]
MINISTRO DAS MINAS E ENERGIA

[signature]
MINISTRO DA INDÚSTRIA E DO COMÉRCIO

[signature]
MINISTRO DO PLANEJAMENTO E COORDENAÇÃO GERAL

MINISTRO DO INTERIOR

[signature]
MINISTRO DAS COMUNICAÇÕES

[signature]
CHEFE DO SERVIÇO NACIONAL DE INFORMAÇÕES

[signature]
CHEFE DO ESTADO-MAIOR DAS FÔRÇAS ARMADAS

[signature]
CHEFE DO ESTADO-MAIOR DA ARMADA

[signature]
CHEFE DO ESTADO-MAIOR DO EXÉRCITO

[signature]
CHEFE DO ESTADO-MAIOR DA AERONÁUTICA

[signature]
SECRETÁRIO-GERAL DO CONSELHO DE SEGURANÇA NACIONAL

SECRETO

PARTE II

A VISÃO ESTRATÉGICA

O FORTALECIMENTO DOS MUNICÍPIOS
DA FAIXA DE FRONTEIRA:
onde o Brasil começa

UMA VISÃO ESTRATÉGICA DA FAIXA DE FRONTEIRA

O Brasil define a faixa de até cento e cinquenta quilômetros de largura ao longo das fronteiras terrestres como faixa de fronteira; considera-a fundamental para a defesa do território nacional e regula seu uso e sua ocupação por lei.

Entretanto, a faixa de fronteira também deve ser entendida como uma zona de integração fronteiriça, um espaço de interação diverso e complexo entre povos e nações, cuja linha divisória, ao mesmo tempo em que determina a separação de soberanias, é também ponto de intersecção para a promoção do desenvolvimento.

A faixa de fronteira também deve ser considerada área de referência estratégica para o restante do país, uma vez que a partir da utilização deste espaço regional, é possível estudar, acompanhar e propor iniciativas necessárias à garantia da soberania e à defesa do Estado democrático, considerando-se as análises da SE/CDN, atual GSI/PR, em processos administrativos inerentes a atividades consideradas estratégicas.

A visão do Estado brasileiro sobre políticas estratégicas se dá a partir da aplicação da Lei nº 6.634, de 2 de maio de 1979, na área da faixa de fronteira por meio do ato de assentimento prévio.

O ato de assentimento prévio do CDN, espécie de ato administrativo de natureza complexa, é uma autorização antecipada e essencial para a prática de determinados atos ou o exercício de certas atividades, bem como para a ocupação e a utilização de terras ao longo da faixa de fronteira terrestre de cento e cinquenta quilômetros de largura.

Após a análise de procedimentos administrativos inerentes a determinadas atividades na faixa de fronteira, em virtude da aplicação da mencionada Lei, é possível dimensionar a tendência de uso e de ocupação do território nacional e, ainda, manter atualizado o Alto Comando da Nação sobre informações consideradas relevantes ao exercício da soberania. Daí dizer que a faixa de fronteira é um espaço geopolítico de referência estratégica.

Por outro lado, o problema que envolve as questões fronteiriças não reside apenas nas leis, mas também na maneira de como a Administração, ao longo dos anos, tem direcionado e aplicado políticas públicas nessa região.

Aproveitar o regime excepcional da faixa de fronteira, resguardado pela Constituição Federal, é medida legislativa necessária, de modo desvinculado da Lei nº 6.634/79, com vistas a promover o desenvolvimento e a integração fronteiriça.

Equivocadamente, tem-se atrelado o sentido do vocábulo "defesa", constante do §2º, do art. 20, da Constituição de 1988, com o de "separação", agregando-se ao termo, de forma equivocada, questões de segurança nacional com o objetivo de direcionar o seu significado para impositivo de restrições e impeditivo ao desenvolvimento da faixa de fronteira do Brasil.

Porém, a interpretação contemporânea adequada do termo "defesa" deve estar relacionada ao de "vivificação", que somente é alcançada por meio da estratégia da presença do homem na fronteira, como bem observa a atual END.

A PDN, enunciada em 2005, entende que a vivificação, a política indigenista adequada, a exploração sustentável dos recursos naturais e a proteção ao meio-ambiente são aspectos essenciais para o desenvolvimento e a integração da região Amazônica, que possui larga territorialidade na faixa de fronteira.

Para aumentar vivificação na faixa de fronteira, é necessário planejar e promover o desenvolvimento dessa região, posto que do contrário, não há atração de cidadãos. Existe, sem dúvida, um trinômio que deve ser considerado: vivificação-defesa-desenvolvimento, ou seja, a vivificação garante a defesa e promove o desenvolvimento. Sem previsão de desenvolvimento, não há atrativo aos cidadãos; sem estes não se vivifica e, consequentemente, enfraquece-se a defesa nas fronteiras.

Quando se discute faixa de fronteira, deve-se idealizar um progresso soberano, pois defesa e desenvolvimento são aspectos complementares e interdependentes.

Para a defesa nacional, a faixa de fronteira é a linha avançada da defesa territorial do Brasil, que merece tratamento especial por parte do Estado brasileiro.

Já para a segurança nacional, a redução ou a extinção da área referente à faixa de fronteira, automaticamente reduz a "visão" do Estado sobre a condução de atividades consideradas estratégicas, não somente em tal localidade, mas também em todo o território.

Diante de sua importância estratégica ao país, ao invés da redução da faixa de fronteira contribuir para o desenvolvimento seguro da região, ela pode ensejar o que se denomina em Ciência Política de efeitos perversos, isto é, efeitos nocivos, não previstos pelo legislador, que decorrem de alterações legais que têm a pretensão de atender a "interesses considerados legítimos".

A Constituição de 1988 fixou um regime especial para a faixa de fronteira ao considerá-la fundamental para a defesa do território nacional e autorizou que lei específica regulamentasse o seu uso e a sua ocupação.

A diretriz constitucional não deve ser entendida como restritiva de direitos ou de oportunidade de investimento, mas sim permissiva de regras especiais para a transformação do espaço regional naturalmente complexo e diverso.

A região da faixa de fronteira, que corresponde a 15.719km de fronteira terrestre, abrange 27% do território nacional, 588 Municípios, 11 Estados, 33 cidades-gêmeas, 10 milhões de habitantes e faz limite com 10 países, necessita de incentivos em virtude das peculiaridades existentes, não somente do Governo Federal, mas também Estadual e Municipal.

A dimensão dessa região enseja por si só maior representatividade de órgãos do Estado e neste sentido é pertinente a criação de incentivo ao fortalecimento dos quadros de servidores públicos.

Convém lembrar que o art. 17 da Lei nº 8.270, de 17 de dezembro de 1991, revogado pela Lei nº 9.527, de 10 de dezembro de 1997, estabelecia a concessão de Gratificação Especial de Localidade (GEL) aos servidores da União, das Autarquias e das Fundações públicas federais em exercício em zonas de fronteira ou em localidades cujas condições de vida o justifiquem.

A matéria havia sido regulamentada pelo Decreto nº 493, de 10 de abril de 1992, que autorizava a concessão da GEL aos servidores da União, das Autarquias e das Fundações Públicas Federais em exercício em zonas de fronteiras ou nas localidades referidas no anexo àquele regulamento.

O objetivo social da norma era justamente a fixação prioritária de servidor público federal em Municípios em zona de fronteira ou em área de difícil qualidade de vida, pois a lei estabelecia a GEL sobre o vencimento do cargo de provimento efetivo no percentual de 15% (quinze por cento) no caso de exercício em capitais dos estados do Acre, Amazonas, Amapá, Mato Grosso do Sul, Mato Grosso, Pará, Rondônia, Roraima, Tocantins, Paraná, Santa Catarina e Rio Grande do Sul, e de trinta por cento (30%) na hipótese de exercício em outras localidades que arrolava taxativamente.

A Administração, na hipótese legal, estava pagando pelos trabalhos normais executados em condições anormais de perigo ou de encargos para o servidor, tais como os serviços realizados com risco de vida e saúde. A gratificação era devida para o exercício em determinadas zonas ou locais, sendo percebidas somente enquanto o servidor estivesse prestando o serviço em tais localidades, porque seriam retribuições pecuniárias *pro labore faciendo* e *propter laborem*; devida em função da necessidade da defesa do território nacional.

O Poder Público à época, ao regulamentar os critérios de concessão, delimitou a extensão das localidades beneficiadas em rol taxativo, abrangendo áreas de difícil acesso, inóspitas e de precárias condições de vida, o que afastou a interpretação extensiva da expressão "zona de fronteira" da conceituação constitucional da "faixa de fronteira".

Buscando incentivar a fixação do homem na região da faixa de fronteira menos desenvolvida, e constatando-se a posição desprivilegiada, geralmente de difícil acesso e de precário desenvolvimento urbano do Município, é possível criar, então, à semelhança da norma revogada, diploma legal no sentido de conceder benefícios a servidores, com vistas ao incentivo à vivificação.

Eliminando-se a faixa de fronteira ou reduzindo-a, haverá um prejuízo incalculável aos Municípios de tal região, eis que possuindo diversidades complexas, não poderão se beneficiar de incentivos facilitadores à superação de dificuldades locais, principalmente aquelas advindas do processo de integração com países vizinhos.

A Constituição da Colômbia (art. 289) prevê a possibilidade de os governos locais situados nas zonas fronteiriças adiantarem, diretamente com a unidade territorial limítrofe de um país vizinho, programas de cooperação e integração dirigidos ao desenvolvimento comunitário, à prestação de serviços públicos e à preservação do meio ambiente[262].

Hoje, a Constituição brasileira não autoriza um diálogo como o que ocorre na Colômbia. Governadores e Prefeitos sentem-se desamparados para iniciar uma negociação em tal sentido, porque não têm a certeza de que haverá respaldo federal de suas tratativas. Essa é uma realidade com a qual temos de nos preocupar se quisermos, a partir da experiência local, atingir uma integração sul-americana.

Diante da peculiaridade da situação econômica, política e social que o cidadão fronteiriço convive diuturnamente, é de todo aceitável, pois, o direcionamento de

---

262 COLÔMBIA. Constituição, art. 289: *"Por mandato de la ley, los departamentos y municipios ubicados en zonas fronterizas podrán adelantar directamente con la entidad territorial limítrofe del país vecino, de igual nivel, programas de cooperación e integración, dirigidos a fomentar el desarrollo comunitario, la prestación de servicios públicos y la preservación del ambiente".*

incentivos à região abrangida pela faixa de fronteira. Uma ideia para dar início à promoção dessa região é permitir benefícios transversais, ou seja, inserir exceções nos marcos normativos hoje vigentes, principalmente nas áreas de saúde, educação, comércio e transporte, à semelhança da Lei nº 10.522, de 2002[263].

Atualmente, não há política para a região da faixa de fronteira, marco legal capaz de ditar diretrizes com o objetivo de promover o desenvolvimento sob a perspectiva de integração sul-americana. Entretanto, já há estudos que não apenas indicam a necessidade dessa política[264], como também as medidas a serem adotadas em curto, médio e longo prazo[265]. O que falta é uma agenda de convergência de ações das três esferas de governo para possibilitar a transformação desse território.

A área incluída na faixa de fronteira deixou de ser exclusivamente uma área indispensável à segurança do território nacional para se tornar uma área de aproximação e de cooperação com países.

Não é o redimensionamento da faixa de fronteira ou a revogação da Lei nº 6.634/79, que irá levar o desenvolvimento à região fronteiriça, mas sim o direcionamento de incentivos especiais para a região, interpretações jurídicas estratégicas, assim como a correção da rotina administrativa na aplicação da lei.

A fronteira é um espaço que separa e também reúne. A fronteira não somente distingue os "outros", como também oferece uma definição possível de nós mesmos.

A integração sul-americana envolve árdua discussão entre ordenamentos jurídicos e também convergência em políticas públicas.

O Constituinte de 1988 demonstrou-se sensível com a dimensão e a peculiaridade do país, ao incluir o termo "até" na norma constitucional, fazendo com que a faixa de fronteira, posta sob o regime excepcional, pudesse ser adequada de acordo com as necessidades inerentes àquela região por normas infraconstitucionais.

A faixa de fronteira possui tanto o aspecto segurança, quanto defesa, sendo esta parte integrante daquela. Deste modo, pensar a faixa de fronteira exige visões diferentes, mas complementares quando se objetiva promover o desenvolvimento dessa região.

A faixa de até cento e cinquenta quilômetros de largura é uma região prioritária ao desenvolvimento nacional com vistas à integração sul-americana e, ainda, uma área de referência estratégica ao Estado brasileiro para monitoramento de determinadas políticas públicas.

A Constituição autoriza um regime especial para essa região do país. Dispensar ou não aproveitar essa excepcionalidade, legítima frente às adversidades de fronteira, não traz o progresso regional e não gera o desenvolvimento local.

É necessário estimular a presença do Estado e criar oportunidades de investimento nessa região tão distante dos centros de poder. Rever leis já revogadas, incentivos extintos e atuais procedimentos normativos, nos três níveis de governo, é um salutar exercício para criar e transformar o espaço regional com vistas a oferecer melhoria de vida aos habitantes da faixa de fronteira.

---

263 Ver o art. 26 da Lei do CADIN neste livro.
264 Secretaria-Executiva do CDN. Anexo do Seminário "Perspectivas para a Faixa de Fronteira". Disponível em: <http://geopr1.planalto.gov.br/saei/eventos-e-publicacoes/publicacoes> Acesso: 28/02/2013.
265 Ministério da Integração Nacional. Bases para uma proposta de desenvolvimento e integração da faixa de fronteira. Disponível em:<http://www.mi.gov.br/web/guest/bases-faixa-de-fronteira > Acesso: 28/02/2013.

LEGISLAÇÃO

CONSTITUIÇÃO DA REPÚBLICA FEDERATIVA DO BRASIL DE 1988

[...]
TÍTULO I
Dos Princípios Fundamentais
[...]

Art. 4º A República Federativa do Brasil rege-se nas suas relações internacionais pelos seguintes princípios:
[...]

Parágrafo único. A República Federativa do Brasil buscará a integração econômica, política, social e cultural dos povos da América Latina, visando à formação de uma comunidade latino-americana de nações.
[...]

TÍTULO III - DA ORGANIZAÇÃO DO ESTADO
[...]
CAPÍTULO II
DA UNIÃO

Art. 20. São bens da União:
[...]
II - as terras devolutas indispensáveis à defesa das fronteiras, das fortificações e construções militares, das vias federais de comunicação e à preservação ambiental, definidas em lei; [...]

§ 2º - A faixa de até cento e cinquenta quilômetros de largura, ao longo das fronteiras terrestres, designada como faixa de fronteira, é considerada fundamental para defesa do território nacional, e sua ocupação e utilização serão reguladas em lei.

Art. 21. Compete à União:
[...]
XII - explorar, diretamente ou mediante autorização, concessão ou permissão:
[...]
d) os serviços de transporte ferroviário e aquaviário entre portos brasileiros e fronteiras nacionais, ou que transponham os limites de Estado ou Território;
[...]
XXII - executar os serviços de polícia marítima, aérea e de fronteira;
[...]

TÍTULO IV - DA ORGANIZAÇÃO DOS PODERES
[...]
CAPÍTULO II - DO PODER EXECUTIVO
[...]
Seção V
DO CONSELHO DA REPÚBLICA E DO CONSELHO DE DEFESA NACIONAL
[...]
Subseção II
Do Conselho de Defesa Nacional

Art. 91. O Conselho de Defesa Nacional é órgão de consulta do Presidente da República nos assuntos relacionados com a soberania nacional e a defesa do Estado democrático, e dele participam como membros natos:
I - o Vice-Presidente da República;
II - o Presidente da Câmara dos Deputados;
III - o Presidente do Senado Federal;
IV - o Ministro da Justiça;
V - o Ministro de Estado da Defesa;(Redação dada pela Emenda Constitucional nº 23, de 1999)
VI - o Ministro das Relações Exteriores;
VII - o Ministro do Planejamento.
VIII - os Comandantes da Marinha, do Exército e da Aeronáutica.(Incluído pela Emenda Constitucional nº 23, de 1999)
§ 1º - Compete ao Conselho de Defesa Nacional:
I - opinar nas hipóteses de declaração de guerra e de celebração da paz, nos termos desta Constituição;
II - opinar sobre a decretação do estado de defesa, do estado de sítio e da intervenção federal;
III - propor os critérios e condições de utilização de áreas indispensáveis à segurança do território nacional e opinar sobre seu efetivo uso, especialmente na faixa de fronteira e nas relacionadas com a preservação e a exploração dos recursos naturais de qualquer tipo;
IV - estudar, propor e acompanhar o desenvolvimento de iniciativas necessárias a garantir a independência nacional e a defesa do Estado democrático.
§ 2º - A lei regulará a organização e o funcionamento do Conselho de Defesa Nacional.
[...]

TÍTULO V - DA DEFESA DO ESTADO E DAS INSTITUIÇÕES DEMOCRÁTICAS
[...]
CAPÍTULO II - DAS FORÇAS ARMADAS

Art. 142. As Forças Armadas, constituídas pela Marinha, pelo Exército e pela Aeronáutica, são instituições nacionais permanentes e regulares, organizadas com base na hierarquia e na disciplina, sob a autoridade suprema do Presidente da República, e destinam-se à defesa da Pátria, à garantia dos poderes constitucionais e, por iniciativa de qualquer destes, da lei e da ordem.

§ 1º Lei complementar estabelecerá as normas gerais a serem adotadas na organização, no preparo e no emprego das Forças Armadas.
[...]
CAPÍTULO III - DA SEGURANÇA PÚBLICA
[...]

Art. 144. A segurança pública, dever do Estado, direito e responsabilidade de todos, é exercida para a preservação da ordem pública e da incolumidade das pessoas e do patrimônio, através dos seguintes órgãos:

I - polícia federal;
II - polícia rodoviária federal;
III - polícia ferroviária federal;
IV - polícias civis;
V - polícias militares e corpos de bombeiros militares.

§ 1º A polícia federal, instituída por lei como órgão permanente, estruturado em carreira, destina-se a:
[...]
III - exercer as funções de polícia marítima, aérea e de fronteiras;
[...]
TÍTULO VII - DA ORDEM ECONÔMICA E FINANCEIRA
CAPÍTULO I - DOS PRINCÍPIOS GERAIS DA ATIVIDADE ECONÔMICA

Art. 176. As jazidas, em lavra ou não, e demais recursos minerais e os potenciais de energia hidráulica constituem propriedade distinta da do solo, para efeito de exploração ou aproveitamento, e pertencem à União, garantida ao concessionário a propriedade do produto da lavra.

§ 1º A pesquisa e a lavra de recursos minerais e o aproveitamento dos potenciais a que se refere o "caput" deste artigo somente poderão ser efetuados mediante autorização ou concessão da União, no interesse nacional, por brasileiros ou empresa constituída sob as leis brasileiras e que tenha sua sede e administração no País, na forma da lei, que estabelecerá as condições específicas quando essas atividades se desenvolverem em faixa de fronteira ou terras indígenas. (Redação dada pela Emenda Constitucional nº 6, de 1995)

LEI Nº 6.634, DE 1979 (LEI DA FAIXA DE FRONTEIRA)

Regulamento   Dispõe sobre a Faixa de Fronteira, altera o Decreto-lei nº 1.135, de 3 de dezembro de 1970, e dá outras providências.

O PRESIDENTE DA REPÚBLICA Faço saber que o Congresso Nacional decreta e eu sanciono a seguinte Lei:

Art. 1º. - É considerada área indispensável à Segurança Nacional a faixa interna de 150 Km (cento e cinquenta quilômetros) de largura, paralela à linha divisória terrestre do território nacional, que será designada como Faixa de Fronteira.

Art. 2º. - Salvo com o assentimento prévio do Conselho de Segurança Nacional, será vedada, na Faixa de Fronteira, a prática dos atos referentes a:

I - alienação e concessão de terras públicas, abertura de vias de transporte e instalação de meios de comunicação destinados à exploração de serviços de radiodifusão de sons ou radiodifusão de sons e imagens;

II - Construção de pontes, estradas internacionais e campos de pouso;

III - estabelecimento ou exploração de indústrias que interessem à Segurança Nacional, assim relacionadas em decreto do Poder Executivo.

IV - instalação de empresas que se dedicarem às seguintes atividades:

a) pesquisa, lavra, exploração e aproveitamento de recursos minerais, salvo aqueles de imediata aplicação na construção civil, assim classificados no Código de Mineração;

b) colonização e loteamento rurais;

V - transações com imóvel rural, que impliquem a obtenção, por estrangeiro, do domínio, da posse ou de qualquer direito real sobre o imóvel;

VI - participação, a qualquer título, de estrangeiro, pessoa natural ou jurídica, em pessoa jurídica que seja titular de direito real sobre imóvel rural;

§ 1º. - O assentimento prévio, a modificação ou a cassação das concessões ou autorizações serão formalizados em ato da Secretaria-Geral do Conselho de Segurança Nacional, em cada caso.

§ 2º. - Se o ato da Secretaria-Geral do Conselho de Segurança Nacional for denegatório ou implicar modificação ou cassação de atos anteriores, da decisão caberá recurso ao Presidente da República.

§ 3º. - Os pedidos de assentimento prévio serão instituídos com o parecer do órgão federal controlador da atividade, observada a legislação pertinente em cada caso.

Art. 3º. - Na faixa de Fronteira, as empresas que se dedicarem às indústrias ou atividades previstas nos itens III e IV do artigo 2º deverão, obrigatoriamente, satisfazer às seguintes condições:

I - pelo menos 51% (cinquenta e um por cento) do capital pertencer a brasileiros;

II - pelo menos 2/3 (dois terços) de trabalhadores serem brasileiros; e

III - caber a administração ou gerência a maioria de brasileiros, assegurados a estes os poderes predominantes.

Parágrafo único - No caso de pessoa física ou empresa individual, só a brasileiro será permitido o estabelecendo ou exploração das indústrias ou das atividades referidas neste artigo.

Art. 4º. - As autoridades, entidades e serventuários públicos exigirão prova do assentimento prévio do Conselho de Segurança Nacional para prática de qualquer ato regulado por esta lei.

Parágrafo único - Os tabeliães e Oficiais do Registro de Imóveis, bem como os servidores das Juntas Comerciais, quando não derem fiel cumprimento ao disposto neste artigo, estarão sujeitos à multa de até 10% (dez por cento) sobre o valor do negócio irregularmente realizado, independentemente das sanções civis e penais cabíveis.

Art. 5º. - As Juntas Comerciais não poderão arquivar ou registrar contrato social, estatuto ou ato constitutivo de sociedade, bem como suas eventuais alterações, quando contrariarem o disposto nesta Lei.

Art. 6º. - Os atos previstos no artigo 2º., quando praticados sem o prévio assentimento do Conselho de Segurança Nacional, serão nulos de pleno direito e sujeitarão os responsáveis à multa de até 20% (vinte por cento) do valor declarado do negócio irregularmente realizado.

Art. 7º. - Competirá à Secretaria-Geral do Conselho de Segurança Nacional solicitar, dos órgãos competentes, a instauração de inquérito destinado a apurar as infrações às disposições desta Lei.

Art. 8º. - A alienação e a concessão de terras públicas, na faixa de Fronteira, não poderão exceder de 3000 ha (três mil hectares), sendo consideradas como uma só unidade as alienações e concessões feitas a pessoas jurídicas que tenham administradores, ou detentores da maioria do capital comuns.

§ 1º. - O Presidente da República, ouvido o Conselho de Segurança Nacional e mediante prévia autorização do Senado Federal, poderá autorizar a alienação e a concessão de terras públicas acima do limite estabelecido neste artigo, desde que haja manifesto interesse para a economia regional.

§ 2º. - A alienação e a concessão de terrenos urbanos reger-se-ão por legislação específica.

Art. 9º. - Toda vez que existir interesse para a Segurança Nacional, a união poderá concorrer com o custo, ou parte deste, para a construção de obras públicas a cargo dos Municípios total ou parcialmente abrangidos pela Faixa de Fronteira.

§ 1º. - A Lei Orçamentaria Anual da União consignará, para a Secretaria-Geral do Conselho de Segurança Nacional, recursos adequados ao cumprimento do disposto neste artigo. (Revogado pela Medida Provisória nº 2.216-37, de 31.8.2001)

§ 2º. - Os recursos serão repassados diretamente às Prefeituras Municipais, mediante a apresentação de projetos específicos.

Art. 10. - Anualmente, o Desembargador - Corregedor da Justiça Estadual, ou magistrado por ele indicado, realizará correção nos livros dos Tabeliães e Oficiais do Registro de Imóveis, nas comarcas dos respectivos Estados que possuírem municípios abrangidos pelo Faixa de Fronteira, para verificar o cumprimento desta Lei, determinando, de imediato, as providências que forem necessárias.

Parágrafo único - Nos Territórios Federais, a correção prevista neste artigo será realizada pelo Desembargador - Corregedor da Justiça do Distrito Federal e dos Territórios.

Art. 11 - O § 3º do artigo 6º do Decreto-lei nº 1.135, de 3 de dezembro de 1970, passa a vigorar com a seguinte redação:

"Art. 6º -...
....

§ 3º. Caberá recurso ao Presidente da República dos atos de que trata o parágrafo anterior, quando forem denegatórios ou implicarem a modificação ou cassação de atos já praticados."

Art. 12 - Esta Lei entrará em vigor na data de sua publicação, revogadas a Lei nº 2.597, de 12 de setembro de 1955, e demais disposições em contrário.

Brasília, 2 de maio de 1979; 158º da Independência e 91º da República.

JOÃO B. DE FIGUEIREDO
Petrônio Portela
Danilo Venturini
Este texto não substitui o publicado no D.O.U. de 3.5.1979

DECRETO Nº 85.064, DE 1980 (REGULAMENTO DA LEI DA FAIXA DE FRONTEIRA)

Regulamenta a Lei nº 6.634, de 2 de maio de 1979, que dispõe sobre a Faixa de Fronteira

O PRESIDENTE DA REPÚBLICA , no uso da atribuição que lhe confere o art. 81, item III, da Constituição,
DECRETA:

CAPÍTULO I
DISPOSIÇÕES PRELIMINARES

Art 1º - Este regulamento estabelece procedimentos a serem seguidos para a prática de atos que necessitem de assentimento prévio do Conselho de Segurança Nacional (CSN), na Faixa de Fronteira, considerada área indispensável à segurança nacional e definida pela Lei nº 6.634, de 2 de maio de 1979, como a faixa interna de cento e cinquenta (150) quilômetros de largura, paralela à linha divisória terrestre do território nacional.

Art 2º - O assentimento prévio será formalizado, em cada caso, em ato da Secretaria-Geral do Conselho de Segurança Nacional (SG/CSN), publicado no Diário Oficial da União e comunicado ao órgão federal interessado.

Parágrafo único - A modificação ou a cassação das concessões ou autorizações já efetuadas também serão formalizadas, em cada caso, através de ato da SG/CSN, publicado no Diário Oficial da União.

Art 3º - Somente serão examinados pela SG/CSN os pedidos de assentimento prévio instruídos na forma deste regulamento.

Parágrafo único - Os pedidos serão apresentados aos órgãos federais indicados neste regulamento aos quais incumbirá:

I - exigir do interessado a documentação prevista neste regulamento relativa ao objeto do pedido;

II - emitir parecer conclusivo sobre o pedido, à luz da legislação específica;

III - encaminhar o pedido à SG/CSN; e

IV - adotar, após a decisão da SG/CSN, todas as providências cabíveis, inclusive as relativas à entrega, ao requerente, da documentação expedida por aquela Secretaria-Geral.

Art 4º - Das decisões denegatórias ou que implicarem modificação ou cassação de autorizações já concedidas, caberá recurso ao Presidente da República, no prazo de cento e vinte (120) dias, contados da sua publicação no Diário Oficial da União.

§ 1º - O recurso não terá efeito suspensivo salvo se o Presidente da República expressamente o determinar.

§ 2º - O recurso será apresentado à SG/CSN que a submeterá, nos sessenta (60) dias seguintes ao seu recebimento, ao Presidente da República.

CAPÍTULO II
DA ALIENAÇÃO E CONCESSÃO DE TERRAS PÚBLICAS

Art 5º - Para a alienação e a concessão de terras públicas na Faixa de Fronteira, o processo terá início no instituto Nacional de Colonização e Reforma Agrária (INCRA).

Art 6º - As empresas que desejarem adquirir terras públicas na Faixa de Fronteira deverão instruir seus pedidos com a cópia do estatuto ao contrato social e respectivas alterações além de outros documentos exigidos pela legislação agrária específica.

Art 7º - Os processos para a alienação ou concessão de terras públicas na Faixa de Fronteira serão remetidos pelo INCRA à SG/CSN, com o respectivo parecer, sendo restituídos aquela autarquia após apreciados.

CAPÍTULO III
DOS SERVIÇOS DE RADIODIFUSÃO

Art 8º - Para a execução dos serviços de radiodifusão de sons e radiodifusão de sons e imagens, na Faixa de Fronteira, serão observadas as prescrições gerais da legislação específica de radiodifusão e o processo terá início no Departamento Nacional de Telecomunicações (DENTEL).

Art 9º - O assentimento prévio do CSN, para a instalação de meios de comunicação destinados à exploração de serviços de radiodifusão de sons ou radiodifusão de sons e imagens, será necessário apenas na hipótese de as estações geradoras se localizarem dentro da Faixa de Fronteira.

Art 10. - Na hipótese do artigo anterior, as empresas deverão fazer constar expressamente de seus estatutos ou contratos sociais que:

I - O capital social, na sua totalidade, pertencerá sempre a pessoas físicas brasileiras;

II - O quadro do pessoal será sempre constituído, ao menos, de dois terços (2/3) de trabalhadores brasileiros;

III - a responsabilidade e a orientação intelectual e administrativa da empresa caberão somente a brasileiros natos;

IV - as cotas ou ações representativas do capital social serão inalienáveis e incaucionáveis a estrangeiros ou a pessoas jurídicas; e

V - a empresa não poderá efetuar nenhuma alteração do seu instrumento social sem prévia autorização dos órgãos competentes.

Parágrafo único - As empresas constituídas sob a forma de sociedade anônima deverão, ainda, fazer constar em seu estatuto social, que as ações representativas do capital social serão sempre nominativas.

Art 11. - As empresas pretendentes à execução dos serviços de radiodifusão, na Faixa de Fronteira, deverão instruir suas propostas com os seguintes documentos, além dos exigidos pela legislação específica de radiodifusão:

I - cópia dos atos constitutivos (se ainda em formação) ou cópia do estatuto, contrato social e respectivas alterações (se empresa já constituída), em que constem as cláusulas mencionadas no artigo anterior;

II - prova de nacionalidade de todos os administradores ou sócios-cotistas (cópia da Certidão de Nascimento para os solteiros; cópia da Certidão de Casamento para os casados; cópia da Certidão de Casamento, com respectiva averbação, para os desquitados ou separados judicialmente ou divorciados e cópia da Certidão de Casamento e de Óbito do cônjuge, para os viúvos);

III - prova de estarem em dia com as suas obrigações referentes ao Serviço Militar de todos os administradores ou sócios-cotistas; e

IV - prova de estarem em dia com as suas obrigações relacionadas com a Justiça Eleitoral de todos os administradores ou sócios-cotistas.

Parágrafo único - As empresas constituídas sob a forma de sociedade anônima deverão, ainda, apresentar relação nominal dos acionistas, com os respectivos números de ações.

Art 12 - O procedimento para a obtenção do assentimento prévio do CSN, pelas empresas de radiodifusão, será o seguinte:

I - para empresas em formação ou para aquelas que desejarem, pela primeira vez, executar o serviço na Faixa de Fronteira - requerimento instruído com os documentos exigidos pela legislação específica de radiodifusão e os mencionados no artigo anterior, dirigido ao DENTEL que, após emitir parecer, encaminhará o respectivo processo à SG/CSN, para apreciação e posterior restituição àquele Departamento; e

II - para empresas que já possuem o assentimento prévio para executar o serviço na Faixa de Fronteira e que desejem efetuar alteração em seu instrumento social, para posterior registro, referente a alteração do objeto social; mudança do nome comercial ou endereço da sede; eleição de novo administrador; admissão de novo sócio-cotista; transformação, incorporação, fusão e cisão; ou reforma total dos estatutos ou contrato social - requerimento instruído com os documentos exigidos pela legislação específica de radiodifusão, a proposta de alteração estatutária ou contratual e as cópias dos documentos pessoais, mencionados no art. 11, dos novos administradores ou sócios-cotistas, quando for o caso, dirigido ao DENTEL, seguindo-se o processamento descrito no item I.

Parágrafo único - Caberá ao DENTEL o encaminhamento dos atos constitutivos, instrumentos sociais e respectivas alterações estatutárias e contratuais à empresa requerente, para posterior registro nas Juntas Comerciais dos Estados e Territórios Federais.

Art 13 - Às Universidades e Fundações que desejarem executar os serviços de radiodifusão na Faixa de Fronteira, serão aplicadas, no que couber, as disposições deste regulamento.

CAPÍTULO IV
DAS ATIVIDADES DE MINERAÇÃO

Art 14 - Para a execução das atividades de pesquisa, lavra, exploração e aproveitamento de recursos minerais, salvo aqueles de imediata aplicação na construção civil, na Faixa de Fronteira, serão obedecidas as prescrições gerais da legislação específica de mineração e o processo terá início no Departamento Nacional de Produção Mineral (DNPM).

Art 15 - Entende-se por empresa de mineração, para os efeitos deste regulamento, a firma ou sociedade constituída e domiciliada no País, qualquer que seja a sua forma jurídica e entre cujos objetivos esteja o de realizar a pesquisa, lavra, exploração e aproveitamento dos recursos minerais no território nacional.

§ 1º - Os componentes da firma ou sociedade a que se refere o presente artigo podem ser pessoas físicas ou jurídicas, nacionais ou estrangeiras, mas nominalmente, representadas no ato, constitutivo da empresa.

§ 2º - No caso de pessoa física ou empresa individual, só a brasileiro será permitido o estabelecimento ou exploração das atividades previstas neste capítulo.

§ 3º - É vedada a delegação de poderes direção ou gerência a estrangeiro, ainda que por procuração outorgada pela sociedade ou empresa individual.

Art 16 - O assentimento prévio do CSN, para a execução das atividades de pesquisa, lavra, exploração e aproveitamento de recursos minerais, será necessário:

I - para as empresas que se estabelecerem na Faixa de Fronteira; e

II - para as empresas que irão operar dentro da Faixa de Fronteira.

Art 17 - Nas hipóteses do artigo anterior, as empresas deverão fazer constar expressamente de seus estatutos ou contratos sociais que:

I - pelo menos 51% (cinquenta e um por cento) do capital pertencerá sempre a brasileiros;

II - o quadro de pessoal será sempre constituído de, pelo menos, 2/3 (dois terços) de trabalhadores brasileiros; e

III - a administração ou gerência caberá sempre a maioria de brasileiros, assegurados a estes poderes predominantes.

Parágrafo único - As empresas constituídas sob a forma de sociedade anônima deverão, ainda, fazer constar em seu estatuto social que as ações representativas do capital social revestirão sempre a forma nominativa.

Art 18. - As empresas individuais deverão fazer constar em suas declarações de firmas que:

I - o quadro de pessoal será sempre constituído de, pelo menos, 2/3 (dois terços) de trabalhadores brasileiros; e

II - a administração ou a gerência caberá sempre a brasileiros.

Art 19. - As sociedades enquadradas no art. 16 deverão instruir seus pedidos com os seguintes documentos, além dos exigidos pela legislação específica de mineração:

I - cópia dos atos constitutivos (se ainda em formação) ou cópia do estatuto, contrato social e respectivas alterações (se empresa já constituída), em que constem as cláusulas mencionadas no art. 17;

II - prova de nacionalidade de todos os administradores ou sócios-cotístas (cópia da Certidão de Nascimento para os solteiros; cópia da Certidão de Casamento para os casados; cópia da Certidão de Casamento, com respectiva averbação, para os desquitados ou separados judicialmente ou divorciados e cópia da Certidão de Casamento e de Óbito do cônjuge, para os viúvos);

III - prova de estarem em dia com as suas obrigações referentes ao Serviço Militar de todos os administradores ou sócios-cotístas; e

IV - prova de estarem em dia com as suas obrigações relacionadas com a Justiça Eleitoral de todos os administradores ou sócios-cotistas.

Parágrafo único - As empresas constituídas sob a forma de sociedade anônima deverão, ainda, apresentar relação nominal, contendo a nacionalidade e número de ações de todos os acionistas.

Art 20 - As pessoas físicas ou empresas individuais deverão instruir seus pedidos com os seguintes documentos, além dos exigidos pela legislação específica de mineração:

I - cópia da declaração de firma, em que constem as cláusula mencionadas no art. 18, quando empresa, individual;

II - cópia da Certidão de Nascimento ou de Casamento, conforme o caso;

III - prova de estarem em dia com as suas obrigações referentes ao Serviço Militar; e

IV - prova de estarem em dia com as suas obrigações relacionadas com a Justiça Eleitoral.

Art 21 - O procedimento para a obtenção do assentimento prévio do CSN, pelas empresas de mineração, será o seguinte:

I - para empresas em formação ou para aquelas que desejarem, pela primeira vez, executar as atividades na Faixa de Fronteira - requerimento instruído com os documentos exigidos pela legislação específica de mineração e os mencionados nos artigos 19 ou 20, conforme o caso, dirigido ao DNPM que, após emitir parecer, encaminhará o respectivo processo à SG/CSN, para apreciação e posterior restituição àquele Departamento; e

II - para empresas que já possuem o assentimento prévio para executar as atividades na Faixa de Fronteira e que desejem efetuar alteração em seu instrumento social, para posterior registro, referente a alteração do objeto social; mudança do nome comercial ou endereço da sede; eleição ou substituição de diretores na administração ou gerência; alteração nas atribuições e competências de administradores; modificação na participação do capital social; aumento de capital social nos casos de emissão e/ou subscrição pública ou particular de ações; mudança na forma das ações; entrada ou retirada de novos acionistas; transformação, incorporação, fusão e cisão; retirada e/ou admissão de sócios-cotistas; ou reforma total dos estatutos ou contrato social - requerimento instruído com os documentos exigidos pela legislação específica de mineração a proposta de alteração estatutária ou contratual e as cópias dos documentos pessoais mencionados no art. 19 dos novos administradores ou sócios-cotistas, quando for o caso, dirigido ao DNPM, seguindo-se o processamento descrito no Item I.

Parágrafo único - Caberá ao DNPM o encaminhamento dos atos constitutivos, instrumentos sociais e respectivas alterações estatutárias e contratuais à empresa requerente, para posterior registro nas Juntas Comerciais dos Estados e Territórios Federais.

CAPÍTULO V
DA COLONIZAÇÃO E LOTEAMENTOS RURAIS

Art 22 - Para a execução das atividades de colonização e loteamentos rurais, na Faixa de Fronteira, serão observadas as prescrições gerais da legislação agrária específica e o processo terá início no Instituto Nacional de Colonização e Reforme Agrária (INCRA).

Art 23 - Entende-se por empresa particular de colonização, para os efeitos deste regulamento, as pessoas físicas ou jurídicas, estas constituídas e domiciliadas no País, que tiverem por finalidade executar programa de valorização de área ou distribuição, de terras.

§ 1º - No caso de pessoa física ou empresa individual, só a brasileiro será permitido executar as atividades previstas neste artigo.

§ 2º - É vedada a delegação de poderes de direção ou gerência a estrangeiro, ainda que por procuração outorgada pela sociedade ou empresa individual.

Art 24 - O assentimento prévio do CSN para a execução das atividades de colonização e loteamentos rurais, na Faixa de Fronteira, será necessário:

I - na alienação de terras públicas, para a empresa vencedora de licitação publicada no Diário Oficial da União; e

II - na alienação de terras particulares, para as empresas que as desejarem adquirir, quando da apresentação dos respectivos projetos.

Art 25 - Nas hipóteses do artigo anterior, as empresas deverão fazer constar de seus estatutos ou contratos sociais as cláusulas mencionadas nos artigos 17 ou 18, conforme o caso.

Art 26 - As empresas enquadradas no art. 24 deverão instruir seus processos com os documentos discriminados nos artigos 19 ou 20, conforme o caso.

Art 27 - As empresas de colonização e loteamento rurais que já possuem autorização para operar na Faixa de Fronteira necessitarão do assentimento prévio do CSN para efetuarem alterações em seu instrumento social, para posterior registro nos casos previstos no item II do art. 21.

Art 28 - Após instruídos pelo INCRA, os processos de colonização e loteamentos rurais, na Faixa de Fronteira, serão encaminhados a SG/CSN para apreciação e posterior restituição àquela autarquia.

Parágrafo único - Caberá ao INCRA o encaminhamento dos atos constitutivos, instrumentos sociais e respectivas alterações estatutárias e contratuais à empresa requerente, para posterior registro nas Juntas Comerciais dos Estados e Territórios Federais.

CAPÍTULO VI
DAS TRANSAÇÕES COM IMÓVEIS RURAIS, ENVOLVENDO ESTRANGEIROS

Art 29. - Os negócios jurídicos que, direta ou indiretamente, implicarem obtenção da posse, do domínio ou de qualquer outro direito real sobre imóvel rural situado na Faixa de Fronteira, dependerão do assentimento prévio do CSN e o processo terá início no Instituto Nacional de Colonização e Reforma Agrária (INCRA), quando adquirente de titularidade daqueles direitos:

I - pessoa física estrangeira residente no Brasil;

II - pessoa jurídica estrangeira autorizada a funcionar no País; ou

III - pessoa jurídica brasileira da qual participe, a qualquer título, detendo a maioria de seu capital social, pessoa física estrangeira aqui não residente ou pessoa jurídica estrangeira sediada no exterior.

Art 30. - As pessoas jurídicas referidas nos itens II e III do artigo anterior somente poderão obter o assentimento prévio quando o imóvel rural pretendido se destinar a implantação de projeto agrícola, pecuário, industrial ou de colonização, vinculado aos seus objetivos estatutários.

Art 31. - As pessoas físicas estrangeiras que desejarem adquirir imóvel rural, na Faixa de Fronteira, deverão instruir seus pedidos com os seguintes documentos, além dos exigidos pela legislação agrária específica:

I - cópia da Carteira de Identidade para Estrangeiro;

II - declaração do interessado, de que não está respondendo a inquérito ou ação penal, nem foi condenado pela justiça de seu País ou do Brasil;

III - prova de propriedade do imóvel pretendido, incluindo sua cadeia dominial; e

IV - cópia do Certificado de Cadastro do INCRA, referente ao exercício em vigor.

Parágrafo único - No texto do requerimento para a aquisição do imóvel rura, o interessado deverá declarar sua residência e o endereço para correspondência.

Art 32 - As pessoas jurídicas estrangeiras referidas nos itens II e III do art. 29 que desejarem adquirir imóvel rural, na Faixa de Fronteira, deverão instruir seus pedidos com os seguintes documentos, além dos exigidos pela legislação agrária específica:

I - cópia do estatuto ou contrato social da empresa;

II - autorização para a peticionaria funcionar no Brasil, em se tratando de empresa estrangeira;

III - cópias dos atos de eleição da diretoria e da alteração do nome comercial da empresa, se for o caso;

IV - relação nominal, contendo a nacionalidade e número de ações dos acionistas da empresa, quando se tratar de sociedade anônima, em se tratando de empresa brasileira;

V - prova de propriedade do imóvel pretendido, incluindo sua cadeia dominial; e

VI - cópia do Certificado de Cadastro do INCRA, referente ao exercício em vigor.

Art 33 - Os processos para transação de imóveis rurais com estrangeiros, na Faixa de Fronteira, serão remetidos pelo INCRA à SG/CSN, com o respectivo parecer, sendo restituídos àquela autarquia após apreciados.

CAPÍTULO VII
DA PARTICIPAÇÃO DE ESTRANGEIROS
EM PESSOA JURÍDICA BRASILEIRA

Art 34 - A participação, a qualquer título, de estrangeiro, pessoa natural ou jurídica, em pessoa jurídica brasileira que seja titular de direito real sobre imóvel rural localizado na Faixa de Fronteira, dependerá do assentimento prévio do CSN.

§ 1º - São direitos reais, assim definidos no Código Civil Brasileiro, além da propriedade e da posse, a enfiteuse ou aforamento, as servidões, o usufruto, o uso, a habitação, as rendas expressamente constituídas sobre imóveis, a anticrese e a hipoteca.

§ 2º - A pessoa jurídica que desrespeitar a exigência deste artigo sujeitar-se-á à dissolução, na forma da legislação pertinente.

Art 35 - Para a lavratura e o registro de escritura de alienação ou de constituição de direito real, que tiver por objeto imóvel rural situado na Faixa de Fronteira, em que o outorgado for pessoa jurídica, será indispensável verificar se dela participa, como sócio ou acionista, pessoa física ou jurídica estrangeira.

Parágrafo único - A verificação de que trata este artigo far-se-á da seguinte maneira:

I - em se tratando de sociedade anônima - à vista da relação nominal dos acionistas, contendo a nacionalidade, o número de ações com direito a voto e a soma das participações, a qual deverá coincidir com o capital declarado no estatuto social da empresa; a relação será firmada pelos diretores da empresa, responsáveis pela exação da informação, com a declaração de que foi feita de conformidade com os dados existentes no Livro de Registro de Ações da sociedade; e

II - em se tratando de sociedade de outro tipo - à vista do contrato social e de suas alterações.

Art 36 - O assentimento prévio para os atos previstos neste capítulo será dado mediante solicitação do interessado à SG/CSN.

CAPÍTULO VIII
DO AUXÍLIO FINANCEIRO AOS MUNICÍPIOS
DA FAIXA DE FRONTEIRA

Art 37 - Para habilitar-se ao auxílio financeiro destinado à execução de obras públicas, previsto no art. 9º da Lei nº 6.634, de 2 de maio de 1979, os municípios total ou parcialmente localizados na Faixa de Fronteira deverão, até 31 de julho do ano anterior ao da concessão, encaminhar à SG/CSN dados sucintos sobre a obra que pretendem realizar e seu orçamento estimado.

Parágrafo único - Em casos especiais, devidamente justificados, poderá ser concedido auxílio para aquisição de máquinas e equipamentos.

Art 38 - A SG/CSN estudará os pedidos de auxílio e, a partir de 1º de setembro, informará às Prefeituras Municipais da concessão ou não do auxílio solicitado.

Art 39 - Os recursos serão repassados diretamente às Prefeituras Municipais por intermédio da agência do Banco do Brasil S.A.

Art 40 - A aplicação dos recursos está sujeita a comprovação perante o Tribunal de Contas da União, por Intermédio da SG/CSN.

§ 1º - O emprego dos recursos limitar-se-á no exercício financeiro em que foram concedidos, podendo ser aproveitados no exercício imediato, como Restos a Pagar, desde que devidamente empenhados no exercício do recebimento.

§ 2º - Enquanto as prestações de contas não forem apresentadas, as Prefeituras Municipais não estarão habilitadas ao recebimento de auxílios posteriores.

Art 41 - A SG/CSN baixará instruções detalhadas, visando a orientar as Prefeituras Municipais quanto à habilitação e repasse dos auxílios, aplicação dos recursos e prestação de contas.

CAPÍTULO IX
DA INSCRIÇÃO NOS ÓRGÃOS DO REGISTRO DO COMÉRCIO

Art 42 - As Juntas Comerciais dos Estados e dos Territórios Federais exigirão prova do assentimento prévio de CSN nos seguintes casos:

I - execução dos serviços de radiodifusão, de que trata o Capítulo III:

a) para inscrição dos atos constitutivos, estatutos ou contratos sociais das empresas que desejarem, pela primeira vez, executar o serviço na Faixa de Fronteira; e

b) para inscrição das alterações nos instrumentos sociais, listadas no Item II do art. 12; e

II - execução das atividades de mineração, de que trata o Capítulo IV e de colonização e loteamentos rurais, de que trata o Capítulo V:

a).para inscrição dos atos constitutivos, declarações de firma, estatutos ou contratos sociais das empresas que desejarem, pela primeira vez, executar as atividades na Faixa de Fronteira; e

b) para inscrição das alterações nos instrumentos sociais, listadas no item II do art. 21.

Art 43 - A abertura de filiais, agências, sucursais, postos ou quaisquer outros estabelecimentos com poder de representação ou mandato da matriz, na Faixa de Fronteira, relacionados com a prática de atos que necessitam do assentimento prévio, implicará o cumprimento das prescrições deste regulamento.

Art 44 - Será dispensado ato formal da SG/CSN, nos casos de dissolução, liquidação ou extinção das empresas que obtiveram o assentimento prévio para exercerem atividades na Faixa de Fronteira, na forma deste regulamento, cabendo ao Departamento Nacional de Registro do Comércio (DNRC) comunicar tais ocorrências àquela Secretaria-Geral, para fins de controle.

CAPÍTULO X
DISPOSIÇÕES GERAIS

Art 45 - As entidades da administração indireta, da União, dos Estados e dos Municípios, aplicam-se, no que couber, as disposições deste regulamento, não lhes sendo exigível, porém, que adotem para suas ações a forma nominativa.

Art 46 - Os Cartórios de Notas e de Registro de Imóveis exigirão prova do assentimento prévio do CSN para as transações com imóveis rurais, envolvendo estrangeiros, de que trata o Capítulo VI e obedecidas as prescrições da legislação que regula a aquisição de imóvel rural por estrangeiro residente no País ou pessoa jurídica estrangeira autorizada a funcionar no Brasil.

Art 47 - Trimestralmente, os Cartórios de Registro de Imóveis remeterão à Corregedoria da Justiça Estadual a que estiverem subordinados ou à Corregedoria da Justiça do Distrito Federal e dos Territórios, à repartição estadual do INCRA e à SG/CSN, relação das aquisições de imóveis rurais por pessoas físicas ou jurídicas estrangeiras, situados na Faixa de Fronteira, do qual constarão os seguintes dados:

I - menção do documento de identidade das partes contratantes ou dos respectivos atos constitutivos, se pessoas jurídicas;

II - memorial descritivo do imóvel, com área, características, limites e confrontações; e

III - transcrição da autorização do órgão competente.

Art 48 - A SG/CSN solicitará, das autoridades e órgãos competentes, a instauração de inquérito destinado a apurar as infrações ao disposto neste regulamento.

Art 49 - Os atos previstos neste regulamento, se praticados sem o assentimento prévio do CSN, serão nulos de pleno direito e sujeitarão os responsáveis à multa de até vinte por cento (20%) do valor declarado do negócio irregularmente realizado.

Art 50 - Este Decreto entra em vigor na data de sua publicação, revogadas as disposições em contrário.

Brasília, 26 de agosto de 1980; 159º da Independência e 92º da República.

JOÃO FIGUEIREDO
Danilo Venturini
Este texto não substitui o publicado no D.O.U. de 27.8.1980

LEI Nº 8.183, DE 1991 (ORGANIZAÇÃO E FUNCIONAMENTO DO CDN)

> Dispõe sobre a organização e o funcionamento do Conselho de Defesa Nacional e dá outras providências.

O PRESIDENTE DA REPÚBLICA, faço saber que o Congresso Nacional decreta e eu sanciono a seguinte Lei:

Art. 1º O Conselho de Defesa Nacional (CDN), órgão de Consulta do Presidente da República nos assuntos relacionados com a soberania nacional e a defesa do estado democrático, tem sua organização e funcionamento disciplinados nesta lei.

Parágrafo único. Na forma do § 1º do art. 91 da Constituição, compete ao Conselho de Defesa Nacional:

a) opinar nas hipóteses de declaração de guerra e de celebração de paz;

b) opinar sobre a decretação do estado de defesa, do estado de sítio e da intervenção federal;

c) propor os critérios e condições de utilização das áreas indispensáveis à segurança do território nacional e opinar sobre seu efetivo uso, especialmente na faixa de fronteira e nas relacionadas com a preservação e a exploração dos recursos naturais de qualquer tipo;

d) estudar, propor e acompanhar o desenvolvimento de iniciativas necessárias a garantir a independência nacional e a defesa do estado democrático.

Art. 2º O Conselho de Defesa Nacional é presidido pelo Presidente da República e dele participam como membros natos:

I - o Vice-Presidente da República;
II - o Presidente da Câmara dos Deputados;
III - o Presidente do Senado Federal;
IV - o Ministro da Justiça;
V - o Ministro da Marinha;
VI - o Ministro do Exército;
VII - o Ministro das Relações Exteriores;
VIII - o Ministro da Aeronáutica;
IX - o Ministro da Economia, Fazenda e Planejamento.

§ 1º O Presidente da República poderá designar membros eventuais para as reuniões do Conselho de Defesa Nacional, conforme a matéria a ser apreciada.

§ 2º O Conselho de Defesa Nacional poderá contar com órgãos complementares necessários ao desempenho de sua competência constitucional.

§-3º O Conselho de Defesa Nacional terá uma Secretaria-Geral para execução das atividades permanentes necessárias ao exercício de sua competência constitucional.

§ 3º O Conselho de Defesa Nacional terá uma Secretaria-Executiva para execução das atividades permanentes necessárias ao exercício de sua competência constitucional. (Redação dada pela Medida Provisória nº 2216-37, de 2001)

Art. 3º O Conselho de Defesa Nacional reunir-se-á por convocação do Presidente da República.

Parágrafo único. O Presidente da República poderá ouvir o Conselho de Defesa Nacional mediante consulta feita separadamente a cada um dos seus membros, quando a matéria não justificar a sua convocação.

Art. 4º Cabe à Secretaria de Assuntos Estratégicos, órgão da Presidência da República, executar as atividades permanentes necessárias ao exercício da competência do Conselho de Defesa Nacional (CDN).

Parágrafo único. Para o trato de problemas específicos da competência do Conselho de Defesa Nacional (CDN) poderão ser instituídos, junto à Secretaria de Assuntos Estratégicos, grupos e comissões especiais, integrados por representantes de órgãos e entidades, pertencentes ou não à administração pública federal.

Art. 4º Cabe ao Gabinete de Segurança Institucional da Presidência da República executar as atividades permanentes necessárias ao exercício da competência do Conselho de Defesa Nacional - CDN. (Redação dada pela Medida Provisória nº 2216-37, de 2001)

Parágrafo único. Para o trato de problemas específicos da competência do Conselho de Defesa Nacional, poderão ser instituídos, junto ao Gabinete de Segurança Institucional da Presidência da República, grupos e comissões especiais, integrados por representantes de órgãos e entidades, pertencentes ou não à Administração Pública Federal. (Redação dada pela Medida Provisória nº 2216-37, de 2001)

Art. 5º O exercício da competência do Conselho de Defesa Nacional pautar-se-á no conhecimento das situações nacional e internacional, com vistas ao planejamento e à condução política e da estratégia para a defesa nacional.

Parágrafo único. As manifestações do Conselho de Defesa Nacional serão fundamentadas no estudo e no acompanhamento dos assuntos de interesse da independência nacional e da defesa do estado democrático, em especial os que se refere:

I - à segurança da fronteira terrestre, do mar territorial, do espaço aéreo e de outras áreas indispensáveis à defesa do território nacional;

II - quanto à ocupação e à integração das áreas de faixa de fronteira;

III - quanto à exploração dos recursos naturais de qualquer tipo e ao controle dos materiais de atividades consideradas do interesse da defesa nacional.

Art. 6º Os órgãos e entidades de Administração Federal realizarão estudos, emitirão pareceres e prestarão toda a colaboração de que o Conselho de Defesa Nacional necessitar, mediante solicitação de sua Secretaria-Geral.

Art. 6º Os órgãos e as entidades de Administração Federal realizarão estudos, emitirão pareceres e prestarão toda a colaboração de que o Conselho de Defesa Nacional necessitar, mediante solicitação de sua Secretaria-Executiva. (Redação dada pela Medida Provisória nº 2216-37, de 2001)

Art. 7º A participação, efetiva ou eventual, no Conselho de Defesa Nacional, constitui serviço público relevante e seus membros não poderão receber remuneração sob qualquer título ou pretexto.

Art. 8° Esta lei entra em vigor na data de sua publicação.
Art. 9° Revogam-se as disposições em contrário.
Brasília, 11 de abril de 1991; 170° da Independência e 103° da República.
FERNANDO COLLOR
Jarbas Passarinho
Este texto não substitui o publicado no D.O.U. de 12.4.1991.

DECRETO N° 893, DE 1993
(REGULAMENTO DO CDN)

Aprova o Regulamento do Conselho de Defesa Nacional.

O PRESIDENTE DA REPÚBLICA, no uso das atribuições que lhe confere o art. 84, incisos IV e VI, da Constituição, tendo em vista o disposto no art. 91 da Constituição Federal e na Lei n° 8.183, de 11 de abril de 1991, e ouvido o Conselho de Defesa Nacional.
DECRETA:
Art. 1° É aprovado o regulamento, que com este baixa, do Conselho de Defesa Nacional, criado pelo art. 91 da Constituição Federal, e de organização e funcionamento regulados pela Lei n° 8.183, de 11 de abril de 1991.
Art. 2° Este decreto entra em vigor na data de sua publicação.
Brasília, 12 de agosto de 1993; 172° da Independência e 105° da República.
ITAMAR FRANCO
Maurício Corrêa
Ivan da Silveira Serpa
Zenildo de Lucena
Celso Luiz Nunes Amorim
Lelio Viana Lôbo
Alexis Stepanenko
Fernando Cardoso
Arnaldo Leite Pereira
Mario Cesar Flores
Este texto não substitui o publicado no D.O.U. de 13.8.1993

ANEXO

REGULAMENTO DO CONSELHO DE DEFESA NACIONAL

CAPÍTULO I
Da Finalidade e da Composição

Art. 1º O Conselho de Defesa Nacional CDN, órgão de consulta do Presidente da República nos assuntos relacionados com a soberania nacional e a defesa do Estado, é presidido pelo Presidente da República e dele participam, como membros natos:
I - o Vice-Presidente da República;
II - o Presidente da Câmara dos Deputados;
III - o Presidente do Senado Federal;
IV - o Ministro da Justiça;
V - os Ministros Militares;
VI - o Ministro das Relações Exteriores;
VII - o Ministro de Estado Chefe da Secretaria de Planejamento, Orçamento e Coordenação da Presidência da República.

§ 1º O Presidente da República poderá designar membros eventuais para participarem das reuniões do CDN, conforme a matéria a ser apreciada.

§ 2º A participação, efetiva ou eventual, no CDN, é considerada de relevante interesse público e não será remunerada sob qualquer título.

§ 3º O Ministro de Estado Chefe da Secretaria de Assuntos Estratégicos da Presidência da República SAE/PR é o Secretário-Executivo do CDN.

CAPÍTULO II
Da Competência

Art. 2º Compete ao CDN:
I - opinar nas hipóteses de declaração de guerra e de celebração da paz;
II - opinar sobre a decretação do estado de defesa, do estado de sítio e da intervenção federal;
III - propor os critérios e condições de utilização de áreas indispensáveis à segurança do território nacional e opinar sobre o seu efetivo uso, especialmente na faixa de fronteira e nas relacionadas com a preservação e a exploração dos recursos naturais de qualquer tipo;
IV - estudar, propor e acompanhar o desenvolvimento de iniciativas necessárias a garantir a independência nacional e a defesa do Estado democrático.

Art. 3º O exercício da competência do CDN pautar-se-á no conhecimento das situações nacional e internacional, com vistas ao planejamento e à condução da política e da estratégia para a defesa nacional.

Parágrafo único. As manifestações do CDN serão fundamentadas no estudo e no acompanhamento dos assuntos de interesse da independência nacional e da defesa do estado democrático, em especial no que se refere:

I - à segurança da fronteira terrestre, do mar territorial e da zona econômica exclusiva, do espaço aéreo e de outras áreas indispensáveis à defesa do território nacional;
II - à ocupação e à integração das áreas de faixa de fronteira;
III - à exploração dos recursos naturais de qualquer tipo e ao controle dos materiais relevantes para a defesa nacional.

CAPÍTULO III
Da Organização

Art. 4° O CDN compõe-se de:
I - Plenário;
II - Secretaria-Geral;
III - grupos e comissões especiais.

Art. 5° O Plenário é presidido pelo Presidente da República e constituído pelos membros natos e eventuais.

Parágrafo único. O Secretário-Executivo tem assento nas reuniões do Plenário, sem direito a voto.

Art. 6° A SAE/PR, na condição de Secretaria-Geral do CDN, compete executar as atividades permanentes, técnicas e de apoio administrativo necessárias ao exercício da competência do CDN.

Art. 7° Compete ao Secretário-Executivo:
I - coordenar os estudos e pareceres sobre os assuntos a serem submetidos ao CDN;
II - transmitir aos membros do CDN a convocação do Presidente da República para as suas reuniões;
III - encaminhar aos membros do CDN as consultas ou instruções do Presidente da República, para o exame de proposições apresentadas;
IV - secretariar as reuniões do CDN e organizar as respectivas atas;
V - transmitir, quando cabível, aos órgãos da Administração as decisões do Presidente da República resultantes de manifestações do CDN.

Art. 8° O CDN reunir-se-á por convocação do Presidente da República.

Parágrafo único. O Presidente da República poderá ouvir o CDN mediante consulta feita separadamente a cada um dos seus membros, nas hipóteses previstas nos incisos III e IV do art. 2°.

Art. 9° O Secretário-Executivo do CDN poderá solicitar a órgãos e entidades da Administração Federal, direta e indireta:
I - estudos, pareceres, informações e esclarecimentos necessários à consecução dos seus objetivos;
II - a colaboração de servidores por tempo determinado, observadas as normas pertinentes;
III - o suporte técnico e administrativo necessário às reuniões do CDN e ao seu funcionamento.

Parágrafo único. Os órgãos e entidades referidos neste artigo realizarão estudos, emitirão pareceres e prestarão toda a colaboração de que o CDN necessitar.

CAPÍTULO IV
Das Disposições Finais

Art. 10. O Secretário-Executivo do CDN será substituído, em suas ausências e impedimentos eventuais, pelo Secretário-Adjunto da SAE/PR.

Art. 11. O desempenho de funções na Secretaria-Geral do CDN constitui, para os servidores, serviço relevante e título de merecimento, para todos os efeitos da vida funcional, sendo que para os militares em serviço ativo, tal desempenho é também considerado comissão militar de serviço relevante.

Art. 12. Os casos omissos neste regulamento serão decididos pelo Presidente da República.

LEI COMPLEMENTAR Nº 97, DE 9 DE JUNHO DE 1999 (EMPREGO DAS FORÇAS ARMADAS)

Dispõe sobre as normas gerais para a organização, o preparo e o emprego das Forças Armadas.

O PRESIDENTE DA REPÚBLICA Faço saber que o Congresso Nacional decreta e eu sanciono a seguinte Lei Complementar:

CAPÍTULO I
DISPOSIÇÕES PRELIMINARES

Seção I
Da Destinação e Atribuições

Art. 1º As Forças Armadas, constituídas pela Marinha, pelo Exército e pela Aeronáutica, são instituições nacionais permanentes e regulares, organizadas com base na hierarquia e na disciplina, sob a autoridade suprema do Presidente da República e destinam-se à defesa da Pátria, à garantia dos poderes constitucionais e, por iniciativa de qualquer destes, da lei e da ordem.

Parágrafo único. Sem comprometimento de sua destinação constitucional, cabe também às Forças Armadas o cumprimento das atribuições subsidiárias explicitadas nesta Lei Complementar.

[...]

Seção II
Da Direção Superior das Forças Armadas

Art. 9º O Ministro de Estado da Defesa exerce a direção superior das Forças Armadas, assessorado pelo Conselho Militar de Defesa, órgão permanente de assessoramento, pelo Estado-Maior Conjunto das Forças Armadas e pelos demais órgãos, conforme definido em lei. (Redação dada pela Lei Complementar nº 136, de 2010).

§ 1º Ao Ministro de Estado da Defesa compete a implantação do Livro Branco de Defesa Nacional, documento de caráter público, por meio do qual se permitirá o acesso ao amplo contexto da Estratégia de Defesa Nacional, em perspectiva de médio e longo prazos, que viabilize o acompanhamento do orçamento e do planejamento plurianual relativos ao setor. (Incluído pela Lei Complementar nº 136, de 2010).

§ 2º O Livro Branco de Defesa Nacional deverá conter dados estratégicos, orçamentários, institucionais e materiais detalhados sobre as Forças Armadas, abordando os seguintes tópicos: (Incluído pela Lei Complementar nº 136, de 2010).

I - cenário estratégico para o século XXI; (Incluído pela Lei Complementar nº 136, de 2010).

II - política nacional de defesa; (Incluído pela Lei Complementar nº 136, de 2010).

III - estratégia nacional de defesa; (Incluído pela Lei Complementar nº 136, de 2010).

IV - modernização das Forças Armadas; (Incluído pela Lei Complementar nº 136, de 2010).

V - racionalização e adaptação das estruturas de defesa; (Incluído pela Lei Complementar nº 136, de 2010).

VI - suporte econômico da defesa nacional; (Incluído pela Lei Complementar nº 136, de 2010).

VII - as Forças Armadas: Marinha, Exército e Aeronáutica; (Incluído pela Lei Complementar nº 136, de 2010).

VIII - operações de paz e ajuda humanitária. (Incluído pela Lei Complementar nº 136, de 2010).

§ 3º O Poder Executivo encaminhará à apreciação do Congresso Nacional, na primeira metade da sessão legislativa ordinária, de 4 (quatro) em 4 (quatro) anos, a partir do ano de 2012, com as devidas atualizações: (Incluído pela Lei Complementar nº 136, de 2010).

I - a Política de Defesa Nacional; (Incluído pela Lei Complementar nº 136, de 2010).

II - a Estratégia Nacional de Defesa; (Incluído pela Lei Complementar nº 136, de 2010).

III - o Livro Branco de Defesa Nacional. (Incluído pela Lei Complementar nº 136, de 2010).

[...]

CAPÍTULO VI
DAS DISPOSIÇÕES COMPLEMENTARES

Art. 16. Cabe às Forças Armadas, como atribuição subsidiária geral, cooperar com o desenvolvimento nacional e a defesa civil, na forma determinada pelo Presidente da República.

Parágrafo único. Para os efeitos deste artigo, integra as referidas ações de caráter geral a participação em campanhas institucionais de utilidade pública ou de interesse social. (Incluído pela Lei Complementar nº 117, de 2004)

Art. 16-A. Cabe às Forças Armadas, além de outras ações pertinentes, também como atribuições subsidiárias, preservadas as competências exclusivas das polícias judiciárias, atuar, por meio de ações preventivas e repressivas, na faixa de fronteira terrestre, no mar e nas águas interiores, independentemente da posse, da propriedade, da finalidade ou de qualquer gravame que sobre ela recaia, contra delitos transfronteiriços e ambientais, isoladamente ou em coordenação com outros órgãos do Poder Executivo, executando, dentre outras, as ações de: (Incluído pela Lei Complementar nº 136, de 2010).

I - patrulhamento; (Incluído pela Lei Complementar nº 136, de 2010).

II - revista de pessoas, de veículos terrestres, de embarcações e de aeronaves; e (Incluído pela Lei Complementar nº 136, de 2010).

III - prisões em flagrante delito. (Incluído pela Lei Complementar nº 136, de 2010).

[...]

LEI Nº 10.522, DE 2002 (SUSPENSÃO DA RESTRIÇÃO NO CADIN)

Mensagem de veto
(Vide Medida Provisória nº 526, de 2011)
(Vide Lei nº 12.453, de 2011)

Dispõe sobre o Cadastro Informativo dos créditos não quitados de órgãos e entidades federais e dá outras providências.

O PRESIDENTE DA REPÚBLICA Faço saber que o Congresso Nacional decreta e eu sanciono a seguinte Lei:

Art. 1º O Cadastro Informativo de créditos não quitados do setor público federal (Cadin) passa a ser regulado por esta Lei.

Art. 2º O Cadin conterá relação das pessoas físicas e jurídicas que:

I - sejam responsáveis por obrigações pecuniárias vencidas e não pagas, para com órgãos e entidadesda Administração Pública Federal, direta e indireta;

II - estejam com a inscrição nos cadastros indicados, do Ministério da Fazenda, em uma das seguintes situações:

a) cancelada no Cadastro de Pessoas Físicas – CPF; (Redação dada pela Lei nº 11.941, de 2009)

b) declarada inapta perante o Cadastro Geral de Contribuintes – CGC.

§ 1º Os órgãos e as entidades a que se refere o inciso I procederão, segundo normas próprias e sob sua exclusiva responsabilidade, às inclusões no Cadin, de pessoas físicas ou jurídicas que se enquadrem nas hipóteses previstas neste artigo.

§ 2º A inclusão no Cadin far-se-á 75 (setenta e cinco) dias após a comunicação ao devedor da existência do débito passível de inscrição naquele Cadastro, fornecendo-se todas as informações pertinentes ao débito.

§ 3º Tratando-se de comunicação expedida por via postal ou telegráfica, para o endereço indicado no instrumento que deu origem ao débito, considerar-se-á entregue após 15 (quinze) dias da respectiva expedição.

§ 4º A notificação expedida pela Secretaria da Receita Federal do Brasil, pela Procuradoria-Geral da Fazenda Nacional ou pela Procuradoria-Geral Federal, dando conhecimento ao devedor da existência do débito ou da sua inscrição em Dívida Ativa atenderá ao disposto no § 2º deste artigo. (Redação dada pela Lei nº 11.941, de 2009).

§ 5º Comprovado ter sido regularizada a situação que deu causa à inclusão no Cadin, o órgão ou a entidade responsável pelo registro procederá, no prazo de 5 (cinco) dias úteis, à respectiva baixa.

§ 6º Na impossibilidade de a baixa ser efetuada no prazo indicado no § 5º, o órgão ou a entidade credora fornecerá a certidão de regularidade do débito, caso não haja outros pendentes de regularização.

§ 7º A inclusão no Cadin sem a expedição da comunicação ou da notificação de que tratam os §§ 2º e 4º, ou a não exclusão, nas condições e no prazo previstos no § 5º, sujeitará o responsável às penalidades cominadas pela Lei nº 8.112, de 11 de dezembro de 1990, e pelo Decreto-Lei nº 5.452, de 1º de maio de 1943 (Consolidação das Leis do Trabalho).

§ 8º O disposto neste artigo não se aplica aos débitos referentes a preços de serviços públicos ou a operações financeiras que não envolvam recursos orçamentários.
[...]
Art. 26. Fica suspensa a restrição para transferência de recursos federais a Estados, Distrito Federal e Municípios destinados à execução de ações sociais e ações em faixa de fronteira, em decorrência de inadimplementos objeto de registro no Cadin e no Sistema Integrado de Administração Financeira do Governo Federal - Siafi.

§ 1º Na transferência de recursos federais prevista no caput, ficam os Estados, o Distrito Federal e os Municípios dispensados da apresentação de certidões exigidas em leis, decretos e outros atos normativos.

§ 2º Não se aplica o disposto neste artigo aos débitos com o Instituto Nacional do Seguro Social - INSS, exceto quando se tratar de transferências relativas à assistência social. (Redação dada pela Lei nº 10.954, de 2004)
[...]
Art. 38. Ficam convalidados os atos praticados com base na Medida Provisória nº 2.176-79, de 23 de agosto de 2001.

Art. 39. Ficam revogados o art. 11 do Decreto-Lei nº 352, de 17 de junho de 1968, e alterações posteriores; o art. 10 do Decreto-Lei nº 2.049, de 1º de agosto de 1983; o art. 11 do Decreto-Lei nº 2.052, de 3 de agosto de 1983; o art. 11 do Decreto-Lei nº 2.163, de 19 de setembro de 1984; os arts. 91, 93 e 94 da Lei nº 8.981, de 20 de janeiro de 1995.

Art. 40. Esta Lei entra em vigor na data de sua publicação.

Brasília, 19 de julho de 2002; 181º da Independência e 114º da República.

FERNANDO HENRIQUE CARDOSO
Pedro Malan

Este texto não substitui o publicado no D.O.U. de 22.7.2002

DECRETO Nº 7.496, DE 2011 (PLANO ESTRATÉGICO DE FRONTEIRAS)

Institui o Plano Estratégico de Fronteiras.

A PRESIDENTA DA REPÚBLICA, no uso da atribuição que lhe confere o art. 84, inciso VI, alínea "a", da Constituição,

DECRETA:

Art. 1º Fica instituído o Plano Estratégico de Fronteiras para o fortalecimento da prevenção, controle, fiscalização e repressão dos delitos transfronteiriços e dos delitos praticados na faixa de fronteira brasileira.

Art. 2º O Plano Estratégico de Fronteiras terá como diretrizes:

I - a atuação integrada dos órgãos de segurança pública, da Secretaria da Receita Federal do Brasil e das Forças Armadas; e   (Redação dada pelo Decreto nº 7.638, de 2011)

II - a integração com os países vizinhos.

Art. 3º O Plano Estratégico de Fronteiras terá como objetivos:

I - a integração das ações de segurança pública, de controle aduaneiro e das Forças Armadas da União com a ação dos Estados e Municípios situados na faixa de fronteira;   (Redação dada pelo Decreto nº 7.638, de 2011)

II - a execução de ações conjuntas entre os órgãos de segurança pública, federais e estaduais, a Secretaria da Receita Federal do Brasil e as Forças Armadas; (Redação dada pelo Decreto nº 7.638, de 2011)

III - a troca de informações entre os órgãos de segurança pública, federais e estaduais, a Secretaria da Receita Federal do Brasil e as Forças Armadas;   (Redação dada pelo Decreto nº 7.638, de 2011)

IV - a realização de parcerias com países vizinhos para atuação nas ações previstas no art. 1º; e

V - a ampliação do quadro de pessoal e da estrutura destinada à prevenção, controle, fiscalização e repressão de delitos na faixa de fronteira.

Art. 4º O Plano Estratégico de Fronteiras será efetivado mediante a realização, entre outras, das seguintes medidas:

I - ações de integração federativa entre a União e os estados e municípios situados na faixa de fronteira;

II - implementação de projetos estruturantes para o fortalecimento da presença estatal na região de fronteira; e

III - ações de cooperação internacional com países vizinhos.

Art. 5º As ações do Plano Estratégico de Fronteiras serão implementadas por meio de:

I - Gabinetes de Gestão Integrada de Fronteira - GGIF; e

II - Centro de Operações Conjuntas - COC.

Art. 6º Os Gabinetes de Gestão Integrada de Fronteira terão como objetivo a integração e a articulação das ações da União previstas no art. 1º com as ações dos estados e municípios, cabendo a eles:

I - propor e coordenar a integração das ações;

II - tornar ágil e eficaz a comunicação entre os seus órgãos;

III - apoiar as secretarias e polícias estaduais, a polícia federal e os órgãos de fiscalização municipais;

IV - analisar dados estatísticos e realizar estudos sobre as infrações criminais e administrativas;

V - propor ações integradas de fiscalização e segurança urbana no âmbito dos municípios situados na faixa de fronteira;

VI - incentivar a criação de Gabinetes de Gestão Integrada Municipal; e

VII - definir as áreas prioritárias de sua atuação.

§ 1º Não haverá hierarquia entre os órgãos que compõem os GGIF e suas decisões serão tomadas por consenso.

§ 2º Cada GGIF será constituído por ato do Governo Estadual e será composto pelas autoridades federais e estaduais que atuem nos termos do art. 1º e por representantes dos Gabinetes de Gestão Integrada Municipal da região de fronteira.

Art. 7º O Centro de Operações Conjuntas será composto por representantes de todas as instituições partícipes das operações, mediante assinatura de acordo de cooperação.

§ 1º Não haverá hierarquia entre os órgãos que compõem o COC e suas decisões serão tomadas por consenso.

§ 2º Compete ao COC realizar a integração entre os partícipes mencionados no **caput**, o acompanhamento e a coordenação das ações do Plano Estratégico de Fronteiras.

§ 3º O COC terá como sede as instalações do Ministério da Defesa.

Art. 8º A participação dos estados e dos municípios no Plano Estratégico de Fronteiras se dará mediante a assinatura de termo de adesão.

Art. 9º A Coordenação do Plano Estratégico de Fronteiras será exercida pelos Ministros de Estado da Justiça e da Defesa.

Art. 9º A coordenação do Plano Estratégico de Fronteiras será exercida pelos Ministros de Estado da Justiça, da Defesa e da Fazenda.   (Redação dada pelo Decreto nº 7.638, de 2011)

Art. 10. Este Decreto entra em vigor na data de sua publicação.

Brasília, 8 de junho de 2011; 190º da Independência e 123º da República.

DILMA ROUSSEFF
José Eduardo Cardozo
Nelson Jobim

Este texto não substitui o publicado no DOU de 9.6.2011

DECRETO Nº 6.703, DE 2008 (ESTRATÉGIA NACIONAL DE DEFESA)

Aprova a Estratégia Nacional de Defesa, e dá outras providências.

O PRESIDENTE DA REPÚBLICA, no uso da atribuição que lhe confere o art. 84, inciso VI, alínea "a", da Constituição, e tendo em vista o disposto no Decreto de 6 de setembro de 2007, que institui o Comitê Ministerial de Formulação da Estratégia Nacional de Defesa,

DECRETA:

Art. 1º Fica aprovada a Estratégia Nacional de Defesa anexa a este Decreto.

Art. 2º Os órgãos e entidades da administração pública federal deverão considerar, em seus planejamentos, ações que concorram para fortalecer a Defesa Nacional.

Art. 3º Este Decreto entra em vigor na data de sua publicação.

Brasília, 18 de dezembro de 2008; 187º da Independência e 120º da República.

LUIZ INÁCIO LULA DA SILVA
Nelson Jobim
Roberto Mangabeira Unger

Este texto não substitui o publicado no DOU de 19.12.2008

ANEXO

ESTRATÉGIA NACIONAL DE DEFESA

I – FORMULAÇÃO SISTEMÁTICA

Introdução

O Brasil é pacífico por tradição e por convicção. Vive em paz com seus vizinhos. Rege suas relações internacionais, dentre outros, pelos princípios constitucionais da não intervenção, defesa da paz e solução pacífica dos conflitos. Esse traço de pacifismo é parte da identidade nacional e um valor a ser conservado pelo povo brasileiro.

País em desenvolvimento, o Brasil ascenderá ao primeiro plano no mundo sem exercer hegemonia ou dominação. O povo brasileiro não deseja exercer mando sobre outros povos. Quer que o Brasil se engrandeça sem imperar.

Talvez por isso nunca tenha sido realizado no Brasil, em toda a sua história, amplo debate sobre os assuntos de defesa. Periodicamente, os governos autorizavam a compra ou a produção de novos materiais de defesa e introduziam reformas pontuais nas Forças Armadas. No entanto, nunca propuseram uma estratégia nacional de defesa para orientar de forma sistemática a reorganização e reorientação das Forças Armadas; a organização da indústria de material de defesa, com a finalidade de assegurar a autonomia operacional para as três Forças: a Marinha, o Exército e a Aeronáutica; e a política de composição dos seus efetivos, sobretudo a reconsideração do Serviço Militar Obrigatório.

Porém, se o Brasil quiser ocupar o lugar que lhe cabe no mundo, precisará estar preparado para defender-se não somente das agressões, mas também das ameaças. Vive-se em um mundo em que a intimidação tripudia sobre a boa fé. Nada substitui o envolvimento do povo brasileiro no debate e na construção da sua própria defesa.

Estratégia Nacional de Defesa e Estratégia Nacional de Desenvolvimento

1. Estratégia nacional de defesa é inseparável de estratégia nacional de desenvolvimento. Esta motiva aquela. Aquela fornece escudo para esta. Cada uma reforça as razões da outra. Em ambas, se desperta para a nacionalidade e constrói-se a Nação. Defendido, o Brasil terá como dizer não, quando tiver que dizer não. Terá capacidade para construir seu próprio modelo de desenvolvimento.

2. Difícil – e necessário – é para um País que pouco trato teve com guerras convencer-se da necessidade de defender-se para poder construir-se. Não bastam, ainda que sejam proveitosos e até mesmo indispensáveis, os argumentos que invocam as utilidades das tecnologias e dos conhecimentos da defesa para o desenvolvimento do País. Os recursos demandados pela defesa exigem uma transformação de consciências para que se constitua uma estratégia de defesa para o Brasil.

3. Difícil – e necessário – é para as Forças Armadas de um País tão pacífico como o Brasil manterem, em meio à paz, o impulso de se prepararem para o combate e de cultivarem, em prol desse preparo, o hábito da transformação.

Disposição para mudar é o que a Nação está a exigir agora de seus marinheiros, soldados e aviadores. Não se trata apenas de financiar e de equipar as Forças Armadas. Trata-se de transformá-las, para melhor defenderem o Brasil.

4. Projeto forte de defesa favorece projeto forte de desenvolvimento. Forte é o projeto de desenvolvimento que, sejam quais forem suas demais orientações, se guie pelos seguintes princípios:

a) Independência nacional, efetivada pela mobilização de recursos físicos, econômicos e humanos, para o investimento no potencial produtivo do País. Aproveitar a poupança estrangeira, sem dela depender;

b) Independência nacional, alcançada pela capacitação tecnológica autônoma, inclusive nos estratégicos setores espacial, cibernético e nuclear. Não é independente quem não tem o domínio das tecnologias sensíveis, tanto para a defesa como para o desenvolvimento; e

c) Independência nacional, assegurada pela democratização de oportunidades educativas e econômicas e pelas oportunidades para ampliar a participação popular nos processos decisórios da vida política e econômica do País. O Brasil não será independente enquanto faltar para parcela do seu povo condições para aprender, trabalhar e produzir.

Natureza e âmbito da Estratégia Nacional de Defesa

1. A Estratégia Nacional de Defesa é o vínculo entre o conceito e a política de independência nacional, de um lado, e as Forças Armadas para resguardar essa independência, de outro. Trata de questões políticas e institucionais decisivas para a defesa do País, como os objetivos da sua "grande estratégia" e os meios para fazer com que a Nação participe da defesa. Aborda, também, problemas propriamente militares, derivados da influência dessa "grande estratégia" na orientação e nas práticas operacionais das três Forças.

A Estratégia Nacional de Defesa será complementada por planos para a paz e para a guerra, concebidos para fazer frente a diferentes hipóteses de emprego.

2. A Estratégia Nacional de Defesa organiza-se em torno de três eixos estruturantes.

O primeiro eixo estruturante diz respeito a como as Forças Armadas devem-se organizar e orientar para melhor desempenharem sua destinação constitucional e suas atribuições na paz e na guerra. Enumeram-se diretrizes estratégicas relativas a cada uma das Forças e especifica-se a relação que deve prevalecer entre elas. Descreve-se a maneira de transformar tais diretrizes em práticas e capacitações operacionais e propõe-se a linha de evolução tecnológica necessária para assegurar que se concretizem.

A análise das hipóteses de emprego das Forças Armadas – para resguardar o espaço aéreo, o território e as águas jurisdicionais brasileiras – permite dar foco mais preciso às diretrizes estratégicas. Nenhuma análise de hipóteses de emprego pode, porém, desconsiderar as ameaças do futuro. Por isso mesmo, as diretrizes estratégicas e as capacitações operacionais precisam transcender o horizonte imediato que a experiência e o entendimento de hoje permitem descortinar.

Ao lado da destinação constitucional, das atribuições, da cultura, dos costumes e das competências próprias de cada Força e da maneira de sistematizá-las em estratégia de defesa integrada, aborda-se o papel de três setores decisivos para a defesa nacional: o espacial, o cibernético e o nuclear. Descreve-se como as três Forças devem operar em rede – entre si e em ligação com o monitoramento do território, do espaço aéreo e das águas jurisdicionais brasileiras.

O segundo eixo estruturante refere-se à reorganização da indústria nacional de material de defesa, para assegurar que o atendimento das necessidades de equipamento das Forças Armadas apoie-se em tecnologias sob domínio nacional.

O terceiro eixo estruturante versa sobre a composição dos efetivos das Forças Armadas e, consequentemente, sobre o futuro do Serviço Militar Obrigatório. Seu propósito é zelar para que as Forças Armadas reproduzam, em sua composição, a própria Nação – para que elas não sejam uma parte da Nação, pagas para lutar por conta e em benefício das outras partes. O Serviço Militar Obrigatório deve, pois, funcionar como espaço republicano, no qual possa a Nação encontrar-se acima das classes sociais.

Diretrizes da Estratégia Nacional de Defesa

Pauta-se a Estratégia Nacional de Defesa pelas seguintes diretrizes.

1.Dissuadir a concentração de forças hostis nas fronteiras terrestres, nos limites das águas jurisdicionais brasileiras, e impedir-lhes o uso do espaço aéreo nacional.

Para dissuadir, é preciso estar preparado para combater. A tecnologia, por mais avançada que seja, jamais será alternativa ao combate. Será sempre instrumento do combate.

2.Organizar as Forças Armadas sob a égide do trinômio monitoramento/controle, mobilidade e presença.

Esse triplo imperativo vale, com as adaptações cabíveis, para cada Força. Do trinômio resulta a definição das capacitações operacionais de cada uma das Forças.

3.Desenvolver as capacidades de monitorar e controlar o espaço aéreo, o território e as águas jurisdicionais brasileiras.

Tal desenvolvimento dar-se-á a partir da utilização de tecnologias de monitoramento terrestre, marítimo, aéreo e espacial que estejam sob inteiro e incondicional domínio nacional.

4.Desenvolver, lastreado na capacidade de monitorar/controlar, a capacidade de responder prontamente a qualquer ameaça ou agressão: a mobilidade estratégica.

A mobilidade estratégica – entendida como a aptidão para se chegar rapidamente ao teatro de operações – reforçada pela mobilidade tática – entendida como a aptidão para se mover dentro daquele teatro – é o complemento prioritário do monitoramento/controle e uma das bases do poder de combate, exigindo das Forças Armadas ação que, mais do que conjunta, seja unificada.

O imperativo de mobilidade ganha importância decisiva, dadas a vastidão do espaço a defender e a escassez dos meios para defendê-lo. O esforço de presença, sobretudo ao longo das fronteiras terrestres e nas partes mais estratégicas do litoral, tem limitações intrínsecas. É a mobilidade que permitirá superar o efeito prejudicial de tais limitações.

5.Aprofundar o vínculo entre os aspectos tecnológicos e os operacionais da mobilidade, sob a disciplina de objetivos bem definidos.

Mobilidade depende de meios terrestres, marítimos e aéreos apropriados e da maneira de combiná-los. Depende, também, de capacitações operacionais que permitam aproveitar ao máximo o potencial das tecnologias do movimento.

O vínculo entre os aspectos tecnológicos e operacionais da mobilidade há de se realizar de maneira a alcançar objetivos bem definidos. Entre esses objetivos, há um que guarda relação especialmente próxima com a mobilidade: a capacidade de alternar a concentração e a desconcentração de forças com o propósito de dissuadir e combater a ameaça.

6.Fortalecer três setores de importância estratégica: o espacial, o cibernético e o nuclear.

Esse fortalecimento assegurará o atendimento ao conceito de flexibilidade.

Como decorrência de sua própria natureza, esse setores transcendem a divisão entre desenvolvimento e defesa, entre o civil e o militar.

Os setores espacial e cibernético permitirão, em conjunto, que a capacidade de visualizar o próprio país não dependa de tecnologia estrangeira e que as três Forças, em conjunto, possam atuar em rede, instruídas por monitoramento que se faça também a partir do espaço.

O Brasil tem compromisso – decorrente da Constituição Federal e da adesão ao Tratado de Não Proliferação de Armas Nucleares – com o uso estritamente pacífico da energia nuclear. Entretanto, afirma a necessidade estratégica de desenvolver e dominar a tecnologia nuclear. O Brasil precisa garantir o equilíbrio e a versatilidade da sua matriz energética e avançar em áreas, tais como as de agricultura e saúde, que podem se beneficiar da tecnologia de energia nuclear. E levar a cabo, entre outras iniciativas que exigem independência tecnológica em matéria de energia nuclear, o projeto do submarino de propulsão nuclear.

7.Unificar as operações das três Forças, muito além dos limites impostos pelos protocolos de exercícios conjuntos.

Os instrumentos principais dessa unificação serão o Ministério da Defesa e o Estado-Maior de Defesa, a ser reestruturado como Estado-Maior Conjunto das Forças Armadas. Devem ganhar dimensão maior e responsabilidades mais abrangentes.

O Ministro da Defesa exercerá, na plenitude, todos os poderes de direção das Forças Armadas que a Constituição e as leis não reservarem, expressamente, ao Presidente da República.

A subordinação das Forças Armadas ao poder político constitucional é pressuposto do regime republicano e garantia da integridade da Nação.

Os Secretários do Ministério da Defesa serão livremente escolhidos pelo Ministro da Defesa, entre cidadãos brasileiros, militares das três Forças e civis, respeitadas as peculiaridades e as funções de cada secretaria. As iniciativas destinadas a formar quadros de especialistas civis em defesa permitirão, no futuro, aumentar a presença de civis em postos dirigentes no Ministério da Defesa. As disposições legais em contrário serão revogadas.

O Estado-Maior Conjunto das Forças Armadas será chefiado por um oficial-general de último posto, e terá a participação dos Chefes dos Estados-Maiores das três Forças. Será subordinado diretamente ao Ministro da Defesa. Construirá as iniciativas que deem realidade prática à tese da unificação doutrinária, estratégica e operacional e contará com estrutura permanente que lhe permita cumprir sua tarefa.

A Marinha, o Exército e a Aeronáutica disporão, singularmente, de um Comandante, nomeado pelo Presidente da República e indicado pelo Ministro da Defesa. O Comandante de Força, no âmbito das suas atribuições, exercerá a direção e a gestão da sua Força, formulará a sua política e doutrina e preparará seus órgãos operativos e de apoio para o cumprimento da destinação constitucional.

Os Estados-Maiores das três Forças, subordinados a seus Comandantes, serão os agentes da formulação estratégica em cada uma delas, sob a orientação do respectivo comandante.

8. Reposicionar os efetivos das três Forças.

As principais unidades do Exército estacionam no Sudeste e no Sul do Brasil. A esquadra da Marinha concentra-se na cidade do Rio de Janeiro. As instalações tecnológicas da Força Aérea estão quase todas localizadas em São José dos Campos, em São Paulo. As preocupações mais agudas de defesa estão, porém, no Norte, no Oeste e no Atlântico Sul.

Sem desconsiderar a necessidade de defender as maiores concentrações demográficas e os maiores centros industriais do País, a Marinha deverá estar mais presente na região da foz do Amazonas e nas grandes bacias fluviais do Amazonas e do Paraguai-Paraná. O Exército deverá posicionar suas reservas estratégicas no centro do País, de onde poderão se deslocar em qualquer direção. Deverá também o Exército agrupar suas reservas regionais nas respectivas áreas, para possibilitar a resposta imediata na crise ou no conflito armado.

Pelas mesmas razões que exigem a formação do Estado-Maior Conjunto das Forças Armadas, os Distritos Navais ou Comandos de Área das três Forças terão suas áreas de jurisdição coincidentes, ressalvados impedimentos decorrentes de circunstâncias locais ou específicas. Os oficiais-generais que comandarem, por conta de suas respectivas Forças, um Distrito Naval ou Comando de Área, reunir-se-ão regularmente, acompanhados de seus principais assessores, para assegurar a unidade operacional das três Forças naquela área. Em cada área deverá ser estruturado um Estado-Maior Conjunto, que será ativado para realizar e atualizar, desde o tempo de paz, os planejamentos operacionais da área.

9. Adensar a presença de unidades do Exército, da Marinha e da Força Aérea nas fronteiras.

Deve-se ter claro que, dadas as dimensões continentais do território nacional, presença não pode significar onipresença. A presença ganha efetividade graças à sua relação com monitoramento/controle e com mobilidade.

Nas fronteiras terrestres e nas águas jurisdicionais brasileiras, as unidades do Exército, da Marinha e da Força Aérea têm, sobretudo, tarefas de vigilância. No cumprimento dessas tarefas, as unidades ganham seu pleno significado apenas quando compõem sistema integrado de monitoramento/controle, feito, inclusive, a partir do espaço. Ao mesmo tempo, tais unidades potencializam-se como instrumentos de defesa, por meio de seus vínculos com as reservas táticas e estratégicas. Os vigias alertam. As reservas respondem e operam. E a eficácia do emprego das reservas táticas regionais e estratégicas é proporcional à capacidade de elas atenderem à exigência da mobilidade.

10.Priorizar a região amazônica.

A Amazônia representa um dos focos de maior interesse para a defesa. A defesa da Amazônia exige avanço de projeto de desenvolvimento sustentável e passa pelo trinômio monitoramento/controle, mobilidade e presença.

O Brasil será vigilante na reafirmação incondicional de sua soberania sobre a Amazônia brasileira. Repudiará, pela prática de atos de desenvolvimento e de defesa, qualquer tentativa de tutela sobre as suas decisões a respeito de preservação, de desenvolvimento e de defesa da Amazônia. Não permitirá que organizações ou indivíduos sirvam de instrumentos para interesses estrangeiros – políticos ou econômicos – que queiram enfraquecer a soberania brasileira. Quem cuida da Amazônia brasileira, a serviço da humanidade e de si mesmo, é o Brasil.

11.Desenvolver, para fortalecer a mobilidade, a capacidade logística, sobretudo na região amazônica.

Daí a importância de se possuir estruturas de transporte e de comando e controle que possam operar em grande variedade de circunstâncias, inclusive sob as condições extraordinárias impostas por um conflito armado.

12.Desenvolver, para atender aos requisitos de monitoramento/controle, mobilidade e presença, o conceito de flexibilidade no combate.

Isso exigirá, sobretudo na Força Terrestre, que as forças convencionais cultivem alguns predicados atribuídos a forças não convencionais.

Somente Forças Armadas com tais predicados estarão aptas para operar no amplíssimo espectro de circunstâncias que o futuro poderá trazer.

A conveniência de assegurar que as forças convencionais adquiram predicados comumente associados a forças não convencionais pode parecer mais evidente no ambiente da selva amazônica. Aplicam-se eles, porém, com igual pertinência, a outras áreas do País. Não é uma adaptação a especificidades geográficas localizadas. É resposta a uma vocação estratégica geral.

13.Desenvolver, para atender aos requisitos de monitoramento/controle, mobilidade e presença, o repertório de práticas e de capacitações operacionais dos combatentes.

Cada homem e mulher a serviço das Forças Armadas há de dispor de três ordens de meios e de habilitações.

Em primeiro lugar, cada combatente deve contar com meios e habilitações para atuar em rede, não só com outros combatentes e contingentes de sua própria Força, mas também com combatentes e contingentes das outras Forças. As tecnologias de comunicações, inclusive com os veículos que monitorem a superfície da terra e do mar a partir do espaço, devem ser encaradas como instrumentos potencializadores de iniciativas de defesa e de combate. Esse é o sentido do requisito de monitoramento e controle e de sua relação com as exigências de mobilidade e de presença.

Em segundo lugar, cada combatente deve dispor de tecnologias e de conhecimentos que permitam radicalizar, em qualquer teatro de operações, terrestre ou marítimo, o imperativo de mobilidade. É a esse imperativo, combinado com a capacidade de combate, que devem servir as plataformas e os sistemas de armas à disposição do combatente.

Em terceiro lugar, cada combatente deve ser treinado para abordar o combate de modo a atenuar as formas rígidas e tradicionais de comando e controle, em prol da flexibilidade, da adaptabilidade, da audácia e da surpresa no campo de batalha. Esse combatente será, ao mesmo tempo, um comandado que sabe obedecer, exercer a iniciativa na ausência de ordens específicas e orientar-se em meio às incertezas e aos sobressaltos do combate — e uma fonte de iniciativas — capaz de adaptar suas ordens à realidade da situação mutável em que se encontra.

Ganha ascendência no mundo um estilo de produção industrial marcado pela atenuação de contrastes entre atividades de planejamento e de execução e pela relativização de especializações rígidas nas atividades de execução. Esse estilo encontra contrapartida na maneira de fazer a guerra, cada vez mais caracterizada por extrema flexibilidade. O desdobramento final dessa trajetória é esmaecer o contraste entre forças convencionais e não convencionais, não em relação aos armamentos com que cada uma delas possa contar, senão no radicalismo com que ambas praticam o conceito de flexibilidade.

14. Promover a reunião, nos militares brasileiros, dos atributos e predicados exigidos pelo conceito de flexibilidade.

O militar brasileiro precisa reunir qualificação e rusticidade. Necessita dominar as tecnologias e as práticas operacionais exigidas pelo conceito de flexibilidade. Deve identificar-se com as peculiaridades e características geográficas exigentes ou extremas que existem no País. Só assim realizar-se-á, na prática, o conceito de flexibilidade, dentro das características do território nacional e da situação geográfica e geopolítica do Brasil.

15. Rever, a partir de uma política de otimização do emprego de recursos humanos, a composição dos efetivos das três Forças, de modo a dimensioná-las para atender adequadamente ao disposto na Estratégia Nacional de Defesa.

16. Estruturar o potencial estratégico em torno de capacidades.

Convém organizar as Forças Armadas em torno de capacidades, não em torno de inimigos específicos. O Brasil não tem inimigos no presente. Para não tê-los no futuro, é preciso preservar a paz e preparar-se para a guerra.

17. Preparar efetivos para o cumprimento de missões de garantia da lei e da ordem, nos termos da Constituição Federal.

O País cuida para evitar que as Forças Armadas desempenhem papel de polícia. Efetuar operações internas em garantia da lei e da ordem, quando os poderes constituídos não conseguem garantir a paz pública e um dos Chefes dos três Poderes o requer, faz parte das responsabilidades constitucionais das Forças Armadas. A legitimação de tais responsabilidades pressupõe, entretanto, legislação que ordene e respalde as condições específicas e os procedimentos federativos que deem ensejo a tais operações, com resguardo de seus integrantes.

18. Estimular a integração da América do Sul.

Essa integração não somente contribuirá para a defesa do Brasil, como possibilitará fomentar a cooperação militar regional e a integração das bases industriais de defesa. Afastará a sombra de conflitos dentro da região. Com todos os países avança-se rumo à construção da unidade sul-americana. O Conselho de Defesa Sul-Americano, em debate na região, criará mecanismo consultivo que permitirá prevenir conflitos e fomentar a cooperação militar regional e a integração das bases industriais de defesa, sem que dele participe país alheio à região.

19. Preparar as Forças Armadas para desempenharem responsabilidades crescentes em operações de manutenção da paz.

Em tais operações, as Forças agirão sob a orientação das Nações Unidas ou em apoio a iniciativas de órgãos multilaterais da região, pois o fortalecimento do sistema de segurança coletiva é benéfico à paz mundial e à defesa nacional.

20. Ampliar a capacidade de atender aos compromissos internacionais de busca e salvamento.

É tarefa prioritária para o País o aprimoramento dos meios existentes e da capacitação do pessoal envolvido com as atividades de busca e salvamento no território nacional, nas águas jurisdicionais brasileiras e nas áreas pelas quais o Brasil é responsável, em decorrência de compromissos internacionais.

21. Desenvolver o potencial de mobilização militar e nacional para assegurar a capacidade dissuasória e operacional das Forças Armadas.

Diante de eventual degeneração do quadro internacional, o Brasil e suas Forças Armadas deverão estar prontos para tomar medidas de resguardo do território, das linhas de comércio marítimo e plataformas de petróleo e do espaço aéreo nacionais. As Forças Armadas deverão, também, estar habilitadas a aumentar rapidamente os meios humanos e materiais disponíveis para a defesa. Exprime-se o imperativo de elasticidade em capacidade de mobilização nacional e militar.

Ao decretar a mobilização nacional, o Poder Executivo delimitará a área em que será realizada e especificará as medidas necessárias à sua execução, tais como poderes para assumir o controle de recursos materiais, inclusive meios de transporte, necessários à defesa, de acordo com a Lei de Mobilização Nacional. A mobilização militar demanda a organização de uma força de reserva, mobilizável em tais circunstâncias. Reporta-se, portanto, à questão do futuro do Serviço Militar Obrigatório.

Sem que se assegure a elasticidade para as Forças Armadas, seu poder dissuasório e defensivo ficará comprometido.

22. Capacitar a indústria nacional de material de defesa para que conquiste autonomia em tecnologias indispensáveis à defesa.

Regime jurídico, regulatório e tributário especiais protegerá as empresas privadas nacionais de material de defesa contra os riscos do imediatismo mercantil e assegurará continuidade nas compras públicas. A contrapartida a tal regime especial será, porém, o poder estratégico que o Estado exercerá sobre tais empresas, a ser assegurado por um conjunto de instrumentos de direito privado ou de direito público.

Já o setor estatal de material de defesa terá por missão operar no teto tecnológico, desenvolvendo as tecnologias que as empresas privadas não possam alcançar ou obter, a curto ou médio prazo, de maneira rentável.

A formulação e a execução da política de compras de produtos de defesa serão centralizadas no Ministério da Defesa, sob a responsabilidade de uma secretaria de produtos de defesa. , admitida delegação na sua execução.

A indústria nacional de material de defesa será incentivada a competir em mercados externos para aumentar a sua escala de produção. A consolidação da União de Nações Sul-Americanas poderá atenuar a tensão entre o requisito da independência em produção de defesa e a necessidade de compensar custo com escala, possibilitando o desenvolvimento da produção de defesa em conjunto com outros países da região.

Serão buscadas parcerias com outros países, com o propósito de desenvolver a capacitação tecnológica e a fabricação de produtos de defesa nacionais, de modo a eliminar, progressivamente, a compra de serviços e produtos importados.

Sempre que possível, as parcerias serão construídas como expressões de associação estratégica mais abrangente entre o Brasil e o país parceiro. A associação será manifestada em colaborações de defesa e de desenvolvimento e será pautada por duas ordens de motivações básicas: a internacional e a nacional.

A motivação de ordem internacional será trabalhar com o país parceiro em prol de um maior pluralismo de poder e de visão no mundo. Esse trabalho conjunto passa por duas etapas. Na primeira etapa, o objetivo é a melhor representação de países emergentes, inclusive o Brasil, nas organizações internacionais – políticas e econômicas – estabelecidas. Na segunda, o alvo é a reestruturação das organizações internacionais, inclusive a do regime internacional de comércio, para que se tornem mais abertas às divergências, às inovações e aos experimentos do que são as instituições nascidas ao término da Segunda Guerra Mundial.

A motivação de ordem nacional será contribuir para a ampliação das instituições que democratizem a economia de mercado e aprofundem a democracia, organizando o crescimento econômico socialmente includente. O método preferido desse trabalho é o dos experimentos binacionais: as iniciativas desenvolvidas em conjunto com os países parceiros.

23. Manter o Serviço Militar Obrigatório.

O Serviço Militar Obrigatório é condição para que se possa mobilizar o povo brasileiro em defesa da soberania nacional. É, também, instrumento para afirmar a unidade da Nação acima das divisões das classes sociais.

O objetivo, a ser perseguido gradativamente, é tornar o Serviço Militar realmente obrigatório. Como o número dos alistados anualmente é muito maior do que o número de recrutas de que precisam as Forças Armadas, deverão elas selecioná-los segundo o vigor físico, a aptidão e a capacidade intelectual, em vez de permitir que eles se autosselecionem, cuidando para que todas as classes sociais sejam representadas.

No futuro, convirá que os que forem desobrigados da prestação do serviço militar obrigatório sejam incentivados a prestar um serviço civil, de preferência em região do País diferente da região das quais se originam. Prestariam o serviço de acordo com a natureza de sua instrução preexistente, além de receber instrução nova. O serviço seria, portanto, ao mesmo tempo oportunidade de aprendizagem, expressão de solidariedade e instrumento de unidade nacional. Os que o prestassem receberiam treinamento militar básico que embasasse eventual mobilização futura. E passariam a compor força de reserva mobilizável.

Devem as escolas de formação de oficiais das três Forças continuarem a atrair candidatos de todas as classes sociais. É ótimo que número cada vez maior deles provenha da classe trabalhadora. É necessário, porém, que os efetivos das Forças Armadas sejam formados por cidadãos oriundos de todas as classes sociais. Essa é uma das razões pelas quais a valorização da carreira, inclusive em termos remuneratórios, representa exigência de segurança nacional.

A Marinha do Brasil: a hierarquia dos objetivos estratégicos e táticos

1.Na maneira de conceber a relação entre as tarefas estratégicas de negação do uso do mar, de controle de áreas marítimas e de projeção de poder, a Marinha do Brasil se pautará por um desenvolvimento desigual e conjunto. Se aceitasse dar peso igual a todos os três objetivos, seria grande o risco de ser medíocre em todos eles. Embora todos mereçam ser cultivados, o serão em determinadas ordem e sequência.

A prioridade é assegurar os meios para negar o uso do mar a qualquer concentração de forças inimigas que se aproxime do Brasil por via marítima. A negação do uso do mar ao inimigo é a que organiza, antes de atendidos quaisquer outros objetivos estratégicos, a estratégia de defesa marítima do Brasil. Essa prioridade tem implicações para a reconfiguração das forças navais.

Ao garantir seu poder para negar o uso do mar ao inimigo, precisa o Brasil manter a capacidade focada de projeção de poder e criar condições para controlar, no grau necessário à defesa e dentro dos limites do direito internacional, as áreas marítimas e águas interiores de importância político-estratégica, econômica e militar, e também as suas linhas de comunicação marítimas. A despeito desta consideração, a projeção de poder se subordina, hierarquicamente, à negação do uso do mar.

A negação do uso do mar, o controle de áreas marítimas e a projeção de poder devem ter por foco, sem hierarquização de objetivos e de acordo com as circunstâncias:

(a) defesa pró-ativa das plataformas petrolíferas;

(b) defesa pró-ativa das instalações navais e portuárias, dos arquipélagos e das ilhas oceânicas nas águas jurisdicionais brasileiras;

(c) prontidão para responder a qualquer ameaça, por Estado ou por forças não convencionais ou criminosas, às vias marítimas de comércio;

(d) capacidade de participar de operações internacionais de paz, fora do território e das águas jurisdicionais brasileiras, sob a égide das Nações Unidas ou de organismos multilaterais da região;

A construção de meios para exercer o controle de áreas marítimas terá como focos as áreas estratégicas de acesso marítimo ao Brasil. Duas áreas do litoral continuarão a merecer atenção especial, do ponto de vista da necessidade de controlar o acesso marítimo ao Brasil: a faixa que vai de Santos a Vitória e a área em torno da foz do rio Amazonas.

2.A doutrina do desenvolvimento desigual e conjunto tem implicações para a reconfiguração das forças navais. A implicação mais importante é que a Marinha se reconstruirá, por etapas, como uma arma balanceada entre o componente submarino, o componente de superfície e o componente aeroespacial.

3.Para assegurar o objetivo de negação do uso do mar, o Brasil contará com força naval submarina de envergadura, composta de submarinos convencionais e de submarinos de propulsão nuclear. O Brasil manterá e desenvolverá sua capacidade de projetar e de fabricar tanto submarinos de propulsão convencional como de propulsão nuclear. Acelerará os investimentos e as parcerias necessários para executar o projeto do submarino de propulsão nuclear. Armará os submarinos, convencionais e nucleares, com mísseis e desenvolverá capacitações para projetá-los e fabricá-los. Cuidará de ganhar autonomia nas tecnologias cibernéticas que guiem os submarinos e seus sistemas de armas e que lhes possibilitem atuar em rede com as outras forças navais, terrestres e aéreas.

4.Para assegurar sua capacidade de projeção de poder, a Marinha possuirá, ainda, meios de Fuzileiros Navais, em permanente condição de pronto emprego. A existência de tais meios é também essencial para a defesa das instalações navais e portuárias, dos arquipélagos e ilhas oceânicas nas águas jurisdicionais brasileiras, para atuar em operações internacionais de paz, em operações humanitárias, em qualquer lugar do mundo. Nas vias fluviais, serão fundamentais para assegurar o controle das margens durante as operações ribeirinhas. O Corpo de Fuzileiros Navais consolidar-se-á como a força de caráter expedicionário por excelência.

5.A força naval de superfície contará tanto com navios de grande porte, capazes de operar e de permanecer por longo tempo em alto mar, como de navios de porte menor, dedicados a patrulhar o litoral e os principais rios navegáveis brasileiros. Requisito para a manutenção de tal esquadra será a capacidade da Força Aérea de trabalhar em conjunto com a Aviação Naval para garantir superioridade aérea local em caso de conflito armado.

Entre os navios de alto mar, a Marinha dedicará especial atenção ao projeto e à fabricação de navios de propósitos múltiplos que possam, também, servir como navios-aeródromos. Serão preferidos aos navios-aeródromos convencionais e de dedicação exclusiva.-

A Marinha contará, também, com embarcações de combate, de transporte e de patrulha, oceânicas, litorâneas e fluviais. Serão concebidas e fabricadas de acordo com a mesma preocupação de versatilidade funcional que orientará a construção das belonaves de alto mar. A Marinha adensará sua presença nas vias navegáveis das duas grandes bacias fluviais, a do Amazonas e a do Paraguai-Paraná, empregando tanto navios-patrulha como navios-transporte, ambos guarnecidos por helicópteros, adaptados ao regime das águas.

A presença da Marinha nas bacias fluviais será facilitada pela dedicação do País à inauguração de um paradigma multimodal de transporte. Esse paradigma

contemplará a construção das hidrovias do Paraná-Tietê, do Madeira, do Tocantins-
-Araguaia e do Tapajós-Teles Pires. As barragens serão, quando possível, providas
de eclusas, de modo a assegurar franca navegabilidade às hidrovias.

6. O monitoramento da superfície do mar a partir do espaço deverá integrar o
repertório de práticas e capacitações operacionais da Marinha.

A partir dele as forças navais, submarinas e de superfície terão fortalecidas
suas capacidades de atuar em rede com as forças terrestre e aérea.

7. A constituição de uma força e de uma estratégia navais que integrem os componentes submarino, de superfície e aéreo, permitirá realçar a flexibilidade com que se resguarda o objetivo prioritário da estratégia de segurança marítima: a dissuasão com a negação do uso do mar ao inimigo que se aproxime, por meio do mar, do Brasil. Em amplo espectro de circunstâncias de combate, sobretudo quando a força inimiga for muito mais poderosa, a força de superfície será concebida e operada como reserva tática ou estratégica. Preferencialmente e sempre que a situação tática permitir, a força de superfície será engajada no conflito depois do emprego inicial da força submarina, que atuará de maneira coordenada com os veículos espaciais (para efeito de monitoramento) e com meios aéreos (para efeito de fogo focado).

Esse desdobramento do combate em etapas sucessivas, sob a responsabilidade de contingentes distintos, permitirá, na guerra naval, a agilização da alternância entre a concentração e a desconcentração de forças e o aprofundamento da flexibilidade a serviço da surpresa.

8. Um dos elos entre a etapa preliminar do embate, sob a responsabilidade da força submarina e de suas contrapartes espacial e aérea, e a etapa subsequente, conduzida com o pleno engajamento da força naval de superfície, será a Aviação Naval, embarcada em navios. A Marinha trabalhará com a indústria nacional de material de defesa para desenvolver um avião versátil, de defesa e ataque, que maximize o potencial aéreo defensivo e ofensivo da Força Naval.

9. A Marinha iniciará os estudos e preparativos para estabelecer, em lugar próprio, o mais próximo possível da foz do rio Amazonas, uma base naval de uso múltiplo, comparável, na abrangência e na densidade de seus meios, à Base Naval do Rio de Janeiro.

10. A Marinha acelerará o trabalho de instalação de suas bases de submarinos, convencionais e de propulsão nuclear.

O Exército Brasileiro: os imperativos de flexibilidade e de elasticidade

1. O Exército Brasileiro cumprirá sua destinação constitucional e desempenhará suas atribuições, na paz e na guerra, sob a orientação dos conceitos estratégicos de flexibilidade e de elasticidade. A flexibilidade, por sua vez, inclui os requisitos estratégicos de monitoramento/controle e de mobilidade.

Flexibilidade é a capacidade de empregar forças militares com o mínimo de rigidez pré-estabelecida e com o máximo de adaptabilidade à circunstância de emprego da força. Na paz, significa a versatilidade com que se substitui a presença – ou a onipresença – pela capacidade de se fazer presente (mobilidade) à luz da informação (monitoramento/controle). Na guerra, exige a capacidade de deixar o inimigo em desequilíbrio permanente, surpreendendo-o por meio da dialética da desconcentração e da concentração de forças e da audácia com que se desfecha o golpe inesperado.

A flexibilidade relativiza o contraste entre o conflito convencional e o conflito não convencional: reivindica para as forças convencionais alguns dos atributos de força não convencional e firma a supremacia da inteligência e da imaginação sobre o mero acúmulo de meios materiais e humanos. Por isso mesmo, rejeita a tentação de ver na alta tecnologia alternativa ao combate, assumindo-a como um reforço da capacidade operacional. Insiste no papel da surpresa. Transforma a incerteza em solução, em vez de encará-la como problema. Combina as defesas meditadas com os ataques fulminantes.

Elasticidade é a capacidade de aumentar rapidamente o dimensionamento das forças militares quando as circunstâncias o exigirem, mobilizando em grande escala os recursos humanos e materiais do País. A elasticidade exige, portanto, a construção de força de reserva, mobilizável de acordo com as circunstâncias. A base derradeira da elasticidade é a integração das Forças Armadas com a Nação. O desdobramento da elasticidade reporta-se à parte desta Estratégia Nacional de Defesa que trata do futuro do Serviço Militar Obrigatório e da mobilização nacional.

A flexibilidade depende, para sua afirmação plena, da elasticidade. O potencial da flexibilidade, para dissuasão e para defesa, ficaria severamente limitado se não fosse possível, em caso de necessidade, multiplicar os meios humanos e materiais das Forças Armadas. Por outro lado, a maneira de interpretar e de efetuar o imperativo da elasticidade revela o desdobramento mais radical da flexibilidade. A elasticidade é a flexibilidade, traduzida no engajamento de toda a Nação em sua própria defesa.

2.O Exército, embora seja empregado de forma progressiva nas crises e conflitos armados, deve ser constituído por meios modernos e por efetivos muito bem adestrados. O Exército não terá dentro de si uma vanguarda. O Exército será, todo ele, uma vanguarda. A concepção do Exército como vanguarda tem, como expressão prática principal a sua reconstrução em módulo brigada, que vem a ser o módulo básico de combate da Força Terrestre. Na composição atual do Exército, as brigadas das Forças de Ação Rápida Estratégicas são as que melhor exprimem o ideal de flexibilidade.

O modelo de composição das Forças de Ação Rápida Estratégicas não precisa nem deve ser seguido rigidamente, sem que se levem em conta os problemas operacionais próprios dos diferentes teatros de operações. Entretanto, todas as brigadas do Exército devem conter, em princípio, os seguintes elementos, para que se generalize o atendimento do conceito da flexibilidade:

(a) Recursos humanos com elevada motivação e efetiva capacitação operacional, típicas da Brigada de Operações Especiais, que hoje compõe a reserva estratégica do Exército;

(b) Instrumentos de comunicações e de monitoramento que lhes permitam operar em rede com outras unidades do Exército, da Marinha e da Força Aérea e receber informação fornecida pelo monitoramento do terreno a partir do ar e do espaço;

(c) Instrumentos de mobilidade que lhes permitam deslocar-se rapidamente por terra, água e ar – para o teatro de operações e dentro dele. Por ar e por água, a mobilidade se efetuará comumente por meio de operações conjuntas com a Marinha e com a Força Aérea;

(d) Recursos logísticos capazes de manter a brigada com suprimento, mesmo em regiões isoladas e inóspitas, por um período de várias semanas.

A qualificação do módulo brigada como vanguarda exige amplo espectro de meios tecnológicos, desde os menos sofisticados, tais como radar portátil e instrumental de visão noturna, até as formas mais avançadas de comunicação entre as operações terrestres e o monitoramento espacial.

O entendimento da mobilidade tem implicações para a evolução dos blindados, dos meios mecanizados e da artilharia. Uma implicação desse entendimento é harmonizar, no desenho dos blindados e dos meios mecanizados, características técnicas de proteção e movimento. Outra implicação – nos blindados, nos meios mecanizados e na artilharia – é priorizar o desenvolvimento de tecnologias capazes de assegurar precisão na execução do tiro.

3.A transformação de todo o Exército em vanguarda, com base no módulo brigada, terá prioridade sobre a estratégia de presença. Nessa transformação, o aparelhamento baseado no completamento e modernização dos sistemas operacionais das brigadas, para dotá-las de capacidade de rapidamente fazerem-se presentes, será prioritário.

A transformação será, porém, compatibilizada com a estratégia da presença, em especial na região amazônica, em face dos obstáculos ao deslocamento e à concentração de forças. Em todas as circunstâncias, as unidades militares situadas nas fronteiras funcionarão como destacamentos avançados de vigilância e de dissuasão.

Nos centros estratégicos do País – políticos, industriais, tecnológicos e militares – a estratégia de presença do Exército concorrerá também para o objetivo de se assegurar a capacidade de defesa antiaérea, em quantidade e em qualidade, sobretudo por meio de artilharia antiaérea de média altura.

4.O Exército continuará a manter reservas regionais e estratégicas, articuladas em dispositivo de expectativa. As reservas estratégicas, incluindo pára-quedistas e contingentes de operações especiais, em prol da faculdade de concentrar forças rapidamente, serão estacionadas no centro do País.

5.O monitoramento/controle, como componente do imperativo de flexibilidade, exigirá que entre os recursos espaciais haja um vetor sob integral domínio nacional, ainda que parceiros estrangeiros participem do seu projeto e da sua implementação, incluindo:

(a) a fabricação de veículos lançadores de satélites;

(b) a fabricação de satélites de baixa e de alta altitude, sobretudo de satélites geoestacionários, de múltiplos usos;

(c) o desenvolvimento de alternativas nacionais aos sistemas de localização e de posicionamento dos quais o Brasil depende, passando pelas necessárias etapas internas de evolução dessas tecnologias;

(d) os meios aéreos e terrestres para monitoramento focado, de alta resolução;

(e) as capacitações e os instrumentos cibernéticos necessários para assegurar comunicações entre os monitores espaciais e aéreos e a força terrestre.

6. A mobilidade como componente do imperativo de flexibilidade requer o desenvolvimento de veículos terrestres e de meios aéreos de combate e de transporte. Demandará, também, a reorganização das relações com a Marinha e com a Força Aérea, de maneira a assegurar, tanto na cúpula dos Estados-Maiores como na base dos contingentes operacionais, a capacidade de atuar como uma única força.

7. Monitoramento/controle e mobilidade têm seu complemento em medidas destinadas a assegurar, ainda no módulo brigada, a obtenção do efetivo poder de combate. Algumas dessas medidas são tecnológicas: o desenvolvimento de sistemas de armas e de guiamento que permitam precisão no direcionamento do tiro e o desenvolvimento da capacidade de fabricar munições não nucleares de todos os tipos. Outras medidas são operacionais: a consolidação de um repertório de práticas e de capacitações que proporcionem à Força Terrestre os conhecimentos e as potencialidades, tanto para o combate convencional quanto para não convencional, capaz de operar com adaptabilidade nas condições imensamente variadas do território nacional. Outras medidas – ainda mais importantes – são educativas: a formação de um militar que reúna qualificação e rusticidade.

8. A defesa da região amazônica será encarada, na atual fase da História, como o foco de concentração das diretrizes resumidas sob o rótulo dos imperativos de monitoramento/controle e de mobilidade. Não exige qualquer exceção a tais diretrizes; reforça as razões para seguí-las. As adaptações necessárias serão as requeridas pela natureza daquele teatro de operações: a intensificação das tecnologias e dos dispositivos de monitoramento a partir do espaço, do ar e da terra; a primazia da transformação da brigada em uma força com atributos tecnológicos e operacionais; os meios logísticos e aéreos para apoiar unidades de fronteira isoladas em áreas remotas, exigentes e vulneráveis; e a formação de um combatente detentor de qualificação e de rusticidade necessárias à proficiência de um combatente de selva.

O desenvolvimento sustentável da região amazônica passará a ser visto, também, como instrumento da defesa nacional: só ele pode consolidar as condições para assegurar a soberania nacional sobre aquela região. Dentro dos planos para o desenvolvimento sustentável da Amazônia, caberá papel primordial à regularização fundiária. Para defender a Amazônia, será preciso tirá-la da condição de insegurança jurídica e de conflito generalizado em que, por conta da falta de solução ao problema da terra, ela se encontra.

9. Atender ao imperativo da elasticidade será preocupação especial do Exército, pois é, sobretudo, a Força Terrestre que terá de multiplicar-se em caso de conflito armado.

10. Os imperativos de flexibilidade e de elasticidade culminam no preparo para uma guerra assimétrica, sobretudo na região amazônica, a ser sustentada contra inimigo de poder militar muito superior, por ação de um país ou de uma coligação de países que insista em contestar, a pretexto de supostos interesses da Humanidade, a incondicional soberania brasileira sobre a sua Amazônia.

A preparação para tal guerra não consiste apenas em ajudar a evitar o que hoje é uma hipótese remota, a de envolvimento do Brasil em um conflito armado de grande escala. É, também, aproveitar disciplina útil para a formação de sua doutrina militar e de suas capacitações operacionais. Um exército que conquistou os atributos de flexibilidade e de elasticidade é um exército que sabe conjugar as ações convencionais com as não convencionais. A guerra assimétrica, no quadro de uma guerra de resistência nacional, representa uma efetiva possibilidade da doutrina aqui especificada.

Cada uma das condições, a seguir listadas, para a condução exitosa da guerra de resistência deve ser interpretada como advertência orientadora da maneira de desempenhar as responsabilidades do Exército:

a. Ver a Nação identificada com a causa da defesa. Toda a estratégia nacional repousa sobre a conscientização do povo brasileiro da importância central dos problemas de defesa.

b. Juntar a soldados regulares, fortalecidos com atributos de soldados não convencionais, as reservas mobilizadas de acordo com o conceito da elasticidade.

c. Contar com um soldado resistente que, além dos pendores de qualificação e de rusticidade, seja também, no mais alto grau, tenaz. Sua tenacidade se inspirará na identificação da Nação com a causa da defesa.

d. Sustentar, sob condições adversas e extremas, a capacidade de comando e controle entre as forças combatentes.

e. Manter e construir, mesmo sob condições adversas e extremas, o poder de apoio logístico às forças combatentes.

f. Saber aproveitar ao máximo as características do terreno.

A Força Aérea Brasileira: vigilância orientadora, superioridade aérea, combate focado, combate aeroestratégico

1.Quatro objetivos estratégicos orientam a missão da Força Aérea Brasileira e fixam o lugar de seu trabalho dentro da Estratégia Nacional de Defesa. Esses objetivos estão encadeados em determinada ordem: cada um condiciona a definição e a execução dos objetivos subsequentes.

a. A prioridade da vigilância aérea.

Exercer do ar a vigilância do espaço aéreo, sobre o território nacional e as águas jurisdicionais brasileiras, com a assistência dos meios espaciais, terrestres e marítimos, é a primeira das responsabilidades da Força Aérea e a condição essencial para poder inibir o sobrevoo desimpedido do espaço aéreo nacional pelo inimigo. A estratégia da Força Aérea será a de cercar o Brasil com sucessivas e complementares camadas de visualização, condicionantes da prontidão para responder. Implicação prática dessa tarefa é que a Força Aérea precisará contar com plataformas e sistemas próprios para monitorar, e não apenas para combater e transportar, particularmente na região amazônica.

O Sistema de Defesa Aeroespacial Brasileiro (SISDABRA), uma dessas camadas, disporá de um complexo de monitoramento, incluindo veículos lançadores, satélites geoestacionários e de monitoramento, aviões de inteligência e respectivos aparatos de visualização e de comunicações, que estejam sob integral domínio nacional.

O Comando de Defesa Aeroespacial Brasileiro (COMDABRA) será fortalecido como núcleo da defesa aeroespacial, incumbido de liderar e de integrar todos os meios de monitoramento aeroespacial do País. A indústria nacional de material de defesa será orientada a dar a mais alta prioridade ao desenvolvimento das tecnologias necessárias, inclusive aquelas que viabilizem independência do sistema de sinal GPS ou de qualquer outro sistema de sinal estrangeiro. O potencial para contribuir com tal independência tecnológica pesará na escolha das parcerias com outros países em matéria de tecnologias de defesa.

b. O poder para assegurar superioridade aérea local.

Em qualquer hipótese de emprego a Força Aérea terá a responsabilidade de assegurar superioridade aérea local. Do cumprimento dessa responsabilidade, dependerá em grande parte a viabilidade das operações navais e das operações das forças terrestres no interior do País. O requisito do potencial de garantir superioridade aérea local será o primeiro passo para afirmar a superioridade aérea sobre o território e as águas jurisdicionais brasileiras.

Impõe, como consequência, evitar qualquer hiato de desproteção aérea no período de 2015 a 2025, durante o qual terão de ser substituídos a atual frota de aviões de combate, os sistemas de armas e armamentos inteligentes embarcados, inclusive os sistemas inerciais que permitam dirigir o fogo ao alvo com exatidão e "além do alcance visual".

c. A capacidade para levar o combate a pontos específicos do território nacional, em conjunto com o Exército e a Marinha, constituindo uma única força combatente, sob a disciplina do teatro de operações.

A primeira implicação é a necessidade de dispor de aviões de transporte em número suficiente para transportar em poucas horas uma brigada da reserva estratégica, do centro do País para qualquer ponto do território nacional. As unidades de transporte aéreo ficarão baseadas no centro do País, próximo às reservas estratégicas da Força Terrestre.

A segunda implicação é a necessidade de contar com sistemas de armas de grande precisão, capazes de permitir a adequada discriminação de alvos em situações nas quais forças nacionais poderão estar entremeadas ao inimigo.

A terceira implicação é a necessidade de dispor de suficientes e adequados meios de transporte para apoiar a aplicação da estratégia da presença do Exército na região Amazônica e no Centro-Oeste, sobretudo as atividades operacionais e logísticas realizadas pelas unidades da Força Terrestre situadas na fronteira.

d. A índole pacífica do Brasil não elimina a necessidade de assegurar à Força Aérea o domínio de um potencial estratégico que se organize em torno de uma capacidade, não em torno de um inimigo. Sem que a Força Aérea tenha o pleno domínio desse potencial aeroestratégico, não estará ela em condições de defender o Brasil, nem mesmo dentro dos mais estritos limites de uma guerra defensiva. Para tanto, precisa contar com todos os meios relevantes: plataformas, sistemas de armas, subsídios cartográficos e recursos de inteligência.

2. Na região amazônica, o atendimento a esses objetivos exigirá que a Força Aérea disponha de unidades com recursos técnicos para assegurar a operacionalidade das pistas de pouso e das instalações de proteção ao voo nas situações de vigilância e de combate.

3. O complexo tecnológico e científico sediado em São José dos Campos continuará a ser o sustentáculo da Força Aérea e de seu futuro. De sua importância central resultam os seguintes imperativos estratégicos:

a. Priorizar a formação, dentro e fora do Brasil, dos quadros técnico-científicos, militares e civis, que permitam alcançar a independência tecnológica;

b. Desenvolver projetos tecnológicos que se distingam por sua fecundidade tecnológica (aplicação análoga a outras áreas) e por seu significado transformador (alteração revolucionária das condições de combate), não apenas por sua aplicação imediata;

c. Estreitar os vínculos entre os Institutos de Pesquisa do Centro Tecnológico da Aeronáutica (CTA) e as empresas privadas, resguardando sempre os interesses do Estado quanto à proteção de patentes e à propriedade industrial;

d. Promover o desenvolvimento, em São José de Campos ou em outros lugares, de adequadas condições de ensaio;

e. Enfrentar o problema da vulnerabilidade estratégica criada pela concentração de iniciativas no complexo tecnológico e empresarial de São José dos Campos. Preparar a progressiva desconcentração geográfica de algumas das partes mais sensíveis do complexo.

4.Dentre todas as preocupações a enfrentar no desenvolvimento da Força Aérea, a que inspira cuidados mais vivos e prementes é a maneira de substituir os atuais aviões de combate no intervalo entre 2015 e 2025, uma vez esgotada a possibilidade de prolongar-lhes a vida por modernização de seus sistemas de armas, de sua aviônica e de partes de sua estrutura e fuselagem.

O Brasil confronta, nesse particular, dilema corriqueiro em toda a parte: manter a prioridade das capacitações futuras sobre os gastos atuais, sem tolerar desproteção aérea. Precisa investir nas capacidades que lhe assegurem potencial de fabricação independente de seus meios aéreos de defesa. Não pode, porém, aceitar ficar desfalcado de um escudo aéreo enquanto reúne as condições para ganhar tal independência. A solução a dar a esse problema é tão importante, e exerce efeitos tão variados sobre a situação estratégica do País na América do Sul e no mundo, que transcende uma mera discussão de equipamento e merece ser entendida como parte integrante da Estratégia Nacional de Defesa.

O princípio genérico da solução é a rejeição das soluções extremas - simplesmente comprar no mercado internacional um caça "de quinta geração" ou sacrificar a compra para investir na modernização dos aviões existentes, nos projetos de aviões não tripulados, no desenvolvimento, junto com outro país, do protótipo de um caça tripulado do futuro e na formação maciça de quadros científicos e técnicos. Convém solução híbrida, que providencie o avião de combate dentro do intervalo temporal necessário mas que o faça de maneira a criar condições para a fabricação nacional de caças tripulados avançados.

Tal solução híbrida poderá obedecer a um de dois figurinos. Embora esses dois figurinos possam coexistir em tese, na prática um terá de prevalecer sobre o outro. Ambos ultrapassam de muito os limites convencionais de compra com transferência de tecnologia ou *"off-set"* e envolvem iniciativa substancial de concepção e de fabricação no Brasil. Atingem o mesmo resultado por caminhos diferentes.

De acordo com o primeiro figurino, estabelecer-se-ia parceria com outro país ou países para projetar e fabricar no Brasil, dentro do intervalo temporal relevante, um sucedâneo a um caça de quinta geração à venda no mercado internacional. Projeta-se e constrói-se o sucedâneo de maneira a superar limitações técnicas e operacionais significativas da versão atual daquele avião (por exemplo, seu raio de ação, suas limitações em matéria de empuxo vetorado, sua falta de baixa assinatura radar). A solução em foco daria resposta simultânea aos problemas das limitações técnicas e da independência tecnológica.

De acordo com o segundo figurino, seria comprado um caça de quinta geração, em negociação que contemplasse a transferência integral de tecnologia, inclusive as tecnologias de projeto e de fabricação do avião e os "códigos-fonte". A compra seria feita na escala mínima necessária para facultar a transferência integral dessas tecnologias. Uma empresa brasileira começa a produzir, sob orientação do Estado brasileiro, um sucedâneo àquele avião comprado, autorizado por negociação antecedente com o país e a empresa vendedores. A solução em foco dar-se-ia por sequenciamento e não por simultaneidade.

A escolha entre os dois figurinos é questão de circunstância e de negociação. Consideração que poderá ser decisiva é a necessidade de preferir a opção que minimize a dependência tecnológica ou política em relação a qualquer fornecedor que, por deter componentes do avião a comprar ou a modernizar, possa pretender, por conta dessa participação, inibir ou influir sobre iniciativas de defesa desencadeadas pelo Brasil.

5.Três diretrizes estratégicas marcarão a evolução da Força Aérea. Cada uma dessas diretrizes representa muito mais do que uma tarefa, uma oportunidade de transformação.

A primeira diretriz é o desenvolvimento do repertório de tecnologias e de capacitações que permitam à Força Aérea operar em rede, não só entre seus próprios componentes, mas, também, com o Exército e a Marinha.

A segunda diretriz é o avanço nos programas de veículos aéreos não tripulados, primeiro de vigilância e depois de combate. Os veículos não tripulados poderão vir a ser meios centrais, não meramente acessórios, do combate aéreo, além de facultar patamar mais exigente de precisão no monitoramento/controle do território nacional. A Força Aérea absorverá as implicações desse meio de vigilância e de combate para sua orientação tática e estratégica. Formulará doutrina sobre a interação entre os veículos tripulados e não tripulados que aproveite o novo meio para radicalizar o poder de surpreender, sem expor as vidas dos pilotos.

A terceira diretriz é a integração das atividades espaciais nas operações da Força Aérea. O monitoramento espacial será parte integral e condição indispensável do cumprimento das tarefas estratégicas que orientarão a Força Aérea: vigilância múltipla e cumulativa, superioridade aérea local e fogo focado no contexto de operações conjuntas. O desenvolvimento da tecnologia de veículos lançadores servirá como instrumento amplo, não só para apoiar os programas espaciais, mas também para desenvolver tecnologia nacional de projeto e de fabricação de mísseis.

Os setores estratégicos: o espacial, o cibernético e o nuclear

1.Três setores estratégicos – o espacial, o cibernético e o nuclear – são essenciais para a defesa nacional.

2.Nos três setores, as parcerias com outros países e as compras de produtos e serviços no exterior devem ser compatibilizadas com o objetivo de assegurar espectro abrangente de capacitações e de tecnologias sob domínio nacional.

3.No setor espacial, as prioridades são as seguintes:

a. Projetar e fabricar veículos lançadores de satélites e desenvolver tecnologias de guiamento remoto, sobretudo sistemas inerciais e tecnologias de propulsão líquida.

b. Projetar e fabricar satélites, sobretudo os geoestacionários, para telecomunicações e os destinados ao sensoriamento remoto de alta resolução, multiespectral e desenvolver tecnologias de controle de atitude dos satélites.

c. Desenvolver tecnologias de comunicações, comando e controle a partir de satélites, com as forças terrestres, aéreas e marítimas, inclusive submarinas, para que elas se capacitem a operar em rede e a se orientar por informações deles recebidas;

d. Desenvolver tecnologia de determinação de coordenadas geográficas a partir de satélites.

4.As capacitações cibernéticas se destinarão ao mais amplo espectro de usos industriais, educativos e militares. Incluirão, como parte prioritária, as tecnologias de comunicação entre todos os contingentes das Forças Armadas de modo a assegurar sua capacidade para atuar em rede. Contemplarão o poder de comunicação entre os contingentes das Forças Armadas e os veículos espaciais. No setor cibernético, será constituída organização encarregada de desenvolver a capacitação cibernética nos campos industrial e militar.

5.O setor nuclear tem valor estratégico. Transcende, por sua natureza, a divisão entre desenvolvimento e defesa.

Por imperativo constitucional e por tratado internacional, privou-se o Brasil da faculdade de empregar a energia nuclear para qualquer fim que não seja pacífico. Fê-lo sob várias premissas, das quais a mais importante foi o progressivo desarmamento nuclear das potências nucleares.

Nenhum país é mais atuante do que o Brasil na causa do desarmamento nuclear. Entretanto o Brasil, ao proibir a si mesmo o acesso ao armamento nuclear, não se deve despojar da tecnologia nuclear. Deve, pelo contrário, desenvolvê-la, inclusive por meio das seguintes iniciativas:

a. Completar, no que diz respeito ao programa de submarino de propulsão nuclear, a nacionalização completa e o desenvolvimento em escala industrial do ciclo do combustível (inclusive a gaseificação e o enriquecimento) e da tecnologia da construção de reatores, para uso exclusivo do Brasil.

b. Acelerar o mapeamento, a prospecção e o aproveitamento das jazidas de urânio.

c. Desenvolver o potencial de projetar e construir termelétricas nucleares, com tecnologias e capacitações que acabem sob domínio nacional, ainda que desenvolvidas por meio de parcerias com Estados e empresas estrangeiras. Empregar a energia nuclear criteriosamente, e sujeitá-la aos mais rigorosos controles de segurança e de proteção do meio-ambiente, como forma de estabilizar a matriz energética nacional, ajustando as variações no suprimento de energias renováveis, sobretudo a energia de origem hidrelétrica; e

d. Aumentar a capacidade de usar a energia nuclear em amplo espectro de atividades.

O Brasil zelará por manter abertas as vias de acesso ao desenvolvimento de suas tecnologias de energia nuclear. Não aderirá a acréscimos ao Tratado de Não Proliferação de Armas Nucleares destinados a ampliar as restrições do Tratado sem que as potências nucleares tenham avançado na premissa central do Tratado: seu próprio desarmamento nuclear.

6.A primeira prioridade do Estado na política dos três setores estratégicos será a formação de recursos humanos nas ciências relevantes. Para tanto, ajudará a financiar os programas de pesquisa e de formação nas universidades brasileiras e nos centros nacionais de pesquisa e aumentará a oferta de bolsas de doutoramento e de pós-doutoramento nas instituições internacionais pertinentes. Essa política de apoio não se limitará à ciência aplicada, de emprego tecnológico imediato. Beneficiará, também, a ciência fundamental e especulativa.

A reorganização da indústria nacional de material de defesa: desenvolvimento tecnológico independente

1.A defesa do Brasil requer a reorganização da indústria nacional de material de defesa, de acordo com as seguintes diretrizes:

a. Dar prioridade ao desenvolvimento de capacitações tecnológicas independentes.

Essa meta condicionará as parcerias com países e empresas estrangeiras ao desenvolvimento progressivo de pesquisa e de produção no País.

b. Subordinar as considerações comerciais aos imperativos estratégicos.

Isso importa em organizar o regime legal, regulatório e tributário da indústria nacional de material de defesa para que reflita tal subordinação.

c. Evitar que a indústria nacional de material de defesa polarize-se entre pesquisa avançada e produção rotineira.

Deve-se cuidar para que a pesquisa de vanguarda sirva à produção de vanguarda.

d. Usar o desenvolvimento de tecnologias de defesa como foco para o desenvolvimento de capacitações operacionais.

Isso implica buscar a modernização permanente das plataformas, seja pela reavaliação à luz da experiência operacional, seja pela incorporação de melhorias provindas do desenvolvimento tecnológico.

2.Estabelecer-se-á, para a indústria nacional de material de defesa, regime legal, regulatório e tributário especial.

Tal regime resguardará as empresas privadas de material de defesa das pressões do imediatismo mercantil ao eximi-las do regime geral de licitações; as protegerá contra o risco dos contingenciamentos orçamentários e assegurará a continuidade nas compras públicas. Em contrapartida, o Estado ganhará poderes especiais sobre as empresas privadas, para além das fronteiras da autoridade regulatória geral. Esses poderes serão exercidos quer por meio de instrumentos de direito privado, como a "golden share", quer por meio de instrumentos de direito público, como os licenciamentos regulatórios.

3.O componente estatal da indústria de material de defesa terá por vocação produzir o que o setor privado não possa projetar e fabricar, a curto e médio prazo, de maneira rentável. Atuará, portanto, no teto, e não no piso tecnológico. Manterá estreito vínculo com os centros avançados de pesquisa das próprias Forças Armadas e das instituições acadêmicas brasileiras.

4.O Estado ajudará a conquistar clientela estrangeira para a indústria nacional de material de defesa. Entretanto, a continuidade da produção deve ser organizada para não depender da conquista ou da continuidade de tal clientela. Portanto, o Estado reconhecerá que em muitas linhas de produção, aquela indústria terá de operar em sistema de "custo mais margem" e, por conseguinte, sob intenso escrutínio regulatório.

5.O futuro das capacitações tecnológicas nacionais de defesa depende mais da formação de recursos humanos do que do desenvolvimento de aparato industrial. Daí a primazia da política de formação de cientistas, em ciência aplicada e básica, já abordada no tratamento dos setores espacial, cibernético e nuclear.

6.No esforço de reorganizar a indústria nacional de material de defesa, buscar-se-á parcerias com outros países, com o objetivo de desenvolver a capacitação tecnológica nacional, de modo a reduzir progressivamente a compra de serviços e de produtos acabados no exterior. A esses interlocutores estrangeiros, o Brasil deixará sempre claro que pretende ser parceiro, não cliente ou comprador. O País está mais interessado em parcerias que fortaleçam suas capacitações independentes do que na compra de produtos e serviços acabados. Tais parcerias devem contemplar, em princípio, que parte substancial da pesquisa e da fabricação seja desenvolvida no Brasil e ganharão relevo maior quando forem expressão de associações estratégicas abrangentes.

7.Estabelecer-se-á, no Ministério da Defesa, uma Secretaria de Produtos de Defesa. O Secretário será nomeado pelo Presidente da República, por indicação do Ministro da Defesa.

Caberá ao Secretário executar as diretrizes fixadas pelo Ministro da Defesa e, com base nelas, formular e dirigir a política de compras de produtos de defesa, inclusive armamentos, munições, meios de transporte e de comunicações, fardamentos e materiais de uso individual e coletivo, empregados nas atividades operacionais. O Ministro da Defesa delegará aos órgãos das três Forças poderes para executarem a política formulada pela Secretaria quanto a encomendas e compras de produtos específicos de sua área, sujeita tal execução à avaliação permanente pelo Ministério.

O objetivo será implementar, no mais breve período, uma política centralizada de compras produtos de defesa capaz de:

(a) otimizar o dispêndio de recursos;

(b) assegurar que as compras obedeçam às diretrizes da Estratégia Nacional de Defesa e de sua elaboração, ao longo do tempo; e

(c) garantir, nas decisões de compra, a primazia do compromisso com o desenvolvimento das capacitações tecnológicas nacionais em produtos de defesa.

8.A Secretaria responsável pela área de Ciência e Tecnologia no Ministério da Defesa deverá ter, entre as suas atribuições, a de coordenar a pesquisa avançada em tecnologias de defesa que se realize nos Institutos de pesquisa da Marinha, do Exército e da Aeronáutica, bem como em outras organizações subordinadas às Forças Armadas.

O objetivo será implementar uma política tecnológica integrada, que evite duplicação; compartilhe quadros, ideias e recursos; e prime por construir elos entre pesquisa e produção, sem perder contato com avanços em ciências básicas. Para assegurar a consecução desses objetivos, a Secretaria fará com que muitos projetos de pesquisa sejam realizados conjuntamente pelas instituições de tecnologia avançada das três Forças Armadas. Alguns desses projetos conjuntos poderão ser organizados com personalidade própria, seja como empresas de propósitos específicos, seja sob outras formas jurídicas.

Os projetos serão escolhidos e avaliados não só pelo seu potencial produtivo próximo, mas também por sua fecundidade tecnológica: sua utilidade como fonte de inspiração e de capacitação para iniciativas análogas.

9. Resguardados os interesses de segurança do Estado quanto ao acesso a informações, serão estimuladas iniciativas conjuntas entre organizações de pesquisa das Forças Armadas, instituições acadêmicas nacionais e empresas privadas brasileiras. O objetivo será fomentar o desenvolvimento de um complexo militar-universitário--empresarial capaz de atuar na fronteira de tecnologias que terão quase sempre utilidade dual, militar e civil.

O serviço militar obrigatório: nivelamento republicano e mobilização nacional

1. A base da defesa nacional é a identificação da Nação com as Forças Armadas e das Forças Armadas com a Nação. Tal identificação exige que a Nação compreenda serem inseparáveis as causas do desenvolvimento e da defesa.

O Serviço Militar Obrigatório será, por isso, mantido e reforçado. É a mais importante garantia da defesa nacional. Pode ser também o mais eficaz nivelador republicano, permitindo que a Nação se encontre acima de suas classes sociais.

2. As Forças Armadas limitarão e reverterão a tendência de diminuir a proporção de recrutas e de aumentar a proporção de soldados profissionais. No Exército, respeitada a necessidade de especialistas, a maioria do efetivo de soldados deverá sempre continuar a ser de recrutas do Serviço Militar Obrigatório. Na Marinha e na Força Aérea, a necessidade de contar com especialistas, formados ao longo de vários anos, deverá ter como contrapeso a importância estratégica de manter abertos os canais do recrutamento.

O conflito entre as vantagens do profissionalismo e os valores do recrutamento há de ser atenuado por meio da educação – técnica e geral, porém de orientação analítica e capacitadora – que será ministrada aos recrutas ao longo do período de serviço.

3. As Forças Armadas se colocarão no rumo de tornar o Serviço Militar realmente obrigatório. Não se contentarão em deixar que a desproporção entre o número muito maior de obrigados ao serviço e o número muito menor de vagas e de necessidades das Forças seja resolvido pelo critério da autosseleção de recrutas

desejosos de servir. O uso preponderante de tal critério, ainda que sob o efeito de melhores atrativos financeiros, limita o potencial do serviço militar, em prejuízo de seus objetivos de defesa nacional e de nivelamento republicano.

Os recrutas serão selecionados por dois critérios principais. O primeiro será a combinação do vigor físico com a capacidade analítica, medida de maneira independente do nível de informação ou de formação cultural de que goze o recruta. O segundo será o da representação de todas as classes sociais e regiões do país.

4.Complementarmente ao Serviço Militar Obrigatório instituir-se-á Serviço Civil, de amplas proporções. Nele poderão ser progressivamente aproveitados os jovens brasileiros que não forem incorporados no Serviço Militar. Nesse serviço civil – concebido como generalização das aspirações do Projeto Rondon – receberão os incorporados, de acordo com suas qualificações e preferências, formação para poder participar de um trabalho social. Esse trabalho se destinará a atender às carências do povo brasileiro e a reafirmar a unidade da Nação. Receberão, também, os participantes do Serviço Civil, treinamento militar básico que lhes permita compor força de reserva, mobilizável em circunstâncias de necessidade. Serão catalogados, de acordo com suas habilitações, para eventual mobilização.

À medida que os recursos o permitirem, os jovens do Serviço Civil serão estimulados a servir em região do País diferente daquelas de onde são originários.

Até que se criem as condições para instituir plenamente o Serviço Civil, as Forças Armadas tratarão, por meio de trabalho conjunto com os prefeitos municipais, de restabelecer a tradição dos Tiros de Guerra. Em princípio, todas as prefeituras do País deverão estar aptas para participar dessa renovação dos Tiros de Guerra, derrubadas as restrições legais que ainda restringem o rol dos municípios qualificados.

5.Os Serviços Militar e Civil evoluirão em conjunto com as providências para assegurar a mobilização nacional em caso de necessidade, de acordo com a Lei de Mobilização Nacional. O Brasil entenderá, em todo o momento, que sua defesa depende do potencial de mobilizar recursos humanos e materiais em grande escala, muito além do efetivo das suas Forças Armadas em tempo de paz. Jamais tratará a evolução tecnológica como alternativa à mobilização nacional; aquela será entendida como instrumento desta. Ao assegurar a flexibilidade de suas Forças Armadas, assegurará também a elasticidade delas.

6.É importante para a defesa nacional que o oficialato seja representativo de todos os setores da sociedade brasileira. É bom que os filhos de trabalhadores ingressem nas academias militares. Entretanto, a ampla representação de todas as classes sociais nas academias militares é imperativo de segurança nacional. Duas condições são indispensáveis para que se alcance esse objetivo. A primeira é que a carreira militar seja remunerada com vencimentos competitivos com outras valorizadas carreiras do Estado. A segunda condição é que a Nação abrace a causa da defesa e nela identifique requisito para o engrandecimento do povo brasileiro.

7.Um interesse estratégico do Estado é a formação de especialistas civis em assuntos de defesa. No intuito de formá-los, o Governo Federal deve apoiar, nas universidades, um amplo espectro de programas e de cursos que versem sobre a defesa.

A Escola Superior de Guerra deve servir como um dos principais instrumentos de tal formação. Deve, também, organizar o debate permanente, entre as lideranças civis e militares, a respeito dos problemas da defesa. Para melhor cumprir essas funções, deverá a Escola ser transferida para Brasília, sem prejuízo de sua presença no Rio de Janeiro, e passar a contar com o engajamento direto do Estado-Maior Conjunto das Forças Armadas e dos Estados-Maiores das três Forças.

Conclusão

A Estratégia Nacional de Defesa inspira-se em duas realidades que lhe garantem a viabilidade e lhe indicam o rumo.

A primeira realidade é a capacidade de improvisação e adaptação, o pendor para criar soluções quando faltam instrumentos, a disposição de enfrentar as agruras da natureza e da sociedade, enfim, a capacidade quase irrestrita de adaptação que permeia a cultura brasileira. É esse o fato que permite efetivar o conceito de flexibilidade.

A segunda realidade é o sentido do compromisso nacional no Brasil. A Nação brasileira foi e é um projeto do povo brasileiro; foi ele que sempre abraçou a ideia de nacionalidade e lutou para converter a essa ideia os quadros dirigentes e letrados. Este fato é a garantia profunda da identificação da Nação com as Forças Armadas e destas com a Nação.

Do encontro dessas duas realidades, resultaram as diretrizes da Estratégia Nacional de Defesa.

II – MEDIDAS DE IMPLEMENTAÇÃO

Contexto

A segunda parte da Estratégia Nacional de Defesa complementa a formulação sistemática contida na primeira.

São três seus propósitos. O primeiro é contextualizá-la, enumerando circunstâncias que ajudam a precisar-lhe os objetivos e a explicar-lhe os métodos. O segundo é aplicar a Estratégia a um espectro, amplo e representativo, de problemas atuais enfrentados pelas Forças Armadas e, com isso, tornar mais claras sua doutrina e suas exigências. O terceiro é enumerar medidas de transição que indiquem o caminho que levará o Brasil, de onde está para onde deve ir, na organização de sua defesa.

Podem ser considerados como principais aspectos positivos do atual quadro da defesa nacional:

- Forças Armadas identificadas com a sociedade brasileira, com altos índices de confiabilidade;

- adaptabilidade do brasileiro às situações novas e inusitadas, criando situação propícia a uma cultura militar pautada pelo conceito da flexibilidade; e

- excelência do ensino nas Forças Armadas, no que diz respeito à metodologia e à atualização em relação às modernas táticas e estratégias de emprego de meios militares, incluindo o uso de concepções próprias, adequadas aos ambientes operacionais de provável emprego.

Por outro lado, configuram-se como principais vulnerabilidades da atual estrutura de defesa do País:

- pouco envolvimento da sociedade brasileira com os assuntos de defesa e escassez de especialistas civis nesses temas;
- insuficiência e descontinuidade na alocação de recursos orçamentários para a defesa;
- obsolescência da maioria dos equipamentos das Forças Armadas; elevado grau de dependência em relação a produtos de defesa estrangeiros; e ausência de direção unificada para aquisições de produtos de defesa;
- inadequada distribuição espacial das Forças Armadas no território nacional, para o atendimento otimizado às necessidades estratégicas;
- falta de articulação com o Governo federal e com a sociedade do principal Instituto brasileiro de altos estudos estratégicos - a Escola Superior de Guerra - no desenvolvimento e consolidação dos conhecimentos necessários ao planejamento de defesa e no assessoramento à formulação de políticas e estratégias decorrentes;
- insuficiência ou pouca atratividade e divulgação dos cursos para a capacitação de civis em assuntos de defesa; e inexistência de carreira civil na área de defesa, mesmo sendo uma função de Estado;
- limitados recursos aplicados em pesquisa científica e tecnológica para o desenvolvimento de material de emprego militar e produtos de defesa, associados ao incipiente nível de integração entre os órgãos militares de pesquisa, e entre estes e os institutos civis de pesquisa;
- inexistência de planejamento nacional para desenvolvimento de produtos de elevado conteúdo tecnológico, com participação coordenada dos centros de pesquisa das universidades, das Forças Armadas e da indústria;
- falta de inclusão, nos planos governamentais, de programas de aquisição de produtos de defesa em longo prazo, calcados em programas plurianuais e em planos de equipamento das Forças Armadas, com priorização da indústria nacional de material de defesa. Essa omissão ocasiona aquisições de produtos de defesa no exterior, às vezes, calcadas em oportunidades, com desníveis tecnológicos em relação ao "estado da arte" e com a geração de indesejável dependência externa;
- inexistência de regras claras de prioridade à indústria nacional, no caso de produtos de defesa fabricados no País;
- dualidade de tratamento tributário entre o produto de defesa fabricado no País e o adquirido no exterior, com excessiva carga tributária incidente sobre o material nacional, favorecendo a opção pela importação;
- deficiências nos programas de financiamento para as empresas nacionais fornecedoras de produtos de defesa, prejudicando-as nos mercados interno e externo;
- falta de garantias para apoiar possíveis contratos de fornecimento oriundos da indústria nacional de defesa;
- bloqueios tecnológicos impostos por países desenvolvidos, retardando os projetos estratégicos de concepção brasileira;
- cláusula de compensação comercial, industrial e tecnológica (off-set) inexistente em alguns contratos de importação de produtos de defesa, ou mesmo a não participação efetiva da indústria nacional em programas de compensação; e

- sistemas nacionais de logística e de mobilização deficientes.

A identificação e a análise dos principais aspectos positivos e das vulnerabilidades permitem vislumbrar as seguintes oportunidades a serem exploradas:

- maior engajamento da sociedade brasileira nos assuntos de defesa, assim como maior integração entre os diferentes setores dos três poderes do Estado brasileiro e desses setores com os institutos nacionais de estudos estratégicos, públicos ou privados;

- regularidade e continuidade na alocação dos recursos orçamentários de defesa, para incrementar os investimentos e garantir o custeio das Forças Armadas;

- aparelhamento das Forças Armadas e capacitação profissional de seus integrantes, para que disponham de meios militares aptos ao pronto emprego, integrado, com elevada mobilidade tática e estratégica;

- otimização dos esforços em Ciência, Tecnologia e Inovação para a Defesa, por intermédio, dentre outras, das seguintes medidas:

(a) maior integração entre as instituições científicas e tecnológicas, tanto militares como civis, e a indústria nacional de defesa;

(b) definição de pesquisas de uso dual; e

(c) fomento à pesquisa e ao desenvolvimento de produtos de interesse da defesa;

- maior integração entre as indústrias estatal e privada de material de defesa, com a definição de um modelo de participação na produção nacional de meios de defesa;

- estabelecimento de regime jurídico especial para a indústria nacional de material de defesa, que possibilite a continuidade e o caráter preferencial nas compras públicas;

- integração e definição centralizada na aquisição de produtos de defesa de uso comum, compatíveis com as prioridades estabelecidas;

- condicionamento da compra de produtos de defesa no exterior à transferência substancial de tecnologia, inclusive por meio de parcerias para pesquisa e fabricação no Brasil de partes desses produtos ou de sucedâneos a eles;

- articulação das Forças Armadas, compatível com as necessidades estratégicas e de adestramento dos Comandos Operacionais, tanto singulares quanto conjuntos, capaz de levar em consideração as exigências de cada ambiente operacional, em especial o amazônico e o do Atlântico Sul;

- fomento da atividade aeroespacial, de forma a proporcionar ao País o conhecimento tecnológico necessário ao desenvolvimento de projeto e fabricação de satélites e de veículos lançadores de satélites e desenvolvimento de um sistema integrado de monitoramento do espaço aéreo, do território e das águas jurisdicionais brasileiras;

- desenvolvimento das infraestruturas marítima, terrestre e aeroespacial necessárias para viabilizar as estratégias de defesa;

- promoção de ações de presença do Estado na região amazônica, em especial pelo fortalecimento do viés de defesa do Programa Calha Norte;

- estreitamento da cooperação entre os países da América do Sul e, por extensão, com os do entorno estratégico brasileiro;

- valorização da profissão militar, a fim de estimular o recrutamento de seus quadros em todas as classes sociais;

- aperfeiçoamento do Serviço Militar Obrigatório, na busca de maior identificação das Forças Armadas com a sociedade brasileira, e estudos para viabilizar a criação de um Serviço Civil, a ser regulado por normas específicas;

- expansão da capacidade de combate das Forças Armadas, por meio da mobilização de pessoal, material e serviços, para complementar a logística militar, no caso de o País se ver envolvido em conflito; e

- otimização do controle sobre atores não governamentais, especialmente na região amazônica, visando à preservação do patrimônio nacional, mediante ampla coordenação das Forças Armadas com os órgãos governamentais brasileiros responsáveis pela autorização de atuação no País desses atores, sobretudo daqueles com vinculação estrangeira.

Hipóteses de Emprego (HE)

Entende-se por "Hipótese de Emprego" a antevisão de possível emprego das Forças Armadas em determinada situação ou área de interesse estratégico para a defesa nacional. É formulada considerando-se o alto grau de indeterminação e imprevisibilidade de ameaças ao País. Com base nas hipóteses de emprego, serão elaborados e mantidos atualizados os planos estratégicos e operacionais pertinentes, visando a possibilitar o contínuo aprestamento da Nação como um todo, e em particular das Forças Armadas, para emprego na defesa do País.

Emprego Conjunto das Forças Armadas em atendimento às HE

A evolução da estrutura das Forças Armadas, do estado de paz para o de conflito armado ou guerra, dar-se-á de acordo com as peculiaridades da situação apresentada e de uma maneira sequencial, que pode ser assim esquematizada:

(a) Na paz

As organizações militares serão articuladas para conciliar o atendimento às Hipóteses de Emprego com a necessidade de otimizar os seus custos de manutenção e para proporcionar a realização do adestramento em ambientes operacionais específicos.

Serão desenvolvidas atividades permanentes de inteligência, para acompanhamento da situação e dos atores que possam vir a representar potenciais ameaças ao Estado e para proporcionar o alerta antecipado ante a possibilidade de concretização de tais ameaças. As atividades de inteligência devem obedecer a salvaguardas e controles que resguardem os direitos e garantias constitucionais.

(b) Na crise

O Comandante Supremo das Forças Armadas, consultado o Conselho de Defesa Nacional, poderá ativar uma estrutura de gerenciamento de crise, com a participação de representantes do Ministério da Defesa e dos Comandos da Marinha, do Exército e da Aeronáutica, bem como de representantes de outros Ministérios, se necessários.

O emprego das Forças Armadas será singular ou conjunto e ocorrerá em consonância com as diretrizes expedidas.

As atividades de inteligência serão intensificadas.

Medidas políticas inerentes ao gerenciamento de crise continuarão a ser adotadas, em paralelo com as ações militares.

Ante a possibilidade de a crise evoluir para conflito armado, poderão ser desencadeadas, entre outras, as seguintes medidas:

- a ativação dos Comandos Operacionais previstos na Estrutura Militar de Defesa;
- a adjudicação de forças pertencentes à estrutura organizacional das três Forças aos Comandos Operacionais ativados;
- a atualização e implementação, pelo Comando Operacional ativado, dos planos de campanha elaborados no estado de paz;
- o recompletamento das estruturas;
- a ativação de Zona de Defesa, áreas onde são mobilizáveis tropas da ativa e reservistas, inclusive os egressos dos Tiros de Guerra, para defesa do interior do país em caso de conflito armado; e
- a decretação da Mobilização Nacional, se necessária.

(c) Durante o conflito armado/guerra

O desencadeamento da campanha militar prevista no Plano de Campanha elaborado

(d) Ao término do conflito armado/guerra
A progressiva desmobilização dos recursos não mais necessários.

Fundamentos

Os ambientes apontados na Estratégia Nacional de Defesa não permitem vislumbrar ameaças militares concretas e definidas, representadas por forças antagônicas de países potencialmente inimigos ou de outros agentes não estatais. Devido à incerteza das ameaças ao Estado, o preparo das Forças Armadas deve ser orientado para atuar no cumprimento de variadas missões, em diferentes áreas e cenários, para respaldar a ação política do Estado.

As Hipóteses de Emprego são provenientes da associação das principais tendências de evolução das conjunturas nacional e internacional com as orientações político-estratégicas do País.

Na elaboração das Hipóteses de Emprego, a Estratégia Militar de Defesa deverá contemplar o emprego das Forças Armadas considerando, dentre outros, os seguintes aspectos:

- o monitoramento e controle do espaço aéreo, das fronteiras terrestres, do território e das águas jurisdicionais brasileiras em circunstâncias de paz;
- a ameaça de penetração nas fronteiras terrestres ou concepção nas águas jurisdicionais brasileiras;

- a ameaça de forças militares muito superiores na região amazônica;
- as providências internas ligadas à defesa nacional decorrentes de guerra em outra região do mundo, ultrapassando os limites de uma guerra regional controlada, com emprego efetivo ou potencial de armamento nuclear;
- a participação do Brasil em operações de paz e humanitárias, regidas por organismos internacionais;
- a participação em operações internas de Garantia da Lei e da Ordem, nos termos da Constituição Federal, e os atendimentos às requisições da Justiça Eleitoral;
- ameaça de conflito armado no Atlântico Sul.

Estruturação das Forças Armadas

Para o atendimento eficaz das Hipóteses de Emprego, as Forças Armadas deverão estar organizadas e articuladas de maneira a facilitar a realização de operações conjuntas e singulares, adequadas às características peculiares das operações de cada uma das áreas estratégicas.

O instrumento principal, por meio do qual as Forças desenvolverão sua flexibilidade tática e estratégica, será o trabalho coordenado entre as Forças, a fim de tirar proveito da dialética da concentração e desconcentração. Portanto, as Forças, como regra, definirão suas orientações operacionais em conjunto, privilegiando essa visão conjunta como forma de aprofundar suas capacidades e rejeitarão qualquer tentativa de definir orientação operacional isolada.

O agente institucional para esse trabalho unificado será a colaboração entre os Estados-Maiores das Forças com o Estado-Maior Conjunto das Forças Armadas, no estabelecimento e definição das linhas de frente de atuação conjunta. Nesse sentido, o sistema educacional de cada Força ministrará cursos e realizará projetos de pesquisa e de formulação em conjunto com os sistemas das demais Forças e com a Escola Superior de Guerra.

Da mesma forma, as Forças Armadas deverão ser equipadas, articuladas e adestradas, desde os tempos de paz, segundo as diretrizes do Ministério da Defesa, realizando exercícios singulares e conjuntos.

Assim, com base na Estratégia Nacional de Defesa e na Estratégia Militar dela decorrente, as Forças Armadas submeterão ao Ministério da Defesa seus Planos de Equipamento e de Articulação, os quais deverão contemplar uma proposta de distribuição espacial das instalações militares e de quantificação dos meios necessários ao atendimento eficaz das Hipóteses de Emprego, de maneira a possibilitar:
- poder de combate que propicie credibilidade à estratégia da dissuasão;
- que o Sistema de Defesa Nacional disponha de meios que permitam o aprimoramento da vigilância; o controle do espaço aéreo, das fronteiras terrestres, do território e das águas jurisdicionais brasileiras; e da infraestrutura estratégica nacional;
- o aumento da presença militar nas áreas estratégicas do Atlântico Sul e da região amazônica;
- o aumento da participação de órgãos governamentais, militares e civis, no plano de vivificação e desenvolvimento da faixa de fronteira amazônica, empregando a estratégia da presença;

- a adoção de uma articulação que atenda aos aspectos ligados à concentração dos meios, à eficiência operacional, à rapidez no emprego e à otimização do custeio em tempo de paz; e

- a existência de forças estratégicas de elevada mobilidade e flexibilidade, dotadas de material tecnologicamente avançado e em condições de emprego imediato, articuladas de maneira à melhor atender às Hipóteses de Emprego.

Os Planos das Forças singulares, consolidados no Ministério da Defesa, deverão referenciar-se a metas de curto prazo (até 2014), de médio prazo (entre 2015 e 2022) e de longo prazo (entre 2027 e 2030).

Em relação ao equipamento, o planejamento deverá priorizar, com compensação comercial, industrial e tecnológica:

- no âmbito das três Forças, sob a condução do Ministério da Defesa, a aquisição de helicópteros de transporte e de reconhecimento e ataque;

- na Marinha, o projeto e fabricação de submarinos convencionais que permitam a evolução para o projeto e fabricação, no País, de submarinos de propulsão nuclear, de meios de superfície e aéreos priorizados nesta Estratégia;

- no Exército, os meios necessários ao complemento dos sistemas operacionais das brigadas; o aumento da mobilidade tática e estratégica da Força Terrestre, sobretudo das Forças de Ação Rápida Estratégicas e das forças estacionadas na região amazônica; os denominados "Núcleos de Modernidade"; a nova família de blindados sobre rodas; os sistemas de mísseis e radares antiaéreos (defesa antiaérea); a produção de munições e o armamento e o equipamento individual do combatente, entre outros, aproximando-os das tecnologias necessárias ao combatente do futuro; e

- na Força Aérea, a aquisição de aeronaves de caça que substituam, paulatinamente, as hoje existentes, buscando a possível padronização; a aquisição e o desenvolvimento de armamentos e sensores, objetivando a autossuficiência na integração destes às aeronaves; e a aquisição de aeronaves de transporte de tropa.

Em relação à distribuição espacial das Forças no território nacional, o planejamento consolidado no Ministério da Defesa, deverá priorizar:

- na Marinha, a necessidade de constituição de uma Esquadra no norte/nordeste do País;

- no Exército, a distribuição que atenda às seguintes condicionantes:

(a) um flexível dispositivo de expectativa, em face da indefinição de ameaças, que facilite o emprego progressivo das tropas e a presença seletiva em uma escalada de crise;

(b) a manutenção de tropas no centro do País, em particular as reservas estratégicas, na situação de prontidão operacional com mobilidade, que lhes permitam deslocar-se rapidamente para qualquer parte do território nacional ou para o exterior;

(c) a manutenção de tropas no centro-sul do País para garantir a defesa da principal concentração demográfica, industrial e econômica, bem como da infra-estrutura, particularmente a geradora de energia; e

(d) a concentração das reservas regionais em suas respectivas áreas; e

- na Força Aérea, a adequação da localização de suas unidades de transporte de tropa de forma a propiciar o rápido atendimento de apoio de transporte a forças estratégicas de emprego. Isso pressupõe que se baseiem próximo às reservas estratégicas do Exército no centro do País. Além disso, suas unidades de defesa aérea e de controle do espaço aéreo serão distribuídas de forma a possibilitar um efetivo atendimento às necessidades correntes com velocidade e presteza.

A partir da consolidação dos Planos de Equipamento e de Articulação elaborados pelas Forças, o Ministério da Defesa proporá ao Presidente da República o Projeto de Lei de Equipamento e de Articulação da Defesa Nacional, envolvendo a sociedade brasileira na busca das soluções necessárias.

As características especiais do ambiente amazônico, com reflexos na doutrina de emprego das Forças Armadas, deverão demandar tratamento especial, devendo ser incrementadas as ações de fortalecimento da estratégia da presença naquele ambiente operacional.

Em face da indefinição das ameaças, as Forças Armadas deverão se dedicar à obtenção de capacidades orientadoras das medidas a serem planejadas e adotadas.

No tempo de paz ou enquanto os recursos forem insuficientes, algumas capacidades serão mantidas temporariamente por meio de núcleos de expansão, constituídos por estruturas flexíveis e capazes de evoluir rapidamente, de modo a obter adequado poder de combate nas operações.

As seguintes capacidades são desejadas para as Forças Armadas:
- permanente prontidão operacional para atender às Hipóteses de Emprego, integrando forças conjuntas ou não;
- manutenção de unidades aptas a compor Forças de Pronto Emprego, em condições de atuar em diferentes ambientes operacionais;
- projeção de poder nas áreas de interesse estratégico;
- estruturas de Comando e Controle, e de Inteligência consolidadas;
- permanência na ação, sustentada por um adequado apoio logístico, buscando ao máximo a integração da logística das três Forças;
- aumento do poder de combate, em curto prazo, pela incorporação de recursos mobilizáveis, previstos em lei; e
- interoperabilidade nas operações conjuntas.

Ciência, Tecnologia e Inovação (CT&I)

A Política de Ciência, Tecnologia e Inovação para a Defesa Nacional tem como propósito estimular o desenvolvimento científico e tecnológico e a inovação de interesse para a defesa nacional.

Isso ocorrerá por meio de um planejamento nacional para desenvolvimento de produtos de alto conteúdo tecnológico, com envolvimento coordenado das instituições científicas e tecnológicas (ICT) civis e militares, da indústria e da universidade, com a definição de áreas prioritárias e suas respectivas tecnologias de interesse e a criação de instrumentos de fomento à pesquisa de materiais, equipamentos e sistemas de emprego de defesa ou dual, de forma a viabilizar uma vanguarda tecnológica e operacional pautada na mobilidade estratégica, na flexibilidade e na capacidade de dissuadir ou de surpreender.

Para atender ao propósito dessa política, deverá ser considerada, ainda, a "Concepção Estratégica para CT&I de Interesse da Defesa", documento elaborado em 2003, em conjunto pelo Ministério da Defesa e pelo Ministério da Ciência e Tecnologia, e revisado em 2008.

O Ministério da Defesa, em coordenação com o Ministério da Ciência e Tecnologia, atualizará a Política de Ciência, Tecnologia e Inovação para a Defesa Nacional e os instrumentos normativos decorrentes. Para atender aos objetivos dessa Política, deverá ocorrer a adequação das estruturas organizacionais existentes e que atuam na área de Ciência e Tecnologia da Defesa. Os citados documentos contemplarão:

- medidas para a maximização e a otimização dos esforços de pesquisa nas instituições científicas e tecnológicas civis e militares, para o desenvolvimento de tecnologias de ponta para o sistema de defesa, com a definição de esforços integrados de pesquisadores das três Forças, especialmente para áreas prioritárias e suas respectivas tecnologias de interesse;

- um plano nacional de pesquisa e desenvolvimento de produtos de defesa, tendo como escopo prioritário a busca do domínio de tecnologias consideradas estratégicas e medidas para o financiamento de pesquisas;

- a integração dos esforços dos centros de pesquisa militares, com a definição das prioridades de pesquisa de material de emprego comum para cada centro, e a participação de pesquisadores das três Forças em projetos prioritários; e

- o estabelecimento de parcerias estratégicas com países que possam contribuir para o desenvolvimento de tecnologias de ponta de interesse para a defesa.

Projetos de interesse comum a mais de uma Força deverão ter seus esforços de pesquisa integrados, definindo-se, no plano especificado, para cada um deles, um pólo integrador.

No que respeita à utilização do espaço exterior como meio de suporte às atividades de defesa, os satélites geoestacionários para comunicações, controle de tráfego aéreo e meteorologia desempenharão papel fundamental na viabilização de diversas funções em sistemas de comando e controle. As capacidades de alerta, vigilância, monitoramento e reconhecimento poderão, também, ser aperfeiçoadas por meio do uso de sensores ópticos e de radar, a bordo de satélites ou de veículos aéreos não tripulados (VANT).

Serão consideradas, nesse contexto, as plataformas e missões espaciais em desenvolvimento, para fins civis, tais como satélites de monitoramento ambiental e científicos, ou satélites geoestacionários de comunicações e meteorologia, no âmbito do Programa Nacional de Atividades Espaciais (PNAE).

Em qualquer situação, a concepção, o projeto e a operação dos sistemas espaciais devem observar a legislação internacional, os tratados, bilaterais e multilaterais, ratificados pelo País, bem como os regimes internacionais dos quais o Brasil é signatário.

As medidas descritas têm respaldo na parceria entre o Ministério da Defesa e o Ministério da Ciência e Tecnologia, que remonta à "Concepção para CT&I de Interesse da Defesa" – documento elaborado conjuntamente em 2003 e revisado em 2008. Foi fortalecida com o lançamento do Plano de Ação de Ciência, Tecnologia e

Inovação (PACTI/MCT - Portaria Interministerial MCT/MD nº 750, de 20.11.2007), cuja finalidade é viabilizar soluções científico-tecnológicas e inovações para o atendimento das necessidades do País atinentes à defesa e ao desenvolvimento nacional.

Indústria de Material de Defesa

A relação entre Ciência, Tecnologia e Inovação na área de defesa fortalece-se com a Política de Desenvolvimento Produtivo (PDP), lançada em maio de 2008. Sob a coordenação geral do Ministério do Desenvolvimento, Indústria e Comércio Exterior, a PDP contempla 32 áreas. O programa estruturante do Complexo Industrial de Defesa está sob a gestão do Ministério da Defesa e sob a coordenação do Ministério da Ciência e Tecnologia.

Tal programa tem por objetivo "recuperar e incentivar o crescimento da base industrial instalada, ampliando o fornecimento para as Forças Armadas brasileiras e exportações". Estabelece quatro desafios para a consecução do objetivo:
- aumentar os investimentos em Pesquisa, Desenvolvimento e Inovação;
- promover isonomia tributária em relação a produtos/materiais importados;
- expandir a participação nos mercados interno e externo; e
- fortalecer a cadeia de fornecedores no Brasil.

A PDP sugere, ainda, um conjunto de ações destinadas à superação dos desafios identificados:
- ampliação das compras nacionais;
- expansão e adequação do financiamento;
- promoção das vendas e capacitação de empresas brasileiras; e
- fortalecimento da base de P, D&I.

Com base em tais objetivos, desafios e ações, a PDP visa ao fortalecimento da associação entre desenvolvimento da Ciência e da Tecnologia e desenvolvimento da produção. Busca aproveitar o potencial de tecnologias empregadas no País e transformá-las em bens finais, estimulando a indústria nacional.

Os projetos a serem apoiados serão selecionados e avaliados de acordo com as ações estratégicas a seguir descritas e com características que considerem o potencial da demanda pública, a possibilidade de uso comum pelas Forças, o uso dual – militar e civil – das tecnologias, subprodutos tecnológicos de emprego civil, o índice de nacionalização, o potencial exportador, a presença de matéria-prima crítica dependente de importação e o potencial de embargo internacional.

O Ministério da Defesa, em coordenação com o Ministério de Ciência e Tecnologia e com o Ministério do Desenvolvimento, Indústria e Comércio Exterior, realizará a análise das características referidas, selecionando de forma articulada projetos e produtos que unam as necessidades das atividades de defesa com as potencialidades tecnológicas e produtivas existentes no Brasil.

Para atendimento aos novos desafios da indústria de material de defesa do País, impõe-se a atualização da Política Nacional da Indústria de Material de Defesa.

Inteligência de Defesa

A exatidão é o princípio fundamental da Inteligência Militar. Por meio da Inteligência, busca-se que todos os planejamentos – políticos, estratégicos, operacionais e táticos – e sua execução desenvolvam-se com base em fatos que se transformam em conhecimentos confiáveis e oportunos. As informações precisas são condição essencial para o emprego adequado dos meios militares.

A Inteligência deve ser desenvolvida desde o tempo de paz, pois é ela que possibilita superar as incertezas. É da sua vertente prospectiva que procedem os melhores resultados, permitindo o delineamento dos cursos de ação possíveis e os seus desdobramentos. A identificação das ameaças é o primeiro resultado da atividade da Inteligência Militar.

Ações Estratégicas

Enunciam-se a seguir as ações estratégicas que irão orientar a implementação da Estratégia Nacional de Defesa:

Ciência e Tecnologia

Fomentar a pesquisa de materiais, equipamentos e sistemas militares e civis que compatibilize as prioridades científico-tecnológicas com as necessidades de defesa.

1.O Ministério da Defesa proporá, em coordenação com os Ministérios das Relações Exteriores, da Fazenda, do Desenvolvimento, Indústria e Comércio Exterior, do Planejamento, Orçamento e Gestão, da Ciência e Tecnologia e com a Secretaria de Assuntos Estratégicos da Presidência da República, o estabelecimento de parcerias estratégicas com países que possam contribuir para o desenvolvimento de tecnologias de ponta de interesse para a defesa.

2.O Ministério da Defesa, em coordenação com os Ministérios da Fazenda, do Desenvolvimento, Indústria e Comércio Exterior, do Planejamento, Orçamento e Gestão, e da Ciência e Tecnologia e com as Forças Armadas, deverá estabelecer ato legal que garanta a alocação, de forma continuada, de recursos financeiros específicos que viabilizem o desenvolvimento integrado e a conclusão de projetos relacionados à defesa nacional, cada um deles com um pólo integrador definido, com ênfase para o desenvolvimento e a fabricação, dentre outros, de:
- aeronaves de caça e de transporte;
- submarinos convencionais e de propulsão nuclear;
- meios navais de superfície;
- armamentos inteligentes, como mísseis, bombas e torpedos, dentre outros;
- veículos aéreos não tripulados;
- sistemas de comando e controle e de segurança das informações;
- radares;
- equipamentos e plataformas de guerra eletrônica;

- equipamento individual e sistemas de comunicação do combatente do futuro;
- veículos blindados;
- helicópteros de transporte de tropa, para o aumento da mobilidade tática, e helicópteros de reconhecimento e ataque;
- munições; e
- sensores óticos e eletro-óticos.

3.O Ministério da Ciência e Tecnologia, por intermédio da Agência Espacial Brasileira, promoverá a atualização do Programa Espacial Brasileiro, de forma a priorizar o desenvolvimento de sistemas espaciais necessários à ampliação da capacidade de comunicações, meteorologia e monitoramento ambiental, com destaque para o desenvolvimento de:
- um satélite geoestacionário nacional para meteorologia e comunicações seguras, entre outras aplicações; e
- satélites de sensoriamento remoto para monitoramento ambiental, com sensores ópticos e radar de abertura sintética.

4.O Ministério da Defesa e o Ministério da Ciência e Tecnologia, por intermédio do Instituto de Aeronáutica e Espaço do Comando da Aeronáutica e da Agência Espacial Brasileira, promoverão medidas com vistas a garantir a autonomia de produção, lançamento, operação e reposição de sistemas espaciais, por meio:
- do desenvolvimento de veículos lançadores de satélites e sistemas de solo para garantir acesso ao espaço em órbitas baixa e geoestacionária;
- de atividades de fomento e apoio ao desenvolvimento de capacidade industrial no setor espacial, com a participação do Ministério do Desenvolvimento, Indústria e Comércio Exterior, de modo a garantir o fornecimento e a reposição tempestiva de componentes, subsistemas e sistemas espaciais; e
- de atividades de capacitação de pessoal nas áreas de concepção, projeto, desenvolvimento e operação de sistemas espaciais.

Recursos Humanos

Promover a valorização da profissão militar de forma compatível com seu papel na sociedade brasileira, assim como fomentar o recrutamento, a seleção, o desenvolvimento e a permanência de quadros civis, para contribuir com o esforço de defesa.

1.O recrutamento dos quadros profissionais das Forças Armadas deverá ser representativo de todas as classes sociais. A carreira militar será valorizada pela criação de atrativos compatíveis com as características peculiares da profissão. Nesse sentido, o Ministério da Defesa, assessorado pelos Comandos das três Forças, proporá as medidas necessárias à valorização pretendida.

2.O recrutamento do pessoal temporário das Forças Armadas deve representar a sociedade brasileira, assim como possibilitar a oferta de mão de obra adequada aos novos meios tecnológicos da defesa nacional. Nesse sentido, o Ministério da Defesa, assessorado pelos Comandos das três Forças, proporá as mudanças necessárias no Serviço Militar Obrigatório.

3. O Ministério da Defesa e a Secretaria de Assuntos Estratégicos da Presidência da República proporão a criação e a regulamentação de um Serviço Civil, em todo o território nacional, a ser prestado por cidadãos que não forem designados para a realização do Serviço Militar Obrigatório.

4. O Ministério da Defesa realizará estudos sobre a criação de quadro de especialistas civis em Defesa, em complementação às carreiras existentes na administração civil e militar, de forma a constituir-se numa força de trabalho capaz de atuar na gestão de políticas públicas de defesa, em programas e projetos da área de defesa, bem como na interação com órgãos governamentais e a sociedade, integrando os pontos de vista político e técnico.

Ensino

Promover maior integração e participação dos setores civis governamentais na discussão dos temas ligados à defesa, assim como a participação efetiva da sociedade brasileira, por intermédio do meio acadêmico e de institutos e entidades ligados aos assuntos estratégicos de defesa.

1. O Ministério da Defesa deverá apresentar planejamento para a transferência da Escola Superior de Guerra para Brasília, de modo a intensificar o intercâmbio fluido entre os membros do Governo Federal e aquela Instituição, assim como para otimizar a formação de recursos humanos ligados aos assuntos de defesa.

2. O Ministério da Defesa e o Ministério do Planejamento, Orçamento e Gestão proporão projeto de lei, alterando a Lei de Criação da Escola Superior de Guerra. O projeto de lei visará criar cargos de direção e assessoria superior destinados à constituição de um corpo permanente que, podendo ser renovado, permita o exercício das atividades acadêmicas, pela atração de pessoas com notória especialização ou reconhecido saber em áreas específicas. Isso possibilitará incrementar a capacidade institucional da Escola de desenvolver atividades acadêmicas e administrativas, bem como intensificar o intercâmbio entre os membros do Governo Federal, a sociedade organizada e aquela instituição.

3. O Ministério da Defesa e a Secretaria de Assuntos Estratégicos da Presidência da República estimularão a realização de Encontros, Simpósios e Seminários destinados à discussão de assuntos estratégicos, aí incluída a temática da Defesa Nacional. A participação da sociedade nesses eventos deve ser objeto de atenção especial.

4. O Ministério da Defesa intensificará a divulgação das atividades de defesa, de modo a aumentar sua visibilidade junto à sociedade, e implementará ações e programas voltados à promoção e disseminação de pesquisas e à formação de recursos humanos qualificados na área, a exemplo do Programa de Apoio ao Ensino e à Pesquisa Científica e Tecnológica em Defesa Nacional (Pró-Defesa).

5. O Ministério da Defesa elaborará uma Política de Ensino com as seguintes finalidades:

- acelerar o processo de interação do ensino militar, em particular no nível de Altos Estudos, atendendo às orientações contidas na primeira parte da presente Estratégia e

- capacitar civis e militares para a própria Administração Central do Ministério e para outros setores do Governo, de interesse da Defesa.

6.As instituições de ensino das três Forças ampliarão nos seus currículos de formação militar disciplinas relativas a noções de Direito Constitucional e de Direitos Humanos, indispensáveis para consolidar a identificação das Forças Armadas com o povo brasileiro.

Mobilização

Realizar, integrar e coordenar as ações de planejamento, preparo, execução e controle das atividades de Mobilização e Desmobilização Nacionais previstas no Sistema Nacional de Mobilização (SINAMOB).

1.O Ministério da Defesa, enquanto não for aprovada alteração na legislação do Sistema Nacional de Mobilização, orientará e coordenará os demais ministérios, secretarias e órgãos envolvidos no SINAMOB no estabelecimento de programas, normas e procedimentos relativos à complementação da Logística Nacional e na adequação das políticas governamentais à política de Mobilização Nacional.

2.O Ministério da Defesa, em coordenação com a Secretaria de Assuntos Estratégicos da Presidência da República, proporá modificações na Lei n° 11.631, de 27 de dezembro de 2007, no que concerne à definição do órgão central do SINAMOB.

Logística

Acelerar o processo de integração entre as três Forças, especialmente nos campos da tecnologia industrial básica, da logística e mobilização, do comando e controle e das operações conjuntas.

1.O Ministério da Defesa proporá a modificação de sua estrutura regimental, de forma a criar órgão a si subordinado encarregado de formular e dirigir a política de compras de produtos de defesa.

2.O Ministério da Defesa proporá a criação de estrutura, a si subordinada, encarregada da coordenação dos processos de certificação, de metrologia, de normatização e de fomento industrial.

Indústria de Material de Defesa

Compatibilizar os esforços governamentais de aceleração do crescimento com as necessidades da Defesa Nacional.

1.O Ministério da Defesa, ouvidos os Ministérios da Fazenda, do Desenvolvimento, Indústria e Comércio Exterior, do Planejamento, Orçamento e Gestão e da Ciência e Tecnologia e a Secretaria de Assuntos Estratégicos da Presidência da República, deverá propor modificações na legislação referente ao regime jurídico e econômico especial para compras de produtos de defesa junto às empresas nacionais, com propostas de modificação da Lei n° 8.666, de junho de 1993.

2. O Ministério da Defesa, em articulação com os Ministérios da Fazenda, do Desenvolvimento, Indústria e Comércio Exterior, dos Transportes, do Planejamento, Orçamento e Gestão e da Ciência e Tecnologia e com a Secretaria de Assuntos Estratégicos da Presidência da República, deverá propor modificações na legislação referente à tributação incidente sobre a indústria nacional de material de defesa, por meio da criação de regime jurídico especial que viabilize incentivos e desoneração tributária à iniciativa privada na fabricação de produto de defesa prioritário para as Forças Armadas e para a exportação.

3. O Ministério da Defesa, em articulação com os Ministérios da Fazenda, do Desenvolvimento, Indústria e Comércio Exterior, dos Transportes, do Planejamento, Orçamento e Gestão e da Ciência e Tecnologia, e a Secretaria de Assuntos Estratégicos da Presidência da República, deverá propor modificações na legislação referente à linha de crédito especial, por intermédio do Banco Nacional de Desenvolvimento Econômico e Social (BNDES), para os produtos de defesa, similar às já concedidas para outras atividades.

4. O Ministério da Defesa, em articulação com os Ministérios da Fazenda, do Desenvolvimento, Indústria e Comércio Exterior, dos Transportes, do Planejamento, Orçamento e Gestão e da Ciência e Tecnologia e com a Secretaria de Assuntos Estratégicos da Presidência da República, deverá propor modificações na legislação referente à viabilização, por parte do Ministério da Fazenda, de procedimentos de garantias para contratos de exportação de produto de defesa de grande vulto, em consonância com o Decreto Lei nº 1.418, de 03 de setembro de 1975, e com a Lei de Responsabilidade Fiscal.

Comando e Controle

Consolidar o sistema de comando e controle para a Defesa Nacional.

O Ministério da Defesa aperfeiçoará o Sistema de Comando e Controle de Defesa, para contemplar o uso de satélite de telecomunicações próprio.

O sistema integrado de Comando e Controle de Defesa deverá ser capaz de disponibilizar, em função de seus sensores de monitoramento e controle do espaço terrestre, marítimo e aéreo brasileiro, dados de interesse do Sistema Nacional de Segurança Pública, em função de suas atribuições constitucionais específicas. De forma recíproca, o Sistema Nacional de Segurança Pública deverá disponibilizar ao sistema de defesa nacional dados de interesse do controle das fronteiras, exercido também pelas Forças Armadas, em especial no que diz respeito às atividades ligadas aos crimes transnacionais fronteiriços.

Adestramento

Atualizar o planejamento operacional e adestrar EM Conjuntos.

O Ministério da Defesa definirá núcleos de Estados-Maiores Conjuntos, coordenados pelo Estado-Maior Conjunto das Forças Armadas, a serem ativados, desde o tempo de paz, dentro da estrutura organizacional das Forças Armadas, para que possibilitem a continuidade e a atualização do planejamento e do adestramento operacionais que atendam o ao estabelecido nos planos estratégicos.

Inteligência de Defesa

Aperfeiçoar o Sistema de Inteligência de Defesa.

O Sistema deverá receber recursos necessários à formulação de diagnóstico conjuntural dos cenários vigentes em prospectiva político-estratégica, nos campos nacional e internacional.

O recursos humanos serão capacitados em análise e técnicas nos campos científico, tecnológico, cibernético, espacial e nuclear, com ênfase para o monitoramento/controle, à mobilidade estratégica e à capacidade logística.

Criar-se-á, no Ministério da Defesa, uma estrutura compatível com as necessidades de integração dos órgãos de inteligência militar.

Doutrina

Promover o aperfeiçoamento da Doutrina de Operações Conjuntas.

O Ministério da Defesa promoverá estudos relativos ao aperfeiçoamento da Doutrina de Operações Conjuntas, considerando, principalmente, o ambiente operacional e o aprimoramento dos meios de defesa, a experiência e os ensinamentos adquiridos com a realização de operações conjuntas e as orientações da Estratégia Nacional de Defesa, no que concerne às atribuições do Estado-Maior Conjunto das Forças Armadas e dos Estados-Maiores das três Forças.

Operações de Paz

Promover o incremento do adestramento e da participação das Forças Armadas em operações de paz, integrando Força de Paz da ONU ou de organismos multilaterais da região.

1.O Brasil deverá ampliar a participação em operações de paz, sob a égide da ONU ou de organismos multilaterais da região, de acordo com os interesses nacionais expressos em compromissos internacionais.

2.O Ministério da Defesa promoverá ações com vistas ao incremento das atividades de um Centro de Instrução de Operações de Paz, de maneira a estimular o adestramento de civis e militares ou de contingentes de Segurança Pública, assim como de convidados de outras nações amigas. Para tal, prover-lhe-á o apoio necessário a torná-lo referência regional no adestramento conjunto para operações de paz e de desminagem humanitária.

Infraestrutura

Compatibilizar os atuais esforços governamentais de aceleração do crescimento com as necessidades da Defesa Nacional.

1.O Ministério da Defesa, em coordenação com a Secretaria de Assuntos Estratégicos da Presidência da República proporá aos ministérios competentes as iniciativas necessárias ao desenvolvimento da infra-estrutura de energia, transporte e comunicações de interesse da defesa, de acordo com os planejamentos estratégicos de emprego das Forças.

2.O Ministério da Defesa priorizará, na elaboração do Plano de Desenvolvimento de Aeródromos de Interesse Militar (PDAIM), os aeródromos de desdobramento previstos nos planejamentos relativos à defesa da região amazônica.

3.O Ministério da Defesa apresentará ao Ministério dos Transportes, em data coordenada com este, programação de investimentos de médio e longo prazo, bem como a ordenação de suas prioridades ligadas às necessidades de vias de transporte para o atendimento aos planejamentos estratégicos decorrentes das Hipóteses de Emprego. O Ministério dos Transportes, por sua vez, promoverá a inclusão das citadas prioridades no Plano Nacional de Logística e Transportes (PNLT).

4.O Ministério dos Transportes, em coordenação com o Ministério da Defesa, fará instalar, no Centro de Operações do Comandante Supremo (COCS), terminal da Base de Dados Georreferenciados em Transporte que possibilite a utilização das informações ligadas à infra-estrutura de transportes, disponibilizadas por aquele sistema, no planejamento e na gestão estratégica de crises e conflitos.

5.O Ministério da Defesa e o Ministério da Integração Nacional desenvolverão estudos conjuntos com vistas à compatibilização dos Programas Calha Norte e de Promoção do Desenvolvimento da Faixa de Fronteira (PDFF) e ao levantamento da viabilidade de estruturação de Arranjos Produtivos Locais (APL), com ações de infra-estrutura econômica e social, para atendimento a eventuais necessidades de vivificação e desenvolvimento da fronteira, identificadas nos planejamentos estratégicos decorrentes das Hipóteses de Emprego.

6.O Ministério das Comunicações, no contexto do Programa Governo Eletrônico Serviço de Atendimento ao Cidadão (GESAC), deverá prever a instalação de telecentros comunitários com conexão em banda larga nas sedes das instalações militares de fronteira existentes e a serem implantadas em decorrência do previsto no Decreto nº 4.412, de 7 de outubro de 2002, alterado pelo Decreto nº 6.513, de 22 de julho de 2008.

7.O Ministério da Defesa, com o apoio das Forças Armadas no que for julgado pertinente, e o Ministério das Comunicações promoverão estudos com vistas à coordenação de ações de incentivo à habilitação de rádios comunitárias nos municípios das áreas de fronteira, de forma a atenuar, com isto, os efeitos de emissões indesejáveis.

Garantia da Lei e da Ordem

Compatibilizar a legislação e adestrar meios específicos das Forças Armadas para o emprego episódico na Garantia da Lei e da Ordem nos termos da Constituição Federal.

1.O Ministério da Defesa proporá alterações na Lei Complementar nº 97, de 09 de junho de 1999, alterada pela Lei Complementar nº 117, de 02 de setembro de 2004; e na Lei nº 9.299, de 07 de agosto de 1996, que viabilizem o emprego das Forças Armadas na Garantia da Lei e da Ordem, nos termos da Constituição Federal, com eficácia e resguardo de seus integrantes.

2.O adestramento das Forças deverá prever a capacitação de tropa para o cumprimento das missões de Garantia da Lei e da Ordem, nos termos da Constituição Federal.

Estabilidade Regional

Contribuir para a manutenção da estabilidade regional.

1.O Ministério da Defesa e o Ministério das Relações Exteriores promoverão o incremento das atividades destinadas à manutenção da estabilidade regional e à cooperação nas áreas de fronteira do País.

2.O Ministério da Defesa e as Forças Armadas intensificarão as parcerias estratégicas nas áreas cibernética, espacial e nuclear e o intercâmbio militar com as Forças Armadas das nações amigas, neste caso particularmente com as do entorno estratégico brasileiro e as da Comunidade de Países de Língua Portuguesa.

3.O Ministério da Defesa, o Ministério das Relações Exteriores e as Forças Armadas buscarão contribuir ativamente para o fortalecimento, a expansão e a consolidação da integração regional, com ênfase na pesquisa e desenvolvimento de projetos comuns de produtos de defesa.

Inserção Internacional

Incrementar o apoio à participação brasileira nas atividades antárticas.-

1.O Ministério da Defesa, demais ministérios envolvidos e as Forças Armadas deverão incrementar o apoio necessário à participação brasileira nos processos de decisão sobre o destino da Região Antártica.

Segurança Nacional

Contribuir para o incremento do nível de Segurança Nacional.
Todas as instâncias do Estado deverão contribuir para o incremento do nível de Segurança Nacional, com particular ênfase sobre:
- o aperfeiçoamento de processos para o gerenciamento de crises;
- a integração de todos os órgãos do Sistema de Inteligência Nacional (SISBIN);

- a prevenção de atos terroristas e de atentados massivos aos Direitos Humanos, bem como a condução de operações contraterrorismo, a cargo dos Ministérios da Defesa e da Justiça e do Gabinete de Segurança Institucional da Presidência da República (GSI-PR);

- as medidas para a segurança das áreas de infraestruturas críticas, incluindo serviços, em especial no que se refere à energia, transporte, água e telecomunicações, a cargo dos Ministérios da Defesa, das Minas e Energia, dos Transportes, da Integração Nacional e das Comunicações, e ao trabalho de coordenação, avaliação, monitoramento e redução de riscos, desempenhado pelo Gabinete de Segurança Institucional da Presidência da República (GSI/PR);

- as medidas de defesa química, bacteriológica e nuclear, a cargo da Casa Civil da Presidência da República, dos Ministérios da Defesa, da Saúde, da Integração Nacional, das Minas e Energia e da Ciência e Tecnologia, e do GSI-PR, para as ações de proteção à população e às instalações em território nacional, decorrentes de possíveis efeitos do emprego de armas dessa natureza;

- as ações de defesa civil, a cargo do Ministério da Integração Nacional;

- as ações de segurança pública, a cargo do Ministério da Justiça e dos órgãos de segurança pública estaduais;

- o aperfeiçoamento dos dispositivos e procedimentos de segurança que reduzam a vulnerabilidade dos sistemas relacionados à Defesa Nacional contra ataques cibernéticos e, se for o caso, que permitam seu pronto restabelecimento, a cargo da Casa Civil da Presidência da República, dos Ministérios da Defesa, das Comunicações e da Ciência e Tecnologia, e do GSI-PR;

- a execução de estudos para viabilizar a instalação de um centro de pesquisa de doenças tropicais para a região amazônica, a cargo dos Ministérios da Defesa, da Ciência e Tecnologia, da Saúde e órgãos de saúde estaduais e municipais;

- medidas de defesa contra pandemias; e

- o atendimento aos compromissos internacionais relativos à salvaguarda da vida humana no mar e ao tráfego aéreo internacional, a cargo do Ministério da Defesa, por intermédio dos Comandos da Marinha e da Aeronáutica, respectivamente, e do Ministério das Relações Exteriores;

Disposições Finais

Os documentos complementares e decorrentes da presente Estratégia Nacional de Defesa, cujas necessidades de elaboração ou atualização atendem às exigências desta Estratégia, deverão ser confeccionados conforme o quadro a seguir:

PRAZO	TAREFA A REALIZAR	RESPONSÁVEL
31/12/2010	Planos Estratégicos que servirão de base para os Planos de Campanha dos Comandos Conjuntos, para cada HE	MD
30/06/2009	Planos de Equipamento e Articulação das Forças Armadas (2009-2030)	MD e Forças Armadas
30/09/2009	Proposta de Projeto de Lei de Equipamento e Articulação da Defesa Nacional a ser submetida ao Presidente da República	CC e MD
31/03/2009	Atualização da Política de Ciência, Tecnologia e Inovação para a Defesa Nacional e instrumentos normativos decorrentes.	MD e MCT
31/03/2009	Atualização da Política Nacional da Indústria de Defesa	MD, MF, MDIC, MPOG MCT e SAE
31/03/2009	Proposta de estabelecimento de parcerias estratégicas com países que possam contribuir para o desenvolvimento de tecnologia de ponta de interesse para a defesa	MD, MRE e SAE
31/03/2009	Proposta de estabelecimento de ato legal que garanta a alocação, de forma continuada, de recursos financeiros específicos, para viabilizar o desenvolvimento integrado e a conclusão de projetos relacionados à defesa nacional.	CC, MF, MD, MPOG e SAE
30/06/2009	Proposta de dispositivos necessários a viabilizar investimentos nas Forças Armadas a partir de receitas eventualmente geradas pelos bens imóveis da União, administrados pelas Forças.	CC, MD, MF e MPOG
30/06/2009	Proposta de uma legislação específica que possibilite a aplicação, nas Forças Armadas, dos recursos provenientes do recolhimento de taxas e serviços	CC, MD, MF e MPOG
30/06/2009	Projeto de Lei com a nova Estrutura Militar de Defesa contemplando a estruturação de núcleos de Estados-Maiores Conjuntos vinculados ao MD.	CC e MD
30/06/2009	Apresentação de estudo de viabilidade para a criação e regulamentação de um Serviço Civil, em todo o território nacional, a ser prestado por cidadãos que não forem designados para a realização do Serviço Militar	CC, MD, MPOG e SAE, MEC e SAÚDE
30/06/2009	Projeto de Lei propondo a criação de quadro específico de Especialistas de Defesa, para a inclusão no Plano Único de Carreira dos servidores da área de defesa, em complementação às carreiras existentes na administração civil e militar	CC, MD e MPOG
30/06/2009	Plano de Transferência da ESG para Brasília e proposta de medidas complementares necessárias	MD
31/03/2009	Projeto de Lei alterando a Lei de Criação da ESG, viabilizando a criação de cargos DAS	CC, MD e MPOG
30/06/2009	Proposta de Política de Ensino para as Forças Armadas, em particular no nível de Altos Estudos	MD e MEC

PRAZO	TAREFA A REALIZAR	RESPONSÁVEL
31/03/2009	Proposta de Modificação da Lei do Sistema Nacional de Mobilização	CC, MD e SAE
30/06/2009	Projeto de Lei propondo nova estrutura do MD, com a criação de órgão encarregado do processo de aquisição de produto de defesa, devidamente integrado ao processo de catalogação de material	CC, MD e MPOG
31/03/2009	Proposta de criação de estrutura, subordinada ao MD, encarregada da coordenação dos processos de certificação, de metrologia, de normalização e de fomento industrial	MD, MDIC e MPOG
31/03/2009	Proposta de modificações na Lei nº 8.666 e legislação complementar, possibilitando regime jurídico e econômico especial para compras de produtos de defesa junto às empresas nacionais	CC, MD, MDIC, MT, MPOG e SAE
31/03/2009	Proposta de modificações na legislação referente à tributação incidente sobre a indústria nacional de defesa, por meio da criação de regime jurídico especial que viabilize incentivos e desoneração tributária à iniciativa privada na fabricação de produto de defesa prioritário para as Forças Armadas	CC, MD, MDIC, MF, MT, MPOG e SAE
31/03/2009	Proposta de modificações na legislação referente à viabilização, por parte do Ministério da Fazenda, de procedimentos de garantias para contratos de exportação de produto de defesa de grande vulto	CC, MD, MF, MT, MDIC e SAE
30/06/2009	Propostas de alterações na LCP 97, na LCP 117 e na Lei nº 9.299, para adequá-las à Estratégia Nacional de Defesa	CC e MD

A ESTRATÉGIA NACIONAL DE DEFESA E SEUS DOCUMENTOS DECORRENTES SERÃO COMPLEMENTADOS POR ANEXOS. TAIS ANEXOS FORMULARÃO PLANOS PARA DIVERSAS HIPÓTESES DE EMPREGO DAS FORÇAS ARMADAS. SERÃO ELABORADOS, SOB A DIREÇÃO DO MINISTRO DA DEFESA, PELO ESTADO-MAIOR CONJUNTO DAS FORÇAS ARMADAS E PELOS ESTADOS-MAIORES DAS TRÊS FORÇAS.

DECRETO Nº 6.047, DE 2007
(POLÍTICA NACIONAL DE DESENVOLVIMENTO REGIONAL)

> Institui a Política Nacional de Desenvolvimento Regional - PNDR e dá outras providências.

O PRESIDENTE DA REPÚBLICA, no uso das atribuições que lhe confere o art. 84, incisos IV e VI, alínea "a", da Constituição, e tendo em vista o disposto nos arts. 1º, inciso I, § 1º, e 7º da Lei nº 10.683, de 28 de maio de 2003,
DECRETA:

CAPÍTULO I
DAS DISPOSIÇÕES GERAIS

Art. 1º A Política Nacional de Desenvolvimento Regional - PNDR tem como objetivo a redução das desigualdades de nível de vida entre as regiões brasileiras e a promoção da equidade no acesso a oportunidades de desenvolvimento, e deve orientar os programas e ações federais no Território Nacional, atendendo ao disposto no inciso III do art. 3º da Constituição.

Art. 2º A redução das desigualdades regionais se norteia pelas seguintes estratégias:

I - estimular e apoiar processos e oportunidades de desenvolvimento regional, em múltiplas escalas; e

II - articular ações que, no seu conjunto, promovam uma melhor distribuição da ação pública e investimentos no Território Nacional, com foco particular nos territórios selecionados e de ação prioritária.

Parágrafo único. As estratégias da PNDR devem ser convergentes com os objetivos de inclusão social, de produtividade, sustentabilidade ambiental e competitividade econômica.

Art. 3º A PNDR comportará a definição de estratégias de desenvolvimento regional nas escalas seguintes:

I - na escala macrorregional, deverão ser elaborados Planos Estratégicos de Desenvolvimento, atendendo ao disposto no inciso IX do art. 21 da Constituição, com prioridade para as regiões Norte, Nordeste e Centro-Oeste, cujas elaboração e implementação serão coordenadas pelas instituições responsáveis pelo desenvolvimento das respectivas áreas de abrangência, sob orientação do Ministério da Integração Nacional; e

II - na escala sub-regional, o Governo Federal atuará, prioritariamente, por meio de seus Programas, em escala mesorregional, considerada a definição de Mesorregiões Diferenciadas proposta pelo Ministério da Integração Nacional e aprovada pela Câmara de Políticas de Integração Nacional e Desenvolvimento Regional, criada pelo Decreto nº 4.793, de 23 de julho de 2003.

§ 1º O Ministério da Integração Nacional, mediante portaria, poderá definir os limites territoriais das Mesorregiões Diferenciadas e outros espaços sub-regionais.

§ 2º A definição dos limites territoriais das Mesorregiões Diferenciadas, bem assim de outros espaços sub-regionais de que trata o parágrafo anterior serão ratificados pela Câmara de Políticas de Integração Nacional e Desenvolvimento Regional, observados os critérios da tipologia da PNDR, constante no Anexo II deste Decreto.

§ 3º A definição das treze Mesorregiões Diferenciadas e das nove Sub-Regiões já existentes, aprovadas pela Câmara de Políticas de Integração Nacional e Desenvolvimento Regional, listadas no Anexo I deste Decreto, fica dispensada de nova aprovação.

§ 4º São áreas de tratamento prioritário da PNDR o Semi-Árido, a Faixa de Fronteira e as Regiões Integradas de Desenvolvimento - RIDE's, definidas conforme Anexo I deste Decreto, bem como outras áreas consideradas relevantes, a partir de impacto territorial previsível decorrente de investimentos estruturantes, a serem promovidos pelo Governo Federal.

§ 5º Para fins deste Decreto e, especialmente, do disposto no inciso II do **caput** deste artigo, entende-se por Mesorregião Diferenciada o espaço subnacional contínuo menor que o das macrorregiões, existentes ou em proposição, com identidade comum, que compreenda áreas de um ou mais Estados da Federação, definido para fins de identificação de potencialidades e vulnerabilidades que norteiem a formulação de objetivos socioeconômicos, culturais, político-institucionais e ambientais.

§ 6º Para efeito do disposto no § 4º deste artigo, entende-se como:
I - Faixa de Fronteira, os espaços compreendidos em até cento e cinquenta quilômetros de largura, ao longo das fronteiras terrestres, conforme estabelecido no § 2º do art. 20 da Constituição; e
II - Região Integrada de Desenvolvimento, o complexo geoeconômico e social, conforme estabelece o art. 43 da Constituição.

Art. 4º A PNDR se pauta pelos enfoques territoriais e pela articulação intersetorial, e será executada mediante promoção e implementação de planos, programas, ações e instrumentos financeiros.

Art. 5º A Câmara de Políticas de Integração Nacional e Desenvolvimento Regional apresentará os planos, programas e ações de desenvolvimento regional, com a inclusão da sua expressão financeira no Plano Plurianual, e com sua priorização na Lei de Diretrizes Orçamentárias, ao Presidente da República, para que este considere quanto à sua apresentação conjunta ao Congresso Nacional, nos termos do art. 166 da Constituição.

§ 1º A Câmara de Políticas de Integração Nacional e Desenvolvimento Regional poderá sugerir ao Presidente da República a apresentação de revisões e complementação dos planos, programas e ações de desenvolvimento regional, bem como do Plano Plurianual, na forma da legislação específica.

§ 2º A apresentação dos planos, programas e ações de desenvolvimento regional ao Presidente da República se dará noventa dias antes do término do prazo de encaminhamento do Plano Plurianual ao Congresso Nacional.

§ 3º Ressalvadas as revisões e complementação de que trata o § 1º deste artigo, a alteração da definição de Mesorregiões Diferenciadas e outros espaços sub-regionais não afetará o âmbito da aplicação de Políticas e Planos de Desenvolvimento Regional já aprovados pelo Congresso Nacional.

CAPÍTULO II
DOS INSTRUMENTOS FINANCEIROS E FISCAIS

Art. 6º Os planos, programas e ações da PNDR voltados para a redução das desigualdades regionais e ampliação das oportunidades de desenvolvimento regional serão executados, dentre outros, por meio dos seguintes instrumentos:

I - Orçamento Geral da União;

II - Fundos Constitucionais de Financiamento das regiões Norte - FNO, Nordeste - FNE e do Centro-Oeste - FCO;

III - Fundos de Desenvolvimento do Nordeste - FDNE e Fundo de Desenvolvimento da Amazônia - FDA, bem como outros fundos de desenvolvimento regional que venham a ser criados;

IV - outros Fundos especialmente constituídos pelo Governo Federal com a finalidade de reduzir as desigualdades regionais;

V - recursos dos Agentes Financeiros Oficiais; e

VI - Incentivos e Benefícios Fiscais.

§ 1º Observada a legislação em vigor, os regulamentos necessários à operacionalização dos Fundos e à emissão de pareceres técnicos de análise, laudos e declarações relativas aos Incentivos e Benefícios Fiscais, serão estabelecidos pelos Conselhos Deliberativos das Superintendências de Desenvolvimento da Amazônia e do Nordeste, nas suas respectivas áreas de competência (Redação dada pelo Decreto nº 6.674, de 2008).

§ 2º Para efeito do disposto neste artigo:

I - a Câmara de Políticas de Integração Nacional e Desenvolvimento Regional poderá aprovar o uso de recursos dos fundos setoriais de Ministérios, com expressa anuência destes; e

II - os Ministérios e Agentes Financeiros Oficiais Federais poderão definir critérios diferenciados para a execução dos planos, programas e ações da PNDR, para priorizar as regiões referidas no art. 3º deste Decreto.

CAPÍTULO III
DA DISTRIBUIÇÃO DE COMPETÊNCIAS QUANTO À POLÍTICA NACIONAL DE DESENVOLVIMENTO REGIONAL

Art. 7º Compete ao Ministério da Integração Nacional e às suas entidades vinculadas, na execução da PNDR:

I - definir e manter atualizada a tipologia da PNDR, objetivando:

a) referenciar a interação com as políticas setoriais;

b) definir indicador específico da distribuição da ação corrente e dos investimentos promovidos por cada uma das políticas setoriais; e

c) orientar os planos, programas e ações da PNDR;

II - ouvir opiniões e sugestões da sociedade, por meio de mecanismos e canais de participação que componham instâncias de concertação regional, quanto à formulação dos planos, programas e ações da PNDR, nas diferentes escalas referidas no art. 3º deste Decreto;

III - articular com os demais Ministérios a integração de programas e ações setoriais, visando a execução dos planos, programas e ações da PNDR;

IV - operacionalizar, juntamente com suas entidades vinculadas, os planos, programas e ações da PNDR, atendendo às prioridades definidas pela Câmara de Políticas de Integração Nacional e Desenvolvimento Regional;

V - coordenar e manter o sistema de informação e monitoramento dos planos, programas e ações da PNDR, possibilitando a todos os órgãos, entidades da administração indireta e organizações da sociedade civil:

a) a construção de diagnóstico compartilhado da situação das áreas definidas nos termos do art. 3º;

b) o estabelecimento e promoção de estudos e reflexões prospectivas referenciados nestas áreas; e

c) o acompanhamento da atuação do poder público e da iniciativa privada, com especial enfoque sobre os investimentos produtivos e em infra-estrutura;

VI - estabelecer as diretrizes e prioridades na aplicação dos recursos dos Fundos referidos nos incisos II e III do art. 6º deste Decreto, inclusive quanto aos recursos disponibilizados ao setor privado; e

VII - propor, em conjunto com a Fundação Instituto Brasileiro de Geografia e Estatística - IBGE, a ampliação do aparato estatístico e informacional existente, para atender os requisitos da atualização periódica da tipologia referida no inciso I deste artigo.

§ 1º A tipologia referida no inciso I deste artigo observará o objeto da PNDR, e será elaborada conforme metodologia constante no Anexo II deste Decreto, em conjunto com os órgãos e entidade federais com atribuições correlatas, a partir de informações socioeconômicas e produtivas de âmbito municipal, que exprimam os padrões de renda e de dinamismo produtivo, representativos da realidade e da dinâmica territorial brasileira.

§ 2º No desempenho das atribuições elencadas neste artigo, o Ministério da Integração Nacional observará as deliberações da Câmara de Políticas de Integração Nacional e Desenvolvimento Regional.

CAPÍTULO IV
DA AVALIAÇÃO E MONITORAMENTO DA PNDR

Art. 8º Fica criado o Sistema Nacional de Informação para o Desenvolvimento Regional - SNIDR sob a coordenação do Ministério da Integração Nacional, com o objetivo de monitoramento e avaliação dos planos, programas e ações da PNDR, inclusive mediante intercâmbio de informações com os demais órgãos, entidades da administração indireta, organizações da sociedade civil, bem como Estados e Municípios.

Parágrafo único. O SNIDR, por iniciativa do Ministério da Integração Nacional, ouvidos os Ministérios do Planejamento, Orçamento e Gestão, da Defesa e das Relações Exteriores, poderá comportar bases de informação que viabilizem a integração de políticas do Brasil e dos países limítrofes, voltadas para o estudo da dinâmica e a promoção do desenvolvimento e cooperação em espaços transfronteiriços.

Art. 9º O Ministério da Integração Nacional publicará Relatório Anual de Avaliação dos planos, programas e ações da PNDR, inclusive monitorando parâmetros que exprimam tanto as desigualdades, quanto a distribuição da ação pública e privada nas áreas referidas no art. 3º deste Decreto, e fornecendo novos parâmetros para estabelecer metas regionalizadas de redução de desigualdades.

§ 1º O Relatório referido no **caput** deste artigo integrará o Relatório de Gestão Anual do Ministério da Integração Nacional, a ser encaminhado aos órgãos de fiscalização e controle externo.

§ 2º Os parâmetros referidos no **caput** deste artigo serão utilizados na formulação dos planos, programas e ações da PNDR, no Plano Plurianual e na Lei de Diretrizes Orçamentárias, bem como nas suas revisões e complementações.

Art. 10. O Decreto nº 4.793, de 23 de julho de 2003, passa a vigorar acrescido do seguinte artigo:

"Art. 1º-A. A Câmara de Políticas de Integração Nacional e Desenvolvimento Regional terá as seguintes atribuições:
I - estabelecer diretrizes para a operacionalização da Política Nacional de Desenvolvimento Regional - PNDR;
II - promover a articulação com as demais políticas setoriais, objetivando a convergência de suas ações para o benefício das áreas definidas como prioridades da PNDR;
III - propor critérios e aprovar as diretrizes para a aplicação dos instrumentos financeiros necessários à PNDR; e
IV - apreciar os Relatórios de Monitoramento dos planos, programas e ações da PNDR." (NR)

Art. 11. Este Decreto entra em vigor na data de sua publicação.

Brasília, 22 de fevereiro de 2007; 186º da Independência e 119º da República.

LUIZ INÁCIO LULA DA SILVA
Pedro Brito do Nascimento
Este texto não substitui o publicado no DOU de 23.2.2007.

ANEXO

MESORREGIÕES DIFERENCIADAS

1. MESORREGIÃO DO ALTO SOLIMÕES
2. MESORREGIÃO DO VALE DO RIO DO ACRE
3. MESORREGIÃO DO BICO DO PAPAGAIO
4. MESORREGIÃO DA CHAPADA DAS MANGABEIRAS
5. MESORREGIÃO DO XINGÓ
6. MESORREGIÃO DA BACIA DO ITABAPOANA
7. MESORREGIÃO DOS VALES DO RIBEIRA E GUARAQUEÇABA
8. MESORREGIÃO DA GRANDE FRONTEIRA DO MERCOSUL
9. MESORREGIÃO DA METADE SUL DO RIO GRANDE DO SUL
10. MESORREGIÃO DO SERIDÓ
11. MESORREGIÃO DAS ÁGUAS EMENDADAS
12. MESORREGIÃO DA CHAPADA DO ARARIPE
13. MESORREGIÃO DOS VALES DO JEQUITINHONHA E DO MUCURI
14. MESORREGIÃO DO XINGU (Incluído pelo Decreto nº 7.340, de 2010).

Sub-regiões selecionadas pela Câmara de Políticas de Integração Nacional e Desenvolvimento Regional

1. São Raimundo Nonato - PI
2. Médio e Baixo Jaguaribe - CE
3. Vale do Açu - RN
4. Souza - Piancó - PB
5. Sertão do Moxotó - PE
6. Santana do Ipanema - AL
7. Sergipana Sertão do São Francisco - SE
8. Brumado/Bom Jesus da Lapa/Guanambi - BA
9. Serra Geral - MG
10. Sub-Região da Área de Abrangência do Plano da BR-163 Sustentável. (Incluído pelo Decreto nº 6.290, de 2007).
11. Sub-região da Área de Abrangência do Plano de Desenvolvimento Regional Sustentável do Xingu - PDRS do Xingu (Incluído pelo Decreto nº 7.340, de 2010).

REGIÕES INTEGRADAS DE DESENVOLVIMENTO - RIDE´s

1. RIDE DO PÓLO DE JUAZEIRO E PETROLINA

Criada pela Lei Complementar nº 113, de 19/09/2001
UF: PERNAMBUCO
Municípios:
PETROLINA;
LAGOA GRANDE;
SANTA MARIA DA BOA VISTA;
OROCÓ;

UF: BAHIA
Municípios:
JUAZEIRO;
CASA NOVA;
CURAÇÁ;
SOBRADINHO;
2. RIDE DA GRANDE TERESINA - TIMON
Criada pela Lei Complementar nº 112, de 19/09/2001
UF: PIAUI
Municípios:
ALTOS;
BENEDITINOS;
COIVARAS;
CURRALINHO;
JOSÉ DE FREITAS;
DERMEVAL LOBÃO;
LAGOA ALEGRE;
LAGOA DO PIAUÍ;
MIGUEL LEÃO;
MONSENHOR GIL;
TERESINA;
UNIÃO;
UF: MARANHÃO
Município:
TIMON
3. RIDE DO ENTORNO DO DF
Criada pela Lei Complementar nº 94, de 19/02/1998
UF: GOIÁS
Municípios:
ABADIÂNIA;
ÁGUA FRIA DE GOIÁS;
ÁGUAS LINDAS DE GOIÁS;
ALEXÂNIA;
CABECEIRAS;
CIDADE OCIDENTAL;
COCALZINHO DE GOIÁS;
CORUMBÁ DE GOIÁS;
CRISTALINA;
FORMOSA;
LUZIÂNIA;
MIMOSO DE GOIÁS;
NOVO GAMA;
PADRE BERNARDO;

PIRENÓPOLIS;
PLANALTINA;
SANTO ANTÔNIO DO DESCOBERTO;
VALPARAÍSO DE GOIÁS;
VILA BOA;
UF: MINAS GERAIS
Municípios:
BURITIS;
CABECEIRA GRANDE;'
UNAÍ.

ANEXO

TIPOLOGIA DA PNDR

Metodologia

A tipologia da Política Nacional de Desenvolvimento Regional - PNDR tem o propósito de estabelecer um quadro referencial das desigualdades regionais e utilizará a escala Microrregional, de acordo com a divisão do Instituto Brasileiro de Geografia e Estatística - IBGE.

A metodologia está baseada em duas variáveis:

a) Rendimento Médio Mensal por Habitante, englobando todas as fontes declaradas (salários, benefícios, pensões etc); e

b) Taxa Geométrica de Variação dos Produtos Internos Brutos Municipais por habitante.

Os padrões de nível de vida e de dinamismo socioprodutivo que compõem a tipologia microrregional da PNDR são obtidos a partir do cruzamento de informações municipais do IBGE, agregadas por microrregião geográfica, exceto para os estados do Acre, Amapá, Amazonas, Pará e Roraima, onde se mantém a escala municipal, dada a dimensão dos municípios dessas unidades da federação, quando relacionada com as demais microrregiões brasileiras.

Essas informações se referem ao rendimento domiciliar per capita médio (resultante do somatório de todos os rendimentos domiciliares declarados em cada microrregião, no momento do censo demográfico, dividido pelo número de habitantes ali residentes).

As variáveis são estatisticamente discretizadas e agrupadas em classes (alta, média e baixa) de forma a possibilitar o cruzamento demonstrado no quadro seguinte, contemplando as quatro situações típicas especificadas:

TIPOLOGIA SUB-REGIONAL
Variação do PIB/HAB
ALTA
MÉDIA
BAIXA
Rendimento / HAB
Alto
Médio
Baixo
1 - Sub-Regiões de Alta Renda
2 - Sub-Regiões Dinâmicas
3 - Sub-Regiões Estagnadas
4 - Sub-Regiões de Baixa Renda

Com base na classificação do quadro acima, definem-se como prioritárias para a Política Nacional de Desenvolvimento Regional (PNDR) as Microrregiões dos Grupos 2, 3 e 4, que devem ser territórios preferenciais para as políticas setoriais, observadas as disposições contidas neste Decreto.

DECRETO Nº 5.484, DE 2005 (POLÍTICA DE DEFESA NACIONAL)

> Aprova a Política de Defesa Nacional, e dá outras providências.

O PRESIDENTE DA REPÚBLICA, no uso da atribuição que lhe confere o art. 84, inciso VI, alínea "a", da Constituição,
DECRETA:
Art. 1º Fica aprovada a Política de Defesa Nacional anexa a este Decreto.
Art. 2º Os órgãos e entidades da administração pública federal deverão considerar, em seus planejamentos, ações que concorram para fortalecer a Defesa Nacional.
Art. 3º Este Decreto entra em vigor na data de sua publicação.
Brasília, 30 de junho de 2005; 184º da Independência e 117º da República.
LUIZ INÁCIO LULA DA SILVA
José Alencar Gomes da Silva
Jorge Armando Felix
Este texto não substitui o publicado no D.O.U. de 1º.7.2005

POLÍTICA DE DEFESA NACIONAL

INTRODUÇÃO

A Política de Defesa Nacional voltada, preponderantemente, para ameaças externas, é o documento condicionante de mais alto nível do planejamento de defesa e tem por finalidade estabelecer objetivos e diretrizes para o preparo e o emprego da capacitação nacional, com o envolvimento dos setores militar e civil, em todas as esferas do Poder Nacional. O Ministério da Defesa coordena as ações necessárias à Defesa Nacional.

Esta publicação é composta por uma parte política, que contempla os conceitos, os ambientes internacional e nacional e os objetivos da defesa. Outra parte, de estratégia, engloba as orientações e diretrizes.

A Política de Defesa Nacional, tema de interesse de todos os segmentos da sociedade brasileira, tem como premissas os fundamentos, objetivos e princípios dispostos na Constituição Federal e encontra-se em consonância com as orientações governamentais e a política externa do País, a qual se fundamenta na busca da solução pacífica das controvérsias e no fortalecimento da paz e da segurança internacionais.

Após um longo período sem que o Brasil participe de conflitos que afetem diretamente o território nacional, a percepção das ameaças está desvanecida para muitos brasileiros. Porém, é imprudente imaginar que um país com o potencial do Brasil não tenha disputas ou antagonismos ao buscar alcançar seus legítimos interesses. Um dos propósitos da Política de Defesa Nacional é conscientizar todos os segmentos da sociedade brasileira de que a defesa da Nação é um dever de todos os brasileiros.

1. O ESTADO, A SEGURANÇA E A DEFESA

1.1 O Estado tem como pressupostos básicos o território, o povo, leis e governo próprios e independência nas relações externas. Ele detém o monopólio legítimo dos meios de coerção para fazer valer a lei e a ordem, estabelecidas democraticamente, provendo-lhes, também, a segurança.

1.2 Nos primórdios, a segurança era vista somente pelo ângulo da confrontação entre Estados, ou seja, da necessidade básica de defesa externa. À medida que as sociedades se desenvolveram, novas exigências foram agregadas, além da ameaça de ataques externos.

1.3 Gradualmente, o conceito de segurança foi ampliado, abrangendo os campos político, militar, econômico, social, ambiental e outros. Entretanto, a defesa externa permanece como papel primordial das Forças Armadas no âmbito interestatal.

As medidas que visam à segurança são de largo espectro, envolvendo, além da defesa externa: defesa civil; segurança pública; políticas econômicas, de saúde, educacionais, ambientais e outras áreas, muitas das quais não são tratadas por meio dos instrumentos político-militares.

Cabe considerar que a segurança pode ser enfocada a partir do indivíduo, da sociedade e do Estado, do que resultam definições com diferentes perspectivas.

A segurança, em linhas gerais, é a condição em que o Estado, a sociedade ou os indivíduos não se sentem expostos a riscos ou ameaças, enquanto que defesa é ação efetiva para se obter ou manter o grau de segurança desejado.

Especialistas convocados pela Organização das Nações Unidas (ONU) em Tashkent, no ano de 1990, definiram a segurança como "uma condição pela qual os Estados consideram que não existe perigo de uma agressão militar, pressões políticas ou coerção econômica, de maneira que podem dedicar-se livremente a seu próprio desenvolvimento e progresso".

1.4 Para efeito da Política de Defesa Nacional, são adotados os seguintes conceitos:

I - Segurança é a condição que permite ao País a preservação da soberania e da integridade territorial, a realização dos seus interesses nacionais, livre de pressões e ameaças de qualquer natureza, e a garantia aos cidadãos do exercício dos direitos e deveres constitucionais;

II - Defesa Nacional é o conjunto de medidas e ações do Estado, com ênfase na expressão militar, para a defesa do território, da soberania e dos interesses nacionais contra ameaças preponderantemente externas, potenciais ou manifestas.

2. O AMBIENTE INTERNACIONAL

2.1 O mundo vive desafios mais complexos do que os enfrentados durante o período passado de confrontação ideológica bipolar. O fim da Guerra Fria reduziu o grau de previsibilidade das relações internacionais vigentes desde a 2ª Guerra Mundial.

Nesse ambiente, é pouco provável um conflito generalizado entre Estados. Entretanto, renovaram-se no mundo conflitos de caráter étnico e religioso, a exacerbação de nacionalismos e a fragmentação de Estados, com um vigor que ameaça a ordem mundial.

Neste século, poderão ser intensificadas disputas por áreas marítimas, pelo domínio aeroespacial e por fontes de água doce e de energia, cada vez mais escassas. Tais questões poderão levar a ingerências em assuntos internos, configurando quadros de conflito.

Com a ocupação dos últimos espaços terrestres, as fronteiras continuarão a ser motivo de litígios internacionais.

2.2 O fenômeno da globalização, caracterizado pela interdependência crescente dos países, pela revolução tecnológica e pela expansão do comércio internacional e dos fluxos de capitais, resultou em avanços para uma parte da humanidade. Paralelamente, a criação de blocos econômicos tem resultado em arranjos competitivos. Para os países em desenvolvimento, o desafio é o de uma inserção positiva no mercado mundial.

Nesse processo, as economias nacionais tornaram-se mais vulneráveis às crises ocasionadas pela instabilidade econômica e financeira em todo o mundo. A crescente exclusão de parcela significativa da população mundial dos processos de produção, consumo e acesso à informação constitui fonte potencial de conflitos.

2.3 A configuração da ordem internacional baseada na unipolaridade no campo militar associada às assimetrias de poder produz tensões e instabilidades indesejáveis para a paz.

A prevalência do multilateralismo e o fortalecimento dos princípios consagrados pelo direito internacional como a soberania, a não intervenção e a igualdade entre os Estados, são promotores de um mundo mais estável, voltado para o desenvolvimento e bem estar da humanidade.

2.4 A questão ambiental permanece como uma das preocupações da humanidade. Países detentores de grande biodiversidade, enormes reservas de recursos naturais e imensas áreas para serem incorporadas ao sistema produtivo podem tornar-se objeto de interesse internacional.

2.5 Os avanços da tecnologia da informação, a utilização de satélites, o sensoriamento eletrônico e inúmeros outros aperfeiçoamentos tecnológicos trouxeram maior eficiência aos sistemas administrativos e militares, sobretudo nos países que dedicam maiores recursos financeiros à Defesa. Em consequência, criaram-se vulnerabilidades que poderão ser exploradas, com o objetivo de inviabilizar o uso dos nossos sistemas ou facilitar a interferência à distância.

2.6 Atualmente, atores não estatais, novas ameaças e a contraposição entre o nacionalismo e o transnacionalismo permeiam as relações internacionais e os arranjos de segurança dos Estados. Os delitos transnacionais de natureza variada e o terrorismo internacional são ameaças à paz, à segurança e à ordem democrática, normalmente, enfrentadas com os instrumentos de inteligência e de segurança dos Estados.

3. O AMBIENTE REGIONAL E O ENTORNO ESTRATÉGICO

3.1 O subcontinente da América do Sul é o ambiente regional no qual o Brasil se insere. Buscando aprofundar seus laços de cooperação, o País visualiza um entorno estratégico que extrapola a massa do subcontinente e incluiu a projeção pela fronteira do Atlântico Sul e os países lindeiros da África.

3.2 A América do Sul, distante dos principais focos mundiais de tensão e livre de armas nucleares, é considerada uma região relativamente pacífica. Além disso, processos de consolidação democrática e de integração regional tendem a aumentar a confiabilidade regional e a solução negociada dos conflitos.

3.3 Entre os processos que contribuem para reduzir a possibilidade de conflitos no entorno estratégico, destacam-se: o fortalecimento do processo de integração, a partir do Mercosul, da Comunidade Andina de Nações e da Comunidade Sul-Americana de Nações; o estreito relacionamento entre os países amazônicos, no âmbito da Organização do Tratado de Cooperação Amazônica; a intensificação da cooperação e do comércio com países africanos, facilitada pelos laços étnicos e culturais; e a consolidação da Zona de Paz e de Cooperação do Atlântico Sul .

A ampliação e a modernização da infra-estrutura da América do Sul podem concretizar a ligação entre seus centros produtivos e os dois oceanos, facilitando o desenvolvimento e a integração.

3.4 A segurança de um país é afetada pelo grau de instabilidade da região onde está inserido. Assim, é desejável que ocorram: o consenso; a harmonia política; e a convergência de ações entre os países vizinhos, visando lograr a redução da criminalidade transnacional, na busca de melhores condições para o desenvolvimento econômico e social que tornarão a região mais coesa e mais forte.

3.5 A existência de zonas de instabilidade e de ilícitos transnacionais pode provocar o transbordamento de conflitos para outros países da América do Sul. A persistência desses focos de incertezas impõe que a defesa do Estado seja vista com prioridade, para preservar os interesses nacionais, a soberania e a independência.

3.6 Como consequência de sua situação geopolítica, é importante para o Brasil que se aprofunde o processo de desenvolvimento integrado e harmônico da América do Sul, o que se estende, naturalmente, à área de defesa e segurança regionais.

4. O BRASIL

4.1 O perfil brasileiro – ao mesmo tempo continental e marítimo, equatorial, tropical e subtropical, de longa fronteira terrestre com a quase totalidade dos países sul-americanos e de extenso litoral e águas jurisdicionais – confere ao País profundidade geoestratégica e torna complexa a tarefa do planejamento geral de defesa. Dessa maneira, a diversificada fisiografia nacional conforma cenários diferenciados que, em termos de defesa, demandam, ao mesmo tempo, política geral e concepção específica para cada caso.

4.2 A vertente continental brasileira contempla complexa variedade fisiográfica, que pode ser sintetizada em cinco macro-regiões.

4.3 O planejamento da defesa inclui todas as regiões e, em particular, as áreas vitais onde se encontra maior concentração de poder político e econômico. Complementarmente, prioriza a Amazônia e o Atlântico Sul pela riqueza de recursos e vulnerabilidade de acesso pelas fronteiras terrestre e marítima.

4.4 A Amazônia brasileira, com seu grande potencial de riquezas minerais e de biodiversidade, é foco da atenção internacional. A garantia da presença do Estado e a vivificação da faixa de fronteira são dificultadas pela baixa densidade demográfica e pelas longas distâncias, associadas à precariedade do sistema de transportes terrestre, o que condiciona o uso das hidrovias e do transporte aéreo como principais alternativas de acesso. Estas características facilitam a prática de ilícitos transnacionais e crimes conexos, além de possibilitar a presença de grupos com objetivos contrários aos interesses nacionais.

A vivificação, política indigenista adequada, a exploração sustentável dos recursos naturais e a proteção ao meio-ambiente são aspectos essenciais para o desenvolvimento e a integração da região. O adensamento da presença do Estado, e em particular das Forças Armadas, ao longo das nossas fronteiras, é condição necessária para conquista dos objetivos de estabilização e desenvolvimento integrado da Amazônia.

4.5 O mar sempre esteve relacionado com o progresso do Brasil, desde o seu descobrimento. A natural vocação marítima brasileira é respaldada pelo seu extenso litoral e pela importância estratégica que representa o Atlântico Sul.

A Convenção das Nações Unidas sobre Direito do Mar permitiu ao Brasil estender os limites da sua Plataforma Continental e exercer o direito de jurisdição sobre os recursos econômicos em uma área de cerca de 4,5 milhões de quilômetros quadrados, região de vital importância para o País, uma verdadeira "Amazônia Azul".

Nessa imensa área estão as maiores reservas de petróleo e gás, fontes de energia imprescindíveis para o desenvolvimento do País, além da existência de potencial pesqueiro.

A globalização aumentou a interdependência econômica dos países e, consequentemente, o fluxo de cargas. No Brasil, o transporte marítimo é responsável por movimentar a quase totalidade do comércio exterior.

4.6 Às vertentes continental e marítima sobrepõe-se dimensão aeroespacial, de suma importância para a Defesa Nacional. O controle do espaço aéreo e a sua boa articulação com os países vizinhos, assim como o desenvolvimento de nossa capacitação aeroespacial, constituem objetivos setoriais prioritários.

4.7 O Brasil propugna uma ordem internacional baseada na democracia, no multilateralismo, na cooperação, na proscrição das armas químicas, biológicas e nucleares e na busca da paz entre as nações. Nessa direção, defende a reformulação e a democratização das instâncias decisórias dos organismos internacionais, como forma de reforçar a solução pacífica de controvérsias e sua confiança nos princípios e normas do Direito Internacional. No entanto, não é prudente conceber um país sem capacidade de defesa compatível com sua estatura e aspirações políticas.

4.8 A Constituição Federal de 1988 tem como um de seus princípios, nas relações internacionais, o repúdio ao terrorismo.

O Brasil considera que o terrorismo internacional constitui risco à paz e à segurança mundiais. Condena enfaticamente suas ações e apoia as resoluções emanadas pela ONU, reconhecendo a necessidade de que as nações trabalhem em conjunto no sentido de prevenir e combater as ameaças terroristas.

4.9 O Brasil atribui prioridade aos países da América do Sul e da África, em especial aos da África Austral e aos de língua portuguesa, buscando aprofundar seus laços com esses países.

4.10 A intensificação da cooperação com a Comunidade dos Países de Língua Portuguesa (CPLP), integrada por oito países distribuídos por quatro continentes e unidos pelos denominadores comuns da história, da cultura e da língua, constitui outro fator relevante das nossas relações exteriores.

4.11 O Brasil tem laços de cooperação com países e blocos tradicionalmente aliados que possibilitam a troca de conhecimento em diversos campos. Concomitantemente, busca novas parcerias estratégicas com nações desenvolvidas ou emergentes para ampliar esses intercâmbios.

4.12 O Brasil atua na comunidade internacional respeitando os princípios constitucionais de autodeterminação, não intervenção e igualdade entre os Estados. Nessas condições, sob a égide de organismos multilaterais, participa de operações de paz, visando a contribuir para a paz e a segurança internacionais.

4.13 A persistência de entraves à paz mundial requer a atualização permanente e o reaparelhamento progressivo das nossas Forças Armadas, com ênfase no desenvolvimento da indústria de defesa, visando à redução da dependência tecnológica e à superação das restrições unilaterais de acesso a tecnologias sensíveis.

4.14 Em consonância com a busca da paz e da segurança internacionais, o País é signatário do Tratado de Não Proliferação de Armas Nucleares e destaca a necessidade do cumprimento do Artigo VI, que prevê a negociação para a eliminação total das armas nucleares por parte das potências nucleares, ressalvando o uso da tecnologia nuclear como bem econômico para fins pacíficos.

4.15 O contínuo desenvolvimento brasileiro traz implicações crescentes para o campo energético com reflexos em sua segurança. Cabe ao País assegurar matriz energética diversificada que explore as potencialidades de todos os recursos naturais disponíveis.

5. OBJETIVOS DA DEFESA NACIONAL

As relações internacionais são pautadas por complexo jogo de atores, interesses e normas que estimulam ou limitam o poder e o prestígio das Nações. Nesse contexto de múltiplas influências e de interdependência, os países buscam realizar seus interesses nacionais, podendo gerar associações ou conflitos de variadas intensidades.

Dessa forma, torna-se essencial estruturar a Defesa Nacional de modo compatível com a estatura político-estratégica para preservar a soberania e os interesses nacionais em compatibilidade com os interesses da nossa região. Assim, da avaliação dos ambientes descritos, emergem objetivos da Defesa Nacional:

I - a garantia da soberania, do patrimônio nacional e da integridade territorial;
II - a defesa dos interesses nacionais e das pessoas, dos bens e dos recursos brasileiros no exterior;
III - a contribuição para a preservação da coesão e unidade nacionais;
IV - a promoção da estabilidade regional;
V - a contribuição para a manutenção da paz e da segurança internacionais; e
VI - a projeção do Brasil no concerto das nações e sua maior inserção em processos decisórios internacionais.

6. ORIENTAÇÕES ESTRATÉGICAS

6.1 A atuação do Estado brasileiro em relação à defesa tem como fundamento a obrigação de contribuir para a elevação do nível de segurança do País, tanto em tempo de paz, quanto em situação de conflito.

6.2 A vertente preventiva da Defesa Nacional reside na valorização da ação diplomática como instrumento primeiro de solução de conflitos e em postura estratégica baseada na existência de capacidade militar com credibilidade, apta a gerar efeito dissuasório.

Baseia-se, para tanto, nos seguintes pressupostos básicos:
I - fronteiras e limites perfeitamente definidos e reconhecidos internacionalmente;
II - estreito relacionamento com os países vizinhos e com a comunidade internacional baseado na confiança e no respeito mútuos;
III - rejeição à guerra de conquista;
IV - busca da solução pacífica de controvérsias;
V - valorização dos foros multilaterais;
VI - existência de forças armadas modernas, balanceadas e aprestadas; e
VII - capacidade de mobilização nacional.

6.3 A vertente reativa da defesa, no caso de ocorrer agressão ao País, empregará todo o poder nacional, com ênfase na expressão militar, exercendo o direito de legítima defesa previsto na Carta da ONU.

6.4 Em conflito de maior extensão, de forma coerente com sua história e o cenário vislumbrado, o Brasil poderá participar de arranjo de defesa coletiva autorizado pelo Conselho de Segurança da ONU.

6.5 No gerenciamento de crises internacionais de natureza político-estratégica, o Governo determinará a articulação dos diversos setores envolvidos. O emprego das Forças Armadas poderá ocorrer de diferentes formas, de acordo com os interesses nacionais.

6.6 A expressão militar do País fundamenta-se na capacidade das Forças Armadas e no potencial dos recursos nacionais mobilizáveis.

6.7 As Forças Armadas devem estar ajustadas à estatura político-estratégica do País, considerando-se, dentre outros fatores, a dimensão geográfica, a capacidade econômica e a população existente.

6.8 A ausência de litígios bélicos manifestos, a natureza difusa das atuais ameaças e o elevado grau de incertezas, produto da velocidade com que as mudanças ocorrem, exigem ênfase na atividade de inteligência e na capacidade de pronta resposta das Forças Armadas, às quais estão subjacentes características, tais como versatilidade, interoperabilidade, sustentabilidade e mobilidade estratégica, por meio de forças leves e flexíveis, aptas a atuarem de modo combinado e a cumprirem diferentes tipos de missões.

6.9 O fortalecimento da capacitação do País no campo da defesa é essencial e deve ser obtido com o envolvimento permanente dos setores governamental, industrial e acadêmico, voltados à produção científica e tecnológica e para a inovação. O desenvolvimento da indústria de defesa, incluindo o domínio de tecnologias de uso dual, é fundamental para alcançar o abastecimento seguro e previsível de materiais e serviços de defesa.

6.10 A integração regional da indústria de defesa, a exemplo do Mercosul, deve ser objeto de medidas que propiciem o desenvolvimento mútuo, a ampliação dos mercados e a obtenção de autonomia estratégica.

6.11 Além dos países e blocos tradicionalmente aliados, o Brasil deverá buscar outras parcerias estratégicas, visando a ampliar as oportunidades de intercâmbio e a geração de confiança na área de defesa.

6.12 Em virtude da importância estratégica e da riqueza que abrigam, a Amazônia brasileira e o Atlântico Sul são áreas prioritárias para a Defesa Nacional.

6.13 Para contrapor-se às ameaças à Amazônia, é imprescindível executar uma série de ações estratégicas voltadas para o fortalecimento da presença militar, efetiva ação do Estado no desenvolvimento socioeconômico e ampliação da cooperação com os países vizinhos, visando à defesa das riquezas naturais e do meio ambiente.

6.14 No Atlântico Sul, é necessário que o País disponha de meios com capacidade de exercer a vigilância e a defesa das águas jurisdicionais brasileiras, bem como manter a segurança das linhas de comunicações marítimas.

6.15 O Brasil precisa dispor de meios e capacidade de exercer a vigilância, o controle e a defesa do seu espaço aéreo, aí incluídas as áreas continental e marítima, bem como manter a segurança das linhas de navegação aéreas.

6.16 Com base na Constituição Federal e em prol da Defesa Nacional, as Forças Armadas poderão ser empregadas contra ameaças internas, visando à preservação do exercício da soberania do Estado e à indissolubilidade da unidade federativa.

6.17 Para ampliar a projeção do País no concerto mundial e reafirmar seu compromisso com a defesa da paz e com a cooperação entre os povos, o Brasil deverá intensificar sua participação em ações humanitárias e em missões de paz sob a égide de organismos multilaterais.

6.18 Com base na Constituição Federal e nos atos internacionais ratificados, que repudiam e condenam o terrorismo, é imprescindível que o País disponha de estrutura ágil, capaz de prevenir ações terroristas e de conduzir operações de contraterrorismo.

6.19 Para minimizar os danos de possível ataque cibernético, é essencial a busca permanente do aperfeiçoamento dos dispositivos de segurança e a adoção de procedimentos que reduzam a vulnerabilidade dos sistemas e permitam seu pronto restabelecimento.

6.20 O desenvolvimento de mentalidade de defesa no seio da sociedade brasileira é fundamental para sensibilizá-la acerca da importância das questões que envolvam ameaças à soberania, aos interesses nacionais e à integridade territorial do País.

6.21 É prioritário assegurar a previsibilidade na alocação de recursos, em quantidade suficiente, para permitir o preparo adequado das Forças Armadas.

6.22 O emprego das Forças Armadas na garantia da lei e da ordem não se insere no contexto deste documento e ocorre de acordo com legislação específica.

7. DIRETRIZES

7.1 As políticas e ações definidas pelos diversos setores do Estado brasileiro deverão contribuir para a consecução dos objetivos da Defesa Nacional. Para alcançá-los, devem-se observar as seguintes diretrizes estratégicas:

I - manter forças estratégicas em condições de emprego imediato, para a solução de conflitos;

II - dispor de meios militares com capacidade de salvaguardar as pessoas, os bens e os recursos brasileiros no exterior;

III - aperfeiçoar a capacidade de comando e controle e do sistema de inteligência dos órgãos envolvidos na Defesa Nacional;

IV - incrementar a interoperabilidade entre as Forças Armadas, ampliando o emprego combinado;

V - aprimorar a vigilância, o controle e a defesa das fronteiras, das águas jurisdicionais e do espaço aéreo do Brasil;

VI - aumentar a presença militar nas áreas estratégicas do Atlântico Sul e da Amazônia brasileira;

VII - garantir recursos suficientes e contínuos que proporcionem condições efetivas de preparo e emprego das Forças Armadas e demais órgãos envolvidos na Defesa Nacional, em consonância com a estatura político-estratégica do País;

VIII - aperfeiçoar processos para o gerenciamento de crises de natureza político-estratégica;

IX - implantar o Sistema Nacional de Mobilização e aprimorar a logística militar;

X - proteger as linhas de comunicações marítimas de importância vital para o País;

XI - dispor de estrutura capaz de contribuir para a prevenção de atos terroristas e de conduzir operações de contraterrorismo;

XII - aperfeiçoar os dispositivos e procedimentos de segurança que reduzam a vulnerabilidade dos sistemas relacionados à Defesa Nacional contra ataques cibernéticos e, se for o caso, permitam seu pronto restabelecimento;

XIII - fortalecer a infra-estrutura de valor estratégico para a Defesa Nacional, prioritariamente a de transporte, energia e comunicações;

XIV - promover a interação das demais políticas governamentais com a Política de Defesa Nacional;

XV - implementar ações para desenvolver e integrar a região amazônica, com apoio da sociedade, visando, em especial, ao desenvolvimento e à vivificação da faixa de fronteira;

XVI - incentivar a conscientização da sociedade para os assuntos de Defesa Nacional;

XVII - estimular a pesquisa científica, o desenvolvimento tecnológico e a capacidade de produção de materiais e serviços de interesse para a defesa;

XVIII - intensificar o intercâmbio das Forças Armadas entre si e com as universidades, instituições de pesquisa e indústrias, nas áreas de interesse de defesa;

XIX - atuar para a manutenção de clima de paz e cooperação nas áreas de fronteira;

XX - intensificar o intercâmbio com as Forças Armadas das nações amigas, particularmente com as da América do Sul e as da África, lindeiras ao Atlântico Sul;

XXI - contribuir ativamente para o fortalecimento, a expansão e a consolidação da integração regional com ênfase no desenvolvimento de base industrial de defesa;

XXII - participar ativamente nos processos de decisão do destino da região Antártica;

XXIII - dispor de capacidade de projeção de poder, visando à eventual participação em operações estabelecidas ou autorizadas pelo Conselho de Segurança da ONU;

XXIV - criar novas parcerias com países que possam contribuir para o desenvolvimento de tecnologias de interesse da defesa;

XXV - participar de missões de paz e ações humanitárias, de acordo com os interesses nacionais; e

XXVI - participar crescentemente dos processos internacionais relevantes de tomada de decisão, aprimorando e aumentando a capacidade de negociação do Brasil.

DECRETO DE 8 DE SETEMBRO DE 2010 (CDIF)

> Institui a Comissão Permanente para o Desenvolvimento e a Integração da Faixa de Fronteira - CDIF.

O PRESIDENTE DA REPÚBLICA, no uso da atribuição que lhe confere o art. 84, inciso VI, alínea "a", da Constituição,

DECRETA:

Art. 1º Fica instituída, no âmbito do Ministério da Integração Nacional, a Comissão Permanente para o Desenvolvimento e a Integração da Faixa de Fronteira - CDIF, cuja finalidade é propor medidas e coordenar ações que visem ao desenvolvimento de iniciativas necessárias à atuação do Governo Federal naquela região.

Art. 2º À CDIF compete:

I - definir, respeitadas as especificidades de atuação dos órgãos competentes, critérios de ação conjunta governamental para o desenvolvimento e a integração na área abrangida pela Faixa de Fronteira, estimulando a integração das políticas públicas e a parceria com os demais entes públicos visando a complementaridade das ações;

II - apresentar estudos que visem a melhoria da gestão multissetorial para as ações do Governo Federal no apoio ao desenvolvimento e à integração da área abrangida pela Faixa de Fronteira;

III - propor o desenvolvimento de sistema de informações para o gerenciamento das ações a que se refere o inciso II;

IV - apresentar planos regionalizados de desenvolvimento e integração fronteiriços; e

V - interagir com núcleos regionais estabelecidos para debater questões de desenvolvimento e integração fronteiriços.

Art. 3º A CDIF será integrada por um representante de cada órgão a seguir indicado:

I - Ministério da Integração Nacional, que a coordenará;
II - Secretaria de Relações Institucionais da Presidência da República;
III - Ministério das Relações Exteriores;
IV - Gabinete de Segurança Institucional da Presidência da República;
V - Ministério do Turismo;
VI - Ministério da Fazenda;
VII - Ministério do Desenvolvimento, Indústria e Comércio Exterior;
VIII - Ministério da Defesa;
IX - Ministério da Educação;
X - Ministério da Saúde;
XI - Ministério do Desenvolvimento Social e Combate à Fome;
XII - Ministério do Meio Ambiente;
XIII - Ministério do Trabalho;

XIV - Ministério da Justiça;
XV - Ministério do Desenvolvimento Agrário;
XVI - Ministério da Agricultura, Pecuária e Abastecimento;
XVII - Ministério da Pesca e Aquicultura;
XVIII - Ministério da Previdência Social;
XIX - Ministério da Cultura; e
XX - Ministério do Planejamento, Orçamento e Gestão.

§ 1º Poderão participar da CDIF, na qualidade de membros convidados, as seguintes entidades:

I - Serviço Brasileiro de Apoio às Micro e Pequenas Empresas;
II - Associação Brasileira de Municípios;
III - Confederação Nacional dos Municípios;
IV - Frente Nacional de Prefeitos;
V - Conselho de Desenvolvimento dos Municípios Lindeiros ao Lago de Itaipu;
VI - Conselho de Desenvolvimento e Integração Sul - CODESUL;
VII - Fórum de Governadores da Amazônia Legal; e
VIII - Fórum de Governadores do Conselho de Desenvolvimento e Integração Sul - CODESUL.

§ 2º Poderão ainda participar das reuniões da CDIF, a convite do seu coordenador, representantes de outras instituições públicas e privadas, inclusive dos demais entes federativos.

§ 3º Os representantes, titulares e suplentes, dos órgãos públicos federais mencionados nos incisos I a XVIII do **caput** serão designados pelo Ministro de Estado da Integração Nacional, mediante indicação dos titulares dos órgãos representados.

§ 4º Na hipótese da participação de que trata o § 1º, os representantes, titulares e suplentes, das instituições serão indicados pelos respectivos dirigentes.

Art. 4º A CDIF contará com uma Secretaria-Executiva, a ser exercida pela Secretaria de Programas Regionais do Ministério da Integração Nacional, que dará o apoio técnico e administrativo necessário à execução dos trabalhos da comissão.

Art. 5º A participação na CDIF é considerada como de relevante interesse público e não enseja qualquer tipo de remuneração.

Art. 6º O regimento interno da CDIF será aprovado pela maioria absoluta de seus membros, no prazo máximo de trinta dias, após a sua instalação.

Art. 7º Este Decreto entra em vigor na data de sua publicação.

Brasília, 8 de setembro de 2010; 189º da Independência e 122º da República.

LUIZ INÁCIO LULA DA SILVA
Alexandre Rocha Santos Filho

Este texto não substitui o publicado no DOU de 9.9.2010 - Edição extra e retificado em 10.9.2010

ATOS INTERNACIONAIS

A Divisão de Atos Internacionais (DAI), do MRE, é responsável pelo registro de tratados, convenções, acordos, declarações conjuntas, protocolos e emendas que obriguem internacionalmente o Estado brasileiro. No portal da DAI, encontram-se informações a respeito de Atos Internacionais, sendo possível realizar buscas em seu banco de dados digital. O endereço é <http://dai-mre.serpro.gov.br/>.

A fim de divulgar os 350 (trezentos e cinquenta) atos internacionais que envolvem o Brasil no processo de integração sul-americana e fomentar iniciativas de desenvolvimento fronteiriço, a partir do conhecimento de boas práticas entre países, apresento a seguinte compilação (Período: jan/1900 a fev/2013):

Quadro 21: Compilação de atos internacionais (1900-2013)

País ARGENTINA	ATOS BILATERAIS	Celebração	Entrada em vigor	Status
	Declaração Conjunta - Visita oficial da Presidenta da República Federativa do Brasil, Dilma Rousseff, à Presidenta da República Argentina, Cristina Fernández de Kirchner.	31/01/2011	31/01/2011	Vigente
	Protocolo Adicional ao Acordo para a Criação da Comissão de Cooperação e Desenvolvimento Fronteiriço (CODEFRO) entre o Governo da República Federativa do Brasil e o Governo da República Argentina.	31/01/2011	31/01/2011	Vigente
	Plano de Ação Conjunta entre o Governo da República Federativa do Brasil e o Governo da República Argentina para Fazer Avançar a Cooperação Bilateral na Área de Massificação do Acesso à Internet em Banda Larga (2011 - 2015).	31/01/2011	31/01/2011	Vigente
	Declaração Conjunta - Visita de Trabalho à República Federativa do Brasil da Presidenta da República Argentina, Cristina Fernández de Kirchner.	18/11/2009	18/11/2009	Vigente
	Acordo de Facilitação Turística entre a República Federativa do Brasil e a República Argentina.	18/11/2009	18/12/2009	Vigente
	Declaração Conjunta - Visita de Trabalho à República Argentina do Presidente da República Federativa do Brasil, Luiz Inácio Lula da Silva.	23/04/2009	23/04/2009	Vigente
	Declaração conjunta visita de Estado ao Brasil da Presidenta da República Argentina, Cristina Fernandez de Kirchner.	08/09/2008		Vigente

Continua...

Continuação

	Ajuste Complementar ao Acordo de Cooperação Técnica para Implementação do Projeto Mapeamento Geológico e de Recursos Minerais em Áreas de Fronteira.	21/02/2008	21/02/2008	Vigente
	Protocolo entre o Ministério da Educação da República Federativa do Brasil e o Ministério da Educação, Ciência e Tecnologia da República Argentina para a Criação do Mecanismo Permanente Conjunto em Temas Educacionais.	19/07/2006	19/07/2006	Vigente
	Acordo sobre Localidades Fronteiriças Vinculadas.	30/11/2005		Em tramitação
	Programa de Trabalho entre a Secretaria de Agricultura, Ganadeira, Pesca y Alimentos da República Argentina e o Ministério da Agricultura, Pecuária e Abastecimento da República Federativa do Brasil para a Determinação da Equivalência dos Sistemas de Controle Sanitário e Fitossanitários.	30/11/2005	30/12/2005	Vigente
	Declaração Conjunta dos Senhores Presidentes da República Federativa do Brasil e da República Argentina.	16/10/2003		Vigente
	Acordo de Cooperação para Combate ao Tráfico de Aeronaves Supostamente Envolvidas em Atividades Ilícitas Internacionais.	09/12/2002		Vigente
	Acordo para a Viabilização da Construção e Operação de Novas Travessias Rodoviárias sobre o Rio Uruguai.	15/12/2000		Vigente
	Memorando de Entendimento para o Estabelecimento da Comissão Bilateral de Segurança de Fronteira.	09/12/1997	09/12/1997	Vigente
	Comunicado Conjunto (Centro Único de Fronteira São Borja-Santo Tomé, Criação da Comissão de Cooperação e Desenvolvimento Fronteiriço, Cooperação Consular, Cooperação Educacional e Integração Cultural).	11/11/1997	11/11/1997	Vigente
	Acordo para o Funcionamento do Centro Único de Fronteira São Borja-Santo Tomé.	10/11/1997	28/03/2000	Vigente
	Acordo para a Criação da Comissão de Cooperação e Desenvolvimento Fronteiriço.	10/11/1997	05/05/1999	Vigente
	Acordo sobre Transportes Fluvial Transversal Fronteiriço de Passageiros, Veículos e Cargas.	27/04/1997	26/10/2002	Vigente
	Ata sobre Integração Física e Controle Integrados de Fronteiras.	27/04/1997	27/04/1997	Vigente

Continua...

Continuação

	Declaração Conjunta do Rio de Janeiro. Encontro dos Presidentes da República Federativa do Brasil e da República Argentina.	27/04/1997	27/04/1997	Vigente
	Acordo de Cooperação Técnica (agricultura, comércio e investimentos, cooperação para o desenvolvimento, educação, energia, fortalecimento institucional, indústria, meio ambiente e recursos naturais, mineração, pequenas e médias empresas, saúde, transporte e comunicações).	09/04/1996	25/08/1999	Vigente
	Memorando de Entendimento sobre Integração Física.	09/04/1996	09/04/1996	Vigente
	Declaração Conjunta (Cooperação em Aplicações Pacíficas de Ciência e Tecnologia Espaciais; Acordo de Cooperação em Matéria de Meio Ambiente; Acordo de Cooperação Técnica; Protocolo Adicional ao Convênio de Intercâmbio Cultural, relativo à integração educacional para a formação de Recursos Humanos em Nível de Pós-Graduação; Memorando de Entendimento sobre Integração Física; Protocolo de Intenções sobre Cooperação e Interconexão Energéticas; Ajuste Complementar ao Acordo de Cooperação Científica e Tecnológica sobre atividades de cooperação entre o Estado do Rio Grande do Sul e a Secretaria de Ciência e Tecnologia da Presidência da Nação da República Argentina.	09/04/1996	09/04/1996	Vigente
	Acordo, por Troca de Notas, que Estabelece um Sistema Único de Controle Integrado e Terminal de Cargas para a Vinculação Fronteiriça que une a cidade de Santo Tomé e São Borja.	17/11/1995	17/11/1995	Vigente
	Acordo, por Troca de Notas, para Ampliação da Atribuição da Comissão Mista de Inspeção dos Marcos da Fronteira.	23/10/1995	31/01/1996	Vigente
	Acordo, por troca de Notas, para a Criação de um Grupo Técnica Bilateral a ser Encarregado da Cooperanção da Manutenção das Conexões Viárias entre os dois Países.	18/10/1994		Vigente
	Anexo III ao Protocolo Nº 23: Regional Fronteiriço.	26/05/1993	26/05/1993	Vigente
	Declaração Conjunta.	26/05/1993	26/05/1993	Vigente
	Acordo, por troca de Notas, para a Criação de Grupo de Cooperação Brasil-Argentina sobre Assuntos Fronteiriços.	20/08/1991	19/09/1991	Vigente
	Acordo, por troca de Notas, sobre Transporte Rodoviário.	08/11/1990	08/11/1990	Vigente

Continua...

Continuação

	Programa de Integração e Cooperação Econômica e seus Anexos e Protocolos.	06/07/1990	06/07/1990	Vigente
	Programa de Integração e Cooperação - seus Anexos e Protocolos.	23/08/1989	23/08/1989	Vigente
	Ata de Uruguaiana do Comitê de Fronteira - Uruguaiana 22 de agosto de 1989.	22/08/1989	22/08/1989	Vigente
	Declaração de Uruguaiana.	22/08/1989	22/08/1989	Vigente
	Programa de Integração e Cooperação Econômica seus Anexos e Protocolos.	29/11/1988	29/11/1988	Vigente
	Programa de Integração e Cooperação Econômica, Seus Anexos e Protocolos.	07/04/1988	07/04/1988	Vigente
	Programa de Integração e Cooperação Econômica e Seus Protocolos.	17/07/1987	17/07/1987	Vigente
	Programa de Integração e Cooperação Econômica e seus Protocolos.	10/12/1986	10/12/1986	Vigente
	Declaração do Iguaçu.	30/11/1985	30/11/1985	Vigente
	Acordo, por troca de Notas, sobre Habilitação, Manutenção e Conservação da Ponte Presidente Tancredo Neves.	29/11/1985	29/11/1985	Vigente
	Memorando de Entendimento.	25/04/1984	25/04/1984	Vigente
	Acordo, por troca de Notas, sobre Caracterização do Talvegue do Rio Uruguai na Área do Projeto Garabi.	20/10/1983	20/10/1983	Vigente
	Comunicado de Imprensa.	26/05/1981	26/05/1981	Vigente
	Acordo para a Criação de um Grupo Misto de Trabalho sobre Fornecimento de Gás Natural.	20/08/1980	20/08/1980	Vigente
	Acordo sobre Sanidade Animal em Áreas de Fronteira.	17/05/1980	01/06/1983	Vigente
	Declaração Conjunta (estratégia de concertação política).	17/05/1980	17/05/1980	Vigente
	Acordo, por troca de Notas, sobre a Comissão Mista de Inspeção dos Marcos da Fronteira.	08/05/1980	08/05/1980	Vigente
	Acordo Relativo à Instituição de uma Comissão Mista Brasileiro-Argentina para Uso e Conservação de Pontes Internacionais.	15/03/1972	15/03/1972	Vigente
	Acordo Relativo à Construção de uma Ponte sobre o Rio Iguaçu.	15/03/1972	15/03/1972	Vigente
	Convênio sobre Transporte Internacional Fluvial Transversal Fronteiriço de Passageiros, Veículos e Cargas.	22/12/1971	02/12/197	Vigente

Continua...

Continuação

	Acordo para a Instituição de um Mecanismo de Consulta entre Autoridades Marítimas Brasileiras e Argentinas.	02/12/1971	02/12/1971	Vigente
	Acordo para a Constituição de uma Comissão Mista de Inspeção dos Marcos da Fronteira Brasil-Argentina.	17/06/1970	17/06/1970	Vigente
	Convenção Complementar de Limites.	27/12/1927	09/07/1941	Vigente
	Artigos Declaratórios da Demarcação de Fronteiras.	04/10/1910	04/10/1910	Vigente
País BOLÍVIA	ATOS BILATERAIS	Celebração	Entrada em vigor	Status
	Acordo, por Troca de Notas, entre o Governo da República Federativa do Brasil e o Estado Plurinacional da Bolívia para a Criação dos Comitês de Fronteira Boliviano-Brasileiros, de 25 de março de 2011.	25/03/2011	25/03/2011	Vigente
	Comunicado Conjunto - Encontro dos Presidentes Luiz Inácio Lula da Silva e Evo Morales Ayma em Villa Tunari - 22 de agosto de 2009.	22/08/2009		Vigente
	Protocolo entre a República Federativa do Brasil e o Estado Plurinacional da Bolívia sobre o Financiamento do Projeto da Rodovia "Villa Tunari-San Ignacio De Moxos".	22/08/2009		Em Tramitação
	Acordo, por Troca de Notas, entre o Brasil e a Bolívia sobre o Regulamento da Comissão Mista Brasileiro-Boliviana para Construção de uma Ponte Internacional sobre o Rio Mamoré.	12/03/2009		Vigente
	Encontro de Fronteira dos Presidentes Luiz Inácio Lula da Silva e Evo Morales Ayma – Declaração Conjunta de 15 de janeiro de 2009.	15/01/2009	15/01/2009	Vigente
	Instrumento Executivo entre o Governo da República Federativa do Brasil, o Governo da República da Bolívia e o Escritório Regional para o Cone Sul da Organização Internacional para as Migrações (OIM).	14/10/2008	14/10/2008	Vigente
	Visita de Trabalho do Presidente Luiz Inácio Lula da Silva à Bolívia/Declaração de Riberalta a Infraestrutura como Eixo da Integração Bilateral.	18/07/2008	18/07/2008	Vigente
	Comunicado Conjunto pela Visita de Estado do Presidente Luiz Inácio Lula da Silva à Bolívia. Declaração Conjunta: "Brasil-Bolívia: Avançando em Direção a uma Pareceria Estratégica".	17/12/2007	17/12/2007	Vigente
	Memorando de Entendimento sobre Cooperação Educacional.	14/02/2007	14/02/2007	Vigente

Continua...

Continuação

	Acordo para a Construção de uma Ponte sobre o Rio Mamoré entre as Cidades de Guajará-Mirim e Guayaramerin.	14/02/2007	09/03/2009	Vigente
	Acordo sobre Facilitação para o Ingresso e Trânsito de seus Nacionais em seus Territórios.	08/07/2004	16/09/2005	Vigente
	Acordo para Permissão de Residência, Estudo e Trabalho a Nacionais Fronteiriços Brasileiros e Bolivianos.	08/07/2004	02/12/2008	Vigente
	Declaração Conjunta.	08/07/2004	08/07/2004	Vigente
	Acordo para a Restituição de Veículos Automotores Roubados ou Furtados.	28/04/2003	14/06/2006	Vigente
	Declaração Presidencial de Tarija.	27/06/2001		Vigente
	Comunicado Conjunto.	26/07/1999	26/07/1999	Vigente
	Acordo, por troca de notas, relativo à criação dos Comitês de Fronteira Brasileiro-Bolivianos.	11/03/1997	11/03/1997	Vigente
	Comunicado Conjunto.	23/02/1996	23/02/1996	Vigente
	Comunicado Conjunto.	13/09/1994	13/09/1994	Vigente
	Comunicado Conjunto.	27/01/1994	27/01/1994	Vigente
	Convênio para a Preservação, Conservação e Fiscalização dos Recursos Naturais nas Áreas de Fronteira.	15/08/1990	30/09/1998	Vigente
	Declaração Conjunta Brasil-Bolívia.	15/08/1990	15/08/1990	Vigente
	Declaração Conjunta.	29/11/1989	29/11/1989	Vigente
	Ata de Cooperação e Complementação Econômica.	02/08/1988	02/08/1988	Vigente
	Ajuste Complementar ao Acordo Básico de Cooperação Técnica e Científica na Área do Controle de Endemias.	02/08/1988	02/08/1988	Vigente
	Declaração Conjunta.	02/08/1988	02/08/1988	Vigente
	Acordo, por troca de Notas, para a Criação de uma Comissão Mista Permanente de Coordenação.	17/06/1988	17/06/1988	Vigente
	Declaração Conjunta Brasil-Bolívia.	09/02/1984	09/02/1984	Vigente
	Acordo por Troca de Notas propondo a Criação de um Grupo de Trabalho sobre Cooperação Regional Fronteiriça.	08/02/1984	08/02/1984	Vigente
	Acordo, por troca de Notas, para Melhorar a Identificação dos Limites entre o Brasil e a Argentina no Trecho do Rio Uruguai que compreende as Ilhas Chafariz e Buricá.	16/09/1982	16/09/1982	Vigente

Continua...

Continuação

	Tratado de Amizade, Cooperação e Comércio.	17/08/1977		Em Tramitação
	Declaração Conjunta dos Presidentes Ernesto Geisel e Hugo Banzer.	17/08/1977	17/08/1977	Vigente
	Convênio de Assistência Recíproca para a Repressão do Tráfico Ilícito de Drogas que Produzem Dependência.	17/08/1977	28/04/1978	Vigente
	Convênio de Sanidade Animal em Áreas de Fronteira.	17/08/1977	05/03/1979	Vigente
	Acordo, por troca de Notas Reversais, sobre a Aceitação pelo Governos Brasileiro e Boliviano, das conclusões da Comissão Mista Brasileiro-Boliviana de Cooperação Econômica e Técnica.	25/09/1971	25/09/1971	Vigente
	Acordo de Cooperação e Complementação Industrial.	22/05/1974	24/10/1974	Vigente
	Acordo sobre Cooperação Sanitária.	08/06/1972	17/08/1977	Vigente
	Tratado sobre Vinculação Rodoviária.	04/04/1972	25/04/1973	Vigente
	Declaração Conjunta.	04/04/1972	04/04/1972	Vigente
	Acordo, por troca de Notas Reversais, sobre Tramitação Aduaneira nas Estradas de Ferro.	27/10/1966	27/10/1966	Vigente
	Comunicado Conjunto.	14/10/1966	14/10/1966	Vigente
	Convênio de Tráfico Fronteiriço (Ata de Roboré).	29/03/1958	29/04/1958	Vigente
	Acordo, por troca de Notas Reversais, Relativo à Denuncia do Convênio sobre o Regime Cambial para o Comércio Fronteiriço, de 28 de junho de 1943. (Ata de Roboré).	29/03/1958	29/03/1958	Vigente
	Acordo, por troca de Notas Reversais, Adicionais sobre Comunicações Telegráficas.	29/03/1958	29/03/1958	Vigente
	Acordo, por troca de Notas Reversais, sobre Demarcação de Limites. (Ata de Roboré).	29/03/1958	29/03/1958	Vigente
	Ata da Entrevista em Corumbá e Roboré dos Ministros das Relações Exteriores do Brasil e da Bolívia (Ata de Roboré).	28/01/1958		Vigente
	Tratado sobre a Saída e Aproveitamento do Petróleo Boliviano.	25/02/1938	15/09/1938	Vigente
	Tratado sobre Ligação Ferroviária.	25/02/1938	15/09/1938	Vigente
	Tratado de Extradição.	25/02/1938	26/07/1942	Vigente
	Tratado de Limites e Comunicações Ferroviárias.	25/12/1928	27/06/1929	Vigente
	Acordo para a Demarcação das Fronteiras Brasil-Bolívia na Bacia do Amazonas.	10/02/1911	10/02/1911	Vigente

Continua...

Continuação

	Tratado de Comércio e Navegação Fluvial.	12/08/1910	29/07/1911	Vigente
	Tratado de permuta de Territórios e outras Compensações (Tratado de Petrópolis).	17/11/1903	10/03/1904	Vigente

País COLÔMBIA	ATOS BILATERAIS	Celebração	Entrada em vigor	Status
	Memorando de Entendimento entre a República Federativa do Brasil e a República da Colômbia que cria Grupo de Trabalho Encarregado de Estudar as Condições de Navegabilidade do Rio Amazonas/Solimões na Região de Fronteira.	19/11/2010	19/11/2010	Vigente
	Acordo entre o Governo da República Federativa do Brasil e a República da Colômbia sobre Permissão de Residência, Estudo e Trabalho a Nacionais Fronteiriços Brasileiros e Colombianos entre as Localidades Fronteiriças Vinculadas.	01/09/2010		Em Tramitação
	Ajuste Complementar ao Acordo Básico d Cooperação Técnica entre o Governo da República Federativa do Brasil e o Governo da Colômbia para Implementação do Projeto "Implementação de um Programa de Aproveitamento do Material Reciclável para a Região de Letícia - Tabatinga.	10/11/2009	10/11/2009	Vigente
	Acordo para o Estabelecimento da Zona de Regime Especial Fronteiriço para as Localidades de Tabatinga (Brasil) e Letícia (Colômbia).	19/09/2008		Em Tramitação
	Declaração Conjunta dos Presidentes da República Federativa do Brasil e da República da Colômbia	14/12/2005		Em Tramitação
	Memorando de Entendimento sobre o Ensino de Português e Espanhol na Região Fronteiriça.	27/06/2005		Vigente
	Ajuste Complementar, por troca de Notas, ao Acordo Básico de Cooperação Técnica de 13/12/72, para Saúde na Fronteira.	07/03/2005	22/03/2005	Vigente
	Acordo, por troca de Notas, para a Criação do Comitê de Fronteira Brasileiro-Colombiano.	06/06/2002		Vigente
	Ajuste Complementar ao Acordo Básico de Cooperação Técnica em Matéria de Geociências.	07/11/1997	07/11/1997	Vigente
	Declaração de Cartagena de Índias para a Conservação do Meio Ambiente.	07/11/1997	07/11/1997	Vigente
	Declaração Conjunta.	07/11/1997	07/11/1997	Vigente
	Acordo, por Troca de Notas, para a Criação de um Grupo Permanente de Cooperação Consular que Favoreça a Análise, sob o Enfoque Técnico de Soluções Destinadas a Facilitar o Trânsito na Fronteira.	03/09/1991	02/10/1991	Vigente

Continua...

Continuação

	Declaração Conjunta.	03/09/1991	03/09/1991	Vigente
	Convênio Complementar ao Acordo de Cooperação Amazônica sobre Cooperação no Desenvolvimento dos Recursos Minerais na Área de Fronteira.	09/02/1988	09/02/1988	Vigente
	Declaração Conjunta.	09/02/1988	09/02/1988	Vigente
	Acordo sobre Sanidade Animal em Áreas de Fronteira.	16/07/1985	18/05/1994	Vigente
	Tratado de Amizade e Cooperação.	12/03/1981	10/07/1985	Vigente
	Acordo para a Reconstituição da Comissão Mista de Inspeção dos Marcos da Fronteira Brasileiro-Colombiana.	05/08/1976	05/08/1976	Vigente
	Comunicado Conjunto.	18/06/1976	18/06/1976	Vigente
	Convênio de Serviços de Telecomunicações.	12/05/1975	12/05/1975	Vigente
	Acordo para a Conservação da Flora e da Fauna dos Territórios Amazônicos.	20/06/1973	17/07/1976	Vigente
	Acordo de Cooperação Sanitária para a Região Amazônica.	10/03/1972	13/07/1976	Vigente
	Declaração Conjunta.	07/08/1971	07/08/1971	Vigente
	Declaração Conjunta.	08/06/1971	08/06/1971	Vigente
	Acordo, por Troca de Notas Reversais, sobre a Comissão Mista de Inspeção e Caracterização da Fronteira Brasileiro-Colombiana.	27/08/1952	27/08/1952	Vigente
	Tratado de Extradição.	28/12/1938	02/10/1940	Vigente
	Troca de Notas sobre a Demarcação Final das Fronteiras entre o Brasil e a Colômbia.	10/06/1937	10/06/1937	Vigente
	Tratado de Limites e Navegação Fluvial.	15/11/1928	09/01/1930	Vigente
	Tratado de Limites e Navegação.	24/04/1907	20/04/1908	Vigente
País GUIANA	ATOS BILATERAIS	Celebração	Entrada em vigor	Status
	Memorando de Entendimento entre o Ministério da Agricultura, Pecuária e Abastecimento da República Federativa do Brasil e o Ministério da Agricultura da República da Guiana na Área de Segurança Fitossanitária de Produtos de Origem Vegetal.	26/04/2010	26/04/2010	Vigente
	Acordo entre o Governo da República Federativa do Brasil e o Governo da República da Guiana para o Estabelecimento de Regime Especial Fronteiriço e de Transporte para as Localidades de Bonfim (Brasil) e de Lethem (Guiana).	14/09/2009		Em Tramitação

Continua...

Continuação

	Memorando de Entendimento entre o Governo da República do Brasil e o Governo da República da Guiana para a criação do Comitê de Fronteira.	14/09/2009		Vigente
	Ajuste Complementar ao Acordo Básico de Cooperação Técnica entre o Governo da República Federativa do Brasil e o Governo da República da Guiana para a implementação do Projeto "Mapeamento Geológico e da Geodiversidade da Fronteira Guiana-Brasil".	14/09/2009		Vigente
	Ajuste Complementar na Área de Saúde ao Acordo Básico de Cooperação Técnica Brasil-Guiana.	15/02/2005	15/02/2005	Vigente
	Acordo sobre Isenção Parcial de Vistos.	30/07/2003		Vigente
	Acordo de Transporte Rodoviário Internacional de Passageiros e Cargas.	07/02/2003		Vigente
	Memorando de Entendimento para o Estabelecimento de Cooperação entre a Polícia Federal do Brasil e a Força Policial da Guiana.	18/04/2002		Vigente
	Comunicado Conjunto.	25/08/1997	25/08/1997	Vigente
	Comunicado Conjunto.	18/11/1993	18/11/1993	Vigente
	Protocolo de Intenções Relativo à Cooperação Bilateral para Completar a Interconexão dos Sistemas Viários do Brasil e a Guiana.	04/10/1989	04/10/1989	Vigente
	Declaração Conjunta.	04/10/1989	04/10/1989	Vigente
	Programa de Trabalho em Georgetown.	16/09/1988	16/09/1988	Vigente
	Declaração Conjunta.	05/10/1982	05/10/1982	Vigente
	Acordo para a Construção de uma Ponte Internacional sobre o Rio Tacutu.	29/01/1982	19/10/1985	Vigente
	Acordo de Cooperação Sanitária.	08/06/1981	20/06/1988	Vigente
	Entendimento para Intercâmbio de Informações Geológicas.	31/01/1979	31/01/1979	Vigente
	Comunicado Conjunto	13/07/1976	13/07/1976	Vigente
País FRANÇA	ATOS BILATERAIS (GUIANA FRANCESA)	Celebração	Entrada em vigor	Status
	Memorando de Entendimento entre o Governo da República Federativa do Brasil e o Governo da República Francesa em Matéria de Cooperação de Saúde na Zona Transfronteiriça Brasil-Guiana Francesa	15/02/2012	15/02/2012	Vigente

Continua...

Continuação

	Memorando de Entendimento entre o Ministério das Relações Exteriores da República Federativa do Brasil e o Ministério da Imigração, da Integração, da Identidade Nacional e do Desenvolvimento Solidário da República Francesa para a Criação de um Mecanismo Bilateral de Consultas sobre Questões Migratórias.	07/09/2009		Vigente
	Protocolo Adicional ao Acordo de Parceria e Cooperação entre o Governo da República Federativa do Brasil e o Governo da República Francesa com Vistas à Criação de um Centro de Cooperação Policial.	07/09/2009		Em Tramitação
	Acordo entre o Brasil e a França na Área da Luta contra a Exploração Ilegal do Ouro em Zonas Protegidas ou de Interesse Patrimonial.	23/12/2008		Em Tramitação
	Acordo Relativo à Construção de uma Ponte Rodoviária sobre o Rio Oiapoque ligando a Guiana Francesa e o Estado do Amapá, e sua Emenda de 21/10/2005.	15/07/2005	01/06/2007	Vigente
	Acordo sobre o Projeto de Construção de uma Ponte sobre o Rio Oiapoque.	05/04/2001		Vigente
	Acordo, por troca de Notas, sobre Supressão de Vistos.	28/05/1996	27/06/1996	Vigente
	Acordo Quadro de Cooperação.	28/05/1996	01/04/1997	Vigente
	Acordo Relativo à Readmissão de Pessoas em Situação Irregular.	28/05/1996	24/08/2001	Vigente
	Acordo sobre Dispensa de Vistos.	24/07/1984	01/03/1985	Não Vigente
	Tratado de Delimitação Marítima.	30/01/1981	19/10/1983	Vigente
País PARAGUAI	ATOS BILATERAIS	Celebração	Entrada em vigor	Status
	Declaração Conjunta dos Presidentes da República Federativa do Brasil e da República do Paraguai.	25/07/2009		Vigente
	Declaração Conjunta.	21/05/2007	21/05/2007	Vigente
	Convênio de Cooperação sobre Saúde Animal em Área de Fronteira.	21/05/2007	21/05/2007	Vigente
	Programa Executivo Educacional.	12/04/2007	12/04/2007	Vigente
	Programa Executivo Cultural do Acordo Básico de Cooperação Educacional, Científica e Cultural para o período 2007-2009.	02/03/2007	02/03/2007	Vigente

Continua...

Continuação

	Comunicado Conjunto dos Ministros das Relações Exteriores da República Federativa do Brasil e da República do Paraguai.	23/11/2006		Vigente
	Acordo para a Construção de uma Segunda Ponte Internacional sobre o Rio Paraná.	08/12/2005	01/10/2008	Vigente
	Memorando de Entendimento para a Construção da Segunda Ponte sobre o Rio Paraná.	14/10/2003		Vigente
	Ata da VII Reunião Ordinária do Grupo de Cooperação Consular Brasil/Paraguai.	04/07/1995	04/07/1995	Vigente
	Acordo para a Conservação da Fauna Aquática nos Cursos dos Rios Limítrofes.	01/09/1994	06/12/1995	Vigente
	Acordo sobre Cooperação para o Combate ao Tráfico Ilícito de Madeira.	01/09/1994	29/04/1996	Vigente
	Memorando de Entendimento, que Estabelece Procedimentos Operativos na Ponte da Amizade.	01/09/1994	01/09/1994	Vigente
	Ajuste Complementar ao Acordo Sanitário de 16 de julho de 1971, sobre Cooperação e Intercâmbio de Tecnologia de Saúde.	21/07/1992	08/07/1995	Vigente
	Comunicado Conjunto.	26/08/1991	26/08/1991	Vigente
	Ata Final da Reunião Extraordinária do Grupo de Cooperação Consular Brasil-Paraguai.	09/04/1988	09/04/1988	Vigente
	Acordo, por Troca de Notas, sobre a Instalação de Comitês de Fronteira nas Cidades Lindeiras de Pedro Juan Caballero/Ponta-Porã e Salto del Guairá-Guairá.	20/06/1986	20/06/1986	Vigente
	Estabelecimento da Área "Non Aedificandi", por troca de Notas.	16/09/1980	16/12/1982	Vigente
	Acordo, por Troca de Notas, que Coloca em Vigor a Ata Final da XXX Conferência da Comissão Mista de Limites e de Caracterização da Fronteira Brasil--Paraguai.	15/02/1978	15/02/1978	Vigente
	Protocolo Adicional ao Tratado de Limites de 21 de maio de 1927 entre a República Federativa do Brasil e a República do Paraguai.	04/12/1975	26/05/1976	Vigente
	Tratado de Amizade e Cooperação entre a República Federativa do Brasil e a República do Paraguai.	04/12/1975	26/05/1976	Vigente
	Acordo para a Conservação da Fauna Aquática nos Cursos dos Rios Limítrofes.	01/09/1994	06/12/1995	Vigente
	Acordo sobre Cooperação para o Combate ao Tráfico Ilícito de Madeira.	01/09/1994	29/04/1996	Vigente

Continua...

Continuação

	Ajuste Complementar ao Acordo Sanitário de 16 de julho de 1971, sobre Cooperação e Intercâmbio de Tecnologia de Saúde.	21/07/1992	08/07/1995	Vigente
	Declaração Conjunta.	26/04/1973	26/04/1973	Vigente
	Acordo Sanitário.	16/07/1971	26/01/1972	Vigente
	Declaração Conjunta.	07/07/1971	07/07/1971	Vigente
	Convênio de Cooperação Brasileiro-Paraguaia no Combate à Febre Aftosa.	16/05/1969		Vigente
	Convênio de Turismo e Trânsito de Passageiros.	12/09/1958	05/03/1960	Vigente
	Tratado Geral de Comércio e Investimentos.	27/10/1956	06/09/1957	Vigente
	Protocolo de Instruções para a Demarcação de Fronteira.	09/05/1930	09/05/1930	Vigente
	Tratado de Limites Complementar ao de 1872.	21/05/1927	25/11/1929	Vigente
País PERU	ATOS BILATERAIS	Celebração	Entrada em vigor	Status
	Ajuste Complementar ao Acordo Básico de Cooperação Científica e Técnica entre o Governo da República Federativa do Brasil e o Governo da República do Peru para Implementação do Projeto "Fortalecimento de Capacidades em Microfinanças, de Gestão Operativa de Programas Sociais e o Apoio ao Desenvolvimento do Regional e Fronteiriço do Brasil-Peru".	29/11/2010	03/03/2011	Vigente
	Ajuste Complementar ao Acordo Quadro entre o Governo da República Federativa do Brasil e o Governo da República do Peru para o Estabelecimento de uma Zona de Integração Fronteiriça Brasil – Peru para a Criação do Subgrupo de Trabalho sobre Saúde na Fronteira.	16/06/2010	16/06/2010	Vigente
	Ajuste Complementar ao Acordo Quadro entre o Governo da República Federativa do Brasil e a República do Peru para o Estabelecimento de uma Zona de Integração Fronteiriça Brasil-Peru para a Criação do Subgrupo de Trabalho sobre Cooperação em Matéria de Transportes Fluviais em Rios Amazônicos.	16/06/2010		Em Tramitação
	Ajuste Complementar ao Acordo Quadro entre o Governo da República Federativa do Brasil e o Governo da República do Peru para o Estabelecimento de uma Zona de Integração Fronteiriça Brasil – Peru para a Criação do Subgrupo de Trabalho sobre Saúde na Fronteira.	16/06/2010	16/06/2010	Vigente

Continua...

Continuação

	Acordo entre a República Federativa do Brasil e a República do Peru para Facilitação do Trânsito de Veículos de Uso Particular.	11/12/2009		Em Tramitação
	Acordo-Quadro entre a República Federativa do Brasil e a República do Peru sobre Localidades Fronteiriças Vinculadas.	11/12/2009		Em Tramitação
	Acordo-Quadro entre a República Federativa do Brasil e a República do Peru para o Estabelecimento de Sistemas de Controle Integrado em Postos de Fronteira do Brasil e do Peru.	11/12/2009		Em Tramitação
	Acordo Quadro entre a República Federativa do Brasil e a República do Peru para o Estabelecimento de uma Zona de Integração Fronteiriça Brasil-Peru.	11/12/2009		Em Tramitação
	Ata Final da II Reunião da Comissão Mista Cultural: Anexo 2: Programa Executivo de Cooperação Educacional entre o Governo da República Federativa do Brasil e o Governo da República do Peru para o Período de 2009 a 2012.	12/08/2009		Vigente
	Acordo entre o Governo da República do Peru e o Governo da República Federativa do Brasil para Suprimir o Uso e a Apresentação do Carnê Internacional de Tripulante Terrestre (Troca de Notas).	28/04/2009	11/05/2011	Vigente
	Comunicado Conjunto dos Presidentes da República Federativa do Brasil, Luiz Inácio Lula da Silva, e da República do Peru, Alan García Pérez.	17/05/2008	17/05/2008	Vigente
	Ajuste Complementar ao Acordo Básico de Cooperação Científica e Técnica para Implementação do Projeto ``Fortalecimento Institucional do Programa Nacional de Apoio direto aos mais Pobres``.	09/11/2006	27/03/2008	Vigente
	Declaração Conjunta dos Ministros de Relações Exteriores do Brasil e do Peru.	17/02/2006	17/02/2006	Vigente
	Declaração dos Governos da República Federativa do Brasil e da República do Peru sobre Integração Física e Conservação do Meio Ambiente.	21/01/2006		Vigente
	Acordo Complementar na Área de Recursos Naturais e Meio Ambiente ao Acordo Básico de Cooperação Técnica e Científica.	20/08/2004	03/05/2006	Vigente
	Acordo sobre Facilitação para o Ingresso e Trânsito de seus Nacionais em seus Territórios.	10/02/2004	15/09/2005	Vigente
	Memorando de Entendimento sobre Integração Física e Econômica.	25/08/2003		Vigente

Continua...

Continuação

	Memorando de Entendimento sobre Cooperação em Matéria de Proteção e Vigilância da Amazônia.	25/08/2003		Vigente
	Acordo de Cooperação para a Conservação e o Uso Sustentável da Flora e da Fauna Silvestres dos Territórios Amazônicos.	25/08/2003		Vigente
	Declaração Conjunta dos Ministros das Relações Exteriores do Brasil e do Peru.	07/06/2002		Vigente
	Acordo, por troca de Notas, para a Criação de Comitês de Fronteira.	21/07/1999	21/07/1999	Vigente
	Ata de Brasília.	26/02/1996	26/02/1996	Vigente
	Comunicado Conjunto.	26/02/1996	26/02/1996	Vigente
	Ajuste Complementar ao Acordo Sanitário de 16 de julho de 1965, para o Combate à Epidemia da Cólera.	15/05/1991	15/05/1991	Vigente
	Protocolo de Intenções sobre Requisitos Sanitários para o Comércio de Produtos de Pescado.	29/11/1990	29/11/1990	Vigente
	Declaração Conjunta.	07/05/1989	07/05/1989	Vigente
	Entendimento Relativo à Declaração de Rio Branco e o Programa de Ação de Puerto Maldonado.	20/08/1987	20/08/1987	Vigente
	Declaração de Rio Branco.	02/07/1987	02/07/1987	Vigente
	Programa de Ação de Puerto Maldonado.	03/07/1987	03/07/1987	Vigente
	Acordo sobre Interconexão Rodoviária.	26/06/1981	16/06/1988	Vigente
	Acordo Modificativo do Quadro de Rotas do Acordo sobre Transportes Aéreos, de 28 de agosto de 1953.	04/07/1981	04/07/1981	Vigente
	Comunicado Conjunto.	15/07/1977	15/07/1977	Vigente
	Declaração Conjunta.	05/11/1976	05/11/1976	Vigente
	Acordo sobre as Possibilidades de uma Ação Conjunta de uma Empresa Mineira Especial, Destinada a Realizar Atividades no Setor do Cobre.	05/11/1976	05/11/1976	Vigente
	Acordo para a Constituição de uma Comissão Bilateral para Estudar a Cooperação no Setor de Telecomunicações e Serviços Postais.	05/11/1976	05/11/1976	Vigente
	Acordo para a Constituição de um Grupo Técnico Destinado a Estudar o Estabelecimento de um Sistema de Auxílio à Navegação no Rio Amazonas.	05/11/1976	05/11/1976	Vigente
	Acordo para o Início das Negociações sobre o Estabelecimento de um Depósito Franco para o Peru em Território Brasileiro.	05/11/1976	05/11/1976	Vigente

Continua...

Continuação

	Acordo para a Constituição de um Grupo Ad-Hoc para Estudar o Trânsito de Pessoas e Embarcações na Área Fronteiriça.	05/11/1976	05/11/1976	Vigente
	Acordo para a Constituição de uma Subcomissão Mista Brasileiro-Peruana para a Amazônia.	05/11/1976	15/07/1977	Vigente
	Acordo Sanitário para o Meio Tropical.	05/11/1976	15/07/1977	Vigente
	Convênio de Assistência Recíproca para a Repressão do Tráfico Ilícito de Drogas que Produzem Dependência.	05/11/1976	15/01/1979	Vigente
	Convênio sobre Transportes Fluviais.	05/11/1976	15/04/1979	Vigente
	Acordo para Utilização de Estações Costeiras e de Navios da Região Amazônica.	05/11/1976	15/01/1979	Vigente
	Convênio Comercial.	05/11/1976	15/07/1977	Vigente
	Acordo sobre a Criação da Comissão Mista de Inspeção dos Marcos da Fronteira.	06/10/1975	06/10/1975	Vigente
	Acordo Sanitário.	16/07/1965	12/09/1966	Vigente
	Convênio sobre Bases para a Cooperação Econômica e Técnica.	29/11/1957	29/11/1957	Vigente
	Tratado para Completar a determinação das Fronteiras entre o Brasil e o Peru e Estabelecer Princípios Gerais sobre o seu Comércio e Navegação na Bacia do Amazonas.	08/09/1909	30/05/1910	Vigente
País SURINAME	ATOS BILATERAIS	Celebração	Entrada em vigor	Status
	Ajuste Complementar ao Acordo Básico de Cooperação Científica e Técnica entre o Governo da República Federativa do Brasil e o Governo da República do Suriname para a Implementação do Projeto "Mapeamento da Geodiversidade/Geológico na Fronteira Brasil-Suriname.	16/12/2010	16/12/2010	Vigente
	Protocolo de Intenções na Área de Saúde.	16/02/2005	16/02/2005	Vigente
	Tratado de Amizade, Cooperação e Comércio entre o Governo da República Federativa do Brasil e o Governo da República do Suriname.	22/06/1976	07/09/1977	Vigente
País URUGUAI	ATOS BILATERAIS	Celebração	Entrada em vigor	Status
	Comunicado Conjunto dos Presidentes da República Federativa do Brasil, Dilma Rousseff, e da República Oriental do Uruguai, José Mujica.	30/05/2011	30/05/2011	Vigente

Continua...

Continuação

	Plano de Ação Conjunta entre o Governo da República Federativa do Brasil e o Governo da República Oriental do Uruguai para Fazer Avançar a Cooperação Bilateral na Área de Massificação do Acesso à Internet em Banda Larga e Telecomunicações em Geral (2011 - 2015).	30/05/2011		Em Tramitação
	Ajuste Complementar ao Acordo Básico de Cooperação Científica e Técnica entre o Governo da República Federativa do Brasil e o Governo da República Oriental do Uruguai para Implementação do Projeto "Apoio ao Fortalecimento Institucional do Cetp-utu na Área de Mecânica Industrial".	03/12/2010	03/12/2010	Vigente
	Ajuste Complementar ao Acordo Básico de Cooperação Científica e Técnica entre o Governo da República Federativa do Brasil e o Governo da República Oriental do Uruguai para Implementação do Projeto "Fortalecimento do Ensino Técnico na Área do Meio Ambiente."	25/05/2009		Vigente
	Declaração Conjunta.	10/03/2009		Vigente
	Ajuste Complementar ao Acordo para Permissão de Residência, Estudo e Trabalho a Nacionais Fronteiriços Brasileiros e Uruguaios, para Prestação de Serviços de Saúde.	28/11/2008	27/07/2010	Vigente
	Ajuste Complementar ao Acordo Básico de Cooperação Científica, e Técnica entre o Brasil e o Uruguai para Implementação do Projeto "Apoio ao Fortalecimento institucional do CETP-UTU na Área de Mineração".	30/05/2008	30/05/2008	Vigente
	Emenda, por troca de Notas, ao Acordo entre o Brasil e o Uruguai para Permissão de Residência, Estudo e Trabalho a Nacionais Fronteiriços Brasileiros e Uruguaios.	20/05/2008	16/08/2008	Vigente
	Ajuste Complementar ao Acordo Básico de Cooperação Científica e Técnica para Implementação do Projeto "Apoio ao Fortalecimento Institucional do Conselho de Educação Técnico Profissional (CETP) da Universidade do Trabalho do Uruguai (UTU) nas Áreas de Indústria, Energia e Meio Ambiente".	22/11/2006	22/11/2006	Vigente
	Protocolo de Intenções em Matéria de Direitos Relativos à Infância e à Adolescência entre o Brasil e o Uruguai.	19/05/2006	19/05/2006	Vigente
	Acordo, por troca de notas, ao Acordo de 21 de julho de 1972, que estabeleceu o limite lateral marítimo.	29/07/2005		Vigente

Continua...

Continuação

	Acordo, PTN, sobre a Documentação Comprobatória para Concessão de Documento Especial de Fronteiriço, referente ao Artigo III do Acordo para Permissão de Residência, Estudo e Trabalho a Nacionais Fronteiriços Brasileiros e Uruguaios, de 21/8/2002. (indocumentado).	02/09/2004	02/09/2004	Vigente
	Acordo sobre Cooperação Policial em Matéria de Investigação, Prevenção e Controle de Fatos Delituosos.	14/04/2004	05/10/2008	Vigente
	Ajuste Complementar ao Acordo de Cooperação Técnica, Científica e Tecnológica para Saúde na Fronteira.	31/07/2003		Vigente
	Memorando de Entendimento sobre o Programa de Cooperação Técnica.	21/08/2002		Vigente
	Acordo para Permissão de Residência, Estudo e Trabalho a Nacionais Fronteiriços Brasileiros e Uruguaios. (Acordo de Indocumentados).	21/08/2002		Vigente
	Comunicado Conjunto de Imprensa dos Senhores Presidentes da República Federativa do Brasil e da República Oriental do Uruguai.	21/08/2002		Vigente
	Acordo para a Construção de uma Segunda Ponte sobre o Rio Jaguarão, nas Proximidades das Cidades de Jaguarão e Rio Branco, e Recuperação da Atual Ponte Barão de Mauá.	21/11/2000	04/02/2013	Vigente
	Ajuste Complementar ao Convênio para a Fixação do Estatuto Jurídico da Fronteira entre o Brasil e o Uruguai de 20 de dezembro de 1933.	06/05/1997	18/07/1999	Vigente
	Declaração Conjunta.	06/05/1997	06/05/1997	Vigente
	Declaração Conjunta.	27/08/1996	27/08/1996	Vigente
	Acordo, por Troca de Notas, que Aprova o Ajuste Complementar ao Acordo de Previdência Social.	06/12/1995	16/12/1997	Vigente
	Acordo, por Troca de Notas, sobre Criação dos Comitês de Fronteira Aceguá-Aceguá e Bella Unión-Barra do Quaraí.	06/12/1995	06/12/1995	Vigente
	Declaração Conjunta.	21/06/1995	21/06/1995	Vigente
	Declaração Conjunta.	29/05/1993	29/05/1993	Vigente
	Acordo sobre Cooperação em Matéria Ambiental.	28/12/1992	25/05/1997	Vigente

Continua...

Continuação

	Terceiro Memorando de Entendimento Relativo ao Tratado para o Aproveitamento dos Recursos Naturais e o Desenvolvimento da Bacia da Lagoa Mirim e ao Protocolo para o Aproveitamento dos Recursos Hídricos de Trechos Limítrofe do Rio Jaguarão.(Protocolo do Rio Jaguarão).	16/09/1991	16/09/1991	Vigente
	Acordo, por Troca de Notas, que Altera a Denominação da Subcomissão para o Desenvolvimento Conjunto de Zonas Fronteiriças.	16/09/1991	16/09/1991	Vigente
	Acordo, por Troca de Notas, para a Criação do Grupo Permanente de Cooperação Consular.	16/09/1991	16/09/1991	Vigente
	Acordo de Cooperação para a Redução da Demanda, Prevenção do Uso Indevido e Combate à Produção e ao Tráfico Ilícito de Entorpecentes e Substâncias Psicotrópicas e seus Precursores e Produtos Químicos Imediatos.	16/09/1991	07/06/1995	Vigente
	Declaração Conjunta.	16/09/1991	16/09/1991	Vigente
	Declaração Conjunta sobre Meio Ambiente.	16/09/1991	16/09/1991	Vigente
	Acordo, por Troca de Notas, que Estabelece a Vigência Provisória do Acordo de Cooperação para o Aproveitamento dos Recursos Naturais e o Desenvolvimento da Bacia do Rio Quaraí.	16/09/1991	16/09/1991	Vigente
	Acordo, por Troca de Notas, para a Instalação de um Comitê de Fronteira nas Cidades de Artigas-Quaraí.	11/03/1991	11/03/1991	Vigente
	Comunicado Conjunto.	11/03/1991	11/03/1991	Vigente
	Ata da Instalação do Comitês de Fronteira Artigas-Quaraí.	11/03/1991	11/03/1991	Vigente
	Declaração do Jaguarão - Ata de Instalação dos Comitês de Fronteira.	19/02/1990	19/02/1990	Vigente
	Tratado de Montevidéu 1980.	15/02/1982		Vigente
	Ajuste Relativo a Sanidade Animal, Complementar ao Acordo Básico de Cooperação Científica e Técnica, de 12 de junho de 1975.	27/01/1978	27/01/1978	Vigente
	Comunicado à Imprensa.	27/01/1978	27/01/1978	Vigente
	Declaração Conjunta.	07/07/1977	07/07/1977	Vigente
	Tratado de Cooperação para o Aproveitamento dos Recursos Naturais e o Desenvolvimento da Bacia da Lagoa Mirim (Tratado da Bacia da Lagoa Mirim).	07/07/1977	27/01/1978	Vigente Continua...
	Acordo Relativo às Obras de Contenção do Trecho Final e da Barra do Arroio Chuí.	12/06/1975	12/06/1975	Vigente

Continua...

Continuação

	Tratado de Amizade, Cooperação e Comércio.	12/06/1975	09/07/1976	Vigente
	Acordo sobre a Definitiva Fixação da Barra do Arroio Chuí e do Limite Lateral Marítimo.	21/07/1972	12/06/1975	Vigente
	Declaração Conjunta.	11/05/1970	11/05/1970	Vigente
	Declaração sobre Limite de Jurisdições Marítimas.	10/05/1969	10/05/1969	Vigente
	Acordo por Troca de Notas sobre Pontes Internacionais.	10/05/1969	23/06/1969	Vigente
	Declaração Conjunta Quaraí-Artigas.	03/04/1968	03/04/1968	Vigente
	Acordo sobre Distribuição e Exploração de Canais de Televisão Celebrado entre a Direção de Telecomunicações do Uruguai e o Conselho Nacional de Telecomunicações (CONTEL).	14/03/1966	14/09/1966	Vigente
	Declaração Conjunta sobre Comércio e Repressão ao Tráfico Ilegal.	28/12/1956	28/12/1956	Vigente
	Tratado de Comércio e Navegação.	27/05/1949	28/12/1956	Vigente
	Convênio sobre Intercâmbio Artístico.	20/12/1933	21/07/1937	Vigente
	Protocolo Adicional ao Convênio para a Fixação do Estatuto Jurídico da Fronteira.	20/12/1933	20/08/1937	Vigente
	Convênio Relativo à Luta Contra as Enfermidades Venereosifilíticas na Fronteira Comum aos dois Países.	13/02/1928	15/11/1928	Vigente
	Acordo para Caracterização de Fronteira.	24/12/1927	24/12/1927	Vigente
	Convenção para Modificar, no Arroio São Miguel, a Fronteira.	07/05/1913	12/08/1914	Vigente
	Tratado Relativo às Fronteiras na Lagoa Mirim e o Rio Jaguarão e o Comércio e a Navegação nessas Paragens.	30/10/1909	07/05/1910	Vigente
País VENEZUELA	ATOS BILATERAIS	Celebração	Entrada em vigor	Status
	Primeiro Plano de Ação Social entre Brasil – Venezuela.	06/08/2010	06/08/2010	Vigente
	Acordo entre o Governo da República Federativa do Brasil e o Governo da República Bolivariana da Venezuela para o Estabelecimento de Regime Especial Fronteiriço.	06/08/2010		Em tramitação
	Acordo entre o Governo da República Federativa do Brasil e o Governo da República Bolivariana da Venezuela relativo aos procedimentos para autorização de sobrevoos em área de fronteira.	28/04/2010	28/04/2010	Vigente

Continua...

Continuação

	Acordo entre o Governo da República Federativa do Brasil e o Governo da República Bolivariana da Venezuela sobre Localidades Fronteiriças Vinculadas.	28/04/2010		Em tramitação
E	Programa de Cooperação na Área de Turismo entre o Ministério do Turismo da República Federativa do Brasil e o Ministério do Poder Popular para o Turismo da República Bolivariana da Venezuela.	28/04/2010	28/04/2010	Vigente
	Memorando de Entendimento entre o Governo da República Federativa do Brasil e o Governo da República Bolivariana da Venezuela sobre a Criação de Grupo de Trabalho para a Negociação de Acordo Relativo ao Estabelecimento de Regime Especial Fronteiriço.	28/04/2010	28/04/2010	Vigente
	Memorando de Entendimento entre o Governo da República Federativa do Brasil e o Governo da República Bolivariana da Venezuela para o Estabelecimento de um Regime de Depósitos Francos.	30/10/2009	30/10/2009	Vigente
	Acordo entre o Brasil e a Venezuela Relativo aos Procedimentos para Autorização de Sobrevoos sem Área de Fronteira.	27/06/2008	27/06/2008	Vigente
	Declaração Presidencial de Caracas.	06/04/2000		Vigente
	Declaração de Santa Elena de Uairén.	23/11/1998	23/11/1998	Vigente
	Comunicado Conjunto - Ata do Planalto.	20/05/1996	20/05/1996	Vigente
	Protocolo de Intenções (Petróleo).	04/07/1995	04/07/1995	Vigente
	Ata de Miraflores.	04/07/1995	04/07/1995	Vigente
	Acordo de Transporte Rodoviário Internacional de Passageiros e Carga entre o Brasil e a Venezuela.	04/07/1995	16/10/1998	Vigente
	Ajuste Complementar ao Convênio Básico de Cooperação Técnica para o Desenvolvimento das Telecomunicações.	04/07/1995	04/07/1995	Vigente
	Declaração de Caracas.	04/07/1995	04/07/1995	Vigente
	Comunicado Conjunto.	04/03/1994	04/03/1994	Vigente
	Acordo sobre o Regulamento Interno do Comitê de Assuntos Fronteiriços.	14/02/1992	14/02/1992	Vigente
	Declaração Conjunta.	20/07/1990	20/07/1990	Vigente
	Acordo para o Estabelecimento de uma Zona ``Non Aedificandi`` na Fronteira entre os Dois Países.	17/05/1988	20/11/1989	Vigente
	Declaração Conjunta.	16/10/1987	16/10/1987	Vigente
	Comunicado Conjunto.	03/06/1987	03/06/1987	Vigente

Continua...

Continuação

	Acordo sobre Cooperação Sanitária Fronteiriça.	19/02/1982	06/11/1984	Vigente
	Convênio sobre Transporte Terrestre Fronteiriço de Carga.	19/02/1982	17/11/1983	Não vigente
	Declaração Conjunta.	07/11/1979	07/11/1979	Vigente
	Acordo sobre Sanidade Animal em Áreas de Fronteira dos dois Países.	07/11/1979	25/09/1981	Vigente
	Convênio Complementar ao Convênio Básico de Cooperação Técnica de 20 de fevereiro de 1973, Referente à Cooperação em Matéria Sanitária para o Meio Tropical.	17/11/1977	10/04/1978	Vigente
	Convênio de Amizade e Cooperação.	17/11/1977	27/11/1978	Vigente
	Declaração Conjunta.	20/02/1973	20/02/1973	Vigente
	Acordo de Demarcação da Fronteira Brasileiro-Venezuelana.	07/11/1929	07/11/1929	Vigente
	Protocolo Relativo à Demarcação dos Limites.	24/07/1928	31/08/1929	Vigente
	Convênio Relativo à Manutenção da Ordem Interna.	13/04/1926	19/10/1927	Vigente
Brasil e países da América do Sul	ATOS MULTILATERAIS	Assunto	Entrada em vigor	Status
	Vigésimo Sexto Protocolo Adicional ao Acordo de Complementação Econômica nº 36 entre os Governos dos Estados Parte do Mercosul e o Governo da República da Bolívia.	Aladi	12/04/2006	Vigente
	Vigésimo Protocolo Adicional ao Acordo de Complementação Econômica nº 36, entre Brasil, Argentina, Paraguai e Uruguai (Estados Partes do Mercosul) e Bolívia.	Aladi	06/06/2005	Vigente
	Terceiro Protocolo Adicional ao Acordo de Alcance Parcial para a facilitação do Comércio nº 5 (Acordo de Recife), entre os Governos da República Federativa do Brasil, da República Argentina, da República do Paraguai e da República Oriental do Uruguai.	Aladi	29/06/2001	Vigente
	Convenção Internacional para Controle e Gerenciamento de Água de Lastro e Sedimentos de Navios.	IMO (Organização Marítima Internacional)		Em tramitação
	Acordo de Alcance Parcial sobre Transporte Internacional Terrestre, entre o Brasil, a Argentina, a Bolívia, o Chile, o Paraguai, o Peru e o Uruguai.	Aladi	21/11/1990	Vigente

Continua...

Continuação

	Sétimo Protocolo Adicional ao Acordo de Complementação Econômica, Brasil - Uruguai, (Acordo nº 2).	Aladi		Vigente
	Memorando de Entendimento Tripartite entre o Ministério da Defesa e o Ministério da Justiça da República Federativa do Brasil, o Ministério da Defesa Nacional da República da Colômbia e o Ministério da Defesa da República do Peru, para Coibir Atividades.	Entorpecentes		Em tramitação
	Memorando de Entendimento Tripartite entre o Brasil, Colômbia e Peru para Combater as Atividades Ilícitas nos Rios Fronteiriços e/ou Comuns.	Entorpecentes		Em tramitação
	Acordo entre a República Argentina e a República da Bolívia sobre a construção de Ponte no El Paso Fronteiriço Salvador Mazza - Yacuiba.	Aladi		Vigente
	Acordo sobre Segurança na Área da Fronteira Tríplice Comum - Brasil/Paraguai/Argentina.	Fronteiras		Em tramitação
	Ata de Uruguaiana do Comitê de Fronteira - Uruguaiana 22 de agosto de 1989.	Fronteiras	22/08/1989	Vigente
	Acordo Básico Referente a Ajuda do Programa Mundial de Alimentos.	Agricultura	02/02/1987	Vigente

Fonte: MRE/DAI (2013). Palavras-chaves: fronteira, fronteiriça (o).

PROJETOS DE LEI EM TRAMITAÇÃO NO CONGRESSO NACIONAL

CÂMARA DOS DEPUTADOS

PROPOSTA	AUTOR	CONTEÚDO	SITUAÇÃO jan/2013	ATALHO
PL 4264/2012	Poder Executivo	Institui a indenização devida a ocupante de cargo efetivo das Carreiras de Policial Federal, Policial Rodoviário Federal e Auditoria da Receita Federal do Brasil, dos Planos Especiais de Cargos da Polícia Federal, da Polícia Rodoviária Federal e do Ministério da Fazenda, em exercício nas unidades situadas em localidades estratégicas vinculadas à prevenção, controle, fiscalização e repressão dos delitos transfronteiriços.	Pronta para Pauta na Comissão de Trabalho, de Administração e Serviço Público	http://www.camara.gov.br/proposicoesWeb/fichadetramitacao?idProposicao=552476
PL 3671/2012	Pedro Uczai - PT/SC	Autoriza o Poder Executivo a instituir o Campus Universitário de Concórdia da Universidade Federal da Fronteira Sul - UFFS.	Pronta para Pauta na Comissão de Trabalho, de Administração e Serviço Público	http://www.camara.gov.br/proposicoesWeb/fichadetramitacao?idProposicao=541043
PEC 81/2011	Antônia Lúcia - PSC/AC	Altera o art. 144 da Constituição Federal para criar a Guarda de Fronteira.	Aguardando Parecer na Comissão de Constituição e Justiça e de Cidadania	http://www.camara.gov.br/proposicoesWeb/fichadetramitacao?idProposicao=519258
PL 6904/2010	Celso Maldaner (PMDB /SC)	Altera os parágrafos 1º e 6º da Lei nº 9.440, de 14 de março de 1997, que estabelece incentivos fiscais para o desenvolvimento regional e dá outras providências. Inclui a faixa de fronteira da Região Sul como beneficiária da Lei de Incentivos Fiscais para o desenvolvimento regional.	Apensado ao PL 6903/2010	http://www.camara.gov.br/proposicoesWeb/fichadetramitacao?idProposicao=467909

Continua...

Continuação

PL 6903/2010	**Celso Maldaner** (PMDB/SC)	Altera o § 1º do art. 1º da Lei nº 9.826, de 23 de agosto de 1999, que dispõe sobre incentivos fiscais para desenvolvimento regional, altera a legislação do Imposto sobre Produtos Industrializados - IPI, e dá outras providências. Inclui a faixa de fronteira da Região Sul como beneficiária da Lei de Incentivos Fiscais para o desenvolvimento regional.	Aguardando Parecer na Comissão da Amazônia, Integração Nacional e de Desenvolvimento Regional	http://www.camara.gov.br/proposicoesWeb/fichadetramitacao?idProposicao=467907&ord=1
PLC 302/2009	**Nilson Mourão** (PT-AC)	Determina que a propriedade rural de estrangeiro poderá ter até 15 módulos fiscais, e a pessoa física ou jurídica precisará ter residência e domicílio no Brasil, onde deverá estar há mais de 10 anos.	Comissão de Meio Ambiente, Defesa do Consumidor e Fiscalização e Controle - matéria com a relatoria	http://www.senado.leg.br/atividade/materia/detalhes.asp?p_cod_mate=94352
PL 6316/2009	**Marco Maia** (PT/RS)	Dispõe sobre a instalação de Free Shopping nas faixas de fronteira.	Lei nº 12.723, de 9 de outubro de 2012	http://www.planalto.gov.br/ccivil_03/_Ato2011-2014/2012/Lei/L12723.htm
PL 5070/2009	**Osório Adriano** (DEM/DF)	Acrescenta o Inciso VII ao art. 2º da Lei nº 6.634, de 02 de maio de 1979, para estender a competência do Conselho de Segurança Nacional no que tange à instalação e controle das organizações não governamentais (ONG's) e entidades similares, criadas ou administradas por estrangeiros.	Apensado ao PL 3877/2004	http://www.camara.gov.br/proposicoesWeb/fichadetramitacao?idProposicao=430873
PL 5.655/2009	Poder Executivo	Substitui o Estatuto do Estrangeiro e, com relação à compra de terras, proíbe a aquisição por estrangeiros em zona de fronteira.	Aguardando Parecer na Comissão de Relações Exteriores e de Defesa Nacional	http://www.camara.gov.br/proposicoesWeb/fichadetramitacao?idProposicao=443102
PL 6338/2009	**Carlos Brandão** (PSDB/MA)	Altera a redação dos arts. 16 e 37 do Decreto-Lei nº 227, de 28 de fevereiro de 1967 (Código de Mineração).	Arquivada na Mesa Diretora da Câmara dos Deputados	http://www.camara.gov.br/proposicoesWeb/fichadetramitacao?idProposicao=458136

Continua...

Continuação

INC 4363/2009	Carlos Bezerra (PMDB/MT)	Solicita o envio de Indicação ao Ministério da Defesa relativa à adoção de largura variável da faixa de fronteira.	Arquivada na Mesa Diretora da Câmara dos Deputados	http://www.camara.gov.br/proposicoesWeb/fichadetramitacao?idProposicao=439544
PL 2817/2008	Renato Molling (PP-RS).	Propõe a alteração da Lei nº 6.634/79, que dispõe sobre a faixa de fronteira, no sentido e permitir à Secretaria-Geral do Conselho de Segurança Nacional (leia-se Secretaria-Executiva do Conselho de Defesa Nacional) o estabelecimento de medidas mais gravosas ou menos gravosas para a execução de algumas atividades em faixa de fronteira, visando dar tratamento individualizado às demandas, com o intuito de flexibilizar os critérios para o desenvolvimento das referidas atividades.	Apensado ao PL 2275/2007	http://www.camara.gov.br/proposicoesWeb/fichadetramitacao?idProposicao=383446
PL 3068/2008	Carlos Bezerra (PMDB-RS).	Altera o art. 1º da Lei nº 6.634/79, que dispõe sobre a Faixa de Fronteira, modificando a largura da faixa.	Apensado ao PL 2275/2007	http://www.camara.gov.br/proposicoesWeb/fichadetramitacao?idProposicao=387756
PL 4240/2008	Antonio Carlos Mendes Thame (PSD B-SP)	Sujeita as empresas brasileiras com maioria do capital social estrangeiro às mesmas regras das estrangeiras para aquisição de terras. O projeto ainda diminui para 6,25% a área que pessoas da mesma nacionalidade podem possuir no município.	Apensado ao PL 2289/2007	http://www.camara.gov.br/proposicoesWeb/fichadetramitacao?idProposicao=414717
PL 3483/2008	Vanessa Grazziotin (PCdoB-AM)	Limita extensão do imóvel rural adquirido por empresas estrangeiras a 50 módulos fiscais ou 2,5 mil hectares.	Apensado ao PL 2289/2007	http://www.camara.gov.br/proposicoesWeb/fichadetramitacao?idProposicao=397393
PL 3321/2008	Afonso Hamm (PP-RS)	Altera a Lei nº 6.634, de 2 de maio de 1979, criando condições de incentivo para o desenvolvimento da Faixa de Fronteira da região sul.	Aguardando Parecer na Comissão de Finanças e Tributação	http://www.camara.gov.br/proposicoesWeb/fichadetramitacao?idProposicao=392045

Continua...

Continuação

PEC 286/2008	**Walter Brito Neto** (PRB-PB)	Permite a expropriação, sem direito a indenização, das terras adquiridas por estrangeiros na Amazônia, com o objetivo de internacionalizar a área. Segundo o texto, uma lei posterior estabelecerá o procedimento, os critérios e as condições da expropriação.	Arquivada na Mesa Diretora da Câmara dos Deputados	http://www.camara.gov.br/proposicoesWeb/fichadetramitacao?idProposicao=407086
PEC 235/2008	**Mendes Ribeiro Filho** (PMDB – RS).	Altera o §2º do art. 20 da Constituição Federal, reduzindo de 150 km para 50 km a largura da faixa de fronteira.	Aguardando Parecer na Comissão de Constituição e Justiça e de Cidadania	http://www.camara.gov.br/proposicoesWeb/fichadetramitacao?idProposicao=385588
PL 2759/2008	**Pompeo de Mattos** (PDT-RS).	Propõe a revogação da Lei nº 6.634/79, que dispõe sobre a faixa de fronteira e altera o Decreto-lei nº 1.135/70.	Apensado ao PL 2275/2007	http://www.camara.gov.br/proposicoesWeb/fichadetramitacao?idProposicao=383027
PL 4127/2008	**Marcelo Ortiz** (PV/SP)	Dispõe sobre a obrigatoriedade de levantamento prévio geológico para o gravame ou utilização de áreas de que trata o inciso III do § 1º do art. 91, inciso III do § 1º do art. 225 e o art. 231, da Constituição Federal, e dá outras providências.	Arquivada na Mesa Diretora da Câmara dos Deputados	http://www.camara.gov.br/proposicoesWeb/fichadetramitacao?idProposicao=412048
PL 2289/2007	**Beto Faro** (PT-PA)	As pessoas físicas ou jurídicas estrangeiras não poderão adquirir nem arrendar imóveis rurais com mais de 35 módulos fiscais, em área contínua ou descontínua, ou com área superior a 2,5 mil hectares. No entanto, não haverá restrição à compra de imóvel de até 4 módulos fiscais nem ao arrendamento de até 10 módulos fiscais.	Aguardando constituição de Comissão Temporária na Mesa Diretora da Câmara dos Deputados; Aguardando Encaminhamento na Coordenação de Comissões Permanentes	http://www.camara.gov.br/proposicoesWeb/fichadetramitacao?idProposicao=373948&ord=1
PL 2410/2007	**Vieira da Cunha** (PDT-RS).	Dispõe sobre a criação de área de livre comércio e desenvolvimento regional em municípios da faixa de fronteira do Estado do rio Grande do Sul, pertencentes às Microrregiões Campanha Ocidental, Campanha Central, Campanha Meridional, Jaguarão e Litoral Laguna.	Arquivada no PLENÁRIO	http://www.camara.gov.br/proposicoesWeb/fichadetramitacao?idProposicao=376396

Continua...

Continuação

PL 2275/2007	Matteo Chiarelli (DEM-RS).	Altera a Lei 6.634/79, que dispõe sobre a faixa de fronteira e Decreto-lei nº 1.135/70, propondo que a faixa de fronteira passe a ter três extensões, 50 km, 100 km e 150 km.	Pronta para Pauta na Comissão de Relações Exteriores e de Defesa Nacional	http://www.camara.gov.br/proposicoesWeb/fichadetramitacao?idProposicao=373600&ord=1
PDC 45/2007	Eduardo Sciarra (DEM-PR).	Susta a Instrução Normativa nº 27, de 28 de novembro de 2005, do Incra, que altera a Instrução Normativa nº 42, de 25 de maio de 2000 (que estabelece diretrizes para o procedimento administrativo de ratificação das alienações e concessões de terras na faixa de fronteira).	Aguardando Parecer na Comissão de Constituição e Justiça e de Cidadania	http://www.camara.gov.br/proposicoesWeb/fichadetramitacao?idProposicao=352066
PL 2376/2007	Carlos Alberto Canuto (PSC-AL)	Proíbe a compra de terra destina à plantação de matéria-prima para biocombustíveis. Empresas brasileiras com capital estrangeiro majoritário dependerão da autorização do Congresso Nacional para adquirir terras	Apensado ao PL 2289/2007	http://www.camara.gov.br/proposicoesWeb/fichadetramitacao?idProposicao=375812
PL 7407/2006	Carlos Souza (PP-AM)	Estende à posse de terra por estrangeiros as mesmas exigências previstas na Lei 5709/71 para a aquisição. O projeto destina-se aos casos em que o estrangeiro detém a posse e o uso do imóvel, mas a propriedade legítima da terra continua sendo de um brasileiro.	Aguardando Parecer na Comissão de Relações Exteriores e de Defesa Nacional	http://www.camara.gov.br/proposicoesWeb/fichadetramitacao?idProposicao=332250
PL 6728/2006	Manato (PDT-ES).	Acresce dispositivos à Lei nº 4.504, de 30 de novembro de 1964, dispondo sobre a reforma agrária em terras públicas localizadas na faixa de fronteira.	Arquivada na Mesa Diretora da Câmara dos Deputados	http://www.camara.gov.br/proposicoesWeb/fichadetramitacao?idProposicao=317283
PL 3519/2004	João Pizzolatti (PP/SC)	Dispõe sobre a obrigatoriedade da existência prévia de levantamento geológico para a definição de áreas de que tratam o inciso III do § 1º do art. 91, inciso III do § 1º do art. 225 e o art. 231, da Constituição Federal, e dá outras providências.	Apensado ao PL 2830/2003	http://www.camara.gov.br/proposicoesWeb/fichadetramitacao?idProposicao=252760
PEC 58/2003	Pedro Henry (PP-MT).	Dispõe sobre a convalidação de alienações de terras procedidas pelos Estados na faixa de fronteira.	Arquivada na Mesa Diretora da Câmara dos Deputados	http://www.camara.gov.br/proposicoesWeb/fichadetramitacao?idProposicao=115469

Continua...

Continuação

PEC 24/2003	Eduardo Sciarra (DEM-PR).	Dá nova redação aos arts. 142 e 144 da CF, autorizando as Forças Armadas a exercerem atividades de segurança pública na faixa de fronteira.	Aguardando Deliberação de Recurso na Mesa Diretora da Câmara dos Deputados	http://www.camara.gov.br/proposicoesWeb/fichadetramitacao?idProposicao=109738
PL 2830/2003	Hamilton Casara (PSB-RO).	Dispõe sobre a obrigatoriedade da existência prévia de levantamento geológico para a definição de áreas que tratam o inciso III do parágrafo 1º do art. 91, inciso III do parágrafo 1º do art. 225 e do art. 231, da CF e dá outras providências (área de segurança nacional).	Aguardando Parecer na Comissão de Finanças e Tributação	http://www.camara.gov.br/proposicoesWeb/fichadetramitacao?idProposicao=150052&ord=1
PL 2742/2003	Luis Carlos Heinze (PP-RS).	Propõe a prorrogação do prazo para que sejam ratificadas as concessões e alienações de terras feitas pelos Estados em faixa de fronteira, e dá outras providências.	Aguardando Retorno na Mesa Diretora da Câmara dos Deputados	http://www.camara.gov.br/proposicoesWeb/fichadetramitacao?idProposicao=148373
PL 2830/2003	Hamilton Casara.	Dispõe sobre a obrigatoriedade da existência prévia de levantamento geológico para a definição de áreas que tratam o inciso III do parágrafo 1º do art. 91; inciso III do parágrafo 1º do art. 225 e do art. 231, da CF e dá outras providências (área de segurança nacional).	Aguardando Parecer na Comissão de Finanças e Tributação	http://www.camara.gov.br/proposicoesWeb/fichadetramitacao?idProposicao=150052

SENADO FEDERAL

PROPOSTA	AUTOR	CONTEÚDO	SITUAÇÃO ATUAL	ATALHO
PLS 380/2012	Mozarildo Cavalcanti (PTB-RR)	Institui a Política Nacional de Defesa e de Desenvolvimento da Amazônia e da Faixa de Fronteira.	Subsec. coordenação legislativa do senado - aguardando inclusão ordem do dia	http://www.senado.gov.br/atividade/materia/detalhes.asp?p_cod_mate=108145
PLC 90/2012	Luis Carlos Heinze	Prorroga o prazo para que sejam ratificadas as concessões e alienações de terras feitas pelos Estados em faixa de fronteira e dá outras providências.	Comissão de Constituição, Justiça e Cidadania - PRONTA PARA A PAUTA NA COMISSÃO	http://www.senado.gov.br/atividade/materia/detalhes.asp?p_cod_mate=107224

Continua...

Continuação

PLS 38/2010	Zambiasi (PTB/RS)	Altera os parágrafos 1º e 6º da Lei nº 9.440, de 14 de março de 1997, que estabelece incentivos fiscais para o desenvolvimento regional e dá outras providências. (Inclui a faixa de fronteira da Região Sul entre as regiões que fazem jus à renúncia fiscal relacionada à indústria automotiva).	Processo arquivado	http://www.senado.gov.br/atividade/materia/detalhes.asp?p_cod_mate=95671
PLS 40/2010	Sérgio Zambiasi (PTB/RS)	Altera o § 1º do art. 1º da Lei 9.826, de 23 de agosto de 1999, que dispõe sobre incentivos fiscais para desenvolvimento regional, altera a legislação do Imposto sobre Produtos Industrializados - IPI, e dá outras providências.(Inclui faixa da fronteira da Região Sul nas áreas onde os empreendimentos empresariais farão jus à crédito presumido do Imposto sobre Produtos Industrializados)	Comissão de Assuntos Econômicos - AUDIÊNCIA PÚBLICA	http://www.senado.gov.br/atividade/materia/detalhes.asp?p_cod_mate=95674
PEC 06/2009	Marisa Serrano (PSDB-MS)	Altera o art. 159 da CF e acrescenta o art. 97 ao Ato das Disposições Constitucionais Transitórias, para criar o Fundo de Desenvolvimento dos Municípios de Fronteira.	Subsec. Coordenação legislativa do senado - aguardando inclusão ordem do dia	http://www.senado.gov.br/atividade/materia/detalhes.asp?p_cod_mate=90281
PEC 22/2009	Osmar Dias (PDT-PR)	Altera o § 2º do art. 20 da Constituição Federal, para reduzir a faixa de fronteira para quinze quilômetros de largura.	Processo arquivado	http://www.senado.gov.br/atividade/materia/detalhes.asp?p_cod_mate=91421
PLS 126/2009	João Pedro	Altera os arts. 3º, 7º, 9º, 11 e 12 da Lei nº 5.709, de 7 de outubro de 1971, e os arts. 2º, 4º, 6º, 7º e 8º da Lei nº 6.634, de 2 de maio de 1979, para adequar sua terminologia à da Constituição Federal de 1988, e limitar a aquisição de terras por estrangeiros na Amazônia Legal.	Comissão de Meio Ambiente, Defesa do Consumidor e Fiscalização e Controle - matéria com a relatoria	http://www.senado.gov.br/atividade/materia/detalhes.asp?p_cod_mate=90305
PLS 545/2009	Sérgio Zambiasi (PTB/RS)	Altera a Lei 6.634/79 - Autoriza a compra de imóvel rural e implantação de empreendimentos industriais, por estrangeiros, em zonas fronteiriças.	Processo arquivado	http://www.senado.gov.br/atividade/materia/detalhes.asp?p_cod_mate=94429

Continua...

Continuação

PLS 272/2008	Senador **Papaléo Paes**	Estabelece a necessidade de prévia comunicação ao Poder Executivo Federal como requisito ao funcionamento de associações e fundações.	Processo arquivado	http://www.senado.gov.br/atividade/materia/detalhes.asp?p_cod_mate=86443
PLS 313/2008	**Sérgio Zambiasi** (PTB-RS).	Institui o Estatuto de Fronteira para os municípios de linha de fronteira e cidades-gêmeas localizados na Faixa de Fronteira do Brasil e dá outras providências.	Comissão de Relações Exteriores e Defesa Nacional (Em decisão terminativa)	http://www.senado.gov.br/atividade/Materia/detalhes.asp?p_cod_mate=87003
PLS 403/2008	**Delcídio do Amaral** (PT-MS).	Altera a Lei nº 6.634 e o Decreto-Lei nº 227 para substituir a exigência de maioria de capital nacional às empresas constituídas sob leis brasileiras por outras que visem ao desenvolvimento sustentável da atividade de mineração em faixa de fronteira e dá outras providências.	Comissão de Constituição, Justiça e Cidadania - aguardando designação do relator	http://www.senado.gov.br/atividade/materia/detalhes.asp?p_cod_mate=87968
PLS 93/2007	**Álvaro Dias** (PSDB-PR).	Propõe a ratificação das concessões e alienações de terras feitas pelos Estados em faixa de fronteira, e dá outras providências.	Comissão de Constituição, Justiça e Cidadania - matéria com a relatoria	http://www.senado.gov.br/atividade/materia/detalhes.asp?p_cod_mate=80162
PEC 49/2006	**Sérgio Zambiasi** (PTB-RS).	Dá nova redação ao §2º o art. 20 da Constituição Federal, propondo a redução da faixa de fronteira para "*até cinquenta quilômetros de largura*".	Subsec. Coordenação legislativa do senado - aguardando inclusão ordem do dia	http://www.senado.gov.br/atividade/materia/detalhes.asp?p_cod_mate=79419
		Texto originário: "*A faixa de até cinquenta quilômetros de largura, ao longo das fronteiras terrestres, designada como faixa de fronteira, é considerada fundamental para a defesa do território nacional, e sua ocupação e utilização serão reguladas em lei.*"		
		Emenda do Senador **Epitácio Cafeteira** aprovada com o seguinte texto: "*até cento e cinquenta quilômetros de largura, ao longo das fronteiras terrestres dos Estados localizados ao Norte do Mato Grosso do sul, e a faixa de até cinquenta quilômetros de largura das fronteiras terrestres dos demais Estados, incluindo Mato Grosso do Sul, designadas como faixas de fronteira, são consideradas fundamentais para a defesa do território nacional, e sua ocupação e utilização serão reguladas em lei*		

Continua...

Continuação

PLP 311/2005 (Complementar)	**Augusto Botelho** (PT-RR)	Dispõe sobre a atuação das Forças Armadas e da Polícia Federal nas unidades de conservação.	Apensado ao PLS 162/2004 (REMETIDA À CÂMARA DOS DEPUTADOS)	http://www.senado.gov.br/atividade/materia/detalhes.asp?p_cod_mate=68079
PLS 162/2004	**Augusto Botelho** (PT-RR)	Dispõe sobre a atuação das Forças Armadas e da Polícia Federal nas unidades de conservação.	Subsecretaria de expediente - remetida à câmara dos deputados	http://www.senado.gov.br/atividade/materia/detalhes.asp?p_cod_mate=68079
PEC 72/2003	**Mozarildo Cavalcanti** (PTB-PR).	Amplia competência do Senado Federal, consistente na aprovação de atos relevantes à defesa nacional e proteção ambiental da fronteira.	Processo arquivado	http://www.senado.gov.br/atividade/materia/detalhes.asp?p_cod_mate=61409
PLS 475/2003	**Jonas Pinheiro** (DEM-MT).	Propõe a prorrogação do prazo para que sejam ratificadas as concessões e alienações de terras feitas pelos Estados em faixa de fronteira, e dá outras providências.	Processo arquivado	http://www.senado.gov.br/atividade/materia/detalhes.asp?p_cod_mate=64147
PLS 373/2003	**José Jorge**	Revoga o inciso VII do art. 38 do Decreto-Lei nº 227, de 28 de fevereiro de 1996, alterado pela Lei nº 9134, de 14 de novembro de 1996, para retirar do Código de Mineração (Decreto-Lei nº 227, de 28 de fevereiro de 1967) a exigência como elemento de instrução do requerimento de concessão de lavra, "prova de disponibilidade e fundos ou da existência de compromissos de financiamento necessários para a execução do plano de aproveitamento econômico e operação da mina".	Subsecretaria de expediente - remetida à câmara dos deputados	http://www.senado.gov.br/atividade/materia/detalhes.asp?p_cod_mate=61148
PL 2774/2003	**José Jorge** (PFL/PE)	Revoga o inciso VII do art. 38 do Decreto-Lei nº 227, de 28 de fevereiro de 1967, alterado pela Lei nº 9.314, de 14 de novembro de 1996. Explicação: Revoga dispositivo que exige do interessado em realizar pesquisa de minério, prova de disponibilidade de fundos ou da existência de compromissos de financiamento necessários para execução do plano de aproveitamento econômico e operação da mina.	Apensado ao PLS 373/2003 (REMETIDA À CÂMARA DOS DEPUTADOS)	http://www.senado.gov.br/atividade/materia/detalhes.asp?p_cod_mate=61148

Continua...

Continuação

PEC 38/1997	**Abdias Nascimento**	Altera os artigos 49, 129 e 176 e acrescenta o artigo 233 ao capitulo VIII do titulo VIII da Constituição Federal, para garantir as comunidades remanescentes dos quilombos os direitos assegurados as populações indígenas.	Secretaria geral da mesa - arquivada ao final da legislatura	http://www.senado.gov.br/atividade/materia/detalhes.asp?p_cod_mate=858
PLS 107/1992	**César Dias**	Dispõe sobre a exploração, pesquisa e lavra de recursos minerais em terras indígenas e na faixa de fronteira.	Subsecretaria de ata (plenário) - arquivada ao final da legislatura	http://www.senado.gov.br/atividade/materia/detalhes.asp?p_cod_mate=27505

Fonte: Congresso Nacional (2013)

LISTA DE MUNICÍPIOS DA FAIXA DE FRONTEIRA

LEGENDA	NOTA
1. Município Fronteiriço	(a) Município fronteiriço com Sede a menos de 10 Km da linha de fronteira
2. Município totalmente localizado na faixa	(b) Município na faixa de fronteira com Sede a menos de 10 Km da linha de fronteira
3. Município parcialmente localizado na faixa	(c) Município parcialmente localizado na faixa de fronteira com Sede até 10 Km fora da faixa
4. Município com Sede localizada na linha de fronteira	(d) Município com pequenas áreas localizadas na faixa de fronteira
5. Município com Sede dentro da faixa de fronteira	

ACRE - AC							
NOME	GEOCÓDIGO	NOTA	LEGENDA				
			1	2	3	4	5
Acrelândia	1200013		X	X			X
Assis Brasil	1200054	(a) (b)	X	X		X	X
Brasileia	1200104	(a) (b)	X	X		X	X
Bujari	1200138				X		X
Capixaba	1200179	(a) (b)	X	X			X
Cruzeiro do Sul	1200203		X		X		X
Epitaciolândia	1200252	(a) (b)	X	X		X	X
Feijó	1200302		X		X		X
Jordão	1200328		X	X			X
Mâncio Lima	1200336		X	X			X
Manoel Urbano	1200344	(c)	X		X		X

Continua...

Continuação

Nome	Geocódigo	Nota	1	2	3	4	5
Marechal Thaumaturgo	1200351		X	X			X
Plácido de Castro	1200385	(a) (b)	X	X		X	X
Porto Walter	1200393		X	X			X
Rio Branco	1200401			X			X
Rodrigues Alves	1200427		X	X			X
Santa Rosa do Purus	1200435	(a)	X	X		X	X
Senador Guiomard	1200450			X			X
Sena Madureira	1200500		X		X		
Tarauacá	1200609				X		X
Xapuri	1200708		X	X			X
Porto Acre	1200807			X			X
Fonte: IBGE/DGC/CETE 2010							
Total de municípios - 22							

AMAPÁ - AP							
NOME	GEOCÓDIGO	NOTA	\multicolumn{5}{c}{LEGENDA}				
			1	2	3	4	5
Serra do Navio	1600055				X		
Amapá	1600105	(d)			X		
Pedra Branca do Amapari	1600154				X		
Calçoene	1600204				X		
Ferreira Gomes	1600238	(d)			X		
Laranjal do Jari	1600279		X		X		
Oiapoque	1600501	(a) (b)	X	X		X	X
Pracuúba	1600550	(d)			X		
Fonte: IBGE/DGC/CETE 2010							
Total de Municípios: 08							

Continua...

Continuação

NOME	GEOCÓDIGO	NOTA	LEGENDA				
AMAZONAS - AM			1	2	3	4	5
Amaturá	1300060	(d)			X		
Atalaia do Norte	1300201	(a) (b)	X		X	X	X
Barcelos	1300409		X		X		
Benjamin Constant	1300607	(a) (b)	X		X		X
Boca do Acre	1300706	(c)			X		X
Canutama	1300904	(d)			X		
Guajará	1301654				X		X
Ipixuna	1301803	(d)			X		
Japurá	1302108		X		X		
Jutaí	1302306				X		
Lábrea	1302405				X		
Nhamundá	1303007	(d)			X		
Santa Isabel do Rio Negro	1303601		X		X		X
Santo Antônio do Içá	1303700		X		X		
São Gabriel da Cachoeira	1303809		X		X		X
São Paulo de Olivença	1303908				X		X
Tabatinga	1304062	(a) (b)	X	X		X	X
Tonantins	1304237	(d)			X		
Urucará	1304302	(d)			X		
Fonte: IBGE/DGC/CETE 2010							
Total de Municípios: **19**							

Continua...

Continuação

MATO GROSSO - MT						
NOME	GEOCÓDIGO	NOTA	LEGENDA				
			1	2	3	4	5
Araputanga	5101258			X			X
Barão de Melgaço	5101605	(d)			X		
Barra do Bugres	5101704	(d)			X		
Cáceres	5102504		X	X			X
Campos de Júlio	5102686				X		X
Comodoro	5103304		X		X		X
Conquista D'oeste	5103361			X			X
Curvelândia	5103437			X			X
Figueirópolis D'oeste	5103809			X			X
Glória D'oeste	5103957			X			X
Indiavaí	5104500			X			X
Jauru	5105002			X			X
Lambari D'oeste	5105234			X			X
Vila Bela da Santíssima Trindade	5105507		X	X			X
Mirassol D'oeste	5105622			X			X
Nossa Senhora do Livramento	5106109	(d)			X		
Nova Lacerda	5106182			X			X
Poconé	5106505				X		
Pontes e Lacerda	5106752			X			X
Porto Esperidião	5106828		X	X			X
Porto Estrela	5106851	(c)			X		
São José dos Quatro Marcos	5107107			X			X
Reserva do Cabaçal	5107156				X		X
Rio Branco	5107206			X			X

Continua...

Continuação

NOME	GEOCÓDIGO	NOTA	1	2	3	4	5
Salto do Céu	5107750				X		X
Sapezal	5107875	(d)			X		
Tangará da Serra	5107958	(d)			X		
Vale de São Domingos	5108352				X		X
Fonte: IBGE/DGC/CETE 2010							
Total de Municípios: 28							

| MATO GROSSO DO SUL - MS ||||||||
| NOME | GEOCÓDIGO | NOTA | \multicolumn{5}{c}{LEGENDA} |
			1	2	3	4	5
Amambai	5000609			X			X
Anastácio	5000708	(d)			X		
Antônio João	5000906	(a) (b)	X	X			X
Aquidauana	5001102	(d)			X		
Aral Moreira	5001243	(a) (b)	X	X		X	X
Bela Vista	5002100	(a) (b)	X	X		X	X
Bodoquena	5002159				X		X
Bonito	5002209				X		X
Caarapó	5002407			X			X
Caracol	5002803		X	X			X
Coronel Sapucaia	5003157	(a) (b)	X	X		X	X
Corumbá	5003207	(a) (b)	X		X		X
Deodápolis	5003454	(c) (d)			X		
Dois Irmãos do Buriti	5003488	(d)			X		
Douradina	5003504			X			X
Dourados	5003702				X		X
Eldorado	5003751			X			X
Fátima do Sul	5003801			X			X

Continua...

Continuação

Município	Código						
Glória de Dourados	5004007				X		X
Guia Lopes da Laguna	5004106			X			X
Iguatemi	5004304			X			X
Itaporã	5004502			X			X
Itaquiraí	5004601			X			X
Japorã	5004809	(a) (b)	X	X			X
Jardim	5005004			X			X
Jateí	5005103				X		X
Juti	5005152			X			X
Ladário	5005202	(b)		X			X
Laguna Carapã	5005251			X			X
Maracaju	5005400				X		X
Miranda	5005608	(c)			X		
Mundo Novo	5005681	(a) (b)	X	X			X
Naviraí	5005707			X			X
Nioaque	5005806				X		X
Nova Alvorada do Sul	5006002	(d)		X			
Novo Horizonte do Sul	5006259	(c) (d)		X			
Paranhos	5006358	(a) (b)	X	X			X
Ponta Porã	5006606	(a) (b)	X	X		X	X
Porto Murtinho	5006903	(a) (b)	X	X		X	X
Rio Brilhante	5007208				X		X
Sete Quedas	5007703	(a) (b)	X	X		X	X
Sidrolândia	5007901				X		
Tacuru	5007950			X			X
Taquarussu	5007976	(d)			X		
Vicentina	5008404			X			X

Continua...

Continuação

Fonte: IBGE/DGC/CETE 2010							
Total de município: 45							

PARÁ - PA

NOME	GEOCÓDIGO	NOTA	LEGENDA				
			1	2	3	4	5
Alenquer	1500404	(d)			X		
Almeirim	1500503		X		X		
Faro	1503002	(d)			X		
Óbidos	1505106		X		X		
Oriximiná	1505304		X		X		

Fonte: IBGE/DGC/CETE 2010							
Total de municípios: 05							

PARANÁ - PR

NOME	GEOCÓDIGO	NOTA	LEGENDA				
			1	2	3	4	5
Altamira do Paraná	4100459				X		X
Altônia	4100509			X			X
Alto Piquiri	4100707			X			X
Ampére	4101002			X			X
Anahy	4101051			X			X
Assis Chateaubriand	4102000			X			X
Barracão	4102604	(a) (b)	X	X		X	X
Bela Vista da Caroba	4102752			X			X
Boa Esperança	4103008				X		X
Boa Esperança do Iguaçu	4103024			X			X
Boa Vista da Aparecida	4103057			X			X

Continua...

Continuação

Bom Jesus do Sul	4103156	(a) (b)	X	X			X
Bom Sucesso do Sul	4103222			X			X
Braganey	4103354			X			X
Brasilândia do Sul	4103370			X			X
Cafelândia	4103453			X			X
Cafezal do Sul	4103479			X			X
Campina da Lagoa	4103909					X	X
Campo Bonito	4104055			X			X
Candói	4104428	(d)				X	
Capanema	4104501	(a) (b)	X	X			X
Capitão Leônidas Marques	4104600			X			X
Cascavel	4104808			X			X
Catanduvas	4105003			X			X
Céu Azul	4105300			X			X
Chopinzinho	4105409					X	X
Cidade Gaúcha	4105607	(c) (d)			X		
Clevelândia	4105706			X			X
Corbélia	4106308			X			X
Coronel Domingos Soares	4106456	(d)				X	
Coronel Vivida	4106506			X			X
Cruzeiro do Iguaçu	4106571			X			X
Cruzeiro do Oeste	4106605			X			X
Diamante do Sul	4107124					X	X
Diamante D'oeste	4107157			X			X
Dois Vizinhos	4107207			X			X
Douradina	4107256			X			X

Continua...

DESCOBRINDO A FAIXA DE FRONTEIRA - A trajetória das elites organizacionais do Executivo federal - As estratégias, as negociações e o embate na Constituinte

Continuação

Município	Código						
Enéas Marques	4107405			X			X
Esperança Nova	4107520			X			X
Entre Rios do Oeste	4107538	(a) (b)	X	X			X
Espigão Alto do Iguaçu	4107546			X			X
Flor da Serra do Sul	4107850			X			X
Formosa do Oeste	4108205			X			X
Foz do Iguaçu	4108304	(a) (b)	X	X		X	X
Francisco Alves	4108320			X			X
Francisco Beltrão	4108403			X			X
Goioerê	4108601			X			X
Guaíra	4108809	(a) (b)	X	X			X
Guaraniaçu	4109302			X			X
Honório Serpa	4109658			X			X
Ibema	4109757			X			X
Icaraíma	4109906			X			X
Iguatu	4110052			X			X
Iporã	4110607			X			X
Iracema do Oeste	4110656			X			X
Itaipulândia	4110953		X	X			X
Itapejara D'oeste	4111209			X			X
Ivaté	4111555			X			X
Janiópolis	4112207	(c)			X		
Jesuítas	4112751			X			X
Juranda	4112959				X		X
Laranjal	4113254	(d)			X		
Laranjeiras do Sul	4113304				X		X
Lindoeste	4113452			X			X

Continua...

Continuação

Manfrinópolis	4114351			X			X
Mangueirinha	4114401				X		X
Marechal Cândido Rondon	4114609		X	X			X
Maria Helena	4114708			X			X
Mariluz	4115101			X			X
Mariópolis	4115309			X			X
Maripá	4115358			X			X
Marmeleiro	4115408			X			X
Matelândia	4115606			X			X
Medianeira	4115804			X			X
Mercedes	4115853		X	X			X
Missal	4116059			X			X
Moreira Sales	4116109			X			X
Nova Aurora	4116703			X			X
Nova Esperança do Sudoeste	4116950			X			X
Nova Laranjeiras	4117057				X		X
Nova Olímpia	4117206			X			X
Nova Santa Rosa	4117222			X			X
Nova Prata do Iguaçu	4117255			X			X
Ouro Verde do Oeste	4117453			X			X
Palmas	4117602	(d)			X		
Palotina	4117909			X			X
Pato Bragado	4118451	(a) (b)	X	X			X
Pato Branco	4118501			X			X
Perobal	4118857			X			X
Pérola	4118907			X			X

Continua...

DESCOBRINDO A FAIXA DE FRONTEIRA - A trajetória das elites organizacionais do Executivo federal - As estratégias, as negociações e o embate na Constituinte

Continuação

Município	Código						
Pérola D'oeste	4119004	(a) (b)	X	X			X
Pinhal de São Bento	4119251			X			X
Planalto	4119806	(a) (b)	X	X			X
Porto Barreiro	4120150				X		X
Pranchita	4120358	(a) (b)	X	X			X
Quarto Centenário	4120655			X			X
Quatro Pontes	4120853			X			X
Quedas do Iguaçu	4120903			X			X
Querência do Norte	4121000				X		X
Ramilândia	4121257			X			X
Rancho Alegre D'oeste	4121356			X			X
Realeza	4121406			X			X
Renascença	4121604			X			X
Rio Bonito do Iguaçu	4122156			X			X
Rondon	4122602	(d)			X		
Salgado Filho	4122800			X			X
Salto do Lontra	4123006			X			X
Santa Cruz de Monte Castelo	4123303	(c)			X		
Santa Helena	4123501	(a) (b)	X	X			X
Santa Isabel do Ivaí	4123709				X		
Santa Izabel do Oeste	4123808			X			X
Santa Lúcia	4123824			X			X
Santa Mônica	4123956	(c) (d)			X		
Santa Tereza do Oeste	4124020			X			X
Santa Terezinha de Itaipu	4124053			X			X
Santo Antônio do Sudoeste	4124400	(a) (b)	X	X		X	X

Continua...

Continuação

São João	4124806			X			X
São Jorge D'oeste	4125209			X			X
São Jorge do Patrocínio	4125357			X			X
São José Das Palmeiras	4125456			X			X
São Miguel do Iguaçu	4125704		X	X			X
São Pedro do Iguaçu	4125753			X			X
Saudade do Iguaçu	4126272			X			X
Serranópolis do Iguaçu	4126355		X	X			X
Sulina	4126652			X			X
Tapejara	4126801				X		X
Tapira	4126900				X		X
Terra Roxa	4127403			X			X
Toledo	4127700			X			X
Três Barras do Paraná	4127858			X			X
Tuneiras do Oeste	4127908				X		X
Tupãssi	4127957			X			X
Ubiratã	4128005			X			X
Umuarama	4128104			X			X
Vera Cruz do Oeste	4128559			X			X
Verê	4128609			X			X
Alto Paraíso	4128625			X			X
Vitorino	4128708			X			X
Xambrê	4128807			X			X
Fonte: IBGE/DGC/CETE 2010							
Total de municípios: **139**							

Continua...

Continuação

RIO GRANDE DO SUL - RS							
NOME	GEOCÓDIGO	NOTA	LEGENDA				
			1	2	3	4	5
Aceguá	4300034	(a) (b)	X	X		X	X
Ajuricaba	4300208				X		X
Alecrim	4300307	(a) (b)	X	X			X
Alegrete	4300406				X		X
Alegria	4300455				X		X
Almirante Tamandaré do Sul	4300471					X	X
Alpestre	4300505				X		X
Ametista do Sul	4300646				X		X
Aratiba	4300901					X	X
Arroio do Padre	4301073					X	X
Arroio Grande	4301305				X		X
Augusto Pestana	4301503				X		X
Bagé	4301602		X	X			X
Barão de Cotegipe	4301701					X	X
Barra do Guarita	4301859	(b)			X		X
Barra do Quaraí	4301875	(a) (b)	X	X		X	X
Barra do Rio Azul	4301925				X		X
Barra Funda	4301958				X		X
Benjamin Constant do Sul	4302055				X		X
Boa Vista das Missões	4302154				X		X
Boa Vista do Buricá	4302204				X		X
Boa Vista do Cadeado	4302220					X	X
Bom Progresso	4302378				X		X

Continua...

Continuação

Bossoroca	4302501			X			X
Bozano	4302584			X			X
Braga	4302600			X			X
Caçapava do Sul	4302808				X		X
Cacequi	4302907				X		X
Caibaté	4303301			X			X
Caiçara	4303400			X			X
Campina das Missões	4303707			X			X
Campinas do Sul	4303806			X			X
Campo Novo	4304002			X			X
Cândido Godói	4304309			X			X
Candiota	4304358			X			X
Canguçu	4304507				X		X
Capão do Cipó	4304655			X			X
Capão do Leão	4304663			X			X
Carazinho	4304705				X		
Catuípe	4305009			X			X
Cerrito	4305124			X			X
Cerro Grande	4305157			X			X
Cerro Largo	4305207			X			X
Chapada	4305306			X			X
Chiapetta	4305405			X			X
Chuí	4305439	(a) (b)	X	X		X	X
Condor	4305702			X			X
Constantina	4305801			X			X
Coqueiros do Sul	4305850				X		X
Coronel Barros	4305871			X			X

Continua...

Continuação

Coronel Bicaco	4305900			X			X
Crissiumal	4306007		X	X			X
Cristal do Sul	4306072			X			X
Cruz Alta	4306106				X		X
Cruzaltense	4306130			X			X
Derrubadas	4306320		X	X			X
Dezesseis de Novembro	4306353			X			X
Dois Irmãos das Missões	4306429			X			X
Dom Pedrito	4306601		X	X			X
Doutor Maurício Cardoso	4306734	(a) (b)	X	X			X
Encruzilhada do Sul	4306908	(d)			X		
Engenho Velho	4306924			X			X
Entre-Ijuís	4306932			X			X
Entre Rios do Sul	4306957			X			X
Erechim	4307005	(c) (d)			X		
Herval	4307104		X	X			X
Erval Grande	4307203			X			X
Erval Seco	4307302			X			X
Esperança do Sul	4307450		X	X			X
Eugênio de Castro	4307831			X			X
Faxinalzinho	4308052			X			X
Frederico Westphalen	4308508			X			X
Garruchos	4308656	(a) (b)	X	X			X
Giruá	4309001			X			X
Gramado Dos Loureiros	4309126			X			X
Guarani Das Missões	4309506			X			X
Horizontina	4309605			X			X

Continua...

Continuação

Hulha Negra	4309654			X			X
Humaitá	4309704			X			X
Ijuí	4310207			X			X
Independência	4310405			X			X
Inhacorá	4310413			X			X
Iraí	4310504			X			X
Itacurubi	4310553			X			X
Itaqui	4310603	(a) (b)	X	X		X	X
Itatiba do Sul	4310702			X			X
Jaboticaba	4310850			X			X
Jacutinga	4310900			X			X
Jaguarão	4311007	(a) (b)	X	X			X
Jaguari	4311106	(c)			X		
Joia	4311155				X		X
Lajeado do Bugre	4311429			X			X
Lavras do Sul	4311502			X			X
Liberato Salzano	4311601			X			X
Maçambará	4311718			X			X
Manoel Viana	4311759			X			X
Mariano Moro	4312005	(c) (d)			X		
Mato Queimado	4312179			X			X
Miraguaí	4312302			X			X
Morro Redondo	4312450			X			X
Nonoai	4312708			X			X
Nova Boa Vista	4312955			X			X
Nova Candelária	4313011			X			X
Nova Esperança Do Sul	4313037			X			X

Continua...

Continuação

Nova Ramada	4313334		X			X
Novo Machado	4313425	(a) (b)	X	X		X
Novo Tiradentes	4313441		X			X
Novo Xingu	4313466		X			X
Novo Barreiro	4313490		X			X
Palmeira das Missões	4313706		X			X
Palmitinho	4313805		X			X
Panambi	4313904		X			X
Paulo Bento	4314134				X	X
Pedras Altas	4314175		X	X		X
Pedro Osório	4314209		X			X
Pejuçara	4314308		X			X
Pelotas	4314407				X	X
Pinhal	4314456		X			X
Pinheirinho do Vale	4314498		X			X
Pinheiro Machado	4314506		X			X
Pirapó	4314555		X	X		X
Piratini	4314605				X	X
Planalto	4314704		X			X
Pontão	4314779	(c)			X	X
Ponte Preta	4314787		X			X
Porto Lucena	4315008	(a) (b)	X	X		X	X
Porto Mauá	4315057	(a) (b)	X	X		X	X
Porto Vera Cruz	4315073	(a) (b)	X	X			X
Porto Xavier	4315107	(a) (b)	X	X		X	X
Quaraí	4315305	(a) (b)	X	X		X	X
Quatro Irmãos	4315313	(c)			X	

Continua...

Continuação

		1	2	3	4	5	6
Redentora	4315404			X			X
Rio dos Índios	4315552			X			X
Rio Grande	4315602			X			X
Rodeio Bonito	4315909			X			X
Rolador	4315958			X			X
Ronda Alta	4316105			X			X
Rondinha	4316204			X			X
Roque Gonzales	4316303		X	X			X
Rosário do Sul	4316402			X			X
Sagrada Família	4316428			X			X
Saldanha Marinho	4316436	(c)			X		
Salvador das Missões	4316477			X			X
Santa Bárbara do Sul	4316709				X		X
Santa Margarida do Sul	4316972			X			X
Santana da Boa Vista	4317004				X		X
Sant'ana do Livramento	4317103	(a) (b)	X	X		X	X
Santa Rosa	4317202			X			X
Santa Vitória do Palmar	4317301		X	X			X
Santiago	4317400				X		X
Santo Ângelo	4317509			X			X
Santo Antônio das Missões	4317707			X			X
Santo Augusto	4317806			X			
Santo Cristo	4317905			X			X
São Borja	4318002	(a) (b)	X	X		X	X
São Francisco de Assis	4318101				X		X
São Gabriel	4318309				X		X

Continua...

Continuação

São José das Missões	4318457			X			X
São José do Inhacorá	4318499			X			X
São José do Norte	4318507	(d)			X		X
São Lourenço do Sul	4318804	(d)			X		
São Luiz Gonzaga	4318903			X			X
São Martinho	4319109			X			X
São Miguel das Missões	4319158			X			X
São Nicolau	4319208		X	X			X
São Paulo das Missões	4319307			X			X
São Pedro das Missões	4319364			X			X
São Pedro do Butiá	4319372			X			X
São Sepé	4319604	(d)			X		
São Valentim	4319703			X			X
São Valério do Sul	4319737			X			X
São Vicente do Sul	4319802	(c)			X		
Sarandi	4320107			X			X
Seberi	4320206			X			X
Sede Nova	4320230			X			X
Senador Salgado Filho	4320321			X			X
Sertão	4320503	(d)			X		
Sete de Setembro	4320578			X			X
Taquaruçu do Sul	4321329			X			X
Tenente Portela	4321402			X			X
Tiradentes do Sul	4321477		X	X			X
Três de Maio	4321808			X			X
Três Palmeiras	4321857			X			X
Três Passos	4321907			X			X

Continua...

Continuação

Nome	Geocódigo	Nota	1	2	3	4	5
Trindade do Sul	4321956			X			X
Tucunduva	4322103			X			X
Tupanciretã	4322202	(d)			X		
Tuparendi	4322301			X			X
Ubiretama	4322343			X			X
Unistalda	4322376			X			X
Uruguaiana	4322400	(a) (b)	X	X		X	X
Vicente Dutra	4323101			X			X
Vila Nova do Sul	4323457				X		X
Vista Alegre	4323507			X			X
Vista Gaúcha	4323705			X			X
Vitória das Missões	4323754			X			X

Fonte: IBGE/DGC/CETE 2010

Total de municípios: **196**

RONDÔNIA - RO

NOME	GEOCÓDIGO	NOTA	LEGENDA				
			1	2	3	4	5
Alta Floresta D'oeste	1100015		X	X			X
Cabixi	1100031		X	X			X
Cerejeiras	1100056			X			X
Colorado do Oeste	1100064			X			X
Corumbiara	1100072			X			X
Costa Marques	1100080	(a) (b)	X	X			X
Guajará-Mirim	1100106	(a) (b)	X		X		X
Nova Brasilândia D'oeste	1100148				X		X
Pimenta Bueno	1100189	(d)			X		
Porto Velho	1100205		X		X		

Continua...

Continuação

NOME	GEOCÓDIGO	NOTA	1	2	3	4	5
Rolim de Moura	1100288	(c) (d)			X		
Santa Luzia D'oeste	1100296				X		X
Vilhena	1100304				X		X
São Miguel do Guaporé	1100320				X		X
Nova Mamoré	1100338	(a) (b)	X		X		X
Alvorada D'oeste	1100346	(d)			X		
Alto Alegre dos Parecis	1100379		X	X			X
Buritis	1100452				X		
Novo Horizonte do Oeste	1100502	(c)			X		
Campo Novo de Rondônia	1100700	(d)			X		
Chupinguaia	1100924			X			X
Governador Jorge Teixeira	1101005	(d)			X		
Parecis	1101450				X		X
Pimenteiras do Oeste	1101468	(a) (b)	X	X		X	X
Primavera de Rondônia	1101476	(d)			X		
São Felipe D'oeste	1101484	(c)			X		
São Francisco Do Guaporé	1101492		X	X			X
Seringueiras	1101500			X			X
Fonte: IBGE/DGC/CETE 2010							
Total de municípios: 28							
RORAIMA - RR							

NOME	GEOCÓDIGO	NOTA	LEGENDA				
			1	2	3	4	5
Amajari	1400027		X	X			X
Alto Alegre	1400050		X		X		X
Boa Vista	1400100			X			X
Bonfim	1400159	(a) (b)	X	X		X	X

Continua...

Continuação

NOME	GEOCÓDIGO	NOTA	1	2	3	4	5
Cantá	1400175			X			X
Caracaraí	1400209	(c)	X		X		X
Caroebe	1400233		X	X			X
Iracema	1400282		X		X		X
Mucajaí	1400308				X		
Normandia	1400407	(a) (b)	X	X			X
Pacaraima	1400456	(a) (b)	X	X		X	X
Rorainópolis	1400472	(d)			X		X
São João da Baliza	1400506				X		X
São Luiz	1400605			X			X
Uiramutã	1400704	(a) (b)	X	X			X
Fonte: IBGE/DGC/CETE 2010							
Total de municípios: 15							

SANTA CATARINA - SC							
NOME	GEOCÓDIGO	NOTA	LEGENDA			
			1	2	3	4	5
Abelardo Luz	4200101				X		X
Águas de Chapecó	4200507			X			X
Águas Frias	4200556			X			X
Anchieta	4200804			X			X
Arabutã	4201273	(c)		X			
Arvoredo	4201653			X			X
Bandeirante	4202081	(a) (b)	X	X			X
Barra Bonita	4202099			X			X
Belmonte	4202156	(a) (b)	X	X			X
Bom jesus	4202537			X			X

Continua...

Continuação

Bom Jesus do Oeste	4202578			X			X
Caibi	4203105			X			X
Campo Erê	4203501			X			X
Caxambu do Sul	4204103			X			X
Chapecó	4204202			X			X
Concórdia	4204301	(d)			X		
Cordilheira Alta	4204350			X			X
Coronel Freitas	4204400			X			X
Coronel Martins	4204459			X			X
Cunha Porã	4204707			X			X
Cunhataí	4204756			X			X
Descanso	4204905			X			X
Dionísio Cerqueira	4205001	(a) (b)	X	X		X	X
Entre Rios	4205175			X			X
Faxinal dos Guedes	4205308				X		X
Flor do Sertão	4205357			X			X
Formosa do Sul	4205431			X			X
Galvão	4205605			X			X
Guaraciaba	4206405		X	X			X
Guarujá do Sul	4206603			X			X
Guatambú	4206652			X			X
Iporã do Oeste	4207650			X			X
Ipuaçu	4207684			X			X
Ipumirim	4207700	(c)			X		
Iraceminha	4207759			X			X
Irati	4207858			X			X
Itá	4208005					X	X

Continua...

Continuação

Itapiranga	4208401	(a) (b)	X	X			X
Jardinópolis	4208955			X			X
Jupiá	4209177			X			X
Lajeado Grande	4209458			X			X
Maravilha	4210506			X			X
Marema	4210555			X			X
Modelo	4210902			X			X
Mondaí	4211009			X			X
Nova Erechim	4211405			X			X
Nova Itaberaba	4211454			X			X
Novo Horizonte	4211652			X			X
Ouro Verde	4211850			X			X
Paial	4211876			X			X
Palma Sola	4212007			X			X
Palmitos	4212106			X			X
Paraíso	4212239	(a) (b)	X	X			X
Pinhalzinho	4212908			X			X
Planalto Alegre	4213153			X			X
Ponte Serrada	4213401	(d)			X		
Princesa	4214151	(a) (b)	X	X			X
Quilombo	4214201			X			X
Riqueza	4215075			X			X
Romelândia	4215208			X			X
Saltinho	4215356			X			X
Santa Helena	4215554	(a) (b)	X	X			X
Santa Terezinha do Progresso	4215687			X			X

Continua...

Continuação

Santiago do Sul	4215695			X			X
São Bernardino	4215752			X			X
São Carlos	4216008			X			X
São Domingos	4216107			X			X
São João do Oeste	4216255			X			X
São José do Cedro	4216701		X	X			X
São Lourenço do Oeste	4216909			X			X
São Miguel da Boa Vista	4217154			X			X
São Miguel do Oeste	4217204			X			X
Saudades	4217303			X			X
Seara	4217501			X			X
Serra Alta	4217550			X			X
Sul Brasil	4217758			X			X
Tigrinhos	4217956			X			X
Tunápolis	4218756	(a) (b)	X	X			X
União do Oeste	4218855			X			X
Vargeão	4219101				X		X
Xanxerê	4219507			X			X
Xavantina	4219606			X			X
Xaxim	4219705			X			X
Fonte: IBGE/DGC/CETE 2010							
Total de municípios: **83**							

ROTEIRO DOS PROCEDIMENTOS PARA CELEBRAÇÃO DE CONVÊNIOS

Termos Gerais para celebração de convênios entre o MI, os Estados e os Municípios da faixa de fronteira[266]:

1. Plano de Trabalho[267]
2. Documentos do titular convenente e do interveniente, quando houver:
- Termo de Posse
- CPF
- Decreto de nomeação ou designação
- Carteira de Identidade
3. Cadastro Nacional de Pessoa Jurídica - CNPJ/MF
4. Balanços Contábeis detalhados, referentes ao exercício anterior
5. Lei Orçamentária do exercício atual e Orçamento do Programa
6. Lei de criação de municípios novos, se for o caso
7. Escritura Pública, devidamente registrada em cartório de registro de imóveis, da área onde será executado o objeto do convênio, se for o caso
8. Relação de beneficiários, quando se tratar de construção, reconstrução ou recuperação de casas
9. Certidão de regularidade fornecida pela Secretaria da Receita Federal (SRF/MF), pela Procuradoria Geral da Fazenda Nacional (PGFN/MF), e pelos correspondentes órgãos estaduais, municipais e do Distrito Federal
10. O projeto básico, sempre que a execução do objeto compreender obra ou serviço de engenharia
11. Indicação do engenheiro representante do governo estadual ou municipal responsável pelo acompanhamento da(s) obra(s)
12. Certidão Negativa de Débito (CND), ou comprovantes de recolhimento de contribuições ao INSS referentes aos 3 últimos meses imediatamente anteriores ao previsto para a celebração do Convênio e, se for o caso, comprovante de pagamento da última parcela mensal referente à negociação do débito com o INSS
13. Certificado de Regularidade com o FGTS - CRS, fornecido pela Caixa Econômica Federal (reconhecimento de firma)
14. Comprovante de abertura de conta específica no Banco do Brasil, na Caixa Econômica Federal ou nos bancos oficiais estaduais, para receber cada transferência (número da conta e da agência, carimbo do banco e assinatura do gerente da agência, preferencialmente em papel timbrado)
15. Declaração em conformidade com o que dispõe a Lei de Diretrizes Orçamentárias - LDO - em vigor

---

266 Disponível em: <http://www.mi.gov.br/convenios/celebracao.asp>. Acesso: 31/01/2013.
267 Acessar link do plano de trabalho para preenchimento de formulários específicos.

16. Declaração do número de pessoas beneficiadas diretamente com o projeto [268].

17. Comprovar o cumprimento dos limites constitucionais relativos à educação e à saúde e que observa os limites das dívidas consolidadas e mobiliárias, de operação de crédito, inclusive por antecipação de receita, de inscrição em Restos a Pagar e de despesas total com pessoal, na forma da Lei Complementar nº 101/2000, a Lei de Responsabilidade Fiscal

Observações:

1. Os documentos constantes nos itens 9, 12 e 13 deverão estar com validade na data da emissão da Nota de Empenho, na data da assinatura do convênio e na data da liberação dos recursos.

2. Existindo outros partícipes na celebração do convênio, será exigida documentação pessoal do titular e do órgão, conforme os itens 2 e 3.

3. O solicitante não poderá estar inserido nas seguintes situações:

a) inadimplente no Sistema Integrado de Administração Financeira do Governo - SIAF;

b) há mais de 30 dias no Cadastro Informativo de Créditos Não Quitados – CADIN[269]

---

268 Acessar declaração para preenchimento de formulários específicos.
269 Ver suspensão de restrição do CADIN na Lei nº 10.522/2002 para municípios situados na faixa de fronteira (art. 26).

DOCUMENTOS NECESSÁRIOS PARA FORMALIZAÇÃO DE CONVÊNIOS POR MUNICÍPIOS

FORMULÁRIO DO MINISTÉRIO DA INTEGRAÇÃO NACIONAL PARA DAR INÍCIO AOS BENEFÍCIOS INERENTES AO PNDFF[270]:

MINISTÉRIO DA INTEGRAÇÃO NACIONAL – MI
SECRETARIA DE PROGRAMAS REGIONAIS INTEGRADOS – SPR
FAIXA DE FRONTEIRA

Brasília,   de   de   .

Sr. Prefeito

O Programa de Desenvolvimento da Faixa de Fronteira deseja entrar em contato com a sua prefeitura.

Atualize os dados abaixo,

PREFEITURA MUNICIPAL DE _____ UF ____
CGC:_____
ENDEREÇO:_____
BAIRRO:_____ CEP:_____
TELEFONE (s) DA PREFEITURA: (   ) _____
FAX (s) DA PREFEITURA: (   )_____
TEL / FAX PARA RECADOS (SE FOR O CASO):_____
NOME DO PREFEITO:_____
TEL RESIDENCIAL: (   )_____

---

[270] Disponível em: <http://www.mi.gov.br/convenios/celebracao.asp>. Acesso: 31/01/2013.

RELAÇÃO DE DOCUMENTOS NECESSÁRIOS PARA CELEBRAÇÃO DE CONVÊNIOS

1. Ofício de encaminhamento do pleito.
2. Plano de Trabalho (folhas 1/5, 2/5, 3/5, 4/5 e 5/5). Conforme Modelo da I.N. nº 1, de 15.01.97
3. Projeto Básico.
4. Documentos do Titular (autenticados) do Órgão convenente e do interveniente, quando houver.
   - Termo de posse
   - Carteira de Identidade
   - CPF
   - Endereço Residencial
5. Cadastro Nacional de Pessoa Jurídica - CNPJ (CGC)
6. Lei Orçamentária do exercício corrente e comprovação de existência de previsão orçamentária de contrapartida (apresentar apenas as páginas de identificação do subprojeto e da contrapartida, de acordo com a declaração da LDO).
7. Comprovante de Abertura de Conta Específica para receber os recursos, contendo nº da conta, da Agência (Banco do Brasil S/A ou Caixa Econômica Federal ou Banco Oficial Estadual) e identificação do objeto do convênio.
8. Certidão de Regularidade fornecida pela Secretaria da Receita Federal - SRF (cópia autenticada).
9. Certidão Negativa de Débito - CND ou comprovantes de recolhimento de contribuições ao INSS referentes aos 3 últimos meses imediatamente anteriores ao previsto para celebração do convênio e, se for o caso, comprovante de pagamento da última parcela mensal referente à negociação do débito com o INSS na forma da Lei nº 8.212/91 - (cópia autenticada).
10. Atualização do Cadastro Único de Exigências para Transferências Voluntárias (CAUC) junto ao SIAFI.
11. Certificado de Regularidade com o FGTS - CRS (cópia autenticada).
12. Declaração do número de pessoas beneficiadas diretamente com o projeto.

MODELO DO PLANO DE TRABALHO

MINISTÉRIO DA INTEGRAÇÃO NACIONAL	PLANO DE TRABALHO 1/5	processo n°
		página

1 – DADOS CADASTRAIS				
1.1 – PROPONENTE				
Órgão/Entidade INDICAR O NOME DA INSTITUIÇÃO PROPONENTE		CNPJ. CADASTRO NACIO- NAL DE PESSOAS JURÍDICAS	ESFERA ADMINIST: FEDERAL, ESTADU- AL, MUNICIPAL OU PRIVADA	
N° do órgão N° ÓRGÃO NO SIAFI	Código UG N° DA UNIDADE GESTORA NO SIAFI	Gestão N° CÓDIGO DA GESTÃO DO ÓRGÃO		
Endereço (Rua, Avenida, Praça e outros) ENDEREÇO COMPLETO DO PROPONENTE PESSOA JURÍDICA				
Bairro	Município/Cidade		UF	CEP
Caixa Postal	DDD		Telefone	FAX
Conta Corrente N° DA C/C ESPECÍFICA	Banco NOME E N° BANCO	Agência NOME E N°AGÊNCIA	Praça de Pagamento NOME DA CIDADE ONDE LOCALIZA A AGÊNCIA	
Nome do Responsável NOME DO RESPONSÁVEL PELA PROPONENTE DO CONVÊ- NIO			C.P.F. DO RESPONSÁVEL	
C.I./Órgão Expedidor DO RESPONSÁVEL	Cargo DO RESPONSÁVEL		Função DO RESPONSÁVEL	Matrícula N° MAT. FUN- CIONAL
Endereço (Rua, Avenida, Praça e outros) ENDEREÇO RESIDENCIAL COMPLETO DO RESPONSÁVEL				
Bairro	Município/Cidade		UF	CEP
Caixa Postal	DDD		Telefone	FAX

Continua...

Continuação

1.2 - OUTROS PARTÍCIPES			
1.2.1 – INTERVENIENTE			
Órgão/Entidade NOME DA INSTITUIÇÃO INTERVE- NIENTE, SE FOR O CASO		CNPJ/CGC Nº DO CNPJ	EA FEDERAL, ESTADU- AL, MUNICIPAL OU PRIVADA
Nome do Responsável NOME DO RESPONSÁVEL PELA INTERVE- NIENTE DO CONVÊNIO		CI/Órgão Expedidor DO RESPONSÁVEL	CPF DO RESPONSÁVEL
Cargo DO RESPONSÁVEL		Função DO RESPONSÁVEL	Matrícula Nº MATRÍCULA FUN- CIONAL
Endereço (Rua, Avenida, Praça e outros) ENDEREÇO COMPLETO DA INTERVENIENTE			
Bairro	Município/Cidade	UF	CEP
Caixa Postal	DDD	Telefone	FAX
1.2.2 – EXECUTOR			
Órgão/Entidade NOME DA INSTITUIÇÃO EXECUTORA, SE FOR O CASO		CNPJ/CGC Nº DO CNPJ	EA FEDERAL, ESTADU- AL, MUNICIPAL OU PRIVADA
Nome do Responsável NOME DO RESPONSÁVEL PELA EXECUTO- RA DO CONVÊNIO		CI/Órgão Expedidor DO RESPONSÁVEL	CPF DO RESPONSÁVEL
Cargo DO RESPONSÁVEL		Função DO RESPONSÁVEL	Matrícula Nº MATRÍCULA FUN- CIONAL
Endereço (Rua, Avenida, Praça e outros) ENDEREÇO COMPLETO DA EXECUTORA			
Bairro	Município/Cidade	UF	CEP
Caixa Postal	DDD	Telefone	FAX

MINISTÉRIO DA INTEGRAÇÃO NACIONAL	PLANO DE TRABALHO 2/5	processo nº
		página

2 - DESCRIÇÃO DO PROJETO

Título do Projeto	Período de Execução	
INFORMAR O TÍTULO DO PROJETO, PROGRAMA OU EVENTO A SER REALIZADO. EX: ARRANJO PRODUTIVO LOCAL PARA CRIAÇÃO DE PEIXE, OU CONSTRUÇÃO CIVIL, OU SANEAMENTO BÁSICO, OU OBRAS DE INFRA-ESTRUTURA, OU QUADRA POLIESPORTIVA COBERTA,	Início A PARTIR DA PUB NO DOU	Término 300 DIAS APÓS A PUB NO DOU

Identificação do Objeto
INFORMAR O PRODUTO FINAL A SER OBTIDO NA EXECUÇÃO DO PROJETO, PROGRAMA OU EVENTO E SUA LOCALIZAÇÃO. EX.: CRIAÇÃO DE TAMBAQUI EM TANQUES-REDE NO RIO ..... NO MUNICÍPIO DE .../.., OU, CONSTRUÇÃO DE 2 SALAS DE AULA COM ÁREA DE 150 M² SITUADA À RUA....NO MUNICÍPIO DE ..../.., OU, REDE COLETORA DE ESGOTO TOTALIZANDO 500M NAS RUAS ......, ..., ... E .... NO MUNICÍPIO DE ..../.., OU, PAVIMENTAÇÃO ALFÁLTICA COM DRENAGEM DE 5000M² DAS RUAS ....,.......,......,......,......E..... NO BAIRRO ......, NO MUNICÍPIO....../.., OU CONSTRUÇÃO DE UMA QUADRA POLIESPORTIVA COBERTA COM 800M² DE ÁREA, SITUADA À RUA......, NO COLÉGIO....... NO MUNICÍPIO...../...

Justificativa da Proposição
INFORMAR OS MOTIVOS DA PROPOSTA, DEMONSTRANDO OS BENEFÍCIOS ECONÔMICOS E SOCIAIS PARA A COMUNIDADE, A LOCALIZAÇÃO GEOGRÁFICA E OS RESULTADOS A SEREM OBTIDOS APÓS A EXECUÇÃO DO CONVÊNIO

3 - PLANO DE APLICAÇÃO (R$ 1,00)

Natureza da Despesa		Total	Concedente	Proponente
Código	Especificação			
3.3.30.41	TRANSFERÊNCIAS A ESTADOS/CUSTEIO DE SERVIÇOS – MATERIAL DE CONSUMO	112.500,00	97.100,00	
4.4.30.42	TRANSFERÊNCIAS A ESTADOS/INVESTIMENTOS – OBRAS E INSTALAÇÕES	36.000,00	36.000,00	15.000,00
.3.3.40.41	TRANSFERÊNCIAS A MUNICÍPIOS/CUSTEIO – SERVIÇOS TERCEIROS PESSOA JURÍDICA	53.400,00	53.400,00	
4.4.40.42	TRANSFERÊNCIAS A MUNICÍPIOS/INVESTIMENTOS – EQUIPAMENTOS E MATERIAL PERMANENTE	263.500,00	263.500,00	
	Total Geral	465.000,00	450.000,00	15.000,00

PLANO DE TRABALHO 2/5 - DESCRIÇÃO DO PROJETO (VER ORIENTAÇÕES A SEGUIR)

MINISTÉRIO DA INTEGRAÇÃO NACIONAL	PLANO DE TRABALHO 3/5	processo nº
		página

4 - CRONOGRAMA DE EXECUÇÃO

Meta	Etapa/Fase	Especificação	Localização	Indicador Físico		Duração	
				Unidade	Quantidade	Início	Término
I- IMPLEMENTAÇÃO DA UNIDADE PRODUTIVA DO MUNICÍPIO DE XPTO (ELEMENTOS QUE COMPÕEM O OBJETO)	1ª	AQUISIÇÃO DOS MATERIAIS PARA IMPLEMENTAÇÃO DA INFRA-ESTRUTURA PARA DAR SUPORTE AOS TANQUES-REDE.	RIO ABCD	MODULOS	02	30 dias após pub dou	60dias após pub dou
	1ª	AQUISIÇÃO DE UNIDADES DE TANQUES REDES COM DIMENSÃO DE 3X3X2.	RIO ABCD	UNIDADES	24	30 dias após pub dou	120dias após pub dou
	1ª	AQUISIÇÃO DE LANCHA ALUMINIO (CHATA) COM 8 METROS DE COMPRIMENTO, PARA DAR SUPORTE A ATIVIDADE QUE OCORREM NA PLATAFORMA FLUTUANTE.	RIO ABCD	UNIDADE	01	60 dias após pub dou	120dias após pub dou
	2ª	AQUISIÇÃO DE ALEVINOS.	RIO ABCD	ALEVINOS	15.000	120 dias após pub dou	150 dias após pub dou
	2ª	AQUISIÇÃO DE RAÇÃO EXTRUSADA.	RIO ABCD	KG	52.000	120 dias após pub dou	150 dias após pub dou

4 - CRONOGRAMA DE EXECUÇÃO

Meta	Etapa/Fase	Especificação	Localização	Indicador Físico		Duração	
				Unidade	Quantidade	Início	Término
I - IMPLEMENTAÇÃO DA UNIDADE PRODUTIVA DO MUNICÍPIO DE XPTO (ELEMENTOS QUE COMPÕEM O OBJETO)	2ª	CAPACITAÇÃO DOS PESCADORES PARA CRIAÇÃO DE TAMBAQUI EM TANQUES-REDE E NO GERENCIAMENTO DO EMPREENDIMENTO	RIO ABCD	HORA/AULA	190	150 dias após pub dou	240 dias após pub dou
	3ª	ASSISTÊNCIA TÉCNICA AO PROJETO	RIO ABCD	HORA	460	180 dias após pub dou	300 dias após pub dou
	3ª	DESPESAS DE DESLOCAMENTO PARA ASSISTÊNCIA TÉCNICA AO PROJETO.	RIO ABCD	DIÁRIAS	100	180 dias após pub dou	300 dias após pub dou
	3ª	DESPESAS DE DESLOCAMENTO PARA ASSISTÊNCIA TÉCNICA AO PROJETO.	RIO ABCD	LITROS DE COMBUSTÍVEL	1.670	180 dias após pub dou	300 dias após pub dou
	(AÇÕES QUE PODEM DIVIDIR A EXECUÇÃO DE UMA META)	(ELEMENTOS DA META, FASE OU ETAPA. AÇÕES PARA ATINGIR A META)	(LOCALIZAÇÃO DA AÇÃO OU DA FASE OU DA ETAPA	(UNIDADE DE MEDIDA QUE MELHOR CARACTERIZE O PRODUTO DE CADA META, ETAPA OU FASE)	(QUANTIDADE PREVISTA PARA CADA UNIDADE DE MEDIDA)	(DATA DE INÍCIO DA EXECUÇÃO DE CADA META, ETAPA OU FASE)	(DATA DE TÉRMINO DA EXECUÇÃO DE CADA META, ETAPA OU FASE)

MINISTÉRIO DA INTEGRAÇÃO NACIONAL	PLANO DE TRABALHO 4/5	processo nº
		página

5 - CRONOGRAMA DE DESEMBOLSO (R$ 1,00)						
VALOR DAS PARCELAS						
Meta	1º Mês	2º Mês	3º Mês	4º Mês	5º Mês	6º Mês
I (Nº SEQUENCIAL DA META CONFORME CRONOGRAMA DE EXECUÇÃO)	150.000,00		150.000,00		150.000,00	
Meta	7º Mês	8º Mês	9º Mês	10º Mês	11º Mês	12º Mês
Total Geral	450.000,00					
VALOR DAS PARCELAS						
Concedente						
Meta	1º Mês	2º Mês	3º Mês	4º Mês	5º Mês	6º Mês
I	5.000,00		5.000,00		5.000,00	
Meta	7º Mês	8º Mês	9º Mês	10º Mês	11º Mês	12º Mês
Total Geral	15.000,00					
VALOR DAS PARCELAS						
Proponente (Contrapartida)						
Meta	1º Mês	2º Mês	3º Mês	4º Mês	5º Mês	6º Mês
I	155.000,00		155.000,00		155.000,00	
Meta	7º Mês	8º Mês	9º Mês	10º Mês	11º Mês	12º Mês
Total Geral	465.000,00					

MINISTÉRIO DA INTEGRAÇÃO NACIONAL	PLANO DE TRABALHO 5/5	processo nº
		página

6 – DECLARAÇÃO

Na qualidade de representante legal do proponente, declaro, para fins de prova junto ao **Ministério da Integração Nacional**, para os efeitos e sob as penas da lei, que inexiste qualquer débito em mora ou situação de inadimplência com o Tesouro Nacional ou qualquer órgão ou entidade da Administração Pública Federal, que impeça a transferência de recursos oriundos de dotações consignadas nos orçamentos da União, na forma deste plano de trabalho.
Pede deferimento,

................,........./........./.........	....
Local e Data	Proponente (assinatura e carimbo) **(DO REPRESENTANTE LEGAL)**

7 - PARECER

(PARA USO EXCLUSIVO DO MI)

8 - APROVAÇÃO PELO CONCEDENTE

Aprovado	
................,........./........./.........	....
Local e Data	Concedente (assinatura e carimbo)

INSTRUÇÕES DE PREENCHIMENTO DO PLANO DE TRABALHO

Instruções Preliminares:

a. Zelar pelo preenchimento de todos os campos do Plano de Trabalho. A celebração do convênio não será possível cujos planos de trabalho não estejam devidamente preenchidos, principalmente em relação ao estabelecimento de metas, fases ou etapas previstas para a consecução do objeto. Registrar os indicadores físicos da obra devidamente especificados e detalhar suas quantidades e unidades. Não esquecer da assinatura do proponente.

b. No preenchimento dos campos do formulário, quando atingido o limite de uma linha, pode-se continuar a descrição na linha seguinte, deslocando-se com o mouse.

c. Não digite os textos dos campos dos formulários em Caixa Alta, pois isso limita ainda mais o espaço disponível.

d. Se o espaço disponível para o preenchimento do Cronograma de Execução e do Cronograma de Desembolso for insuficiente poderão ser criadas folhas adicionais.

e. Para imprimir o Plano de Trabalho utilize papel A4 (210 x 297 mm).

f. Em caso de dúvida quanto ao preenchimento do formulário, entre em contato:

g. Programa de Desenvolvimento da Faixa de Fronteira (PDFF)/SPR/MI - telefones:61 3414 5425/5620.

Campos que normalmente geram dúvidas - Instruções para o Preenchimento:

PREENCHIMENTO DA FOLHA 1/5

1 - DADOS CADASTRAIS
1.1 - PROPONENTE
Nº do órgão - Registrar o número do órgão/entidade proponente. Este número é encontrado no programa do SIAFI no comando CONMUN (Consulta municípios).

Código UG - Registrar o código da Unidade Gestora. Este número é encontrado no site www.stn.fazenda.gov.br/siafi no portal SIAFI, consulta cadastro unidade gestora. Entrar em UF para Estado ou em município para o município a consultar. Ex. Novo Barreiro/RS o código da UG é 985985.

Gestão - Registrar o código da gestão do órgão. Na mesma tabela anterior é informado o código da gestão do órgão. Ex.: Novo Barreiro/RS = 96320.

1.2. - OUTROS PARTÍCIPES
1.2.1 - INTERVENIENTE
Órgão/Entidade - Indicar o nome do órgão/entidade interveniente. Participa do convênio para manifestar consentimento ou assumir obrigações em nome próprio. Ex. pode ser uma Secretaria de Estado ou do Município.

1.2.2 - EXECUTOR
Órgão/Entidade - Indicar o nome do órgão/entidade executora. Responsável direta pela execução do convênio. Caso seja a própria Proponente, deixar

os campos em branco. Ex.: Departamento de Estradas Estadual ou Municipal, Secretaria de Obras.

Obs.: Se o campo for insuficiente para identificar outros participes o proponente poderá relacioná-los em documento a parte, no qual constarão os dados acima.

PREENCHIMENTO DA FOLHA 2/5

2. DESCRIÇÃO DO PROJETO

Título do Projeto - Indicar o <u>título do projeto</u> ou evento a ser executado. Ex.: Arranjo Produtivo Local (APL), Construção Civil de um..., Pavimentação e drenagem de ruas, Urbanização de praça, Saneamento Básico etc.

Período de Execução - Início/Término - No campo início colocar o termo "A partir da PUB no DOU", significando que o início da vigência do convênio se dará na data da publicação do seu extrato no Diário Oficial da União. De forma similar, para o término da execução, indicar o período em dias após a publicação no DOU e coerente com o Cronograma Físico Financeiro proposto, ou seja "X dias após a PUB no DOU". Por exemplo: no PDFF sugere-se o termo "300 dias após a PUB no DOU".

Identificação do Objeto - Descrever o produto final do projeto, programa ou evento e sua localização. O objeto deve ser identificado com o máximo de seus elementos característicos com a descrição detalhada, objetiva, clara e precisa do que se pretende realizar ou obter. Colocar informações, contendo o tipo do APL (piscicultura, turismo, artesanato, fruticultura etc.), o tipo da construção, com área, pavimentos e endereço, no caso de construção civil e área e nome das ruas que serão pavimentadas, no caso de pavimentação etc.

Justificativa da Proposição – De forma a atender ao princípio da motivação dos atos da Administração Pública, as justificativas devem estar especificadas para a formalização do convênio, as quais serão analisadas e avaliadas para a aprovação do pleito. Descrever com clareza e sucintamente as razões que levaram à proposição do projeto, evidenciando os benefícios econômicos e sociais a serem alcançados pela comunidade, a localização geográfica a ser atendida, bem como os resultados a serem obtidos com a realização do projeto, programa ou evento.

3. PLANO DE APLICAÇÃO

Finalidade - Refere-se ao desdobramento da dotação e a sua consequente utilização em diversas espécies de gastos, porém, correspondentes aos elementos de despesa de acordo com a legislação vigente.

Natureza da Despesa - Refere-se à classificação econômica, modalidade de aplicação e ao elemento de despesa correspondente à programação dos recursos orçamentários.

Código - Registrar o código referente a cada natureza de despesa, separando por linha, a parte do Concedente e da Contrapartida do proponente, se houver. Ex. 3.3.30.41 ou 4.4.40.42. Para os convênios do PDFF, a estrutura da natureza da despesa é formada, geralmente, pelas: categorias econômicas 3 (Despesas correntes: não contribuem, diretamente, para a formação ou aquisição de um bem de capital - serviço) ou 4 (Despesas de capital: contribuem, diretamente, para a formação ou aquisição de um bem de capital - produto); grupos 3 (outras despesas correntes:custeio, material de consumo, pagamento de diárias, contribuições, subvenções) ou 4 (investimentos: obras, instalações, equipamentos e material permanente); modalidades de aplicação 30 (transferências a Estados) ou 40 (transferências a Municípios); e elementos da despesa 41 (contribuições: manutenção de outras entidades) ou 42 (auxílios: investimentos ou inversões financeiras).

Especificação - Registrar a descrição correspondente a cada código acima referido. Ex. Transferências a Estados/Custeio – Material de consumo, Transferências a municípios/investimentos – obras e instalações.

Total Geral - Registrar o valor por elemento de despesa.

Concedente - Registrar o valor do recurso orçamentário a ser transferido pelo MI, em moeda corrente do Brasil.

Proponente - Registrar o valor do recurso orçamentário a ser aplicado pelo proponente.

Total Geral - Registrar o somatório dos valores, por coluna: Concedente e Proponente, e o montante global de recursos alocados ao Convênio, resultante da soma das parcelas de recursos das partes convenentes.

PREENCHIMENTO DA FOLHA 3/5

4. CRONOGRAMA DE EXECUÇÃO (meta, etapa ou fase)

Finalidade - Permite visualizar a implementação de um projeto em suas metas, etapas ou fases, os respectivos indicadores físicos e prazos correspondentes a cada uma delas. Deverá haver compatibilidade entre o cronograma de execução, o de desembolso e o cronograma físico financeiro do Projeto Básico. O detalhamento da execução física do objeto será utilizado como parâmetro para a definição das parcelas de liberação dos recursos e do correspondente cronograma de desembolso.

Observação - Na hipótese de ser preciso utilizar mais de uma Folha 3/5, na última linha da coluna de especificação escrever a palavra "continua" e no formulário de continuidade dessa folha, na primeira linha, também na coluna especificação, escrever a palavra "Continuação". Assim, sucessivamente, até completar essa parte do Plano de Trabalho.

Meta - Indicar o número de ordem sequencial da meta, considerando-a como elementos que compõem o objeto.

Etapa/Fase - Indicar como etapa ou fase cada uma das ações em que se pode dividir a execução de uma meta, numerando-a sequencialmente.

Especificação - Relacionar os elementos característicos da meta, etapa ou fase.

Localização - Indicar a localização da ação especificando o município/cidade/bairro/rua. Quando a ação abranger vários municípios/cidades, colocar neste campo um símbolo e na coluna especificação indicar que a relação encontra-se anexa ao Plano de Trabalho. Se a ação for de âmbito estadual especificar a sigla da UF correspondente.

Indicador Físico - Refere-se à qualificação e quantificação física do produto de cada meta, etapa ou fase.

Unidade - Indicar a unidade de medida que melhor caracterize o produto de cada meta, etapa, ou fase.

Quantidade - Indicar a quantidade prevista para cada unidade de medida.

Duração - Refere-se ao prazo previsto para a implementação de cada meta, etapa, ou fase. Esses prazos devem ser coerentes com os prazos apresentados no Cronograma Físico Financeiro e deverão ser utilizados como parâmetros para a definição das parcelas de liberação dos recursos e do correspondente Cronograma de Desembolso.

Início – Registrar a data referente ao início de execução da meta, etapa, ou fase. Se esta data ainda não for precisa, pois a liberação do recurso ainda está pendente, sugere-se colocar neste campo o termo "30 dias após PUB DOU", significando que o início se dará 30 dias após a publicação no Diário Oficial da União, ou seja, prazo hábil para a efetivação da liberação dos recursos, e as demais datas de início serão em função do cronograma físico financeiro ou "X dias após PUB DOU". Caso os recursos não sejam liberados dentro destes 30 dias previstos, o cronograma de desembolso será automaticamente prorrogado "*Ex Officio*" após a liberação dos recursos".. Exemplo: "60 dias após PUB DOU, 120 dias após PUB DOU etc.".

Término – Registrar a data referente ao término da execução da meta, etapa, ou fase. De forma similar ao item anterior, para o término da execução, indicar o período em dias após a publicação no DOU e em função do cronograma físico financeiro apresentado, ou seja "X dias após PUB DOU". Por exemplo: "60 dias após PUB DOU, 120 dias após pub DOU, 300 dias após PUB DOU".

PREENCHIMENTO DA FOLHA 4/5

CRONOGRAMA DE DESEMBOLSO

<u>Finalidade</u> - Refere-se ao desdobramento da aplicação dos recursos financeiros em parcelas mensais de acordo com a previsão de execução das metas do projeto e do Cronograma Físico Financeiro apresentado no Projeto Básico, se for o caso, em moeda corrente do Brasil.

Valor das Parcelas - Registrar os valores das parcelas (MI + Convenente), distribuídas por períodos a cada 2 meses, ou seja, 1 mês para a execução do serviço e o outro mês para a vistoria técnica no local e liberação da parcela posterior.

Meta - Indicar o número de ordem sequencial da meta, considerando-a como elementos que compõem o objeto.

Valor da Parcela - Registrar os valores das parcelas referentes a cada etapa do cronograma físico financeiro apresentado no Projeto Básico

Total Geral - Indicar o somatório das parcelas de cada meta.

Concedente - Registrar os valores das parcelas dos recursos financeiros a serem transferidos pelo MI, distribuídas por período de 30 (trinta) dias, referente a cada meta e coerente com o Cronograma Físico Financeiro aprovado

Meta - Indicar o número de ordem sequencial da meta, considerando-a como elemento que compõem o objeto.

Valor da Parcela - Registrar os valores das parcelas referentes a cada período de 30 (trinta) dias, de acordo com o cronograma físico financeiro aprovado

Total Geral - Indicar o somatório das parcelas de cada meta.

Proponente (Contrapartida) - Registrar os valores das parcelas dos recursos a serem desembolsados pelo proponente, a título de contrapartida, se houver, distribuídas por período de 30 (trinta) dias, referente a cada meta. Repetir os passos do item anterior.

PREENCHIMENTO DA FOLHA 5/5

DECLARAÇÃO

- Constar o local, data, carimbo e assinatura do representante legal do órgão/entidade proponente.

DOCUMENTAÇÃO PARA ANÁLISE TÉCNICA

EXECUÇÃO DE OBRA OU SERVIÇO DE ENGENHARIA - INVESTIMENTO

Projeto Básico

Conjunto de elementos que definam a obra ou serviço e que possibilitem a estimativa de seu custo, o prazo de execução, segundo as respectivas fases ou etapas. O Projeto Básico deve conter os seguintes documentos:

01 - Estudos preliminares e dimensionamento técnico das obras.
02 - Memorial Descritivo: discriminação da forma de execução das obras/serviços.
03 - Especificações Técnicas: especificação de materiais, equipamentos e mão de obra a serem utilizados.
04 - Orçamento Detalhado: com quantitativos físicos e custos unitários indicados (planilha orçamentária), com base no SINAPE.
05 - Memória de cálculo dos quantitativos físicos, constantes da planilha orçamentária.
06 - Composição dos custos unitários constantes da planilha orçamentária.
07 - Plantas de Detalhamento ou Projeto-Tipo para casas.
08 - Mapa ou croquis de localização das obras.
09 - Fotos ilustrativas da situação atual.
10 - Apresentar a Anotação de Responsabilidade Técnica – ART da obra, junto ao CREA.
11 - Licenciamento ambiental ou Dispensa:
- Licença Prévia
- Licença de Instalação
- Licença de Operação (quando couber).

Outros Documentos que Acompanham o Projeto

01- Documento de comprovação de dominialidade pública da área e termo de servidão pública (certidão de registro do imóvel), com direito de passagem – para obras de infra-estrutura hídrica.
02- Documento de propriedade do terreno (escritura pública, termo de doação, decreto de desapropriação etc), devidamente registrado em cartório de registro de imóveis.
03- Relação dos beneficiários – para construção de casas.
04- Indicação de Engenheiro, representante do Estado ou da Prefeitura no acompanhamento da(s) obra(s).

VALORES DE CONTRAPARTIDA (EXERCÍCIO DE 2006)

(De acordo com o Art. 44, Parágrafo 1º, da
Lei nº 11.178, de 20.09.05 - LDO)

A) MUNICÍPIOS:

População (IBGE)	Localização Percentual de contra partida	
Até 25.000 habitantes	TODOS MUNICÍPIOS 3 e 8%	
MAIOR de 25.000 habitantes	ADENE/ADA CENTRO-OESTE 5 e 10%	Demais Municípios 20 e 40%

B) ESTADOS e DISTRITO FEDERAL:

Localização	Percentual de contra partida
Áreas da ADENE/ADA e Região CENTRO-DESTE	10 e 20 %
Demais Estados	20 e 40%

OBS: Esses percentuais são válidos apenas para o exercício de 2006, necessitando serem atualizados a cada ano de acordo com a LDO vigente.

C) DISPENSA DE CONTRAPARTIDA:

01- As exigências de contrapartida acima não se aplicam aos recursos transferidos pela União, nos seguintes casos:

- aos Municípios que se encontrem em Estado de Calamidade Pública, formalmente reconhecidos, durante o período que esta subsistir.
- aos Municípios com até 25.000 habitantes incluídos nos bolsões de pobreza identificados como áreas prioritárias no Programa Comunidade Solidária (Faixa de Fronteira) .

MODELO PARA PREFEITURA / ESTADO
(Usar papel timbrado da Prefeitura Municipal / Governo do Estado)

DECLARAÇÃO

Declaro que os recursos da Secretaria de Programas Regionais – SPR / MI (Faixa de Fronteira), destinados a execução de ....
....
....
(Descrever as obras e/ou serviços)
beneficiarão diretamente..................pessoas residentes no Município / Estado de (Nome do Município / Estado).

_____
(Local e Data)

_____
(Assinatura e Carimbo)

FUNDOS DE FINANCIAMENTO

O Governo Federal, por meio do MI, com o objetivo de integração nacional e a estruturação de uma sociedade mais justa, busca praticar ações que fomentam o desenvolvimento econômico e social em várias regiões do país. Para tanto, encontram-se disponíveis, no referido Ministério, informações sobre fontes de financiamento[271].

As informações sobre os **Fundos Constitucionais de Financiamento, Fundos Fiscais de Investimento, Fundos de Desenvolvimento Regional** e **Incentivos Fiscais** encontram-se disponíveis em: <http://www.mi.gov.br/fundos/fundos_constitucionais/index.asp.>. Tais fundos são instrumentos de financiamento voltados para a promoção do desenvolvimento econômico e social e de redução das desigualdades regionais e abrangem a região da faixa de fronteira do Brasil.

Fundos Constitucionais de Financiamento

A Lei nº 7.827, de 27 de setembro de 1989, que regulamentou o artigo 159, inciso I, alínea "c" da Constituição Federal, de 1988, criou os Fundos Constitucionais de Financiamento do Centro-Oeste (FCO), do Nordeste (FNE) e do Norte (FNO). A concessão de financiamento com recursos desses fundos é exclusiva para empreendedores dos setores produtivos das Regiões Norte, Nordeste e Centro-Oeste. Os projetos de atividades produtivas de mini e pequenos produtores rurais e de micro e pequenas empresas recebem tratamento preferencial. Logo, apenas os empreendedores de Municípios situados na faixa de fronteira Norte e Centro-Oeste têm acesso a tal tipo de financiamento.

O interessado em financiamento, na faixa de fronteira, deve dirigir-se a uma agência do agente financeiro do fundo de sua Região, qual seja: Região Norte (FNO) - Banco da Amazônia S.A. e Região Centro-Oeste (FCO) - Banco do Brasil S.A..

Os Fundos Constitucionais de Financiamento, na forma com que foram concebidos na Constituinte, não alcança a região Sul do país.

Fundos Fiscais de Investimento

Os Fundos Fiscais de Investimento, também denominados Fundos de Investimentos Regionais, têm como objetivo a mobilização de recursos para regiões carentes de poupança privada, com a finalidade de incentivar empreendimentos econômicos com capacidade de promover o desenvolvimento regional, seguindo diretrizes e prioridades definidas pelo Ministério da Integração Nacional. Entretanto, esses fundos fiscais, tais como Fundo de Investimentos da Amazônia (Finam) e Fundo de Investimentos do Nordeste (Finor), não estão disponíveis para novos projetos em virtude da Medida Provisória nº 2.146-1, de 04 de maio de 2001.

---

271 Acesso: 01/02/2013.

Para informações sobre projetos já aprovados, acessar <http://www.mi.gov.br/fundos/fundos_fiscais/index.asp> e < http://www.integracao.gov.br/fundos-fiscais-de-investimento-apresentacao> do MI.

Fundos de Desenvolvimento Regional

A Medida Provisória n° 2.146-1, de 04 de maio de 2001, que extinguiu as Superintendências de Desenvolvimento do Nordeste (Sudene) e da Amazônia (Sudam), criou as Agências de Desenvolvimento do Nordeste (Adene) e da Amazônia (ADA) e os Fundos de Desenvolvimento do Nordeste (FDNE) e da Amazônia (FDA). O FDNE e o FDA são geridos pela ADENE e pela ADA, respectivamente, e têm a finalidade de assegurar recursos para a realização de investimentos nas áreas de atuação das agências.

Os Fundos de Desenvolvimento da Amazônia (FDA), do Nordeste (FDNE) e do Centro-Oeste (FDCO), criado em 2009, estão entre os principais instrumentos de promoção do desenvolvimento regional no Brasil e financiam pessoas jurídicas constituídas na forma de sociedade por ações (S/A) interessadas na implantação, ampliação, diversificação ou modernização de empreendimentos nas áreas de atuação das Superintendências do Desenvolvimento da Amazônia, do Nordeste e do Centro-Oeste, SUDAM, SUDENE e SUDECO.

Os recursos devem ser destinados à implantação, ampliação, modernização e diversificação de empreendimentos privados localizados nas áreas de atuação da ADA e da Adene, de acordo com as diretrizes e prioridades aprovadas pelos Conselhos Deliberativos para o Desenvolvimento da Amazônia e do Nordeste, limitada a 60% do investimento total e a 80% do investimento fixo do projeto.

As condições operacionais do FDA e FDCO, para empreendimentos na faixa de fronteira, podem ser conhecidas por meio do seguinte endereço eletrônico: <http://www.mi.gov.br/fundos/fundos_de_desenvolvimento_regional/index.asp>.

Para saber as diretrizes e orientações gerais para definição de prioridades e aprovação de projetos de investimentos com recursos do FDA e FDCO, sugiro consultar o teor das Portarias n°s 584 e 585, de 25 de outubro de 2012, publicadas no DOU n° 209, de 29 de outubro de 2012 (p. 39), respectivamente.

Incentivos fiscais

Os Incentivos e Benefícios Fiscais são instrumentos da Política Nacional de Desenvolvimento Regional (PNDR) que estimulam a formação de capital fixo e social nas regiões da Amazônia e Nordeste, com vistas à geração de emprego e renda (Fonte: MI/2013).

Redução do Imposto de Renda

De acordo com o MI, havia uma redução do Imposto de Renda Pessoa Jurídica - IRPJ com teto de 37,5% até 2003 e a redução gradativa do percentual até a sua extinção em 2013. Este benefício era concedido a todos os empreendimentos industriais e agrícolas nas áreas de atuação da Sudene e Sudam.

Entretanto, tal incentivo alcançava todo e qualquer empreendimento industrial e agrícola, independentemente do impacto econômico que pudesse produzir.

Para conhecer o incentivo fiscal praticado pelo Governo Federal, a partir da Medida Provisória nº 2.199-14, de 24 de agosto de 2011, da Lei nº 9.532, de 10 de dezembro de 1997 e da Decretos nº 4.212 e 4.213, de 26 de abril de 2002, acesse: <http://www.mi.gov.br/fundos/incentivos_fiscais/index.asp> e <http://www.integracao.gov.br/apresentacao18>.

Depósitos de reinvestimento

O percentual do benefício fiscal era de 30% até 2003; de 20%, de 2004 até 2008; e de 10%, de 2009 até 2013. Porém, estava ocorrendo a diminuição de recursos diante da perspectiva da extinção dos incentivos.

De acordo com o art. 19 da Lei nº 8.167, de 16 de janeiro de 1991, o art. 2º da Lei nº 9.532, de 10 de agosto de 1997, e o art. 3º da Medida Provisória nº 2.199-14, de 24 de agosto de 2001, as empresas que tenham empreendimentos em operação nas áreas de atuação das extintas Superintendência de Desenvolvimento do Nordeste (Sudene) e da Superintendência de Desenvolvimento da Amazônia (Sudam), desde que enquadrados em setores da economia considerados, em ato do Poder Executivo, prioritários para o desenvolvimento regional, poderão depositar no Banco do Nordeste (BNB) e no Banco da Amazônia (Basa) trinta por cento do valor do imposto de renda devido pelos respectivos empreendimentos, calculados sobre o lucro da exploração, acrescido de 50% de recursos próprios.

A liberação fica condicionada à aprovação, pelas agências de desenvolvimento regional, dos respectivos projetos técnico-econômicos de modernização ou complementação de equipamento.

Os Decretos nºs 4.212 e 4.213, de 26 de abril de 2002, definem os setores da economia prioritários para o desenvolvimento regional, nas áreas de atuação das extintas Sudam e Sudene, respectivamente.

Estas e outras informações encontram-se disponíveis em: <http://www.mi.gov.br/fundos/incentivos_fiscais/index.asp> e <http://www.integracao.gov.br/apresentacao18>.

AS FRONTEIRAS NO MERCOSUL E O DIÁLOGO FEDERATIVO

Há vinte anos, Brasil, Argentina, Paraguai e Uruguai uniram-se por um desiderato comum de fortalecimento econômico e fundaram o "Mercado Comum do Sul" (MERCOSUL).

Naquele momento, hoje fato histórico, foram analisadas as dimensões dos mercados das quatro nações acordantes, entendendo-se que o desenvolvimento regional se daria com a ampliação das respectivas economias e, consequentemente, impulsionaria a formação de um bloco econômico sul-americano.

Entretanto, ao se analisar o período pós - Tratado de Assunção, observa-se que as dimensões sociais e políticas também começaram a ser objeto de debate e reflexão, uma vez que, integrar economias é aproximar povos e governos, cada um com uma trajetória histórica própria. Dessa forma, o crescimento econômico estaria intimamente relacionado ao desenvolvimento social e ao fortalecimento político dos atores envolvidos.

E no contexto de aproximação de estruturas sociais e políticas, a dimensão simplesmente econômica de integração perde força, já que, para haver essa integração, é necessário compreender cada sociedade como cada um de seus nacionais a compreende e também evitar ditar respostas a partir do Estado-observador e não do Estado-observado[272].

Nesse sentido, um intenso debate foi inaugurado no âmbito do MERCOSUL, pois para alcançar o objetivo de desenvolvimento econômico, é necessário estabelecer diretrizes paralelas de caráter social e político.

A formação da agenda fronteiriça

No diálogo que se descortina, observa-se o caminhar da agenda política, antes voltada para a fronteira marítima, agora direcionada para a fronteira terrestre. A discussão de questões mercosulinas passa a se relacionar com as questões fronteiriças. Logo, não é mais possível desatrelar a discussão de aproximação de Estados - nação daquela inerente às sociedades de cada lado do limite internacional.

O Brasil faz fronteira com dez países e é considerado aquele que possui maior oportunidade de diálogo com outras nações, quando comparado aos demais países que compõem o grupo do MERCOSUL. Esse atributo favorece o protagonismo brasileiro, uma vez que exitosos acordos internacionais firmados na fronteira sul, podem ser replicados na fronteira norte. Assim, as experiências do Brasil, dada a sua dimensão geográfica, é maior do que as experimentadas pelos demais do bloco.

---

272 Cf. EVANS-PRITCHARD, E.E. *Bruxaria, oráculos e magia entre os Azande*. RJ: Jorge Zahar, 2005, cap. 2. De acordo com o autor, para se compreender um fenômeno social, é preciso se colocar na posição do objeto observado, no caso estudado, a comunidade dos Azande. Isso significa que o observador não deve projetar conclusões tomando por base os seus próprios valores e experiências, mas sim dos observados, sob pena de interferir no resultado da observação e não corresponder à realidade social.

A "não – decisão" de inclusão da temática fronteiriça na agenda política, como meio de evitar que as pressões por mudanças na ordem estabelecida entrem na arena política, é questão que vem sendo superada. Estamos assistindo à transformação da demanda fronteiriça no processo político, do estágio inicial de "estados de coisas" para "problema político", passando a figurar, em momento recente, um tema prioritário na agenda governamental para gerar "ação política".

A integração de países em blocos regionais poderá transformar as regiões de fronteira, por sua própria localização geográfica, em zonas de cooperação e sinergia entre países vizinhos (GANSTER, 1997 *apud* STEIMAN, 2002, p. 12).

Entretanto, as regiões fronteiriças ou transfronteiriças, ainda não contam, na prática, com legislação específica, nem com projetos de estímulo significativos e realmente orientados para elas. A ação, quando empreendida, tem partido dos governos nacionais que atuam no âmbito supranacional sobre suas respectivas regiões fronteiriças, descaracterizando a interação (PRADEAU, 1994 *apud* STEIMAN, 2002, p. 13).

Nesse contexto, um novo tipo de atuação dos estados nacionais pode ser facilitado pela criação de novos mecanismos legais e administrativos também nos países que fazem parte do MERCOSUL.

O reconhecimento do poder local gera uma mudança de perspectiva do Estado sobre a função dos limites e das fronteiras internacionais, ensejando uma reavaliação do poder central.

A existência de uma elite política local e empreendedora que esteja disposta a investir tempo, esforços e dinheiro na promoção do desenvolvimento de redes transfronteiriças (GANSTER *et al.*, 1997 *apud* STEIMAN, 2002, p. 14) será o ponto propulsor para a ruptura em relação à formação da agenda política na formulação de políticas públicas.

A tendência que se percebe, desde o início do século XIX, é que a fronteira deixa de ser concebida somente a partir das estratégias e dos interesses do Estado central, passando a ser delineada também pelas comunidades de fronteira, ou seja, no âmbito subnacional. Logo, o desejo e a possibilidade real de comunidades locais estenderem sua influência e reforçarem sua centralidade além dos limites internacionais e sobre a faixa de fronteira estaria subvertendo e renovando os conceitos clássicos de limite e de fronteira (MACHADO, 1998 *apud* STEIMAN, 2002, p. 12).

Compartilhando muitas vezes dos mesmos problemas e efeitos causados pela fronteira, as regiões fronteiriças são, via de regra, concorrentes. A duplicidade de infraestruturas como as rodovias paralelas, aeroportos, usinas de geração de energia, entre outras, é prova dessa concorrência e fonte de desperdício de muitos recursos (PRADEAU, 1994 *apud* STEIMAN, 2002, p. 14). Na União Europeia, a tendência é buscar parcerias e forçar a cooperação transfronteiriça, como sinônimo de eficiência na gestão[273].

---

273 Segundo a conclusão dos debates ocorridos no âmbito do evento "Open Days - European Week of Regions and Cities", em Bruxelas, Bélgica, ocorrido em 4 a 7 de outubro de 2010. Painel: A Política Regional Europeia: uma possível inspiração para os países externos à União Europeia. Aplicar os princípios, compartilhar lições aprendidas e intercambiar experiências. Disponível em: Oficina de publicações oficiais da UE. L-2985 Luxemburgo.

A introdução de mecanismos de diálogo interfederativo juntamente com iniciativas de desenvolvimento econômico possibilitará a mudança de perspectiva do Estado em relação à faixa de fronteira, uma vez que a agenda poderá ser pautada pela comunidade fronteiriça e não mais pela capital federal.

Como já dito neste livro, a Constituição brasileira autoriza um regime especial para a região da faixa de fronteira e dispensar esta regra para incorporar-se àquelas comuns aplicáveis a todos dos outros municípios, não traz o progresso, não gera o desenvolvimento e não fortalece a defesa do país. Torna-se necessário, pois, que mais incentivos sejam providenciados para a região, tendo chegado a hora de os municípios e estados ali localizados apresentarem propostas legislativas com vistas a dotar a região de benefícios fiscais ou não, de forma desatrelada da Lei nº 6.634, de 1979[274].

Há também, outros mecanismos de debate político que visam integrar os povos da América Latina e cujo âmbito de atuação é maior que o proposto pelo MERCOSUL, considerando-se o número de países envolvidos. Destaco, nesta oportunidade, a União de Nações Sul-Americanas (UNASUL).

A UNASUL, cujo tratado constitutivo de organização foi aprovado durante Reunião Extraordinária de Chefes de Estado e de Governo, realizada em Brasília, em 23 de maio de 2008, é formada pelos doze países da América do Sul e mostra-se como um importante instrumento de diálogo entre Estados. Dez países já depositaram seus instrumentos de ratificação (Argentina, Brasil, Bolívia, Chile, Equador, Guiana, Peru, Suriname, Uruguai e Venezuela), completando o número mínimo de ratificações necessárias para a entrada em vigor do Tratado no dia 11 de março de 2011[275].

O objetivo da UNASUL é construir, de maneira participativa e consensual, um espaço de articulação no âmbito cultural, social, econômico e político entre seus povos. Para tanto, prioriza o diálogo político, as políticas sociais, a educação, a energia, a infraestrutura, o financiamento e o meio ambiente, entre outros, com vistas a criar a paz e a segurança, eliminar a desigualdade socioeconômica, alcançar a inclusão social e a participação cidadã, fortalecer a democracia e reduzir as assimetrias no marco do fortalecimento da soberania e independência dos Estados.

De acordo com o Tratado, são órgãos que compõem a estrutura institucional da UNASUL: a) Conselho de Chefes de Estado e de Governo; b) Conselho de Ministros das Relações Exteriores; c) Conselho de Delegados; e d) Secretaria Geral. Está prevista ainda a constituição de Conselhos de nível Ministerial e Grupos de Trabalho.

Atualmente, a UNASUL possui oito conselhos ministeriais: a) Energia; b) Saúde; c) Defesa; d) Infraestrutura e Planejamento; e) Desenvolvimento Social; f) Problema Mundial das Drogas; g) Educação, Cultura, Ciência, Tecnologia e Inovação; h) Economia e Finanças. A UNASUL conta ainda com dois Grupos de Trabalho: a) Integração Financeira (agora subordinado ao Conselho de Economia e Finanças); e b) Solução de Controvérsias em Matéria de Investimentos, em cujo âmbito estuda-se a possibilidade

---

274   A lei da faixa de fronteira tem um fim social específico, qual seja, dotar o Estado de informações estratégicas para condução de políticas de interesse nacional.
275   Informações sobre a UNASUL disponíveis em:< http://www.itamaraty.gov.br/temas/america-do-sul-e-integracao-regional/unasul>. Acesso: 10/03/2013.

de criar mecanismo de arbitragem, Centro de Assessoria Legal e código de conduta para membros de tribunais arbitrais. Criar um Grupo de Trabalho específico para discutir o processo de integração sul-americana mostra-se oportuno e garantidor de medidas mínimas para harmonização de ordenamentos jurídicos.

Será o estímulo ao apoio governamental às comunidades platinas que se localizam ao longo das fronteiras terrestres, que possilitará o diálogo no espaço local e regional, bem como a elaboração e implementação de propostas de melhoria de vida às populações ali localizadas.

Por outro lado, a integração sul-americana envolve árdua discussão entre ordenamentos jurídicos e, também, à convergência em políticas públicas. O mecanismo de integração de fronteiras exige visão estratégica dos instrumentos legais disponíveis e requer compromisso entre países para projetar o desenvolvimento, a partir de bases soberanas cooperativas. Portanto, a base normativa deve acompanhar a evolução dos acordos internacionais de forma que a internalização dos compromissos firmados entre os Chefes de Estado consolide as bases do MERCOSUL.

Debater questões no âmbito do MERCOSUL exige o debate paralelo sobre questões fronteiriças. O esforço conjunto de poderes centrais, locais e internacionais em superar as adversidades da aproximação fará do MERCOSUL um sucesso ou uma frustração. Um esforço necessário é conjugar as necessidades de fronteira ao uso do fundo comum, o qual passo a apresentar, em linhas gerais, a seguir.

Fundo para a Convergência Estrutural do MERCOSUL (FOCEM)

O Fundo para a Convergência Estrutural e Fortalecimento da Estrutura Institucional do MERCOSUL (FOCEM) foi criado pela Decisão Conselho do Mercado Comum (CMC) nº 45/04. Mais tarde, a Decisão CMC nº 18/05 estabeleceu as normas para sua integração e funcionamento, e a Decisão CMC nº 01/10 define seu regulamento atual.

O Fundo para a Convergência Estrutural do MERCOSUL (FOCEM) é um fundo destinado a financiar programas para promover a convergência estrutural; desenvolver a competitividade; promover a coesão social, em particular das economias menores e regiões menos desenvolvidas e apoiar o funcionamento da estrutura institucional e o fortalecimento do processo de integração.

Informações detalhadas sobre questões processuais e institucionais do funcionamento do FOCEM estão no seu regulamento interno, aprovado pela Decisão CMC nº 01/10.

Os seguintes programas podem ser financiados com o FOCEM: Programa de Convergência Estrutural; Programa de Desenvolvimento da Competitividade; Programa de Coesão Social e Programa de Fortalecimento da Estrutura Institucional e do Processo de Integração.

Marcos normativos:
- Decisão do Conselho do Mercado Comum nº 19/04.
- Decisão do Conselho do Mercado Comum nº 45/04. (Criação FOCEM)
- Decisão do Conselho do Mercado Comum nº 18/05.
- Decisão do Conselho do Mercado Comum nº 01/10. (Regulamento)

De acordo com os artigos 20 a 24 da Decisão CMC nº 01/10, existe uma Unidade Técnica FOCEM (UTF) que é a instância técnica para a avaliação e o acompanhamento da execução dos projetos financiados pelo FOCEM, funciona no âmbito da Secretaria do MERCOSUL.

Cada Estado Parte possui uma Unidade Técnica Nacional FOCEM (UTNF) que é o vínculo operativo com a UTF, sendo responsável pelas tarefas de coordenação interna dos aspectos relacionados à formulação, apresentação, avaliação e execução dos projetos.

Condições de elegibilidade dos projetos

Um projeto será elegível para ser financiado com recursos do FOCEM quando reunir, simultaneamente, as seguintes condições[276]:

1) Atenda, a critério dos Estados Partes, aos objetivos do FOCEM estabelecidos no Art. 1o da Decisão CMC Nº 18/05, e dessa forma contribua para o fortalecimento do processo de integração ou para a redução das assimetrias.

2) Ajuste-se a um dos programas definidos no Art. 36 do Regulamento FOCEM.

3) Reúna todos os requisitos de apresentação previstos no Capítulo III do Regulamento FOCEM.

4) Seja proposto e executado sob responsabilidade do setor público de um ou mais Estados Partes, de acordo com o estabelecido no Art. 17 do Regulamento. A estruturação, operação e/ou gestão de projetos contemplados no Programa II "Desenvolvimento da Competitividade", poderão ser delegadas a instituições públicas, mistas ou privadas que sejam parte da Administração Direta, Indireta ou do Sistema Operacional do Estado Parte, preservando a responsabilidade deste pela gestão completa do projeto. A UTNF do Estado Parte beneficiário deverá permanecer como a única instância de vinculação com a UTF.

5) Tenha gastos elegíveis e não elegíveis que alcancem montante igual ou superior a US$ 500.000, exceto no caso de projetos apresentados no âmbito do Programa IV.

6) Possua taxa interna de retorno socioeconômico maior que a taxa de mínima rentabilidade social, para os Programas I e II, com exceção dos projetos de água potável e esgotos. A taxa de mínima rentabilidade social, válida para fins de elaboração e análise de projetos, será fixada no momento da aprovação do orçamento do Fundo e terá como referência as taxas básicas de cada Estado Parte.

7) Não substitua outros projetos em execução nem gastos estruturais públicos ou correlatos do Estado Parte destinados aos beneficiários finais do projeto.

---

276   Disponível em: <http://www.mercosur.int/focem/index.php?id=preguntas-frecuentes> . Acesso: 5/02/2013.

8) Otimize a utilização dos recursos naturais e preveja ações de mitigação dos danos ambientais que o projeto provoque em sua área de influência direta.

9) Demonstre ter levado em consideração, em sua formulação, as especificidades geográficas, econômicas, sociais e culturais do território em que está localizado.

Figura 7: Mecanismo de aprovação de projetos

PROCEDIMENTO DE APROVAÇÃO DE PROJETOS

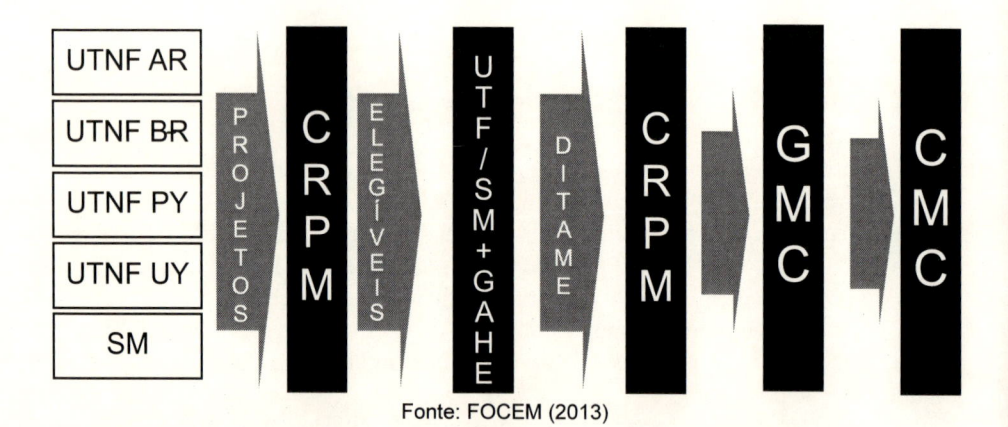

[Fluxograma: UTNF AR, UTNF BR, UTNF PY, UTNF UY, SM → PROJETOS → CRPM → ELEGÍVEIS → UTF/SM+GAHE → DITAME → CRPM → GMC → CMC]

Fonte: FOCEM (2013)

Os projetos do FOCEM por Estado-parte beneficiário, os planos de aquisição, convênios, concursos, licitações e projetos aprovados encontram-se disponíveis para consulta no sítio eletrônico: <http://www.mercosur.int/focem/>.

Normativas institucionais

DEC.19/04
Criar um Grupo de Alto Nível com o objetivo de: a) identificar iniciativas e programas para promover a competitividade dos Estados Partes; b) propor fórmulas de financiamento.

DEC.45/04
Estabelece o Fundo para a Convergência Estrutural do MERCOSUL (FOCEM)

DEC.18/05
Integração e Funcionamento do Fundo Para a Convergência Estrutural e Fortalecimento da Estrutura Institucional do MERCOSUL

DEC.18/05
Integração e Funcionamento do Fundo Para a Convergência Estrutural e Fortalecimento da Estrutura Institucional do MERCOSUL

DEC.24/05
Regulamento do Fundo para a Convergência Estrutural do MERCOSUL

RES.04/07
Estabelece a equivalência de cargo entre os Técnicos Sênior da UTF/SM e os Assessores Técnicos da SM, para fins de aplicação das "Normas Gerais relativas aos funcionários da SM"

RES.04/07
Estabelece a equivalência de cargo entre os Técnicos Sênior da UTF/SM e os Assessores Técnicos da SM, para fins de aplicação das "Normas Gerais relativas aos funcionários da SM"

DEC.43/07
Autoriza o Diretor da Secretaria do MERCOSUL, conjuntamente com o coordenador da Unidade Técnica FOCEM no âmbito da Secretaria do MERCOSUL (UTF/SM), a manter os recursos do FOCEM em contas que gerem remuneração

RES.56/07
Regime de Contratação Temporária para Projetos Pluriestatais

DEC.04/08
Aprova o Guia de Aplicação para a Visibilidade do Fundo para a Convergência Estrutural do MERCOSUL

DEC.05/08
Aprova o procedimento para a publicação de licitações que sejam realizadas no marco dos projetos financiados com recursos do FOCEM

DEC.06/08
Estabelece que os recursos orçados para cada Estado Parte na Decisão CMC N° 44/07 e não alocados durante o ano de 2008 permanecerão, em caráter excepcional, à disposição de cada Estado Parte, para alocá-los no ano de 2009 a novos projetos

DEC.44/08
Aprova os "Critérios para o Registro de Auditores Externos do FOCEM"

DEC.51/08
Aprova o "Orçamento do Fundo para a Convergência Estrutural do MERCOSUL (FOCEM) para o ano 2009

DEC.51/08
Aprova o "Orçamento do Fundo para a Convergência Estrutural do MERCOSUL (FOCEM) para o ano 2009

DEC.12/09
Estabelece que em todas as contratações realizadas no âmbito de projetos com financiamento do FOCEM, aplicar-se-á o tratamento nacional e a não discriminação às ofertas e ofertantes, pessoas físicas ou jurídicas de nacionalidade de algum dos Estados Partes do MERCOSUL ou com sede em algum deles, conforme o caso.

DEC.15/09
Prorroga o prazo de vigência estabelecido no Artigo 78 da Decisão CMC N° 24/05 "Regulamento do Fundo para a Convergência Estrutural do MERCOSUL (FOCEM)" até a entrada em vigor do novo Regulamento

DEC.16/09
Aprova o "Orçamento do Fundo para a Convergência Estrutural do MERCOSUL (FOCEM) para o ano 2010"

DEC.24/10
Aprova a Estrutura da Unidade Ténica FOCEM

RES.49/10
Aprova a Estrutura da Unidade Ténica FOCEM

DEC.50/10
Aprova o "Orçamento do Fundo para a Convergência Estrutural do MERCOSUL (FOCEM) para o ano 2011"

DEC.11/11
Revogar a Decisão CMC N° 50/08 e Decisão CMC N° 11/09

DEC 28/11
Aprova o "Orçamento do Fundo para a Convergência Estrutural do MERCOSUL (FOCEM) para o ano 2012

DEC.05/12
Aprova a atualização do Título II do Orçamento do Fundo para a Convergência Estrutural do MERCOSUL (FOCEM) para o ano 2012

RES. 18/12
Aprova o mecanismo de reajuste salarial e os salários base dos funcionários da Unidade Técnica FOCEM

DEC. 40/12
Determinar o adiantamento dos trabalhos previstos no artigo 22 da Decisão CMC N° 18/05 - Evaluação do FOCEM

DEC. 41/12
Aprova a partícipação da República Bolivariana da Venezuela no FOCEM

DEC. 42/12
Aprova o "Orçamento do Fundo para a Convergência Estrutural do MERCOSUL (FOCEM) para o ano 2013"

RES. 46/12
Cria um cargo de Analista de Projetos e um cargo de Técnico Sênior na Unidade Técnica do FOCEM (UTF)

REFERÊNCIAS

ARRUDA, Marcos; CALDEIRA, Cesar. *Como Surgiram as Constituições Brasileiras*. Rio de Janeiro: FASE (Federação de Órgãos para Assistência Social e Educacional). Projeto "Educação Popular para a Constituinte", 1986.
ALFORD, R.; FRIEDLAND, Roger. "Powers of theory: Capitalism, the state, and democracy". Cambridge: Cambridge University Press, 1985.
ALLISON, Graham T. *Conceptual Models and "the Cuban Missile Crisis"*. The American Political Science Review, 1969, vol. LXIII, set/1969, nº 3, pág. 689-718.
Audiências públicas na Assembleia Nacional Constituinte: a sociedade na tribuna. Orgs. Ana Luiza Backes, Débora Bithiah de Azevedo, José Cordeiro de Araújo. Brasília: Câmara dos Deputados, Edições Câmara, 2009.
BENTANCOR, Gladys. *Rivera – Livramento: una frontera diferente*. Pelotas: Editora Universitária/UFPEL, 2009.
BIN, Daniel; CASTOR, Jobim. *Racionalidade e política no processo decisório: estudo sobre orçamento em uma organização estatal*. In: RAC, v. 11, n. 3, Jul./Set. 2007: 35-56.
CASTRO, Marcus Faro de. *Análise Jurídica Política Econômica*. Revista da Procuradoria-Geral do Banco Central. Vol. 3, nº 1, Brasília: BCB, 2009.
CUISINIER-RAYNAL, A. "La Frontière au Pérou entre fronts et synapses". *L'Espace Géographique* 3: 213-229, 2001.
CITTADINO, Gisele Guimarães. *Pluralismo Direito e Justiça Distributiva: Elementos da Filosofia Constitucional Contemporânea*. Rio de Janeiro: Lumen Juris, 2000.
ESCOLA SUPERIOR DE GUERRA. Manual Básico. Elementos Fundamentais. Rio de Janeiro: ESG, 2008, V.1.
FERREIRA, MURILO G., MAJ. *História das fronteiras do Brasil*. Rio de Janeiro: Imprensa do Exercito. 1966. 62 p.
HALL, Peter A.; TAYLOR, Rosemary C.R. As três versões do neoinstitucionalismo. Lua Nova, nº 58, 2003, pp. 193-224. Disponível em: <http://www.scielo.br/pdf/ln/n58/a10n58.pdf>. Acesso em: 25/09/2010.
MAGALHÃES, João Batista. *A evolução militar do Brasil*. 2ª Ed. Rio de Janeiro: Biblioteca do Exército, 1998.
MARCH, James G.; OLSEN, Johan P. *Neoinstitucionalismo: fatores organizacionais da vida política*. Rev Sociol. Política, Curitiba, v. 16, nº. 31, p. 121-142, nov. 2008. Disponível em: <http://www.scielo.br/pdf/rsocp/v16n31/v16n31a10.pdf>. Acesso em: 25/09/2010.
OSÓRIO, Lia. Proposta de Reestruturação do Programa de Desenvolvimento da Faixa de Fronteira/Ministério da Integração Nacional, Secretaria de Programas Regionais, Programa de Desenvolvimento da Faixa de Fronteira – Brasília: Ministério da Integração Nacional, 2005.
PIMENTA, Carlos. *Apontamentos breves sobre complexidade e interdisciplinaridade nas ciências sociais* (Versão 2). Data 14 de novembro de 2003. Disponível em: <http://www.humanismolatino.online.pt/v1/pdf/CompleBrasil.pdf>. Acesso: 8/8/2011.
MIRANDA, Francisco Cavalcanti Pontes de. *Comentários à Constituição de 1967 com a Emenda nº 1, de 1969*. 2ª ed. rev. São Paulo: Revista dos Tribunais, 1973, t.3.

WALTER, Roy M. B. O papel do Conselho de Segurança Nacional no processo decisório brasileiro. *In*: Documento de trabalho nº 1. Seminário interno. Brasília: Centro de Estudos Estratégicos, 9 de junho de 1993.
SANTOS, Myriam Sepúlveda. *Integração e diferença em encontros disciplinares*. Revista Brasileira de Ciências Sociais V. 2 nº 65 Out. 2007. Disponível em: <http://www.scielo.br/pdf/rbcsoc/v22n65/a05v2265.pdf>. Acesso: 8/8/2011.
SILVA, Roberto P. Delineamento do processo decisório nacional. *In*: Documento de trabalho nº 1. Seminário interno. Brasília: Centro de Estudos Estratégicos, 9 de junho de 1993.
STEIMAN, Rebeca. *A Geografia das Cidades de Fronteira: Um Estudo de Caso de Tabatinga (Brasil) e Letícia (Colômbia)*. Rio de Janeiro: PPGG/UFRJ, 2002 p. 6. (Dissertação de Mestrado). Disponível em: <http://acd.ufrj.br/fronteiras/pdf/reb_dissert.pdf>. Acesso em: 13/04/2011.
TAVARES, Lyra. *Segurança nacional: antagonismos e vulnerabilidades*. Rio de Janeiro: Ministério da Guerra, 1958.

Sítios consultados

Notícias
BRASIL. SENADO FEDERAL. Disponível em: <http://www2.senado.gov.br/bdsf/items-by-subject?subject=Conselho+de+Seguran%C3%A7a+Nacional+%28CSN%29>. Acesso: 11/11/2011.
Legislação nacional
BRASIL. PRESIDÊNCIA DA REPÚBLICA. Disponível em: <http://www4.planalto.gov.br/legislacao>. Acesso: 11/11/2011.
BRASIL. SENADO FEDERAL. Disponível em: <http://www6.senado.gov.br/sicon/index.jsp?action=LegislacaoTextual> . Acesso: 11/11/2011.
Legislação estrangeira
BRASIL. PRESIDÊNCIA DA REPÚBLICA. Disponível em: <http://www.planalto.gov.br/ccivil_03/constituicao/intenacional1.htm>. Acesso: 11/11/2011.
ESTADOS UNIDOS DA AMÉRICA. CENTER FOR LATIN AMERICAN STUDIES (CLAS). *Political Database of the Americas*. Disponível em: <http://pdba.georgetown.edu/Constitutions/constudies.html> Acesso: 11/10/2011.
Ministério da Integração Nacional
<http://www.mi.gov.br/convenios/celebracao.asp>
<http://www.mi.gov.br/fundos/fundos_constitucionais/index.asp.>
<http://www.mi.gov.br/fundos/incentivos_fiscais/index.asp>
<http://www.integracao.gov.br/apresentacao18>
Ministério das Relações Exteriores
<http://dai-mre.serpro.gov.br/>
< http://www.itamaraty.gov.br/temas/america-do-sul-e-integracao-regional/unasul>
MERCOSUL
<http://www.mercosur.int/focem/>
<http://www.mercosur.int/focem/index.php?id=preguntas-frecuentes>

POSFÁCIO

José Alberto Cunha Couto[277]

Foi com muita alegria que aceitei o convite para escrever o posfácio deste livro. Afinal, tive o privilégio de acompanhar, por muitos anos, as muitas discussões, dúvidas e aprendizados, sobre a Faixa de Fronteira (FF), da autora, que, modestamente, se apresenta apenas como responsável pelo suporte burocrático do Conselho de Defesa Nacional (CDN)... A Dra. Renata é muito mais! É a responsável pelas grandes transformações de entendimento destes temas, sucedendo os trabalhos iniciados por seus antecessores – Dr. José Feliciano de Oliveira e Dra. Ana Paula Leal.

Compus, em março de 1999, a comissão de transferência, da Secretaria de Assuntos Estratégicos para a Casa Militar, das atribuições referentes às atividades necessárias ao exercício da competência do CDN. De lá, até o final de 2011, o assentimento prévio para atividades estratégicas na FF foi das responsabilidades que mais me absorveram. Mais do que as correções na aplicação dos diplomas legais às consultas ao CDN, estaríamos sendo justos em nossos pareceres?

Na transferência citada acima, verificou-se a ausência de um conceito formal de Segurança Nacional, com reflexos jurídicos que dela advêm. Como, então, sem este entendimento do que seria Segurança Nacional, perseguir os dois objetivos básicos de qualquer organização política: o bem-estar e a segurança?

Foi por isto que a nossa Secretaria de Acompanhamento e Estudos Institucionais (SAEI), subordinada ao Gabinete de Segurança Institucional (GSI), que sucedera a Casa Militar, ao propor o conceito de Segurança Institucional, praticamente, induziu o de Segurança Nacional: "A Segurança Institucional consiste na salvaguarda dos princípios enunciados no Preâmbulo e no Título I da CF/88". Ou seja, corresponde em assegurar os valores fundamentais do Estado Democrático de Direito. Com esta concepção, orientamos as perguntas que sempre nos afligiram: por que tratar de FF? Para que serve? O que o cidadão espera de seu uso?

Interessante observar que o nosso primeiro direcionamento só mais recentemente veio alterar conceitos na FF. À época, tivemos claro que, ao se tratar de FF, dever-se-ia levar em conta que o Brasil está inserido na América do Sul, com dez vizinhos, e que neste "território" de FF (somado é quase 30% do país, ou seja, maior do que a Argentina e menor do que o México) segurança e defesa deveriam se fazer presentes como parte das responsabilidades dos Poderes e das Instituições Estatais.

Por que, como nos descreveu a autora, com propriedade, foi difícil nos desapegarmos da concepção de segurança da FF, para evoluirmos para a de defesa, e, agora, para a de integração?

---

[277] Capitão-de-Mar-e-Guerra da Reserva da Marinha do Brasil, nascido na cidade do Rio de Janeiro. Exerceu o cargo de Secretário de Acompanhamento e Estudos Institucionais do Gabinete de Segurança Institucional da Presidência da República desde que foi criado, em 13 de maio de 1999, até 24 de março de 2011.

Cumpre recordar que a noção de fronteira nasceu com a arte militar. A origem da palavra "fronteira" veio do francês "frontière", ou seja, na acepção do século XIII, a "vanguarda das tropas militares", a parcela mais avançada de uma expedição militar. Já havia, pois, a conexão entre forças armadas e o território conquistado. O verdadeiro marco era menos o pergaminho de algum tratado do que o poder das armas...

Não por acaso, a largura da FF foi crescendo de cinquenta para cem quilômetros de largura, e depois para até cento e cinquenta, conforme era aumentado o alcance dos canhões. Com a aviação e com os mísseis, isto deixou de fazer sentido...

É importante destacarmos que este conceito de associação entre fronteira e forças armadas continua vivo até hoje... Nos debates para eleições presidenciais, ou até mesmo para estaduais, vários candidatos falam da necessidade de aumentar a segurança pública pelo deslocamento para as fronteiras de unidades adicionais das Forças Armadas.

Uma primeira mudança ocorreu graças ao Barão do Rio Branco que nos mostrou que os nossos limites não mais variariam com o ir e o vir dos exércitos, mas sim passariam a ser fixados em tratados negociados entre vizinhos... Um instrumento, sobretudo, de paz.

Foi também em meados do Século XIX que D. Pedro II idealizou a "Faixa de Fronteira", como área para vivificar, com colônias de estrangeiros, as regiões fronteiriças.

Portanto, em todos os momentos de nossa história, como demonstrado neste livro, a FF sempre foi entendida como uma área legalmente estabelecida pelo Estado brasileiro para um tratamento diferenciado em relação às demais áreas do país.

Hoje, como seria de esperar, não temos uma FF homogênea. Se a dividirmos em três, encontraremos a parte meridional totalmente vivificada, como preconiza a Estratégia Nacional de Defesa, e, com isto, o Estado se fazendo realmente presente; a Central como a mais preocupante em termos de segurança; e a Norte, pelas criações, sucessivas e contíguas, de áreas de preservação ambiental e de terras indígenas, não favorecendo a integração sul-americana, sendo quase uma "área tampão".

A autora nos descreve, repetimos, como a concepção da FF no Brasil evoluiu de área de segurança nacional para de defesa, até chegarmos a considerá-la uma área que deve ser usada para impulsionar a integração regional, fazendo com que seus onze estados da Federação, seus quinhentos e oitenta e oito municípios e seus cerca de dez milhões de habitantes impulsionem a aproximação entre os países da América do Sul, especialmente em setores como o econômico; o político; o ambiental; o sanitário; o energético; e o social.

Entendo que, nos tempos que correm, há forte consenso no Brasil de que a integração é necessária e desejável.

O caminhar neste sentido, entretanto, comumente gera polêmicas. Sobre a FF que desejamos, por exemplo, o fato de a imigração ser um dos mais eficientes mecanismos de desenvolvimento é muito questionado por alguns. A favor, há exemplos de emigrados brasileiros que participam do progresso dos EUA, ao mesmo tempo em que permitem o desenvolvimento da região de Governador Valadares. O mesmo pode-se pensar da contribuição dos "brasiguaios" ao Produto Nacional Bruto do

Paraguai, mas, também, alavancando o progresso do Paraná. Não possui o Brasil uma economia capaz de absorver milhares de emigrantes de países sul-americanos, contribuindo, assim, para o progresso de toda a região?

Ainda neste sentido, os atuais mecanismos de integração de países em blocos regionais, criando zonas de cooperação e de sinergia entre países vizinhos, casos em que cooperação não significa abdicar da soberania, mas sendo questionados na União Europeia, seguirão como tendência? Como ficarão as FF?

Acredito que, com estes questionamentos, estamos dando partida ao novo livro da Dra. Renata Furtado...

Realmente, pela minha formação de Oficial da Marinha, sempre me ative a atividades em nosso litoral, nascimento de nossa colonização e cultura. Foi, portanto, maravilhoso desvendar que, para os brasileiros e especialmente para os fronteiriços, é na FF que o Brasil começa, é onde existimos para nossos vizinhos...

Por todos estes aspectos, considerei este livro como uma bela obra!

SOBRE A AUTORA

RENATA FURTADO

Procuradora Federal, da Advocacia-Geral da União (AGU). Nascida em São Caetano do Sul, estado de São Paulo, com tradição familiar das cidades de São Sebastião do Paraíso - MG e de Franca - SP.
Cursou o ensino fundamental, no Rio de Janeiro, Colégio Nossa Senhora da Piedade e em Brasília, Centro Educacional Maria Auxiliadora. Em Brasília, concluiu o ensino médio no Colégio Objetivo e ingressou no Curso de Direito da Universidade de Brasília - UnB em 1990.

Um ano antes de obter o título de Bacharel em Direito, foi aprovada na prova da Ordem dos Advogados do Brasil – DF, e no mesmo ano que alcançou o título de Bacharel foi aprovada no concurso da AGU, ingressando na carreira no ano seguinte (1995).

Nos quadros da AGU trabalhou ativamente nas ações judiciais da extinta- Superintendência Nacional de Abastecimento (SUNAB), sendo responsável pela conclusão do processo de liquidação e transferência de acervo em 1997. Na defesa dos interesses da SUNAB perante o Superior Tribunal de Justiça (STJ) recebeu referências elogiosas registradas em acórdãos daquele eg. Tribunal.

Redistribuída ao Instituto Nacional de Colonização e Reforma Agrária (INCRA), atuou em causas de superavaliação, aplicando, nos processos judiciais, as iniciais teses de relativização da coisa julgada; ocasião em que, no Judiciário, tais teses eram aprofundadas jurisprudencial e doutrinariamente pelo Ministro José Delgado do STJ (1999-2002). Paralelamente, conduziu uma série de treinamentos dos procuradores federais lotados nas unidades regionais do INCRA à época, com o objetivo de fortalecer a defesa da União contra superindenizações e grilagem de terras; sendo responsável pelo ajuizamento de ações judiciais para obstar pagamentos de precatórios superavaliados na região da faixa de fronteira do Brasil. Em virtude dos trabalhos desenvolvidos, foi convidada pelo Gabinete de Segurança Institucional da Presidência da República (GSI/PR) para conduzir a aplicação da lei da faixa de fronteira no país, especificamente as atividades de assentimento prévio do Conselho de Defesa Nacional (CDN).

Na Secretaria-Executiva do Conselho de Defesa Nacional, onde atua desde 2003, dedica-se ao assessoramento do Ministro Chefe do GSI/PR, na condição de Secretário-Executivo do CDN, em 26 assuntos (Quadro 20 deste livro); ao estudo e ao acompanhamento do uso e da ocupação das áreas de faixa de fronteira, do processo de integração sul-americano e da política de cooperação entre países limítrofes (*cross-border cooperation*) da União Europeia.

Desde 2001, contribui na capacitação dos procuradores federais que ingressam na carreira junto à Escola da AGU. Defende, na atualidade, a importância da visão jurídico-estratégica do advogado público (AGU, n. 28, Abr/Jun 2011) e da faixa de fronteira como área de referência para análise e condução de políticas públicas específicas.

Linha de pesquisa (CEPPAC-Unb):
Desenvolvimento, Globalização e Regionalização

Enfoca problemáticas referentes à inserção das sociedades americanas em processos de desenvolvimento, globalização e regionalização, em múltiplas dimensões (econômica, social, política e cultural), e escalas (local, nacional, regional, internacional, transnacional e global), inter-relacionadas. Promove estudos e pesquisas comparadas e interdisciplinares sobre as condições experimentadas em tais processos e seus impactos, as relações entre instituições e atores envolvidos, suas ideologias, políticas e práticas, bem como os alinhamentos, disputas e conflitos entre estas.

CV: http://lattes.cnpq.br/9694004370922234

SOBRE O LIVRO
Tiragem: 1000
Formato: 16 x 23 cm
Mancha: 12 X 19 cm
Tipologia: Times New Roman 10,5/12/16/18
Arial 7,5/8/9
Papel: Pólen 80 g (miolo)
Royal Supremo 250 g (capa)